Die Bonus-Seite

Ihr Vorteil als Käufer dieses Buches

Auf der Bonus-Webseite zu diesem Buch finden Sie zusätzliche Informationen und Services. Dazu gehört auch ein kostenloser **Testzugang** zur Online-Fassung Ihres Buches. Und der besondere Vorteil: Wenn Sie Ihr **Online-Buch** auch weiterhin nutzen wollen, erhalten Sie den vollen Zugang zum **Vorzugspreis**.

So nutzen Sie Ihren Vorteil

Halten Sie den unten abgedruckten Zugangscode bereit und gehen Sie auf **www.sap-press.de**. Dort finden Sie den Kasten **Die Bonus-Seite für Buchkäufer**. Klicken Sie auf **Zur Bonus-Seite/ Buch registrieren**, und geben Sie Ihren **Zugangscode** ein. Schon stehen Ihnen die Bonus-Angebote zur Verfügung.

Ihr persönlicher
Zugangscode

xv4j-6uzr-pigy-hnc9

SAP® Environment, Health, and Safety Management

SAP PRESS ist eine gemeinschaftliche Initiative von SAP und Galileo Press.
Ziel ist es, Anwendern qualifiziertes SAP-Wissen zur Verfügung zu stellen.
SAP PRESS vereint das fachliche Know-how der SAP und die verlegerische
Kompetenz von Galileo Press. Die Bücher bieten Expertenwissen zu tech-
nischen wie auch zu betriebswirtschaftlichen SAP-Themen.

Ernst Greiner
SAP-Materialwirtschaft – Customizing
566 S., 2011, geb.
ISBN 978-3-8362-1683-8

Karl Liebstückel
Instandhaltung mit SAP
2., aktualisierte und erweiterte Auflage 2010, geb.,
mit DVD-Gutschein
ISBN 978-3-8362-1557-2

Jörg Frederick, Tobias Zierau
SAP for Utilities
Das umfassende Handbuch für Energieversorger
633 S., 2011, geb.
ISBN 978-3-8362-1690-6

Escherich, Pfriemer, Ullwer
SAP for DFPS – Implementierung und Customizing
664 S., 2010, geb.
ISBN 978-3-8362-1430-8

Aktuelle Angaben zum gesamten SAP PRESS-Programm finden Sie unter
www.sap-press.de.

Stephan Eisenacher, Klaus Kammerer,
Andreas Riepe, Jan Schuur

SAP® Environment, Health, and Safety Management

Das umfassende Handbuch

Galileo Press

Bonn • Boston

Liebe Leserin, lieber Leser,

vielen Dank, dass Sie sich für ein Buch von SAP PRESS entschieden haben.

Maßnahmen zum Umwelt-, Gesundheits- und Arbeitsschutz müssen von Unternehmen aller Art ergriffen werden. Bei großen produzierenden Unternehmen ist IT-Unterstützung unerlässlich, um Produktsicherheitsanforderungen, Vorsorgeuntersuchungen oder die Entsorgung gefährlicher Abfälle problemlos abzuwickeln und zu dokumentieren. In diesem Buch lernen Sie SAPs Lösung für diese Fälle detailliert kennen: SAP Environment, Health, and Safety Management.

Unsere Autoren Stephan Eisenacher, Dr. Klaus Kammerer, Dr. Andreas Riepe und Dr. Jan Schuur führen Sie Schritt für Schritt durch die einzelnen Bereiche von SAP EHS Management und zeigen Ihnen, wie Sie bestmöglich mit der Software arbeiten. Dabei erläutern sie Prozesse und Funktionen sowie wichtige Customizing-Einstellungen umfassend und nachvollziehbar. Ich bin sicher, dass dieses Buch wertvolle Informationen sowie hilfreiche Tipps für Sie bereit hält und es einen festen Platz auf Ihrem Schreibtisch finden wird.

Wir freuen uns stets über Lob, aber auch über kritische Anmerkungen, die uns helfen, unsere Bücher zu verbessern. Am Ende dieses Buches finden Sie daher eine Postkarte, mit der Sie uns Ihre Meinung mitteilen können. Als Dankeschön verlosen wir unter den Einsendern regelmäßig Gutscheine für SAP PRESS-Bücher.

Ihre Patricia Kremer
Lektorat SAP PRESS

Galileo Press
Rheinwerkallee 4
53227 Bonn

patricia.kremer@galileo-press.de
www.sap-press.de

Auf einen Blick

Der Name Galileo Press geht auf den italienischen Mathematiker und Philosophen Galileo Galilei (1564–1642) zurück. Er gilt als Gründungsfigur der neuzeitlichen Wissenschaft und wurde berühmt als Verfechter des modernen, heliozentrischen Weltbilds. Legendär ist sein Ausspruch *Eppur si muove* (Und sie bewegt sich doch). Das Emblem von Galileo Press ist der Jupiter, umkreist von den vier Galileischen Monden. Galilei entdeckte die nach ihm benannten Monde 1610.

Lektorat Patricia Kremer
Korrektorat Susanne Franz, Riemerling
Einbandgestaltung Nadine Kohl
Titelbild Gettyimages, Martin Diebel, RF, 73096494
Typografie und Layout Vera Brauner
Herstellung Katrin Müller
Satz III-satz, Husby
Druck und Bindung Beltz Druckpartner, Hemsbach

Gerne stehen wir Ihnen mit Rat und Tat zur Seite:
patricia.kremer@galileo-press.de bei Fragen und Anmerkungen zum Inhalt des Buches
service@galileo-press.de für versandkostenfreie Bestellungen und Reklamationen
thomas.losch@galileo-press.de für Rezensionsexemplare

Bibliografische Information der Deutschen Nationalbibliothek
Die Deutsche Nationalbibliothek verzeichnet diese Publikation in der Deutschen National-bibliografie; detaillierte bibliografische Daten sind im Internet über *http://dnb.d-nb.de* abrufbar.

ISBN 978-3-8362-1726-2

© Galileo Press, Bonn 2012
1. Auflage 2012

Inhalt

6   Arbeitsbereichsverwaltung 283

Anhang 477

Ausgehend von überschaubaren Anforderungen für die Erstellung von Sicherheitsdatenblättern und die Abwicklung des Berichtsversands hat SAP EHS Management in den vergangenen zehn Jahren eine steile Entwicklungskurve durchlaufen.

1   Einführung in SAP Environment, Health, and Safety Management

SAP Environment, Health, and Safety Management – kurz SAP EHS Management – ist eine Komponente von SAP R/3 bzw. SAP ERP und beinhaltet die Komponenten Produktsicherheit, Stoffmengenverfolgung (SVT) als Teil der Produktsicherheit, Gefahrgutmanagement, Gefahrstoffmanagement, Abfallmanagement (Waste Management), Arbeitsschutz (hier speziell die betriebliche Unfallbearbeitung) und Arbeitsmedizin.

SAP EHS Management wurde ursprünglich von SAP in Zusammenarbeit mit der chemischen Industrie in Deutschland entwickelt. Der Grund hierfür war, den gesetzlichen Vorgaben der Europäischen Union und den zusätzlichen Forderungen in einzelnen Ländern hinsichtlich des Versands von Sicherheitsdatenblättern gerecht zu werden. Von Anfang an war die Mehrsprachigkeit von SAP EHS Management als wichtiges Kriterium gefordert, ebenso wie eine Datenpflege, die es erlaubt, einem Datensatz einen Bereich für die Gültigkeit zuzuweisen (wie zum Beispiel ein Land oder einen Gesetzesraum wie die EU (Europäische Union) oder die NAFTA (North American Free Trade Area)).

Die Anforderungen an SAP EHS Management sowie die Komponente selbst, waren zu Beginn also recht überschaubar, im Bereich des Gefahrgutmanagements gab es ursprünglich nur ein kleine, verhältnismäßig »flache« Tabelle, in der die Informationen abgebildet werden konnten. Aber mit der Zeit wuchsen die Anforderungen an SAP EHS Management und damit wurde der ursprüngliche Lösungsumfang stetig weiterentwickelt. So wurde z.B. eine eigenständige Komponenten in SAP EHS Management (damals mit EH&S abgekürzt) für das Gefahrgutmanagement entwickelt.

Es wurden ebenso Anforderungen an das betriebliche Unfallmanagement, an Arbeitsschutz und -medizin und an die Abfallabwicklung gestellt. Auch der Bereich der Etikettierung wurde später ebenfalls integriert, was dann im Global Label Management (GLM) Eingang gefunden hat. GLM baut auf den Funktionalitäten der Produktsicherheit und des Berichtsversands auf, ist aber nicht Bestandteil dieses Buches.

So entstand auf der Plattform des SAP-Klassensystems und der etwas spezifischeren Stoffdatenbank, die später in Spezifikationsdatenbank umbenannt wurde, Stück für Stück eine umfassende, eigenständige Komponente. Die Integration dieser Komponente in die übrige SAP-Welt (und darüber hinaus) und ihre Bedeutung für die logistischen Prozesse steigt stetig.

[+] | **Unfallmanagement in SAP EHS Management**

Zum Zeitpunkt der Erstellung dieses Buches überarbeitet SAP das Unfallmanagement in SAP EHS. Die zur Drucklegung verfügbaren Informationen finden Sie in Kapitel 9, »Vorfallmanagement«.

Zu Beginn war es für die Arbeit mit SAP EHS Management ausreichend, die Information zu bekommen, welcher Kunde welches Material erhalten hat, um die richtigen Dokumente zu versenden. Durch den stetig erweiterten Anspruch des Gesetzgebers in Bezug auf die chemikalienrechtlichen Bestimmungen weltweit, bietet SAP EHS Management heute die Möglichkeit, neben den Standardfunktionalitäten, auch steuernd in den Verkauf bzw. die Warenlieferung einzugreifen. So ist es z.B. möglich, dem Chemiewaffen-Kontrollabkommen, UN-Sanktionen oder Ähnlichem schnell, fundiert und sicher Folge zu leisten.

[zB] | **Steuerndes Eingreifen von SAP EHS Management**

Wenn Ihre EHS-Experten eine Substanz in der Spezifikationsdatenbank entsprechend klassifizieren, kann der Verkauf in Länder, für die diese Substanz mit einem Bann belegt ist, automatisch gesperrt werden, auch wenn die entsprechenden Mitarbeiter in der Bestellannahme nicht alle lokalen gesetzlichen Bestimmungen kennen. Dieses lässt sich z.B. durch eine Verhinderung der Speicherung einer Bestellung aus einem bestimmten Land (oder einer Bestellung für ein bestimmtes Land) verhindern, weil dadurch z.B. internationale Sanktionen unterlaufen würden.

Aktuelle Themen wie das *Global Harmonized System* (GHS), die *Stoffmengenverfolgung* (SVT) oder die Registrations- und Informationspflichten im Rahmen von REACH (*Registration, Evaluation, Authorisation and Restriction of Chemicals*, zu Deutsch: Erfassung, Auswertung und Genehmigung von Chemikalien) führen zu einer sehr tiefen Integration von SAP EHS Management in viele andere Komponenten.

SAP EHS Management wacht in der Stoffmengenverfolgung über die Produktion von Stoffen oder auch den Import, der mit diesen Komponenten abgewickelt wird. Sie werden informiert, wenn definierte Mengenschwellen erreicht werden, die entweder eine neue oder erweiterte Registrierung unter REACH für den Bereich der Europäischen Union (und zukünftig auch anderer Länder oder Regionen) erforderlich machen.

Die Nutzung der Daten, die in SAP EHS Management abgespeichert sind und die durch zahlreiche interne wie externe Quellen regelmäßig aktualisiert und ergänzt werden können, kann z.B. den Vertrieb von Stoffen in Länder verhindern, in denen diese Stoffe nicht gelistet sind, weil z.B. bestimmte Substanzen nicht in einem nationalen Register als unbedenklich eingestuft sind. So können Sie Ihr Unternehmen davor schützen, sehr hohe Strafzahlungen (wie z.B. in den USA) zu riskieren oder die Erlaubnis zu verwirken, neue Stoffe für mehrere Jahre anmelden zu dürfen (wie z.B. in China). Lesen Sie dazu auch den Kasten »Steuerndes Eingreifen von SAP EHS Management« auf der vorherigen Seite.

Jedes Unternehmen, das SAP ERP produktiv nutzt, mag unterschiedliche Anforderungen an SAP EHS Management haben. So werden die Prozesse und letztlich auch die Einstellungen, die Sie in SAP EHS Management oder in den Komponenten vornehmen, davon abhängig sein, ob Ihr Unternehmen im Bereich der Produktion oder des Handels angesiedelt ist, ob Sie Grundstoffe oder Formulierungen herstellen, ob Sie »Chemie machen«, eine Bank sind oder ein Maschinenbauer.

Letztlich gibt es aber immer Anforderungen, bei denen Sie das SAP-Management unterstützen kann und die auf nahezu jedes Unternehmen zutreffen. Etwa wenn Sie lokal, national oder international mit *einem* System arbeiten möchten und Ihnen diese Daten für Ihr Reporting zur Verfügung stehen sollen – sei es für die Produktsicherheit oder das Unfallmanagement. Neben unterschiedlichen Sprachen sind auch die Konvertierung von Maßeinheiten (Foot-Pound-System vs. metrisches System) wichtig, um ein universelles nachvollziehbares Reporting aufzubauen.

Wenn Sie bereits SAP ERP in Ihrem Unternehmen im Einsatz haben, kennen Sie wahrscheinlich die verschiedenen Release-Stände von SAP ERP. Sprechen Sie mit Vertretern von Unternehmen, die SAP EHS Management bereits seit einiger Zeit einsetzen, werden Sie von zahlreichen Release-Ständen hören, wie 2.2B, 2.5, 2.7B, die Ihnen bislang unbekannt sein dürften.

Zu dem Zeitpunkt, als SAP mit der Entwicklung von SAP EHS Management begann (damals noch unter dem Kürzel EH&S), hatte die ERP-Software bereits einen hohen Reifegrad und damit bereits längerfristige Update-Zyklen erreicht. Daher war SAP EHS Management zu Beginn ein »Add-On«, das gesondert installiert werden musste und kürzere Upgrade-Zyklen hatte – deswegen die im vorigen Absatz genannte große Anzahl von Release-Ständen. Seit SAP EHS Management (das ist aktuell die offizielle Abkürzung) ebenfalls eine entsprechende Reife hat, ist es in die Standardzyklen der SAP-Auslieferungen integriert worden.

Zielgruppe und Leseempfehlungen

Die Darstellung richtet sich – entsprechend der eingangs genannten Komponenten von SAP EHS Management – an die Mitarbeiter der verschiedenen Abteilungen in einem Unternehmen, da in den meisten Fällen nicht alle Fachkompetenzen in einem Team gebündelt sind.

Am weitesten verbreitet ist SAP EHS Management im Bereich der Produkt-Compliance – hier sind die Kapitel zur Produktsicherheit und zur Stoffmengenverfolgung für Sie interessant, gegebenenfalls auch das Thema Gefahrstoffmanagement, je nachdem wo diese Abteilung in Ihrem Unternehmen organisatorisch eingegliedert ist.

Wenn Sie an den Themen zum Arbeitsschutz und zur Gefährdungsbeurteilung interessiert sind, empfehlen wir, die Autoren, neben den entsprechenden Kapiteln auch das Kapitel 3, »Produktsicherheit«, zumindest in den Grundzügen zu erfassen, um die technischen Zusammenhänge und auch die möglichen Synergieeffekte bestmöglich aufgreifen zu können. Gleiches gilt für die Gefahrgutbeauftragten in einem Unternehmen, da auch das Gefahrgutmanagement auf den Strukturen der im Folgenden beschriebenen Spezifikationsdatenbank beruht und dann technisch darüber hinausgeht.

Das Unfallmanagement bzw. das neue Vorfallmanagement und die Arbeitsmedizin sind verhältnismäßig eigenständige Komponenten von SAP EHS Management. Das Unfallmanagement/Vorfallmanagement ist von diesen beiden Komponenten die häufiger eingesetzte. Hier wenden wir uns an die Arbeitsschützer und auch die Personalabteilungen, die mit der Bearbeitung von betrieblichen Vorfällen zu tun haben. Die Arbeitsmedizin ist eine Komponente, die eher für große Unternehmen mit eigenem Sanitätsbereich interessant ist. Hier sind die Ärzte und Gesundheitsfachleute in Ihrem Unternehmen angesprochen. Das Waste Management, also die fach- und gesetzeskonforme Entsorgung von Abfällen, ist ebenfalls ein Bereich, für den jedes

Unternehmen, das diesen Aufgaben nachkommen muss, speziell ausgebildete Mitarbeiter hat. Die Zielgruppe für diese Komponente ist zum einen das Team, das für die Dokumentation der Abfallentsorgung zuständig ist, zum anderen sind es die Mitarbeiter, die diesen Prozess in den allgemeinen ERP-Prozess integrieren möchten.

Wenn Sie bereits erste Erfahrungen mit SAP haben, gibt Ihnen dieses Buch einen guten Einblick, wie Sie die im Weiteren beschriebenen Prozesse und Funktionalitäten nutzen können. Dafür haben wir an sehr vielen Stellen Beispiele aus der Praxis eingeführt. Für die technisch interessierten Leser unter Ihnen ist zu den Prozessbeschreibungen auch immer aufgeführt, wie Sie diese Prozesse im Customizing einstellen können. Nicht zuletzt können Sie dieses Buch auch verwenden, um neuen Mitarbeitern im Umfeld von SAP EHS Management einen Überblick über Aufbau und Zusammenspiel der Funktionalitäten zu geben.

Aufbau und Inhalt des Buches

Das vorliegende Buch fokussiert sich auf die wesentlichen Funktionalitäten von SAP EHS Management – die Grundlage hierfür ist die Spezifikationsdatenbank. Wer sich intensiv mit SAP EHS Management auseinandersetzt und die Ankündigungen der SAP regelmäßig verfolgt, wird schnell feststellen, dass es gerade im Moment zahlreiche Initiativen gibt, das Thema SAP EHS Management in einen größeren Kontext zu stellen. Der aktuell übergeordnete Begriff hierfür lautet *Sustainabilty-Initiative* (Stand des Buches: Februar 2012). Wichtige Stichworte lauten hier z.B. *SAP Product and REACH Compliance Suite*, Verfolgung der Emissionen, *Environmental Performance Management*. Ein Teil der Informationen, die für diese Komponenten benötigt werden, stammt aus der Spezifikationsdatenbank.

In den folgenden Kapiteln unternehmen wir den Versuch, Ihnen die notwendigen Einstellungen im SAP EHS Management-Customizing anhand der wahrscheinlich allgemein verbindlichen Prozesse aufzuzeigen und dies mit Beispielen zu unterfüttern. Aufgrund der Komplexität und der Wiederverwendbarkeit von vielen Einzelteilen in mehreren Komponenten bzw. in mehreren Prozessen, gelingt es leider nicht immer, dies als einen stringent aufeinander aufbauenden Prozess darzustellen. Denn viele Einstellungen stehen im Verbund mit anderen Einstellungen und bedingen sich teilweise. Um hier Wiederholungen zu vermeiden, finden Sie an recht vielen Stellen Querverweise auf andere Kapitel. Hier werden Sie dann fehlende Bezüge herstellen oder weiterführende Informationen finden können. So wird sich insgesamt ein Bild für Sie ergeben, wie Sie SAP EHS Management effektiv, effizient, gewinnbringend und ressourcenschonend in Ihrem Unternehmen einsetzen können.

Die Darstellung ist in elf Kapitel gegliedert:

▶ **Kapitel 2, »Spezifikationsverwaltung – die Basis von SAP EHS Management und der Produktsicherheit«**, stellt die Spezifikationsdatenbank dar. Sie liegt unter der Oberfläche des Systems und ist der zentrale Ablageort für alle Daten, die für die im Verlauf des Buchs beschriebenen Prozesse benötigt werden. In diesem Kapitel gehen wir auf den technischen Aufbau der Datenbank ein, dabei wird das Zusammenspiel der einzelnen Tabellen und Customizing-Aktivitäten beschrieben und jeweils durch Beispiele illustriert.

▶ Die »Produktsicherheit« hat als wesentlichste Aufgabe, Sicherheitsdatenblätter (SDB) an die Kunden eines Unternehmens zu verschicken, an die chemische Stoffe geliefert werden. Darum benötigt diese Abteilung im Vergleich zu den bekannteren SAP-Komponenten deutlich mehr Daten, die auch noch deutlich häufigeren Wechseln aufgrund von gesetzlichen Änderungen (aktuell durch REACH und GHS) sowie zunehmenden nationalen Regulierungen unterworfen sind. Das SAP EHS Management trägt dem durch zahlreiche Hilfsmittel oder Werkzeuge Rechnung, die es erlauben, diese Änderungen schnell und durch einfache technische Unterstützung umzusetzen.

In **Kapitel 3, »Produktsicherheit«**, werden sowohl diese Werkzeuge für die Spezifikationsdatenbank als auch die notwendigen Einstellungen für die Berichtserstellung, die Berichtsgenerierung und den Berichtsversand vorgestellt.

▶ Neue gesetzliche Verordnungen und die immer wichtiger werdende Compliance Ihres Unternehmens sowie die Ihrer Kunden und Lieferanten fordern entsprechende Werkzeuge in Ihrem SAP-System: **Kapitel 4, »Substance Volume Tracking«**, stellt das gleichnamige Tool SVT dar, das Sie dabei unterstützt, die gesetzlichen Anforderungen zu erfüllen. Ursprünglich für die neue Vorschrift REACH entwickelt, ist dieses Tool auch für viele andere Vorschriften flexibel einsetzbar.

▶ In **Kapitel 5, »Gefahrgutabwicklung«**, erläutern wir die Klassifizierung gefährlicher Güter aus transportrechtlicher Sicht. Hierzu werden in der Spezifikationsdatenbank zusätzliche Daten (Gefahrgutklasse, Packvorschriften etc.) erfasst und an die Objekte der Produktsicherheit referenziert. Aus diesen Datenquellen wird das zentrale Objekt der Gefahrgutabwicklung befüllt – der Gefahrgutstamm. Dieser dient den Liefer- und

Transportprozessen in der Logistik als Datenbasis zur Erstellung von Transportpapieren sowie zur Gefahrgutprüfung.

▸ In **Kapitel 6, »Arbeitsbereichsverwaltung«**, werden die Grunddaten des Arbeitsschutzes beschrieben. Es werden die theoretisch denkbaren Ansätze zur Strukturierung der Arbeitsbereiche sowie deren mögliche Integration in die Komponenten Instandhaltung (EAM/PM), Produktionsplanung (PP), Controlling (CO) und Materialwirtschaft (MM) beschrieben. Darüber hinaus wird vermittelt, was bei der Erarbeitung eines Strukturierungskonzepts in der Praxis zu beachten ist. Die weiteren Grunddaten des Arbeitsschutzes, Gefahrstoffe und Belastungen, werden erläutert, so dass der Leser eine gute Grundlage für die Kapitel 8 bis 11 bekommt.

▸ In **Kapitel 7, »Gefahrstoffmanagement«**, wird das Gefahrstoffmanagement fachlich wie technisch dargestellt. Zunächst wird ein Überblick über den rechtlichen Hintergrund gegeben und anschließend der Prozess der Gefährdungsbeurteilung beschrieben. Darüber hinaus werden der mögliche Aufbau der Belastungen und die dafür notwendige Datenpflege beschrieben und mit praktischen Beispielen untermauert.

▸ **Kapitel 8, »Unfallmanagement«**, erläutert die Grunddaten des Unfallmanagements. Diese sind u.a. die verunfallte Person und andere Personenrollen sowie der Ort des Geschehens (Arbeitsbereich) bzw. verschiedene, zum Teil verphraste Daten. Es werden typische Prozesse des Unfallmanagements im Unternehmen als Praxisbeispiele oder Implementierungsanregungen gegeben.

▸ In **Kapitel 9, »Vorfallmanagement«**, werden die grundsätzlichen Änderungen und Vorteile des neuen Unfallmanagements (Incident Management) aufgezeigt.

▸ **Kapitel 10, »Arbeitsmedizin«**, beschreibt die betriebliche und rechtliche Notwendigkeit, Arbeitsmedizin zu betreiben und die Vorsorgeuntersuchungen der Mitarbeiter zu organisieren. Vor allem werden die Möglichkeiten und Einstellungen im SAP-System betrachtet.

▸ In **Kapitel 11, »Abfallmanagement«**, wird erläutert, wie Sie mit SAP EHS Management die Verwaltung abfallbezogener Daten, das Anlegen von Genehmigungen für überwachungsbedürftigen Abfall, die Auswahl von Entsorgungsunternehmen sowie die Kontrolle der genehmigten Abfallmengen unterstützen können.

Zu Beginn der Kapitel werden meist relevante rechtliche Grundlagen genannt, die Kapitel werden in der Regel mit den relevanten Customizing-Einstellungen zum betreffenden Thema beendet.

Die Darstellung schließt mit einem Anhang, in dem zentrale User-Exits, Tabellen und Abkürzungen aufgeführt sind.

Wir verwenden mehrere Orientierungshilfen, die Ihnen die Arbeit mit diesem Buch erleichtern sollen. In grauen Informationskästen sind Inhalte zu finden, die wissenswert und hilfreich sind, aber etwas abseits der eigentlichen Erläuterung stehen. Damit Sie diese Informationen besser einordnen können, haben wir die Kästen mit Symbolen gekennzeichnet:

[+] ▸ **Tipp**
Die mit diesem Symbol gekennzeichneten *Tipps* und *Hinweise* geben Ihnen wichtige Empfehlungen. Sie finden in diesen Kästen z.B. Querverweise auf verwandte Themen oder Definitionen.

[!] ▸ **Achtung**
Das Symbol *Achtung* macht Sie auf Themen oder Bereiche aufmerksam, bei denen Sie besonders vorsichtig sein sollten.

[zB] ▸ **Beispiel**
Beispiele, durch dieses Symbol kenntlich gemacht, sollen Ihnen helfen, die Erläuterungen auf die Praxis zu beziehen.

Die Spezifikationsverwaltung ist die Basis für alle Aktivitäten in SAP EHS Management. In den folgenden Abschnitten werden die technischen Grundlagen für die Einrichtung und die möglichen Erweiterungen erklärt.

2 Spezifikationsverwaltung – die Basis von SAP EHS Management und der Produktsicherheit

Das Herz von SAP EHS Management ist die Spezifikationsdatenbank. Im Unterschied zu vielen anderen Komponenten in SAP ERP werden in SAP EHS Management sehr komplexe und verknüpfte Datenmodelle benötigt, um den gesetzlichen Anforderungen im jeweiligen Land, der betrachteten Region (z. B. der Europäischen Union) oder den international verbindlichen Regelungen (z. B. die Transportbestimmungen IATA oder RID) gerecht zu werden. Um Ihnen eine möglichst hohe Transparenz zu bieten und dabei gleichzeitig die Datenpflege so effizient wie möglich zu gestalten, werden die Möglichkeiten der SAP-Basisfunktionalitäten in diesem Kapitel voll ausgeschöpft. Dies ermöglicht Ihnen, in SAP EHS Management mit den gleichen Daten verschiedene Prozesse mit Daten zu versorgen, Prozesse in der Produktsicherheit, im Arbeitsschutz oder der Arbeitsmedizin, dem Abfallmanagement, dem Gefahrstoffmanagement und über Schnittstellen andere Anwendungen in anderen Modulen oder Nicht-SAP-Systemen.

In der Spezifikationsverwaltung kommt es immer wieder aus fachlichen Gründen zu Zirkelbezügen: »A« wird benötigt um »B« zu pflegen. »B« wird für »C« eingesetzt, was wiederum in Bezug zu »A« steht. Daher ist es nicht immer ganz einfach, logisch »von der Pike auf« zu erklären, wie die Zusammenhänge aussehen.

Dazu kommen noch die zahlreichen Variationsmöglichkeiten, die Ihnen als Nutzer des SAP EHS Managements und speziell der Spezifikationsdatenbank zur Verfügung stehen.

Wir geben in diesem Kapitel zunächst einen Überblick, über die »großen« Strukturen und gehen dann allerdings sehr schnell in die zahlreichen und notwendigen Details hinein. Wir empfehlen dem interessierten Leser, dieses Kapitel vollständig durchzulesen, da zahlreiche Grundlagen gelegt werden, die für weitere Kapitel von Bedeutung sind. Speziell gilt dies für das Kapitel 7, »Gefahrstoffmanagement«.

2.1 Technische Grundlagen

Abhängig von der Größe Ihres Unternehmens haben Sie entweder ein SAP-System im Einsatz, auf dem alle benötigten Module und Prozesse aktiviert sind (also auch das SAP EHS Management), um Ihr Geschäft weltweit zu steuern. Oder Sie haben mehrere ERP-Systeme im Einsatz, um z.B. in jedem wirtschaftlichen Großraum (EU, NAFTA oder Asien/Pazifik-Region) Ihre Geschäftsprozesse abzubilden. Bei dem zweiten Szenario können Sie dennoch den Wunsch haben, dass SAP EHS Management alle diese Systeme zentral mit den notwendigen Daten versorgt, da die in SAP EHS Management vorgehaltenen Daten zum Teil global gültig sind (z.B. physikalisch-chemische Daten). In diesem Fall kann SAP EHS Management auf einem separaten System (ein sogenanntes Stammdaten-Referenzsystem) installiert sein, und die notwendigen Daten, die es zu verteilen oder zu empfangen gibt, können mittels Schnittstellen über die bekannten Technologien (RFC, ALE) ausgetauscht werden. Daten, die nur in bestimmten Ländern oder Gesetzesräumen Gültigkeit haben (wie z.B. Arbeitsplatzgrenzwerte) können ebenfalls in diesem Stammdaten-Referenzsystem abgelegt werden und gezielt für die Anforderungen in den einzelnen Ländern angesteuert werden. Die Details dazu erläutern wir im Verlauf dieses Kapitels.

Oft ist auch bereits ein SAP NetWeaver Business Warehouse-System aktiv im Einsatz, wo spezielle Daten – auch aus SAP EHS Management – aufbereitet und zu Reporting-Zwecken verwendet werden sollen. Über die Technik der sogenannten Info-Cubes und Extraktoren lässt sich auch hier eine Anbindung realisieren.

Üblicherweise hat sich auch über die Jahre in den meisten Unternehmen eine mal mehr, mal weniger große Landschaft von weiteren Servern mit Applikationen entwickelt, die spezielle Aufgaben übernehmen und die nicht immer auf der SAP-Technologie basieren. Auch hier ergibt sich von Zeit zu Zeit die Notwendigkeit, Daten aus SAP EHS Management diesen Applikationen zur Verfügung zu stellen, um die doppelte Datenpflege zu vermeiden bzw. die verwendeten Daten so aktuell wie möglich zu halten. Dieser Anforderung können Sie mit SAP EHS Management ebenfalls gerecht werden, entweder durch direkten Down- und Upload von bestimmten Datenpaketen über die Ausgabevarianten (siehe Abschnitt 2.12.14) oder indirekt über die Befüllung einer sogenannten Middleware, wenn dieser Prozess entweder sehr viele Daten umfasst oder regelmäßig durchgeführt werden soll. Dann bieten sich Standard-ALE-Funktionalitäten an, um den Prozess entweder voll- oder teilautomatisiert ablaufen zu lassen.

Je nachdem, in welchem Segment Ihr Unternehmen aktiv ist, werden die individuellen Schwerpunkte bei der Datenpflege bzw. das gewählte Datenmodell unterschiedlich sein. Die verschiedenen Möglichkeiten des Datenmodells finden in der Produktsicherheit, im Gefahrgutmanagement, im Arbeitsschutz und auch in allen anderen Sub-Modulen von SAP EHS Management Anwendung.

Üblicherweise begleitet Sie das während der ersten Implementierung gewählte Datenmodell, solange Sie SAP EHS Management im Einsatz haben. Ein Wechsel dieser sehr grundlegenden Struktur ist möglich, bedeutet aber nach Jahren der Nutzung (mit einem entsprechend gewachsenen Datenvolumen) einen sehr hohen Aufwand. Daher empfehlen wir, sich für die Auswahl des für Ihr Unternehmen passenden Konzepts während der Aufbauphase von SAP EHS Management ausreichend Zeit zu nehmen.

Das »Festhalten« an einer bestehenden, z.B. im Altsystem vorhandenen Struktur mag die Eingewöhnung der Nutzer erleichtern, ist aber immer mit den Risiken verbunden, dass zukünftige Erweiterungen Kompromisse bzw. erhöhte Aufwände einfordern oder aber die Möglichkeiten von SAP EHS Management nicht voll ausgeschöpft werden können.

Daher sollte im Vorfeld eines SAP EHS Management-Projekts ausreichend Zeit sein, um die Fachabteilungen mit dem System vertraut zu machen. In der Kombination des oft exzellenten Fachwissens der späteren Nutzer mit der Erfahrung des SAP EHS Management-Einführungsteams, das bereits viele Implementierungen erfolgreich durchgeführt hat, liegt der Erfolgsgarant, aus Ihrer Investition langfristig den höchsten Nutzen zu ziehen!

In vielen Unternehmen ist heute eine hohe Dynamik zu beobachten: Systeme werden intern konsolidiert, um unnötige Kosten oder mehrfache Arbeitsaufwände zu vermeiden. In den größeren Unternehmen gehören Zukäufe von anderen Firmen oder Abspaltungen bzw. ein Verkauf von Firmenteilen (Merger oder Devestitionen) zu den Vorgängen, die in absehbaren Abständen wichtig sind, um die Marktposition zu halten oder auszubauen. Bereits im Standard unterstützt SAP EHS Management dies in beide Richtungen, d.h. neue Daten können strukturiert in die bestehenden Strukturen integriert und schnell konsolidiert werden bzw. Teile aus dem Datenbestand können selektiert und strukturiert extrahiert werden. In Abschnitt 3.1, »Werkzeuge für die Produktsicherheit«, stellen wir Ihnen die einzelnen Funktionalitäten dazu vor.

In den folgenden Abschnitten zeigen wir das Zusammenwirken der einzelnen Einstellungen und mögliche Pflegeszenarien anhand von zahlreichen Beispielen. SAP EHS Management ist jederzeit modular erweiterbar. Das bedeutet für Sie, dass das Modul mit Ihrem Unternehmen »wachsen« kann bzw. offen ist für zukünftige gesetzliche Anforderungen oder neue Prozesse, die Sie in Ihrem Unternehmen etablieren möchten oder müssen.

Die große Menge an unterschiedlichen Daten, die z.B. für die Erstellung eines Sicherheitsdatenblattes erforderlich sind, und die unterschiedliche Gültigkeit von bestimmten Daten in bestimmten Rechtsräumen führen dazu, dass die Inhalte in den folgenden Abschnitten nicht immer linear aufeinander aufbauen können. Um Ihnen dennoch die Verknüpfungen so deutlich wie möglich zu machen, werden Sie recht viele Querverweise finden.

2.2   Exkurs: Tabellenpflege

Bevor wir in die Erläuterung der Spezifikationsdatenbank und der darauf aufbauenden Möglichkeiten für alle Untermodule einsteigen, möchten wir an dieser Stelle eine dringende Empfehlung aussprechen.

Im Folgenden nennen wir Ihnen üblicherweise die Transaktionen, die über die Oberfläche im Dialog angesteuert werden können, oder wir verweisen auf die einzelnen Aktivitäten, die sich im Customizing ansteuern lassen, um die Auswahl in der Oberfläche – die letztendlich vom Benutzer gesehen und verwendet wird – zu gestalten.

Wie in SAP ERP üblich, könnten sämtliche Einstellungen auch direkt auf der Ebene der Tabellenpflege durch die Transaktionen SE16 und SE16N manipuliert werden – insofern dies durch Ihr Berechtigungsmanagement zugelassen ist.

Wir möchten sehr dringend davor warnen, dieses Vorgehen als den Standardweg zur Pflege von Stamm- oder Bewegungsdaten und für das Customizing anzuwenden! Sowohl im Customizing wie auch im Dialog, den der Benutzer zur Verfügung hat, sind zahlreiche Prüfungen während der Prozessschritte und des Speicherns integriert, die verhindern sollen, dass es zu Dateninkonsistenzen kommt. Durch den direkten Eintrag in die Tabellen (die im Anhang aufgeführt sind) umgehen Sie diese Prüfungen und Check-Routinen und riskieren so Dateninkonsistenzen, die sich nur schwer wieder beheben lassen.

Technische Möglichkeiten, um Dateninkonsistenzen zu verhindern	**[+]**

An sehr vielen Stellen in SAP EHS Management haben Sie die Möglichkeit, über User Exits weitere eigene Prüfungen einzuhängen, die z. B. eingegebene Daten auf Vollständigkeit vor dem Speichern überprüfen, und Sie so dabei unterstützen, die Qualität der Daten in Ihrer Datenbank zu erhöhen.

Die meisten Customizing-Aktivitäten führen Sie mit der Absicht durch, dass diese gleichzeitig in einen Transportauftrag gelangen. So stehen Ihnen die Änderungen nicht nur im Entwicklungs- oder Testsystem zur Verfügung, sondern nach erfolgreichem Entwicklertest auch für die Validierung im Konsolidierungssystem, bevor sie dann produktiv genutzt werden.

Leider gibt es auch im Bereich der Produktsicherheit ein paar wenige Ausnahmen von dieser Regel, nach Möglichkeit alle Customizing-Einstellungen über das SAP-Transportwesen in das Produktivsystem zu übertragen. Als ein Beispiel dafür sei hier das Aufsetzen der WWI-Server genannt (siehe Abschnitt »WWI-Installation« auf Seite 148). Damit Sie auseinandersteuern können, welche Server für welche Umgebung aktiv sind, muss hier auf jeder Plattform eine eigene Anbindung durchgeführt werden, die nicht transportiert wird. Ein weiteres Beispiel sind die im nächsten Abschnitt erläuterten Nummernkreise.

Der direkte Eingriff auf Tabellenebene mag ein probates Mittel sein, um sich schnell über die aktuellen Einträge zu informieren. Dies sollte aber nur als letzte Möglichkeit in Betracht gezogen werden, um manipulierend einzugreifen, wenn unvorhergesehene Probleme auftreten, die sich mit den Standardmöglichkeiten nicht beheben lassen.

Den Einstieg in das Customizing für alle SAP EHS Management-Submodule finden Sie über die Transaktion SPRO und dann über die Schaltfläche SAP Referenzmenü-IMG anzeigen ([F5]). Alle Einstellungen für SAP EHS Management, auch für die in den anderen Kapiteln beschriebenen Funktionalitäten, sind hier zusammengefasst (siehe Abbildung 2.1).

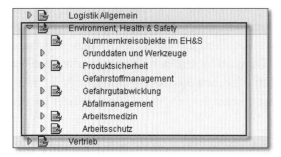

Abbildung 2.1 Einstieg in das SAP EHS Management-Customizing

2.3 Nummernkreise

Im gesamten SAP EHS Management benötigen Sie sogenannte Nummernkreise, um zu definieren, welche Schlüssel für bestimmte Objekte verwandt werden dürfen. Tabelle 2.1 beinhaltet alle derzeit verwendeten Nummernkreise für alle Sub-Module. Die Liste ist in exakt der Reihenfolge der Online-Hilfe im Customizing entnommen. Nummernkreise können über die Transaktion SNUM gepflegt werden, an einigen wenigen Stellen gibt es auch die Möglichkeit, diese direkt im Customizing zu bearbeiten.

Nummernkreis	Komponente	Bedeutung
CBIHN_FAID	Arbeitsschutz, Arbeitssicherheit/ Unfallmanagement	Ambulanzbuchschlüssel
CBIHN_IAID		Unfallkatasterschlüssel
CBIHN_PRID		Schlüssel der Unfallanzeige
CBIHN_QSID		Spezifischer Fragebogenschlüssel
CBIHN_WAID		Arbeitsbereichsschlüssel
CVD_DDBID	Berichtsversand	Berichtsversandauftragsbündel
CVD_DDOID		Initialversandaufträge
CVD_DDPID		Berichtsversandauftragspakete
CVD_EVENT		Events
CVD_EXPORT		Dateiname des Berichtsexports
CVD_JOBID		Bearbeitungszyklen
CVD_LOGID		Berichtsversandaufträge

Tabelle 2.1 Derzeit verwendete Nummernkreise für alle SAP EHS Management-Komponenten

Nummernkreis	Komponente	Bedeutung
CVD_PARID		Parameterwerttabelle
CVD_RECN		Berichte
EHQMN_CODE	Umfeld zur QM-Schnittstelle	Codes erzeugen
EHQMN_GRP		Codegruppen erzeugen
EHQMN_SLST		Auswahlmengen erzeugen
EHS_NEWPER	Arbeitsmedizin	Neue Personalnummer für HR Pernr/ GP Nummer/Bewerbernummer
EHS_QS_ID		Interne Identifizierung des Fragebogens
EHS_SRV_NB		Nummer des Medizinischen Services
EHS_SRV_NU		Nummer des Medizinischen Services
ESN_ACTN	Spezifikations-datenbank	Änderungsstandzähler
ESN_ADDID		Bündelung von ADD-Einträgen
ESN_DOCNO		WWI-Dokumente im DVS
ESN_IMPEXP		Parameterübergabe bei Import/Export
ESN_OHORD		WWI-Auftragsnummern der Tabelle ESTOH
ESN_PHRID		Systemvergebene Phrasenschlüssel
ESN_RCNGRP		Eindeutiger Schlüssel eines Objekts der Gruppenverwaltung
ESN_RECN		Vergabe von Satznummern
ESN_SESSID		Eindeutiger Schlüssel einer Sitzung
ESN_SUBID		Systemvergebene Spezifikationsschlüssel (ein detailliertes Beispiel für diesen Nummernkreis folgt im Anschluss an diese Tabelle)
ESN_WWIACL		ArchiveLink-ID
ESN_WWIDOC		Dokumentnummern von WWI-Dokumenten im DVS
ESN_WWIORD		WWI-Berichtsvorlagen
SAP_CHARCR		Namensräume von Merkmalen für EH&S
SAP_CLASSR		Namensräume von Klassen für EH&S

Tabelle 2.1 Derzeit verwendete Nummernkreise für alle SAP EHS Management-Komponenten (Forts.)

Nummernkreis	Komponente	Bedeutung
EWA_APPROV	Abfallmodul (Waste)	Entsorgungsnachweisnummer
EWA_DISWAY		Entsorgungswegnummer
EWA_ENTAM		Nummernkreis für Erfassungsbelege des Abfallmanagements
EWA_MNANOC		Behördliche Nummer für überregionale Entsorgungspapiere
EWA_MNANOR		Behördliche Nummer für regionale Entsorgungspapiere
EWA_MNINO		Entsorgungspapiernummer
EWA_TEST		Testnummernkreis des Abfallmanagements
EWA_WAA100		Abfallerzeugung
EWA_WAA130		Abfallentsorgung
EWA_WAA160		Abfallbeförderung
GLM_RECN	Etiketten (GLM)	Etikettendaten

Tabelle 2.1 Derzeit verwendete Nummernkreise für alle SAP EHS Management-Komponenten (Forts.)

Exemplarisch möchten wir die Pflege des Nummernkreises für die Spezifikationsschlüssel zeigen. Der Einstieg erfolgt über die Transaktion SNUM. Nach Eingabe des gewünschten Nummernkreises und Betätigen der Schaltfläche ÄNDERN zeigt der erste Bildschirm die administrativen Daten für den Nummernkreis ESN_SUBID (siehe Abbildung 2.2).

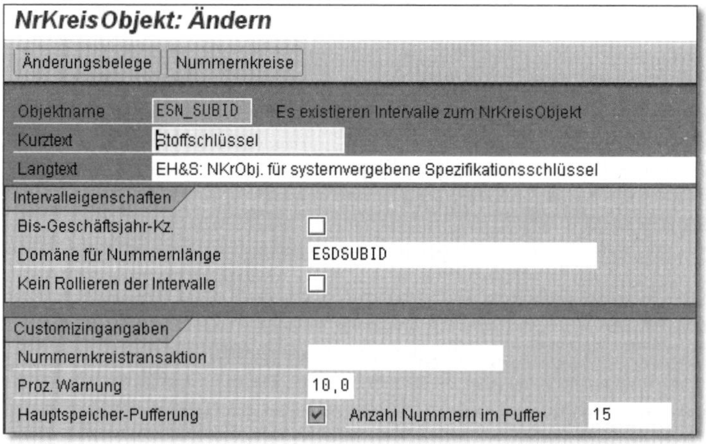

Abbildung 2.2 Einstieg in die Bearbeitung der Nummernkreise

Über die Schaltfläche NUMMERNKREISE gelangen Sie wiederum auf einen Auswahlschirm, wo Sie entscheiden können, ob Sie den bestehenden Nummernkreis anzeigen, den aktuellen Stand der verbrauchten Nummern angeben oder die bestehenden Einstellungen ändern möchten. Durch Betätigen der Schaltfläche INTERVALLE ÄNDERN in dieser Ansicht gelangen Sie zum Bildschirm in Abbildung 2.3.

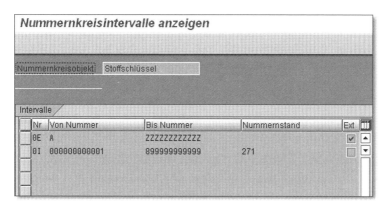

Abbildung 2.3 Nummernkreise, extern und intern

Von sehr hoher Bedeutung für SAP EHS Management bzw. für die Spezifikationsdatenbank ist gleich die erste Spalte. Die Kürzel 0E bzw. 0I bezeichnen den externen bzw. den internen Nummernkreis. Der externe Nummernkreis kann verwendet werden, um eine neue Spezifikation anzulegen und dieser einen dezidierten Spezifikationsschlüssel mitzugeben. Dieser Nummernkreis wird noch einmal gesondert durch die Aktivierung des Felds EXT markiert. Wird bei der Anlage einer neuen Spezifikation das Feld SPEZIFIKATIONSSCHLÜSSEL freigelassen, wird die nächste laufende Nummer (die auch alphanumerisch sein kann) aus dem internen Nummernkreis gezogen.

In dem Beispiel in Abbildung 2.3 haben also alle externen Nummernkreise einen mit A bis Z beginnenden alphanumerischen zwölfstelligen Spezifikationsschlüssel (auch Zahlen sind erlaubt, die erste Ziffer muss aber ein Buchstabe sein). Alle rein numerischen Schlüssel werden ausschließlich aus dem internen Nummernkreis gezogen. Es ist möglich, mehr als einen internen Nummernkreis für die Spezifikationen zu definieren, die Realstoffe (REAL_SUB) sollten z.B. aus einem anderen internen Nummernkreis gezogen werden als die Listenstoffe (LIST_SUB). Auch diese Einstellung hängt davon ab, wie viele Spezifikationen Sie verwalten und wie Sie die Spezifikationen ordnen möchten (ob z.B. sprechende Schlüssel gewünscht sind). Diese Fragen sollten Sie im Rahmen eines SAP EHS Management-Einführungsprojekts mit Ihrem Berater und der Fachabteilung klären.

2.4 Umgebungsparameter

Die Umgebungsparameter werden in einer Tabelle im Customizing gepflegt, die bei den Grundeinstellungen zu finden ist. Wählen Sie die Transaktion SPRO, dann die Funktionstaste [F5] (SAP REFERENZ-IMG ANZEIGEN) und unter ENVIRONMENT, HEALTH & SAFETY • GRUNDDATEN UND WERKZEUGE • GRUNDEIN-STELLUNGEN • UMGEBUNGSPARAMETER FESTLEGEN. Es ist etwas schwierig zusammenzufassen, welche Informationen in dieser Tabelle gespeichert werden:

▶ Zum einen werden hier feststehende Werte hinterlegt, wie die Befüllung der User Exits für die installierten Regelwerke (früher *EH&S Expert Regelwerke*, heute *SAP Regulatory Content für den Bereich Produktsicherheit*). Teilweise werden auch Parameter für andere Sub-Module hinterlegt, die notwendigen Einstellungen sind in den entsprechenden Kapiteln dieses Buches beschrieben.

▶ Auf der anderen Seite finden Sie hier auch Parameter, die automatisch vom System nach Ausführung einer bestimmten Aktivität aktualisiert werden. Ein Beispiel dafür ist das letzte Exportdatum für Berichte, wenn diese Funktionalität genutzt wird. Dieser Wert wird vom System nach jedem neuen Export automatisch aktualisiert.

Umgebungsparameter	Sor…	Bezeichnung	Parameterwert
IHS_MP_DEFAULT_STM…	0	Deflt.Überschreitungsfaktor Kurzzeitwert	8
IHS_MP_DEFAULT_VAC…	0	Default Einstufung der Verwendung MV	PUBLIC
IHS_MP_EXPOPROFIL_…	0	Lesen der Belastungsprofileinträge	X
IHS_MP_VERSION_STA…	0	Status, den versioniertes MP erhält	SU
IHS_MP_XLSFILE_DVS…	0	EXCEL-Makro für Messprojekt Export	MPXWWI-000000
IHS_NOTIFICATION_T…	0	Meldungsart Arbeitsschutzmeldung	OS
IHS_PATTERN_TYPE	0	Arbeitsbereichsart für Schablone	PT
IHS_QTY_ALERTLIMIT	1	Quantitätenermittlung Abbruch Berechnung	50
IHS_QTY_WARNLIMIT	1	Quantitätenermittlung Warnung Berechnung	20
IHS_USE_TIMEZONE	1	Pflege von Zeitzonen im IH einschalten	X
IMPEXP_FLG_DELETE_…	0	Spezifikationsimport löscht physisch	
IMPORT_CHECK_PROT_…	0	Verfallstage des Import-Prüfprotokolls	7
INH_JOB_DELAY	0	Zeitspanne für Neustart der Vererbung	10
INH_RESOLVE_STATUS…	0	Konflikthandlung Status bei Vererbung	0
JOB_PAST_DAYS	0	Verfallstage des Export/Import-Protokoll	30
LS_WWI_CONVERT_ON	0	<OBSOLETE>	
MULTI_CODEPAGE_SUP…	0	Konvertierung durch den EH&S NLS	X
OHS_NEW_ANAM_SCREEN	1	Neuen Anamnese Bildschirm benutzen	X
OHS_UE_PERS_DATA	0	User Exit: Zusätzliche Personendaten	EHS00_UE_PER
PHRASE_SEE_FREETEXT	0	Phrasenschlüssel für "siehe Freitext"	SEE_FREETEXT
P_PATHID	0	Std. Auswertungsweg für Personen	P-WA-S
QRY_CHECK_FUNC	0	Funktion zum Überpr. Selektionskriterien	

Abbildung 2.4 Ausschnitt aus den Umgebungsparametern für SAP EHS Management

Die Tabelle der Umgebungsparameter besteht aus dem technischen Schlüssel für den Umgebungsparameter, gefolgt von der Sortierreihenfolge. Dann werden der Bezeichner für und schließlich der Wert des Parameters genannt (siehe Abbildung 2.4).

Zusammengefasst kann man sagen, dass die Tabelle der Umgebungsparameter ein Sammelbecken für bestimmte Werte oder Parameter ist, für die eine eigene Customizing-Aktivität nicht sinnvoll wäre.

2.5 SAP-Klassensystem

Sie können das SAP-Klassensystem übergreifend in vielen Modulen in SAP ERP verwenden. Im Allgemeinen (d.h. außerhalb von SAP EHS Management) wird eine Klasse in einer bestimmen Klassenart angelegt und dieser Klasse werden dann Merkmale zugeordnet. Dieses Prinzip wird z.B. in der Materialwirtschaft verwendet, um einem Material über den Standard hinausgehende Klassifizierungen hinzuzufügen – wobei jedem Merkmal pro Klasse und Material dann genau ein Wert zugeordnet wird.

Diese »einfache« Klassifizierung reicht im Bereich SAP EHS Management nicht immer aus, um eine effiziente und vollständige Datenpflege zu ermöglichen. Darum sind sämtliche Klassen, die in SAP EHS Management verwendet werden, in der Klassenart 100 anzulegen! Nur diese Klassenart gestattet, dass »über« die Klasse die Funktionalität der *Stoffbewertungsart* gelegt werden kann (siehe Abschnitt 2.6.4, »Eigenschaften/Stoffbewertungsarten«). Dadurch wird es möglich, in einer Klasse eine oder beliebig viele sogenannte Instanzen zur Spezifikation zu pflegen. Oder anders ausgedrückt: Mit Hilfe der Funktionalität der Stoffbewertungsart können für eine Klasse beliebig viele Datensätze mit unterschiedlichen Parametern wie Verwendungen (siehe Abschnitt 2.12.1) oder Eigenschaften gepflegt werden.

Stoffbewertungsart	[zB]

Ein Beispiel für diese komplexeren Anforderungen sind z.B. die Arbeitsplatzgrenzwerte. Um die Datenpflege effektiv zu gestalten, gibt es dafür nur eine Klasse. An dieser Klasse haben Sie aber die Möglichkeit, sämtliche Arbeitsplatzgrenzwerte für jedes einzelne Land zu pflegen. Dies wird in Abschnitt 2.6.4 im Detail erläutert.

Neben der Möglichkeit, mehrere Instanzen zu pflegen, erlaubt die Stoffbewertungsart auch noch, die Gestaltung der Klasse für verschiedene Zwecke wie z.B. Stoffauflistungen und Zusammensetzungen zu pflegen. Auch hierzu finden Sie die genaueren Beschreibungen in Abschnitt 2.6.4.

2.6 Klassen, Merkmale und Eigenschaften

In den folgenden Abschnitten sind der Aufbau von Klassen, Merkmalen und die Verknüpfung zu den Stoffbewertungsarten beschrieben. Dabei stellen wir sowohl den SAP EHS Management-Standard dar, wie er von der SAP ausgeliefert wird, wie auch die Möglichkeiten, die Ihnen als Anwender offen stehen, um kundenspezifische Erweiterungen anzulegen.

2.6.1 Klassen und Merkmale in SAP EHS Management

In Abschnitt 2.5 haben wir die Unterschiede zu der Verwendung des SAP-Klassensystems bereits grob skizziert. Nun stellen wir Ihnen im Detail den Aufbau vor und möchten Ihnen Hinweise geben, wie Sie eigene Erweiterungen zweckdienlich erstellen können.

Klassen

In SAP EHS Management wird ausschließlich die Klassenart 100 (Stoffbewertungen) genutzt!

SAP liefert eine Grundmenge an Klassen aus, die für die Prozesse in der Produktsicherheit benötigt werden. Diese Klassen sind gut dokumentiert. Da sich die gesetzlichen Anforderungen an den Inhalt von Sicherheitsdatenblättern über die Zeit ändern, liefert SAP in unregelmäßigen Abständen Updates zu diesen Standardklassen aus, die abonniert werden können.

Derzeit sind z.B. für Europa und einige andere Regionen durch die REACH-Verordnung und die Notwendigkeit, ein erweitertes Sicherheitsdatenblatt (eSDB) mit dem sogenannten ANNEX für die Verwendung beim Kunden anzuhängen, Erweiterungen im Klassensystem erforderlich.

[+] | **Initialisieren der Klassen und Merkmale**

Das genaue Prozedere, um die Klassen und Merkmale aus dem 000-Mandanten in Ihren Arbeitsmandanten zu überführen, entnehmen Sie bitte der SAP-Installationsdokumentation oder den entsprechenden SAP-Hinweisen.

Fast alle Standard-SAP EHS Management-Klassen beginnen mit `SAP_EHS_10xx_xxx` (einige Klassen aus der Anfangszeit von SAP EHS Management beginnen noch mit `STD_EHS_...`). Die Platzhalter `xx_xxx` gruppieren die Eigenschaften entsprechend ihrer Bedeutung in einem bestimmten Kapitel des SDBs. Für die physikalisch-chemischen Eigenschaften wird z.B. die Klassenkennung

SAP_EHS_1013_xxx verwendet. Die letzten drei xxx stellen eine fortlaufende Nummerierung für die einzelnen Eigenschaften dar (die Klasse SAP_EHS_1013_005 steht z.B. für die Dichte).

Nahezu alle SAP EHS Management-Kunden stellen auf Grund Ihres speziellen Produktportfolios fest, dass der Umfang des Auslieferungsstandards an Klassen nicht ausreicht. Daher können Sie jederzeit weitere kundenspezifische Klassen in Ihrem eigenen Namensraum anlegen. Wir empfehlen, diese Klassen z.B. mit ABC_EHS_10xx_xxx zu bezeichnen, d.h. die von der SAP vorgegebenen Strukturen sollten beibehalten werden. ABC steht hierbei für Ihren Namensraum. Die fortlaufende Nummerierung der letzten drei Stellen sollte weit außerhalb der derzeit von SAP genutzten Nummernkreise beginnen (z.B. mit 200), damit es in absehbarer Zukunft bei der Nummerierung nicht zu Überschneidungen kommt. Wir empfehlen, die oben angegebene Gruppierung in Bezug auf das Kapitel (der vierstellige Bereich in der Klassenkennung) im SDB beizubehalten, es sei denn, dem stehen gute Gründe entgegen. (Dies ist nur als Empfehlung anzusehen, da Sie ja bereits am Anfang mit ABC Ihre spezifische Bezeichnung haben, es dient aber der Übersichtlichkeit.)

Die Pflege (inklusive die Übersetzung der Klassen-Bezeichner) kann in der Transaktion CL04 (Klasse löschen) erfolgen. Über die Buttonleiste können Sie auswählen, ob Sie Eigenschaften anzeigen, ändern, anlegen, kopieren oder löschen möchten (siehe Abbildung 2.5).

Abbildung 2.5 Auswahlmöglichkeiten in der Transaktion CL04

Die gleiche Auswahl finden Sie auch in den Transaktionen für die Merkmale. Die Bedeutung der einzelnen Buttons ist wie folgt:

1. Anzeigen der Klasse, keine Änderung möglich

2. Ändern der bestehenden Klasse

3. Neuanlage einer Klasse

4. Kopieren einer bestehenden Klasse

5. Löschen einer bestehenden Klasse

SAP liefert für alle Klassen Hilfetexte aus, die auch in den entsprechenden Übersetzungen in den jeweils unterstützten Anmeldesprachen vorliegen. Sollten Sie eigene Klassen anlegen, ist es dringend anzuraten, ebenfalls einen kurzen Text zu verfassen, der die Bedeutung für die neue Klasse bzw. den gewünschten Zweck der neuen Klasse beschreibt.

[!] | **Klassen und Merkmale ändern oder löschen**

Es wird dringend empfohlen, keine SAP-Standardmerkmale und Klassen zu löschen. Wenn Standardklassen und Merkmale bzw. selektierte Merkmale in Standardklassen für den Benutzer nicht sichtbar sein sollen, kann dies im Customizing bei den Eigenschaftsbäumen eingestellt werden (siehe Abschnitt 2.6.6).

Wir raten außerdem dringend davon ab, von SAP ausgelieferte Standardklassen und/oder -merkmale zu verändern! Das schließt den Bezeichner ein. Jedes Update von SAP würde Ihre Änderungen wieder überschreiben.

Wir empfehlen zudem – auch wenn es nicht immer an allen anderen Stellen explizit erwähnt wird –, zumindest die entsprechenden Bezeichner und die deutsche Übersetzung zu pflegen. Dies erleichtert den Anwendern später die Arbeit deutlich und entlastet Ihren Support.

Zusätzlich sollte dann in allen von Ihnen verwendeten SAP-Anmeldesprachen zumindest die englische Übersetzung vorliegen.

Die Pflege der Hilfetexte erfolgt auf dem Reiter TEXTE. Als Textbereich muss KLASSEN gewählt werden, die Textart ist LANGTEXT und der Bezeichner sollte den gleichen Namen haben wie die Klasse. Durch einen Doppelklick gelangen Sie in den Texteditor. Wenn Sie die Sprache wechseln möchten, geschieht dies über ZUSÄTZE und dann SPRACHE WECHSELN oben im Menü.

Merkmale

In einer Klasse wie z.B. der Dichte müssen nicht nur der eigentliche physikalische Wert für die Dichte (z.B. 1,12 g/cm³) gespeichert werden, sondern auch die dazugehörigen Messparameter (z.B. Temperatur, Druck) und weitere Informationen (z.B. Methode, Bemerkungen), die zu diesem erst geführt haben (siehe Abbildung 2.6). Diese Ausprägungen werden durch Merkmale abgebildet, die der Eigenschaft zugeordnet sind. Für alle einzelnen Ausprägungen, die für die vollständige Beschreibung eines Werts einzeln strukturiert sind, haben Sie später die Möglichkeit, diese einzelnen Datenelemente gemäß den gesetzlichen Vorgaben und/oder gemäß Ihren internen Richtlinien auf einem Bericht auszugeben (siehe Abschnitt 3.2, »Produktsicherheit – Berichtserstellung«).

Die Merkmale werden in der Transaktion CT04 gepflegt. Der technische Name eines Merkmals setzt sich aus dem Namen der Klasse und einem Kürzel für die genaue Bedeutung des Merkmals zusammen. So lautet er z.B. für den numerischen Wert der Dichte `SAP_EHS_1013_005_VALUE`.

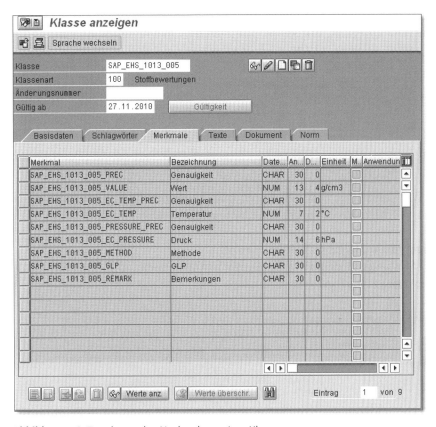

Abbildung 2.6 Zuordnung der Merkmale zu einer Klasse

Bei den Merkmalen gibt der SAP-Standard derzeit fünf Datentypen vor:

▸ Datumsformat (DATE)

▸ Numerisches Format (NUM)

▸ Währungsformat (CURR)

▸ Zeichenformat (CHAR)

▸ Zeitformat (TIME)

Die Formate, die im Bereich SAP EHS Management am häufigsten verwendet werden, sind das numerische Format (NUM) und das Zeichenformat (CHAR). Besonders durch die Einführung von REACH wird das Datumsformat (TIME) in jüngster Zeit ebenfalls häufiger verwendet (zur Kennzeichnung, ab bzw. bis wann ein Datensatz Gültigkeit hat).

Wir raten dringend davon ab, von SAP ausgelieferte Standardmerkmale zu verändern. Das schließt eine Veränderung der Bezeichnung mit ein. Wenn

Sie versuchen, eine SAP-Klasse oder ein -Merkmal zu verändern, wird eine Warnung angezeigt, die Sie befolgen sollten. Neue Klassen und Merkmale lassen sich nicht im SAP-Namensraum anlegen.

Jedes Update von SAP würde Ihre Änderungen zudem wieder überschreiben. Wenn Ihnen in einer SAP-Klasse ein Merkmal fehlt, sollten die komplette Klasse und alle zugeordneten Merkmale vor der ersten Benutzung (!) durch die Anwender in den eigenen Kundennamensraum kopiert werden (also von SAP_EHS_... nach ABC_EHS_...). Anschließend können diejenigen Merkmale im Kundennamensraum angelegt werden, die Ihnen fehlen.

Da Merkmale eine wesentliche Voraussetzung für die spätere Datenpflege sind, möchten wir die wichtigsten Datentypen genauer vorstellen:

Datentyp »Numerisches Format« (NUM)

Das Merkmal für den Wert der Dichte lautet SAP_EHS_1013_005_VALUE (siehe Abbildung 2.7).

Abbildung 2.7 Aufbau des Merkmals »Numerisches Format«

Neben dem technischen Namen (Merkmalname) und der Bezeichnung sind die beiden wesentlichen Bereiche, die von Ihnen auf dem Reiter BASISDATEN definiert werden müssen, die FORMATANGABEN und die BEWERTUNG. Bei den Formatangaben gibt das Feld ANZAHL STELLEN die Gesamtzahl aller möglichen Stellen an, die Dezimalstellen (gleichnamiges Feld) werden davon abgezogen. Die Benutzung einer Schablone ist nicht zwingend. In Bezug auf die Maßeinheiten verweisen wir auf Abschnitt 2.6.2.

Für numerische Werte sind bei der Bewertung in aller Regel nur einwertige Daten sinnvoll. Ob Intervalle, negative Werte oder ein eingeschränkter Wertebereich sinnvoll sind (siehe den Bereich BEWERTUNG), hängt von Ihren Anforderungen ab.

Intervalle, negative Werte oder eingeschränkter Wertebereich **[zB]**

So sind für den pH-Wert z. B. Intervalle sinnvoll, aber negative Werte sind fachlich ausgeschlossen, ebenso Werte unter 1 oder über 14. Eine Einschränkung auf die Werte von 1 bis 14 unterstützt die Anwender dabei, Fehler bei der Eingabe zu vermeiden.

Auf dem Reiter WERTE können Sie Prüfbausteine einhängen, oder die Eingabe gegen eine Tabelle in SAP ERP prüfen lassen. Diese Funktionalität ist wieder im Zusammenhang mit REACH hilfreich, wenn z. B. Registrierungen nur für einen bestimmten Buchungskreis gültig sind. In diesem Fall wird auf die entsprechende Tabelle als erlaubtem Wertebereich verwiesen. Werte, die in der gewählten Tabelle nicht vorhanden sind, können dann auch nicht eingegeben werden. Auch dies vermeidet Datenpflegefehler und im weiteren Verlauf des Prozesses nicht-valide Mengenangaben bei der Stoffmengenverfolgung (SVT).

Sollten Sie neue Merkmale anlegen wollen, die bereits so oder so ähnlich im SAP-Standard vorhanden sind, kann es sinnvoll sein, diese Merkmale zu kopieren und dann entsprechend Ihrer exakten Spezifikation abzuwandeln.

Datentyp »Zeichenformat« (CHAR)

Das Zeichenformat wird nahezu ausschließlich für die Verphrasung (siehe Abschnitt 2.7) verwendet. Für die Verphrasung ist es wichtig, dass die Anzahl der Stellen auf 30 eingestellt ist und auf dem Reiter WERTE die Funktion C14K_PHRASECHARACT_CHECK (SAP-Standard-Funktionsbaustein) im Werte-Check eingetragen ist. Dies lässt sich auch automatisieren (siehe Abschnitt 2.6.3, »Stammdatenabgleich (Transaktion CGCZ)«). Durch den hinterlegten Funktionsbaustein können beliebig lange Texte als Phrasen gepflegt werden, das heißt die Anzahl 30 ist nur der Indikator dafür, dass Phrasen hinterlegt werden können. Selbstverständlich ist die Länge des Felds ohne den hinterlegten Phrasenbaustein auf 30 Zeichen begrenzt.

Beim Zeichenformat ist für Sie die Option MEHRWERTIG von Bedeutung (auf dem Reiter BASISDATEN im Bereich BEWERTUNG). Möchten Sie z.B. bei den Feldern für die R- und S-Sätze (alte EU-Verordnung) oder den H- und P-Statements (neue Verordnung, GHS) die Möglichkeit nutzen, mehrere Phrasen für ein Feld gleichzeitig zu pflegen (siehe Abschnitt 2.7), muss dafür die Mehrwertigkeit aktiviert sein. Die Bewertung EINWERTIG erlaubt ausschließlich die Auswahl eines Werts bzw. einer Phrase, wenn also ein Feld entweder mit »Ja« oder »Nein« bewertet werden soll.

Auch wenn es in der SAP-Standardauslieferung anders gelöst ist, empfehlen wir, Felder, die im Zeichenformat angelegt werden und die *nicht* verphrast werden sollen, mit 29 Zeichen anzulegen.

[zB]
Felder mit 29 Zeichen anlegen

Möchten Sie z.B. ein Textfeld für regelmäßig wechselnde bzw. nicht in den Dimensionen angelegte Messwerte pflegen, für die es zu aufwendig ist, eine eigene Dimension zu definieren, empfiehlt sich die Verwendung eines Felds mit 29 Zeichen. Ein typisches Beispiel für diese Art von Daten in SAP EHS Management sind Messwerte in Nicht-Standardeinheiten.

Datentyp »Datumsformat«(DATE)

Da die Bedeutung dieses Formats im Prinzip selbsterklärend ist, möchten wir an dieser Stelle nur kurz darauf hinweisen, dass die Ausgabe des Datums auf Dokumenten später entsprechend den Einstellungen in den Generierungsvarianten (siehe Überschrift »Berichtsgenerierungsvarianten« in Abschnitt 3.2.1 (siehe Seite 160)) angepasst werden kann – unabhängig davon, wie es ursprünglich in die Datenbank eingegeben wurde. Das bedeutet, dass der Benutzer das Datum einpflegt, und es anschließend in der Form angezeigt wird, wie es in seinen persönlichen Benutzereinstellungen hinterlegt wurde.

[zB]
Datumsformat

Einem deutschen Benutzer würde in Deutschland z.B. das Datum »24. Dez. 2011« oder »24.12.2011« angezeigt werden, bei einem Benutzer in den USA erscheint bei demselben Datensatz die Schreibweise »12/24/2011«, wenn er sein Datumsformat in den persönlichen Voreinstellungen so gepflegt hat.

Zuordnung von Merkmalen und Klassen

Die Zuordnung von Merkmalen zu Klassen geschieht in der Transaktion CL04, Merkmale werden auf dem Reiter MERKMALE der Klasse zugeordnet (siehe Abbildung 2.6).

Es ist unsere dringende Empfehlung, SAP-Standardmerkmale und kundenspezifische Merkmale nicht in einer SAP-Standardklasse zu verwenden. Die reine Lehre sagt, dass SAP- und kundenspezifische Merkmale auch nicht gemischt in einer Klasse verwendet werden sollten. Rein technisch ist dies möglich, dient aber nicht der Übersichtlichkeit. Es bleibt – wie schon beschrieben – das Risiko, dass ein Upgrade der SAP Ihre Einstellungen zum Negativen verändert.

Wenn Sie in einer SAP-Standardklasse bestimmte Merkmale vermissen, kopieren Sie zumindest die entsprechende SAP-Klasse in Ihren Namensraum und ergänzen Sie die gewünschten Standardmerkmale und Ihre eigenen Merkmale in diese kopierte Klasse.

Der Hintergrund für diese Empfehlung ist, dass SAP sich vorbehält, bestehende Klassen und Merkmale mit einem Upgrade zu verändern. Wenn Sie dieses Upgrade einspielen, kann es zu einem Verlust Ihrer Merkmale an der Standardklasse kommen.

SAP behält sich vor, bestehende Merkmale zu erweitern (d.h. eine weitere Dezimalstelle oder eine Mehrfachbewertung einzuführen), da davon ausgegangen werden muss, dass dieses Merkmal bereits bei Kunden im produktiven Einsatz ist und eine »Reduktion« bei Ihnen zu Dateninkonsistenzen führen könnte. Ein »Upgrade« dieser Art ist für Sie als Kunde unkritisch, da die von Ihnen gepflegten Daten weiterhin nutzbar sind.

Klasse ganz neu anlegen – Vorgehen   [+]

Wenn Sie eine neue Klasse mit den dazugehörigen Merkmalen anlegen möchten, spezifizieren Sie sowohl die Klasse und alle Merkmale vorab. Legen Sie dann die Klasse wie beschrieben an und tragen Sie alle noch nicht existierenden Merkmale auf dem entsprechenden Reiter ein, ohne die Eingabetaste zu drücken. Wenn Sie am Ende die ⏎-Taste verwenden oder SPEICHERN auswählen, kommt folgende Systemmeldung: MERKMAL NOCH NICHT VORHANDEN, SOLL ES JETZT ANGELEGT WERDEN? Dann können Sie ein Merkmal nach dem anderen anlegen, ohne zwischen den entsprechenden Transaktionen hin- und herwechseln zu müssen.

2.6.2 Exkurs: Dimensionen und Maßeinheiten

Die Pflege von Dimensionen erfolgt in SAP ERP global im Customizing in der Aktivität MASSEINHEITEN ÜBERPRÜFEN (Tabelle T006). In dieser Tabelle werden die Verknüpfungen zu den unterschiedlichen Maßeinheiten einer Dimension und die jeweiligen Umrechnungen von einer zur anderen Maßeinheit abgebildet, wie z.B. bei einer Temperaturangabe in Grad Celsius (°C), in Kelvin (K) oder Fahrenheit (°F). Gleiches gilt für alle weiteren Dimensionen wie z. B. Drücke (hPA – PSI etc.), die über eine Formel ineinander überführt werden können. Wenn Sie hierfür Bedarf haben, sehen Sie sich die Pflege eines der genannten Beispiele in der Tabelle an und verfahren Sie analog (siehe Abbildung 2.8).

Maßeinheiten der Dimension Temperatur anzeigen: Übersichtsbild

Maßeinheit	Kaufmännisch	Technisch	Maßeinheitentext	
C	C	C	Celsius	
FA	°F	°F	Fahrenheit	
GC	°C	°C	Celsius	
K	K	K	Kelvin	SI-Einheit

Abbildung 2.8 Pflege der Maßeinheiten am Beispiel »Temperatur«

In dem in Abbildung 2.8 gezeigten Beispiel ist die Einheit Kelvin (K) die Stammeinheit (letzte Zeile der Tabelle), von der sich die anderen Einheiten wie Grad Celsius oder Grad Fahrenheit ableiten.

[+] **Einheit Celsius**

Die Einheit Celsius liegt einmal in der technischen Bezeichnung »C« und einmal in der technischen Bezeichnung »°C« vor. Das kann notwendig sein, wenn auf bestimmten Dokumenten das »°«-Zeichen nicht ausgedruckt werden soll.

In der Detailsicht für die abgeleiteten Einheiten werden dann die Umrechnungsfaktoren von der Stammeinheit festgelegt (siehe Abbildung 2.9).

Wir erläutern die Umrechnung im gleichnamigen Bereich in Abbildung 2.9 in Worten: Der Wert in Kelvin (K) wird mit 5 (Feld ZÄHLER) multipliziert, durch 9 (Feld NENNER) dividiert, und schließlich wird 255,372222 (Feld ADDITIVE KONSTANTE) addiert, um den Wert in Fahrenheit (°F) zu erhalten.

Dies hat für Sie den entscheidenden Vorteil, dass später bei der Datenpflege z.B. Ihre US-Kollegen Werte für die Temperatur direkt und, wie dort üblich, in Grad Fahrenheit angeben können. Werden diese Werte z.B. auf einem europäischen Sicherheitsdatenblatt verwendet, kann das System den dafür notwendigen Wert in Grad Celsius jederzeit ermitteln und in der lokal korrekten Maßeinheit ausgeben.

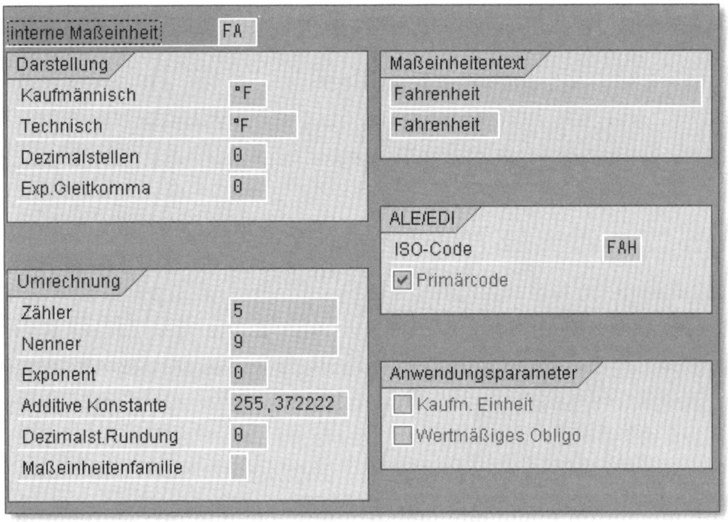

Abbildung 2.9 Umrechnung von Kelvin auf Grad Fahrenheit

Die Ergänzung von Tabelle T006 kann für Sie von Bedeutung sein, wenn Sie spezielle physikalische Messmethoden für Leitfähigkeitsmessungen etc. nachweisen und auf Berichten ausgeben müssen. Sollte dies allerdings die sehr seltene Ausnahme sein oder die Dimension sehr viele verschiedene Maßeinheiten beinhalten, die sich nicht oder nur schwer ineinander umrechnen lassen, ist die manuelle Erfassung dieser Daten gegebenenfalls schneller zu realisieren (siehe Abschnitt 2.6.1, »Klassen und Merkmale in SAP EHS Management«) und die Methode, die weniger Aufwand bedeutet.

Druck und Temperatur mögen Dimensionen sein, für die diese Funktion eine nette Erleichterung, aber nicht so spannend ist. Interessanter wird es vielmehr, wenn Sie international engagiert sind und versuchen, mit dem im angelsächsischen Sprachraum gebräuchlichen Foot/Pound-System und dem metrischen System für globale Auswertungen belastbare Reports zu erzeugen. Bedeutsam wird diese Funktionalität auch, wenn Heizwerte einmal in BTU und einmal in kJ angegeben sind und Sie versuchen, eine Massenbilanz aufgrund von Werten in divergierenden Einheiten von Volumen und Gewicht anzugeben und dabei an die Grenzen des mathematischen Verständnisses der handelnden Personen in den einzeln Ländern stoßen. Die Autoren sehen durch die aktuellen Entwicklungen (Emissionen, Kohlenstoffbilanzen (Carbon-Footprint), Massenbilanzen etc.) eine zunehmende Bedeutung dieser Funktionalität, auch wenn es »nur« ein ganz kleiner Teil der SAP EHS Management- oder besser Standard-SAP-Funktionalität ist.

Tabelle T006 für die Maßeinheiten liegt üblicherweise nicht im Zugriff des SAP EHS Management-Teams, sondern wird wahrscheinlich von der SAP-Basis in Ihrem Unternehmen betreut. Die Pflege der Tabelle aus dem Customizing heraus ist trickreich, besonders wenn Sie die Dimensionen und Maßeinheiten in viele Sprachen übersetzen müssen.

2.6.3 Stammdatenabgleich (Transaktion CGCZ)

Der Stammdatenabgleich unterstützt Sie während des Aufsetzens des SAP EHS Management-Systems und kann einen Teil der manuellen Arbeit übernehmen. Je nachdem, wie Sie das System aufsetzen, sollte der Stammdatenabgleich im produktiven Einsatz mit Bedacht ausgeführt werden. Darauf gehen wir an den entsprechenden Stellen detailliert ein.

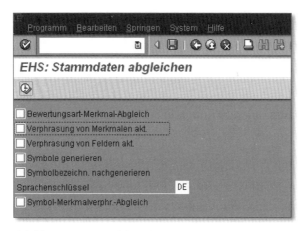

Abbildung 2.10 Auswahlmöglichkeiten beim Stammdatenabgleich

Die einzelnen Funktionen im Stammdatenabgleich (siehe Abbildung 2.10) sind in der SAP-Dokumentation gut beschrieben. Daher soll hier nur kurz auf die einzelnen Möglichkeiten eingegangen werden und wir möchten Sie auf mögliche Fallstricke hinweisen:

▸ **Bewertungsart-Merkmal-Abgleich**
Alle Merkmale, die mit der Zeichenlänge 30 definiert sind, werden ermittelt, und es wird ein Eintrag in der Tabelle für die Zuordnung der Phrasenauswahlmengen erstellt. Sollten Merkmale dieser Art gelöscht worden sein, wird der entsprechende Eintrag aus der Tabelle entfernt.

▸ **Verphrasung von Merkmalen akt.**
In Abschnitt 2.6.1 haben wir unter der Überschrift »Datentyp ›Zeichenformat‹ (CHAR)« gezeigt, wie Sie den Funktionsbaustein für die Verphra-

sung von Merkmalen manuell hinzufügen können. Diese Aktivität ermittelt alle entsprechenden Merkmale automatisch und fügt den entsprechenden Baustein hinzu.

Option »Verphrasung von Merkmalen akt.« [!]

Diese Funktionalität verändert auch diejenigen SAP-Standardmerkmale, die mit CHAR = 30 definiert sind, und bei denen Sie bewusst keine Verphrasung wünschen (also den oben angegebenen Baustein nicht eingetragen haben), und fügt den Funktionsbaustein für die Verphrasung wieder hinzu. Eigene kundenspezifische Merkmale, die per Definition nicht verphrasbar sein sollen, sollten daher immer als CHAR = 29 anlegt werden.

▸ **Verphrasung von Feldern akt.**
Durch diese Aktivität wird die Tabelle TCG66 automatisch gefüllt.

▸ **Symbole generieren**
Die Berichtssymbole (siehe Abschnitt 2.8) für die SAP-Standardmerkmale stehen Ihnen automatisch nach der Installation zur Verfügung. Wenn Sie kundenspezifische Klassen und Merkmale anlegen, können Sie mit Hilfe dieser Aktivität automatisch die notwendigen Berichtssymbole anlegen lassen.

▸ **Symbolbezeichn. nachgenerieren**
Wenn Sie mit der vorherigen Aktivität die Berichtssymbole generiert haben, werden diese mit der Anmeldesprache, das heißt mit der Sprache, mit der Sie sich im System anmelden, als Bezeichner generiert. Wenn Sie weitere Symbolbezeichner benötigen, führen Sie diese Aktivität für jede benötigte Sprache einzeln aus.

Mehrere Aktionen des Stammdatenabgleichs gleichzeitig durchführen [+]

Es ist technisch möglich, mehrere Aktionen des Stammdatenabgleichs gleichzeitig durchzuführen. Besonders die ersten drei Aktionen werden häufig gleichzeitig aktiviert und ausgeführt.

2.6.4 Eigenschaften/Stoffbewertungsarten

Im Umfeld von SAP EHS Management ist es oft notwendig, Datenelemente, die in den Merkmalen einer bestimmten Klasse gepflegt werden, mehrfach auszuprägen – etwa weil in dem gleichen Datencontainer voneinander abweichende Werte für die Arbeitsplatzgrenzwerte in unterschiedlichen Gültigkeitsräumen (siehe Abschnitt 2.12.1, »Reiter ›Verwendung‹«) notwendig sind. Um dies technisch zu realisieren, ist jeder Klasse in SAP EHS Management eine sogenannte Stoffbewertungsart zugeordnet, die diese Funktionalität ermöglicht.

Die Alternative wäre, für jedes Land eine eigene Klasse mit den entsprechenden Merkmalen anzulegen. Darunter würde aber die Übersichtlichkeit leiden.

Das bedeutet, dass jeder Klasse in SAP EHS Management auch eine Stoffbewertungsart zugeordnet sein muss. Aus Gründen der Übersichtlichkeit ist der technische Name der Stoffbewertungsart identisch mit dem technischen Schlüssel der Klasse. Das bedeutet, dass z.B. der Schlüssel für die Klasse »Dichte« (SAP_EHS_1013_005) gleichzeitig auch für den Schlüssel der Stoffbewertungsart »Dichte« steht.

[+] | **Funktionalitäten mit gleichem technischem Namen**

Die Informatiker unter Ihnen werden widersprechen, da ein Schlüssel ein-eindeutig sein muss, um Dateninkonsistenzen zu vermeiden. Das ist richtig! Daher liegt hinter jeder Stoffbewertungsart selbstverständlich ein interner, für den Benutzer nicht sichtbarer eindeutiger Schlüssel.

Die Zuordnung von Klassen und Stoffbewertungsarten erfolgt im Customizing in der Aktivität BEWERTUNGSARTEN FESTLEGEN (siehe Abbildung 2.11).

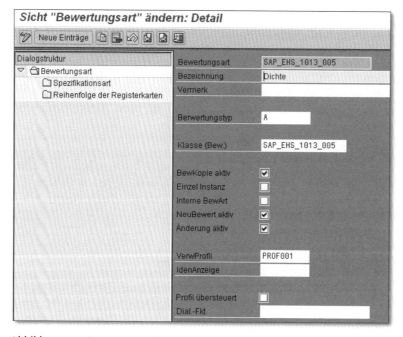

Abbildung 2.11 Customizing – Bewertungsarten festlegen

Im Folgenden sind die wichtigsten möglichen Einstellungen für die Stoffbewertungsart im Detail beschrieben. Informationen zu Datenelementen, die hier nicht beschrieben sind, erhalten Sie, indem Sie das entsprechende Feld markieren und dann die Taste ⌈F1⌉ drücken, um die Online-Hilfe angezeigt zu bekommen.

Das Feld BEWERTUNGSTYP steuert, wie sich dem Benutzer die Klasse in der Transaktion CG02 darstellt (siehe Tabelle 2.2).

Bewer-tungstyp	Bedeutung	Erklärung
A	Normale Eigen-schaft (mit Klasse)	Dies ist die typische Bewertungsart für physikalisch-chemische Daten wie z. B. die Dichte (SAP_EHS_1013_005, siehe Abbildungen 2.46 und 2.47).
B	Auflistung (mit Klasse)	Auflistungen werden z. B. für die Zersetzungspro-dukte (SAP_EHS_1014_020) verwendet (siehe Abbildung 2.57).
C	Zusammensetzung (mit Klasse)	Für alle Arten von Eigenschaften, die die genaue Angabe der Zusammensetzung benötigen (genaue Zusammensetzung aus Produkten, Standardzusam-mensetzung (SAP_EHS_1012_003) etc., siehe Abbil-dung 2.58)
D	Interne Verwen-dung	Den Autoren ist noch kein probates Beispiel für diesen Bewertungstyp begegnet.
E	Knoten im Eigen-schaftsbaum (ohne Klasse)	Dieser Eintrag wird nur benötigt, um den Eigen-schaftsbaum aufzubauen. Weitere Informationen dazu finden Sie in Abschnitt 2.6.6, »Eigenschafts-baum«.
F	Transportklassifi-zierung	Dieser Bewertungstyp wird für die Gefahrgut-Klassi-fizierungsstoffe (DG_CL_SUB) benötigt. Er erlaubt die Verknüpfung der Gefahrgutzusatzdaten mit weiteren frei editierbaren Feldern. Dies wird benötigt für die Gefahrgutvorschriften (SAP_EHS_1022_023). Wei-tere Details sind in Kapitel 5, »Gefahrgutabwicklung«, beschrieben.
G	Gefahrgutzusatz-daten	Für die UN-Listenstoffe (LS_UN_SUB) werden Daten in tabellarischer Form benötigt, die durch diesen Bewertungstyp automatisch als weiterer Reiter angelegt werden und dann für die Datenpflege zur Verfügung stehen. Als Beispiel dafür dienen die Gefahrgutvorschriften (SAP_EHS_1022_024, siehe Kapitel 5, »Gefahrgutabwicklung«).

Tabelle 2.2 Bewertungstypen

Bewer-tungstyp	Bedeutung	Erklärung
H	Gefahrauslösende Stoffe	Gefahrauslösende Stoffe werden in aller Regel am Realstoff (REAL_SUB) in der Eigenschaft »Gefahren-auslöser« (SAP_EHS_1022_032) eingetragen. Durch diese Einstellung wird ein neuer Reiter eingeführt, auf dem die für die jeweiligen Gefahrgutvorschrif-ten (ADR, RID etc.) notwendigen Spezifikationen eingetragen werden können (siehe Kapitel 5, »Gefahrgutabwicklung«).

Tabelle 2.2 Bewertungstypen (Forts.)

Wenn Sie für eigene kundenspezifische Klassen Stoffbewertungen anlegen möchten, empfehlen wir Ihnen, die Einstellung aus einer SAP-Stoffbewertungsart zu kopieren.

Für die Bewertungstypen A (Auflistung (mit Klasse)) und C (Zusammenset-zung (mit Klasse)) wird in der Transaktion CG02 ein weiterer Reiter erzeugt, auf dem Spezifikationsauflistungen bzw. -zusammensetzungen gepflegt wer-den können. Diese werden über den Spezifikationsschlüssel zugeordnet, und neben diesem Schlüssel erscheinen die entsprechenden Identifikatoren. Welche dies sind und in welcher Reihenfolge sie erscheinen, kann durch einen Eintrag im Feld IDENANZEIGE gesteuert werden (siehe Abbildung 2.11). Die sogenannten Identifikatorenauflistungen werden an verschiede-nen Stellen in SAP EHS Management verwendet und ebenfalls im Customi-zing eingestellt (siehe Abschnitt 2.11.5, »Exkurs: Identifikationsauflistung«).

Besonders eingehen möchten wir auf das Verwendungsprofil (Feld VERW-PROFIL in Abbildung 2.11), das Sie hinter jeder Stoffbewertungsart hinterle-gen können. In aller Regel haben Bewertungen einer Klasse das gleiche Verwendungsprofil. Wenn ein Verwendungsprofil bei den Stoffbewertungs-arten hinterlegt ist, wird dieses automatisch ergänzt, wenn die neu eingetra-gene Bewertung gespeichert wird. Sollte das genutzte Verwendungsprofil im speziellen Fall nicht korrekt sein, kann dieses jederzeit manuell überschrie-ben werden. Sie verhindern durch die standardmäßige Hinterlegung eines Verwendungsprofils, dass ein eingepflegter Wert ohne Verwendungsprofil bleibt, und damit gegebenenfalls nicht für die entsprechenden Dokumente herangezogen werden kann.

Die einzelnen Checkboxen in Abbildung 2.11 steuern, ob eine neue Bewer-tung, die Kopie einer Bewertung etc. direkt vom System als »aktiv« markiert werden soll (siehe Abschnitt 2.12.3, »Kennzeichen ›Aktiv‹«). Die detaillierte Bedeutung ist in der, hinter den Feldern hinterlegten Online-Hilfe gut beschrieben.

In der Dialogstruktur lassen sich die Bewertungsarten in Bezug auf die Spezifikationsart noch weiter einschränken. Das bedeutet, dass bestimmte Bewertungsarten im Dialog nur erscheinen, wenn sie für diese Spezifikationsart eingestellt sind.

Ebenso lässt sich die Reihenfolge der Registerkarten entsprechend Ihren Bedürfnissen einstellen. Üblicherweise werden bei den meisten Einführungsprojekten keine Einschränkungen vorgenommen. Es empfiehlt sich, die Standardeinstellungen erst zu verändern, wenn dies nach den ersten Erfahrungen im täglichen Umgang mit SAP EHS Management von den Benutzern gewünscht wird.

Exkurs: Verwendungsprofil

Die Einstellungen für die Verwendungsprofile finden Sie im Customizing bei den Einstellungen für die Verwendung. In der letzten Aktivität VERWENDUNGSPROFILE FESTLEGEN können Sie die einzelnen Verwendungsprofile für die Eigenschaften definieren – dabei sind beliebig viele Verwendungsprofile möglich. Es empfiehlt sich, während des Aufbaus des Eigenschaftsbaums die notwendigen Profile festzulegen. Abbildung 2.12 zeigt die Detailansicht für das Verwendungsprofil PROF001, das in der SAP-Standardauslieferung enthalten ist.

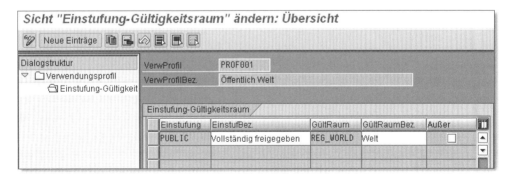

Abbildung 2.12 Customizing – Detailansicht Verwendungsprofil

In dem Beispiel werden nur eine Einstufung und ein Gültigkeitsraum verwendet. Der Aufbau von komplexen Verwendungsprofilen an dieser Stelle ist aber durchaus möglich.

2.6.5 Tabellarische Ansicht der Stoffbewertungsarten

Mit den höheren Release-Ständen hat SAP die Flexibilität bei der Ansicht der Eigenschaften im Eigenschaftsbaum deutlich erhöht. Mit Hilfe der neueren Einstellungen lässt sich sehr fein steuern, für welche Spezifikationsarten welche Merkmale in welcher Reihenfolge angezeigt werden sollen. Die Ausführung dieser Funktion ist eine notwendige Customizing-Einstellung, die beim initialen Aufbau des Systems durchgeführt werden muss und sobald eine neue Eigenschaft in den Eigenschaftsbaum aufgenommen worden ist.

Wir empfehlen jedoch, ein »Fein-Tuning« nicht gleich während der Einführung von SAP EHS Management vorzunehmen. Nachdem Sie sich mit der Applikation einige Zeit vertraut gemacht haben und Rückmeldungen von den Nutzern erhalten haben, sollten gegebenenfalls Anpassungen vorgenommen werden.

Wenn Sie diese Aktivität im Customizing aufrufen, erscheint das Fenster in Abbildung 2.13.

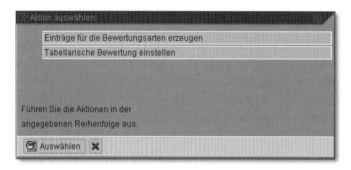

Abbildung 2.13 Einstieg in die tabellarischen Bewertungsarten

Die Möglichkeit Einträge für die Bewertungsarten erzeugen benötigen Sie, um initial neue (gegebenenfalls auch eigene) Stoffbewertungsarten in die Tabelle aufzunehmen. Dazu geben Sie in dem dann folgenden Bildschirm die gewünschte(n) Stoffbewertungsart(en) an und lassen die Aktivität ausführen. Wenn Sie hier keinen Wert angeben, prüft das System, ob es noch Stoffbewertungsarten gibt, die nicht in der Tabelle enthalten sind und generiert gegebenenfalls die notwendigen Einträge Dies muss beim erstmaligen Aufsetzen des Systems durchgeführt werden.

Die zweite Einstellung Tabellarische Bewertung anzeigen zeigt Ihnen alle vorhandenen tabellarischen Werte an. In Abbildung 2.14 sehen Sie den Ausschnitt für die Dichte. Dabei sind vor und nach den Merkmalen zu der zur

Stoffbewertungsart gehörigen Klasse auch die weiteren Felder und ihre Position angegeben – so, wie sie in der Transaktion CG02 später sichtbar sein werden (siehe Abschnitt 2.12, »Bewertungen im Eigenschaftsbaum«).

Bewertungsart	SpezifikatArt	Spalte	Objekt	Obj...	Sp...	SpBreite	Ausricht.	StSortFeld	Fix Spa...	Editierbar	Mussfeld	Funktionsbaustein
SAP_EHS_1013_005	REAL_SUB	1	OBJID_STDVAI_SORT	SVA	1	5	☰	☐	☑	☑	☐	
SAP_EHS_1013_005	REAL_SUB	2	OBJID_STDVAI_ASSESSMENT	SVA	2	3	☰	☐	☐	☐	☐	
SAP_EHS_1013_005	REAL_SUB	3	OBJID_STDVAI_STATUS	SVA	3	4	☰	☐	☐	☐	☐	
SAP_EHS_1013_005	REAL_SUB	4	OBJID_STDVAI_RELATION	SVA	4	4	☰	☐	☐	☐	☐	
SAP_EHS_1013_005	REAL_SUB	5	SAP_EHS_1013_005_PREC	CHA	5	11	☰	☐	☐	☑	☐	
SAP_EHS_1013_005	REAL_SUB	6	SAP_EHS_1013_005_VALUE	CHA	6	4	☰	☐	☐	☑	☐	
SAP_EHS_1013_005	REAL_SUB	7	SAP_EHS_1013_005_EC_TEMP_PREC	CHA	7	11	☰	☐	☐	☑	☐	
SAP_EHS_1013_005	REAL_SUB	8	SAP_EHS_1013_005_EC_TEMP	CHA	8	10	☰	☐	☐	☑	☐	
SAP_EHS_1013_005	REAL_SUB	9	SAP_EHS_1013_005_PRESSURE_PREC	CHA	9	11	☰	☐	☐	☑	☐	
SAP_EHS_1013_005	REAL_SUB	10	SAP_EHS_1013_005_EC_PRESSURE	CHA	10	5	☰	☐	☐	☑	☐	
SAP_EHS_1013_005	REAL_SUB	11	SAP_EHS_1013_005_METHOD	CHA	11	7	☰	☐	☐	☑	☐	
SAP_EHS_1013_005	REAL_SUB	12	SAP_EHS_1013_005_GLP	CHA	12	3	☰	☐	☐	☑	☐	
SAP_EHS_1013_005	REAL_SUB	13	SAP_EHS_1013_005_REMARK	CHA	13	11	☰	☐	☐	☑	☐	
SAP_EHS_1013_005	REAL_SUB	14	OBJID_USAGE	USA	14	30	☰	☐	☐	☐	☐	C107VAT_USAGE_STR

Abbildung 2.14 Übersicht über die tabellarischen Bewertungsarten für eine Klasse

Diese Customizing-Aktivität für die tabellarische Ansicht der Stoffbewertungsarten hat ein paar Eigenheiten, die wir Ihnen nicht vorenthalten wollen.

Wenn Sie zu einer kundenspezifischen Klasse, die schon seit geraumer Zeit produktive Verwendung findet, ein weiteres Merkmal an der von Ihnen gewünschten Position ergänzen, wird (nach notwendiger erneuter Ausführung dieses Reports für die dazugehörige Stoffbewertungsart) dieses Merkmal grundsätzlich am Ende aller Einträge angehängt. Das bedeutet, der neue Eintrag für das Merkmal erscheint in der Transaktion CG02 nach den administrativen Daten.

Der schnellste Weg, diese unschöne und für den Benutzer verwirrende Einstellung zu ändern, ist, alle entsprechenden Tabelleneinträge zu dieser Stoffbewertungsart zu löschen und dann den Report nur für diese eine Bewertungsart neu auszuführen. Wenn Sie ein dreistufiges System (Entwicklung, Konsolidierung und Produktivumgebung) nutzen, muss dies leider drei Mal geschehen.

2.6.6 Eigenschaftsbaum

Der Eigenschaftsbaum fasst eine Gruppe von Eigenschaften zusammen und ermöglicht die strukturierte Darstellung für die Spezifikationsdatenpflege. Der Standardeigenschaftsbaum (siehe Abbildung 2.15), der von SAP ausgeliefert wird, enthält alle Eigenschaften, die von SAP derzeit als aktuell angesehen werden. Eigenschaften, die mit früheren Release-Ständen ausgeliefert wurden, die aber heute nicht mehr relevant sind bzw. durch andere Eigenschaften ersetzt worden sind, werden in dem Eigenschaftsbaum »Obsolet« zusammengefasst.

Sicht "Zuordnung Bewertungsarten" ändern: Übersicht

Id	Level	KomprKenz.	Bewertungsart
210201	3	☑	SAP_RMS_1012_003
210401	3	☑	SAP_RMS_1012_005
210410	3	☑	SAP_RMS_1012_007
210420	3	☑	SAP_RMS_1012_008
310000	2	☑	SAP_EHS_1013
310100	3	☑	SAP_EHS_1013_001
310150	3	☑	SAP_EHS_1013_002
310300	3	☑	SAP_EHS_1013_003
310320	3	☑	SAP_EHS_1013_004
310400	3	☑	SAP_EHS_1013_005
310420	3	☑	SAP_EHS_1013_006
310450	3	☑	SAP_EHS_1013_007
310460	3	☑	SAP_EHS_1013_039
310500	3	☑	SAP_EHS_1013_008

Abbildung 2.15 Aufbau des Standard-Eigenschaftsbaums im Customizing

Für Kunden wird grundsätzlich der Aufbau eines eigenen Sicherheitsdatenblatt- oder erweiterten Sicherheitsdatenblatt-Eigenschaftsbaums empfohlen. Sollten Sie z.B. Betriebsanweisungen erstellen wollen, empfiehlt sich der Aufbau eines Eigenschaftsbaums, der die dort benötigten Stoffbewertungsarten enthält. Dieser neue Eigenschaftsbaum sollte die Eigenschaften in der Reihenfolge und in den Kapiteln widerspiegeln, wie sie im entsprechenden Dokument angedruckt werden. Dies ist für die Datenpfleger später eine deutliche Arbeitserleichterung.

Weitere Eigenschaftsbäume können sinnvoll sein, z.B. für den Bereich Gefahrgut, Gefährdungsbeurteilungen oder für die Pflege von Listenstoffen. Wenn in Ihrem Unternehmen verschiedene Abteilungen ausschließlich für die Pflege von bestimmten Datenbereichen verantwortlich sind, wie z.B. für die toxikologischen, öko-toxikologischen Daten oder physikalisch-chemischen Daten mag es eine deutliche Arbeitserleichterung sein, diesen Abteilungen eigene (reduzierte) Eigenschaftsbäume zur Verfügung zu stellen, die nur die Stoffbewertungsarten enthalten, die hier von Interesse sind.

In der Dialogstruktur legen Sie zuerst den technischen Namen und den Bezeichner eines neuen Eigenschaftsbaums an. Im nächsten Dialog werden die Stoffbewertungsarten in der Reihenfolge eingetragen, wie sie in der Transaktion CG02 erscheinen sollen. Der Level hilft bei der Gruppierung der einzelnen Eigenschaften. Die Überschriften einer Gruppe wie z.B. die Überschrift »Physikalisch-chemische Daten« werden als eigene Stoffbewertungsarten im Customizing mit dem Bewertungstyp »E« erstellt. Sie sind leicht zu identifizieren, da ihnen die fortlaufende Nummer innerhalb einer Gruppe fehlt (wie SAP_EHS_1013 für die physikalisch-chemischen Daten).

Das Komprimierungskennzeichen (Spalte KomprKenz. in Abbildung 2.15) legt fest, ob man den Teilbaum beim Aufruf des Eigenschaftsbaums »geschlossen« sieht – das wäre in Abbildung 2.16 unter dem Eintrag ALLGEMEIN der Fall – oder ob er gleich expandiert angezeigt wird.

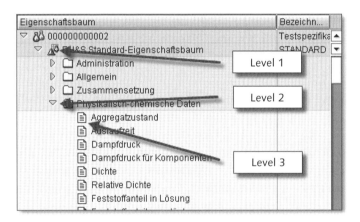

Abbildung 2.16 Auswirkungen des Komprimierungskennzeichens in der Transaktion CG02

Eigenschaftsbäume können sich mit der Zeit verändern. Bei der Erstellung eines neuen Eigenschaftsbaums oder dem Ergänzen von neuen Eigenschaften in einem bestehenden Baum sollten Sie darauf achten, dass bei der Positionsvergabe, also zwischen den einzelnen IDs, möglichst viel Platz zwischen den einzelnen Eigenschaften bleibt. Lassen Sie also zwischen den Zahlen von einem Eintrag zum nächsten nach Möglichkeit einen großen Bereich frei. Dies erlaubt eine zukünftige Erweiterung an jeder beliebigen Stelle. Es empfiehlt sich, beim Einfügen einer neuen Eigenschaft immer den mittleren Wert zwischen zwei Zahlen zu wählen. Wenn die Werte 500 und 580 bereits vorhanden sind, sollten Sie eine neue Eigenschaft mit der ID 540 einfügen.

Verschiedene Daten-Provider bieten in ihren Paketen auch den Erwerb von Eigenschaftsbäumen an, die bequem über die Importschnittstelle für Eigenschaftsbäume in das System gebracht werden können (siehe Abschnitt 3.1.1, »Standard-Importfunktionalitäten«). Auch hier gilt die dringende Empfehlung, sowohl die von SAP wie auch gegebenenfalls die von einem Daten-Provider ausgelieferten Eigenschaftsbäume *nicht* zu verändern, sondern diese Bäume gegebenenfalls zu kopieren und dann die Veränderungen in der Kopie vorzunehmen. Hintergrund dafür ist, dass bei einem Update von Ihrem Lieferanten ansonsten die große Gefahr besteht, dass Ihre Veränderungen überschrieben werden.

2.7 Phrasenmanagement

Phrasen sind Textbausteine mit Zusatzfunktionen, die es erlauben, Texte in jeder beliebigen Sprache auf jedem beliebigen Dokument anzudrucken, ohne mit mehreren Schlüsseln arbeiten zu müssen. In diesem Abschnitt beschreiben wir, welche Bedeutung Phrasen für das SAP EHS Management haben, wie sie aufgebaut werden, wie verschiedene Sprachen zu den Phrasen gepflegt werden und wie Sie diese Phrasen in den entsprechenden Merkmalen verwenden können.

Das zentrale Element ist der Phrasenschlüssel, oft auch als Phrasen-ID bezeichnet. Ein Phrasenschlüssel kann neben dem *Phrasentext* weitere Informationen – in den benötigten Sprachen – speichern. Der Phrasentext besteht entweder aus 132 Zeichen (Kurztext) oder aus längeren Zeichenketten. Dann spricht man von einem Langtext (siehe Abschnitt 2.7.5, »Phrasenpflege«). Die Länge des Phrasentexts ist nicht limitiert. Einem Phrasenschlüssel kann zusätzlich ein so genannter *Phrasencode* zugeordnet werden. Dieser ist auf sechzehn Zeichen begrenzt. In aller Regel stellt der Phrasencode die Abkürzung des Phrasentexts dar. Ferner kann hinter jedem Phrasenschlüssel auch ein Verweis auf eine Grafik hinterlegt werden. Die Grafiken müssen dabei im lokalen WWI-Verzeichnis für Grafiken und auf dem entsprechenden Verzeichnis der WWI-Server abgelegt sein, damit sie auf Dokumenten ausgedruckt werden können (siehe Kapitel 3, »Produktsicherheit«).

In den folgenden Abschnitten zeigen wir Ihnen, welche Einstellungen im Customizing notwendig und möglich sind, um im Dialog Phrasen zu pflegen und zu suchen.

2.7.1 Phrasenkatalog

In jedem SAP EHS Management-System gibt es nur einen Phrasenkatalog, der aktiv ist. Nur dieser Katalog kann in der Spezifikationsdatenbank benutzt werden, um Phrasen zu pflegen.

Des Weiteren kann es beliebig viele passive Phrasenkataloge geben, die den aktiven Phrasenkatalog befüllen. Passive Phrasenkataloge können entweder von einem Daten-Provider geliefert werden oder sie werden im Unternehmen aufgebaut (unternehmensspezifischer Katalog). Die Erfahrung zeigt, dass es in jedem Unternehmen mindestens einen eigenen Phrasenkatalog gibt.

Die Unterscheidung zwischen aktivem und passivem Phrasenkatalog erlaubt Ihnen, Erweiterungen und Ergänzungen zunächst im passiven Katalog vorzunehmen und zu prüfen, bevor diese – nach erfolgreicher Prüfung – in den aktiven Katalog übernommen werden. Der Fachbegriff für die Übergabe vom passiven in den aktiven Katalog lautet *Abmischen*. Die direkte Pflege von Daten im aktiven Katalog ist zwar möglich, wird aber nicht empfohlen.

Die Pflege der Phrasenkataloge erfolgt im Customizing in der Aktivität PHRASENKATALOG UND PHRASENGRUPPEN FESTLEGEN im Menü PHRASENVERWALTUNG (siehe Abbildung 2.17).

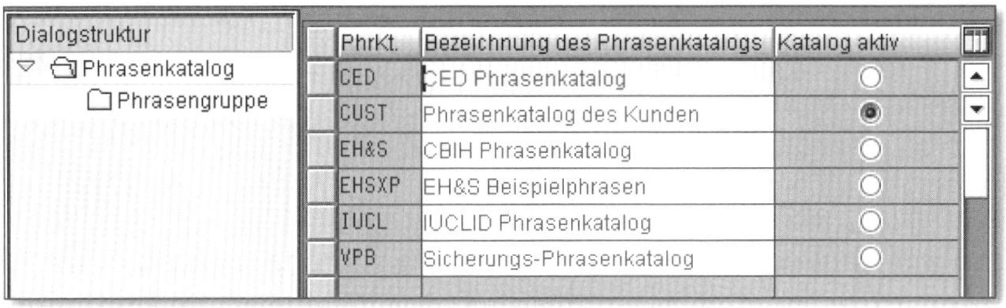

Abbildung 2.17 Customizing für Phrasenkataloge

2.7.2 Phrasengruppe

Ein Phrasenkatalog kann beliebig viele Phrasen enthalten. Um die Suche zu erleichtern bzw. um bestimmte Phrasen zu gruppieren, existieren die Phrasengruppen. Typischerweise werden die Phrasen, die hauptsächlich für ein bestimmtes Kapitel des Sicherheitsdatenblatts (SDB) verwendet werden, in einer Phrasengruppe zusammengefasst, die den gleichen Bezeichner hat wie das entsprechende Kapitel. Das bedeutet aber nicht, dass Phrasen aus dieser Gruppe später nicht auch in einem anderen SDB-Kapitel oder auf einem anderen Dokument verwendet werden können. Des Weiteren können aber auch Phrasengruppen für andere Sub-Module angelegt werden, wie in Abbildung 2.18 am Beispiel der Phrasengruppen 30.00 und 31.00 gezeigt wird. Bestimmte Phrasen werden ausschließlich als Überschriften in den Berichtsvorlagen benötigt (siehe Abschnitt 4.1.4). Auch für diese Gruppe empfiehlt es sich, eine eigene Phrasengruppe anzulegen.

Die Phrasengruppen können je Phrasenkatalog angelegt werden.

Dialogstruktur			PhrasenKat.	CUST	
▽ ☐ Phrasenkatalog			Bez. PhrKat.	Phrasenkatalog des Kunden	
☐ Phrasengruppe					

	PhrGrp.	Bezeichnung der Phrasengruppe	Vermerk
	07.00	HANDHABUNG UND LAGERUNG	
	08.00	EXPOSITIONSBEGRENZUNG / SCHUTZAUSRÜS...	
	09.00	PHYSIKALISCHE / CHEMISCHE EIGENSCHAFTEN	
	10.00	STABILITÄT UND REAKTIVITÄT	
	11.00	ANGABEN ZUR TOXIKOLOGIE	
	12.00	ANGABEN ZUR ÖKOLOGIE	
	13.00	HINWEISE ZUR ENTSORGUNG	
	14.00	ANGABEN ZUM TRANSPORT	
	15.00	VORSCHRIFTEN	
	16.00	SONSTIGE ANGABEN	
	17.00	WEITERE INFORMATIONEN	
	20.00	SDB-ÜBERSCHRIFTEN	
	21.00		
	30.00	Arbeitsschutz - Arbeitsbereichsphrasen	aus dem SHC
	31.00	Arbeitsschutz - Unfallkatasterphrasen	aus dem SHC
	DG-TEXT	Ausgabe von Gefahrgutpapieren / EDI	
	DG_MASTER		

Abbildung 2.18 Pflege der Phrasengruppen im Customizing

Die Phrasengruppen werden entweder, wie im vorherigen Absatz beschrieben, im Customizing eingestellt, oder die Pflege erfolgt über die Transaktion S_ALR_87008759 (Phrasengruppen festlegen). Phrasengruppen werden vom System automatisch angelegt, wenn ein Phrasenkatalog eines Anbieters geladen ist, der diese Information beinhaltet.

Eine dritte Möglichkeit ist die Anlage von Phrasengruppen direkt durch den Import aus dem Phrasenkatalog (siehe Abschnitt 3.1.1, »Standard-Importfunktionalitäten«).

2.7.3 Phrasensprache

Technisch gesehen ist eine Phrase ein Schlüssel, dem beliebige Ausprägungen zugewiesen werden können. Bei den Phrasen stellen diese Ausprägungen die benötigten und verwendeten Sprachen dar, in denen später ein Bericht erstellt werden soll. Diese Sprachen müssen im Customizing definiert werden. Es wird empfohlen, den zweistelligen Sprachenschlüssel genauso zu vergeben, wie die SAP-Bezeichnung des Landes, in dem diese Sprachen gesprochen wird.

Sprachen in SAP EHS Management [+]

Sprachen werden zentral in der Tabelle T002 für ein SAP-System definiert. Nur dort definierte Sprachen stehen auch in SAP EHS Management zur Verfügung. Eine Auflistung der wichtigsten Tabellen, die in SAP EHS Management Verwendung finden, haben wir im Anhang für Sie bereitgestellt.

Der Regelfall ist, dass z.B. die Sprache Englisch sowohl in Großbritannien wie auch in den USA verwendet wird. Dieses Konzept stößt z.B. bei Portugiesisch an seine Grenzen, da sich diese Sprache in den beiden Ländern Portugal und Brasilien sehr unterschiedlich entwickelt hat. Die Empfehlung lautet für diese Fälle, zwei Phrasensprachen anzulegen – hier Portugiesisch für Portugal und Portugiesisch für Brasilien.

Alternativ können auch zwei Phrasen mit den unterschiedlichen Sprachausprägungen für dieselbe Phrasensprache angelegt werden. Dies führt allerdings zu einem erhöhten Pflegeaufwand bei der Verwendung der Sprachen und wird von uns nicht empfohlen. Wir kommen später noch einmal darauf zurück. Die Pflege der Texte für die Phrasensprachen wird im Abschnitt 2.7.5, »Phrasenpflege«, erklärt.

2.7.4 Phrasenstatus

Der Status erlaubt es Ihnen, pro Phrase, also pro Phrasenschlüssel auf der Ebene der Phrasensprache, zu definieren, ob ein Eintrag verwendet werden darf, also freigegeben ist, oder ob er sich IN ARBEIT, EXTERN IN ARBEIT (z.B. bei einem externen Übersetzungsbüro) oder HISTORISCH ist.

In der Praxis wird diese Funktionalität nur von wenigen Unternehmen genutzt. Setzt man voraus, dass ein Unternehmen circa 5.000 Phrasen benutzt, die in 20 Sprachen gepflegt sind, wären an dieser Stelle 100.000 Status zu pflegen und aktuell zu halten.

2.7.5 Phrasenpflege

Wenn die Einstellungen im Customizing abgeschlossen sind (siehe Abschnitte 2.7.1 bis 2.7.4), kann mit der Phrasenpflege begonnen werden. Dies geschieht in der Transaktion CG12.

Um eine neue Phrase anzulegen, wird zuerst der relevante passive Phrasenkatalog ausgewählt. Im Feld PHRASE wird entweder ein Phrasenschlüssel aus dem externen Nummernkreis manuell eingegeben (siehe Abschnitt 2.3) oder aber dieses Feld wird nicht gefüllt und der neue Phrasentext bzw. -code wird eingetragen. In diesem Fall generiert SAP EHS Management beim Speichern einen Phrasenschlüssel aus dem internen Nummernkreis. Auf dem Hauptschirm werden zunächst der Phrasentext und gegebenenfalls der Phrasencode in der Anmeldsprache eingetragen. Es kann auch ein Vermerk eingetragen werden. Dieser dient lediglich einer internen Information. Nach dem Vermerk kann weder gesucht werden noch kann er im SAP-Standard auf einem Dokument ausgegeben werden.

Die Phrasencodes können sprachspezifisch eingegeben werden und der Name der Grafik ebenfalls, für den Fall, dass die Grafiken landesspezifische Zeichen enthalten wie z.B. griechische oder kyrillische Buchstaben. Die Grafiken müssen dabei sowohl auf dem Grafikverzeichnis des WWI-Servers wie auch auf dem lokalen WWI-Grafik-Verzeichnis vorhanden sein, um sie später auf einem Dokument drucken zu können. Wie die Phrasen entweder als Text, Code oder Grafik auf WWI-Berichten verwendet werden können, wird in Abschnitt 3.2, »Produktsicherheit – Berichtserstellung«, beschrieben. Beim Abspeichern findet keine Prüfung statt, ob die Grafiken vorhanden sind.

Abbildung 2.19 zeigt Ihnen, wie Sie für die einzelnen Sprachen, die mit dem SAP-Sprachencode gekennzeichnet sind (z.B DE für Deutsch und FR für Französisch), die jeweiligen Übersetzungen eintragen.

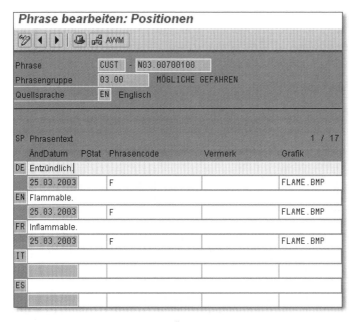

Abbildung 2.19 Phrasenpflege der Übersetzungen

Bis zu 132 Zeichen können direkt eingetragen werden (Kurztext). Wenn Sie versuchen, längere Zeichenketten einzutragen, werden diese vom System nicht mehr angenommen, es sei denn, Sie betätigen den Button rechts neben der Eingabemaske für den Phrasentext (der in Abbildung 2.20 auch als Kennzeichen für Langtext beschrieben ist) entweder bereits während der Eingabe des Texts oder erst, wenn Sie feststellen, dass Sie mit 132 Zeichen nicht auskommen.

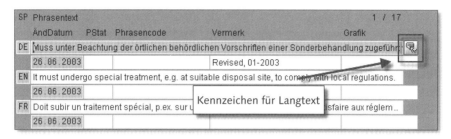

Abbildung 2.20 Ansicht von Langtexten in der Transaktion CG12

Dann schaltet das System auf einen anderen Editor um (der ebenfalls konfiguriert werden kann) und Sie können dann beliebig lange Zeichenketten als Phrase eingeben. Später werden diese sogenannten Langtexte in der Eingangsmaske der Transaktion CG12 ausgegraut, d.h. sie werden als nicht änderbar angezeigt. Sie sehen in Abbildung 2.20 ebenfalls, dass es vorkommen kann, dass eine bestimmte Übersetzung nur in einer Sprache deutlich länger als 132 Zeichen ist (hier die deutsche Übersetzung). Das bedeutet, dass die Texte in den einzelnen Sprachen nicht alle automatisch im Langtext-Editor erfasst werden müssen, sondern nur dort, wo es erforderlich ist.

Um einen Langtext dann zu verändern, müssen Sie wiederum in den Langtext-Editor wechseln. Hier sehen Sie in der obersten ebenfalls ausgegrauten Zeile den Originaltext als Unterstützung für die durchzuführende Übersetzung (siehe Abbildung 2.21).

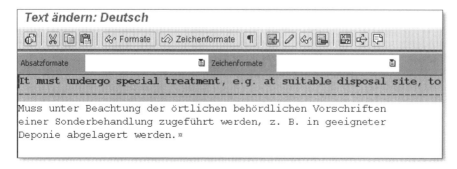

Abbildung 2.21 Editor für Langtexte in der Transaktion CG12

Um größere Mengen von Phrasen zu importieren, gibt es eine Importschnittstelle, die in Abschnitt 3.1.1, »Standard-Importfunktionalitäten«, beschrieben wird.

Wenn alle Phrasen im passiven Katalog angelegt sind, wird eine Trefferliste erzeugt und über den Menüeintrag ZUSÄTZE die Funktion ABMISCHEN ausgewählt. Es erscheint ein Fenster, in dem für viele Phrasen zwei Zeilen vorhanden sind. Die erste Zeile enthält Informationen aus dem passiven Phrasenkatalog. Die zweite Zeile enthält die Informationen, wie sie im aktiven Phrasenkatalog vorliegen werden.

Über den Button PHRID ÜBERNEHMEN wird der gleiche Phrasenschlüssel aus dem passiven Katalog in den aktiven übernommen. Sollte eine Phrasengruppe im aktiven Katalog noch nicht vorhanden sein, wird sie mit der Funktion ABMISCHEN in den aktiven Katalog eingetragen. Mit dem Button AUSWÄHLEN werden die gewählten Phrasen in den aktiven Katalog übertragen. Es wird empfohlen – je nach Systemleistung – nicht mehr als 1.000 Phrasen gleichzeitig abzumischen.

Im Menüpunkt ZUSÄTZE befindet sich auch der Unterpunkt ZUSAMMENFÜHREN. Hier können ähnliche Phrasen die gleiche Bedeutung haben, die über die gesamte Datenbank hinweg zusammengefasst werden.

[zB] | **Unterpunkt »Zusammenführen«**

Die Phrasen »Arzt hinzuziehen.« und »Den Arzt rufen.« können über die gesamte Datenbank hinweg zu einer Phrase zusammengefasst werden. SAP EHS Management prüft dann, bei welchen Spezifikationen die redundanten Phrasen gepflegt sind, und tauscht alle Phrasenschlüssel auf dem von Ihnen bestimmten Hauptschlüssel aus. Bei sehr großen Datenbeständen ist diese Funktion allerdings nicht mehr performant.

Die Transaktion CG13 erlaubt ausschließlich die Suche und Recherche von vorhandenen Phrasen, das Editieren ist hier nicht erlaubt. Sie können den Zugang zu den einzelnen Transaktionen über das Berechtigungsmanagement steuern, so dass nur bestimmte Gruppen in Ihrem Unternehmen ändernden Zugriff auf die Phrasen haben (Transaktion CG12), andere Gruppen nur lesenden über die Transaktion CG13.

Phrasen, die im aktiven Katalog vorhanden sind, können direkt aus der Transaktion CG12 einer Auswahlmenge zugeordnet werden (siehe Abschnitt 2.7.6, »Phrasenauswahlmengen, Phrasen anlegen und zuordnen«). Dies ist über die Schaltfläche AWM-ZUORDNUNG (oder die Taste F7) möglich.

Abbildung 2.22 zeigt, wie Sie eine bestimmte Phrase einer oder mehreren Auswahlmengen zuordnen können. Im Beispiel ist die Phrase mit dem Schlüssel N03.00700100 nur der Auswahlmenge »Hinweise« (SAP_EHS_1011_001_Advice) zugeordnet.

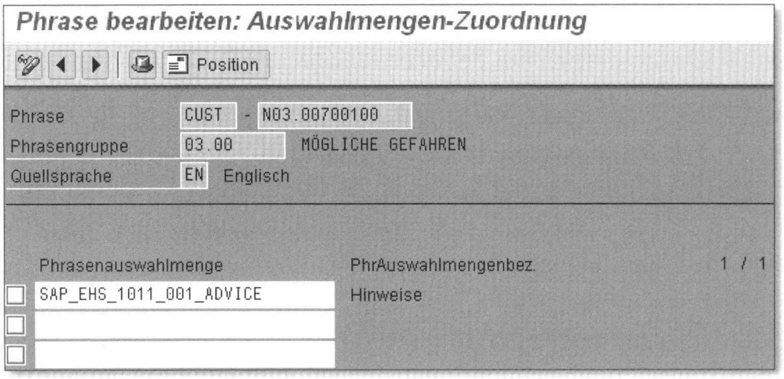

Phrase bearbeiten: Auswahlmengen-Zuordnung

Position

Phrase	CUST	–	N03.00700100
Phrasengruppe	03.00		MÖGLICHE GEFAHREN
Quellsprache	EN		Englisch

Phrasenauswahlmenge	PhrAuswahlmengenbez.	1 / 1
☐ SAP_EHS_1011_001_ADVICE	Hinweise	
☐		
☐		

Abbildung 2.22 Zuordnung von Auswahlmengen in der Transaktion CG12

Wurde eine neue Phrase angelegt, ist dies der schnellste Weg, diese einer oder mehreren Auswahlmengen zuzuordnen. Der umgekehrte Weg – also einer Auswahlmenge mehrere Phrasen zuzuordnen – ist im nächsten Abschnitt 2.7.6 beschrieben.

2.7.6 Phrasenauswahlmengen, Phrasen anlegen und zuordnen

Auswahlmengen (AWM) gruppieren eine bestimmte Anzahl von Phrasen, die hinter einem bestimmten Merkmal hinterlegt werden sollen. Auswahlmengen sollten den gleichen technischen Schlüssel haben wie die verphrasten Merkmale, die Phrasen aus dieser Auswahlmenge nutzen können sollen. Ist die Auswahlmenge bereits vorhanden, kann die Zuordnung der Phrasen direkt aus der Transaktion CG12 heraus erfolgen. Dies geschieht, wie im vorherigen Kapitel beschrieben, über den Button AWM (Auswahlmengenzuordnung, Taste F7). Im Prinzip können einer Auswahlmenge beliebig viele Phrasen zugeordnet werden. Allerdings ist es für den Nutzer ab einer gewissen Anzahl an Phrasen sehr unübersichtlich, die für ihn richtige(n) Phrase(n) auszuwählen.

Muss die Auswahlmenge noch angelegt werden, wird die Transaktion CG1B verwendet. Hier können entweder neue Auswahlmengen angelegt und in einem zweiten Schritt die Phrasen dieser Auswahlmenge zugeordnet werden, oder eine bestehende Auswahlmenge wird gesucht, und dann werden neue Phrasen hinzufügt bzw. nicht mehr gültige Phrasen entfernt.

Eine wichtige Bedeutung hat die Sortierreihenfolge in der Transaktion CG1B. Mit Hilfe dieser Einträge können Sie steuern, in welcher Abfolge die zugeordneten Phrasen erscheinen, wenn bei der Spezifikationsdatenpflege eine Auswahlmenge aufgeklappt wird. Die Phrasen, die mit der niedrigeren Nummer bei der Sortierreihenfolge gepflegt sind, erscheinen zuerst. Wenn Phrasen geladen werden oder ohne Angabe der Sortierreihenfolge gepflegt sind, wird dieses Feld automatisch mit der höchstmöglichen Zahl 9999 vorbelegt.

Die Transaktion CG1C (siehe Abbildung 2.23) beruht auf der gleichen Funktionalität, nur dass hier ein Editieren nicht möglich ist. Abbildung 2.23 zeigt, dass der Auswahlmenge `SAP_EHS_1023_008_ADVICE` zahlreiche Phrasen zugeordnet sind, die in der unter `SORT` angegebenen Reihenfolge aufsteigend in dem entsprechenden Merkmal angezeigt werden.

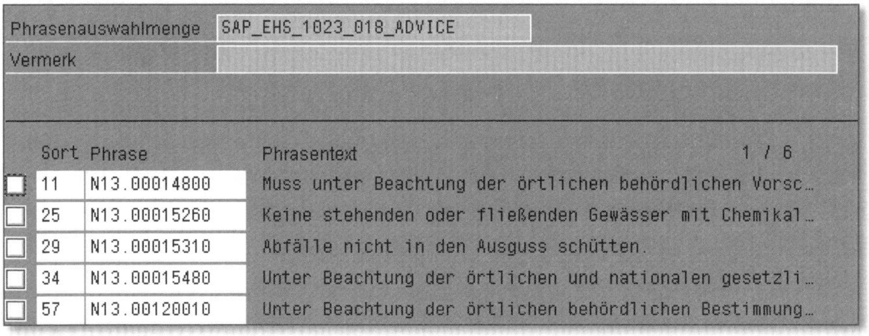

Abbildung 2.23 Phrasenzuordnung über die Transaktion CG1C

Der Unterschied zwischen den Transaktionen CG1B und CG1C ist im Prinzip der gleiche wie der zwischen den Transaktionen CG12 und CG13.

In den meisten Fällen ist jedem einzelnen Merkmal genau eine individuelle Phrasenauswahlmenge zugeordnet. Es gibt jedoch zwei Ausnahmen – die sogenannten allgemeingültigen Auswahlmengen –, die Ihnen die Pflege erleichtern:

- ▶ `SAP_EHS_XXXX_XXX_PREC` – **Genauigkeit**
- ▶ `SAP_EHS_XXXX_XXX_GLP` – **GLP, Good Laboratory Practice**

Diese beiden Phrasenauswahlmengen enthalten in allen Merkmalen, denen sie zugeordnet sind, exakt die gleichen Phrasen. Dies ist bei der Genauigkeit mindestens die Phrase »ca.« und bei GLP sind meistens ausschließlich die Phrasen für »Ja« und »Nein« zugeordnet. Zugleich finden sich diese Auswahlmengen in nahezu allen Klassen, besonders im Bereich der physikalisch-chemischen Daten wieder. Die Pflege der Phrasen für alle diese Merkmale lässt sich also auf zwei Auswahlmengen beschränken, was Ihnen einen erheblichen Pflegeaufwand erspart.

2.7.7 Phrasenauswahlmengen zu Merkmalen zuordnen

Mit der Transaktion CGAB können Merkmale, denen der Funktionsbaustein für die Verphrasung zugeordnet ist (siehe Abschnitt 2.6.3, »Stammdatenabgleich (Transaktion CGCZ)«), mit der Auswahlmenge verbunden werden. Um ein einfaches Auffinden der gesuchten Merkmale zu ermöglichen, sind die Merkmale über einen Eigenschaftsbaum strukturiert. Ist die entsprechende Eigenschaft ausgewählt, werden alle verphrasten Merkmale dieser Eigenschaft angezeigt und die entsprechende zugehörige Auswahlmenge kann eingetragen werden.

Bewertungsart	SAP_EHS_1013_005	Dichte			
Merkmal	**Bezeichnung**	**Phrasenauswahlmenge**	**Bezeichner**	**Freitextart**	**Bezeichner**
SAP_EHS_1013_005_PREC	Genauigkeit	SAP_EHS_XXXX_XXX_PREC	Genauigkeit		
SAP_EHS_1013_005_EC_TEMP...	Genauigkeit	SAP_EHS_XXXX_XXX_PREC	Genauigkeit		
SAP_EHS_1013_005_PRESSUR...	Genauigkeit	SAP_EHS_XXXX_XXX_PREC	Genauigkeit		
SAP_EHS_1013_005_METHOD	Methode	SAP_EHS_1013_005_METHOD	Methode		
SAP_EHS_1013_005_GLP	GLP	SAP_EHS_XXXX_XXX_GLP	GLP		
SAP_EHS_1013_005_REMARK	Bemerkungen	SAP_EHS_1013_005_REMARK	Bemerkungen		

Abbildung 2.24 Auswahlmengen zu Merkmalen zuordnen

Aus Abbildung 2.24 können Sie auch sehr gut entnehmen, warum es an einigen wenigen Stellen sehr sinnvoll ist, unterschiedliche technische Objekte mit dem gleichen technischen Bezeichner zu versehen. Die Merkmale SAP_ EHS_1013_005_PREC, SAP_EHS_1013_005_EC_TEMP... und SAP_EHS_1013_005_ PRESSUR... haben alle den Bezeichner »Genauigkeit« So kann die Zuordnung der allgemeingültigen Auswahlmenge für die Genauigkeit SAP_EHS_XXXX_ XXX_PREC schnell und sicher erfolgen.

Voraussetzungen für verphraste Merkmale   **[+]**

In einer Eigenschaft können nur die Merkmale mit Phrasen bestückt werden, die vom Datentyp CHAR = 30 sind, und bei denen der Funktionsbaustein C14K_ PHRASECHARACT_CHECK eingetragen ist (siehe Abschnitt 2.6.1, »Klassen und Merkmale in SAP EHS Management«).

2.8   Berichtssymbole

Berichtssymbole sind die Platzhalter, die im WWI-Template verwendet werden, um ein bestimmtes Merkmal an einer bestimmten Stelle in einer definierten Art und Weise auf den gewünschten Bericht auszugeben (siehe Kapitel 3, »Produktsicherheit«). Die Struktur der SAP-Standardmerkmale leitet sich aus dem technischen Merkmalsnamen ab. Daher ist eine Zuordnung vom Berichtssymbol zum Merkmal eindeutig.

Für kundenspezifische Merkmale können die entsprechenden Berichtssymbole entweder manuell oder durch den Stammdatenabgleich angelegt werden (siehe Abschnitt 2.6.3). Werden zu kundenspezifischen Merkmalen automatisch Berichtssymbole generiert, gleicht die Struktur der Symbolnamen nicht der der SAP-Standardsymbole. Vielmehr erfolgt hier eine Durchnummerierung, sodass das dazugehörige Merkmal nicht unbedingt vom Namen des Symbols abgeleitet werden kann.

In SAP EHS Management werden im Wesentlichen zwei Gruppen von Berichtssymbolen unterschieden:

- **Berichtssymboltyp 01**
  Die erste Gruppe wird von den Berichtssymbolen vom Berichtssymboltyp 01 gebildet (Feld BERSYMBOLTYP). Dies sind die Werte, die aus der Spezifikationsdatenbank gezogen und in aller Regel zum Zeitpunkt des Rohberichts (siehe Abschnitt 3.2.1, »Berichtsgenerierung und -erstellung – notwendige Einstellungen«) aufgelöst werden, d.h. mit den endgültigen Werten auf dem Dokument erscheinen.

- **Berichtssymboltyp 02**
  Die zweite Gruppe sind die sogenannten Parameter. Parameterwerte hängen meistens nicht von der dazugehörigen Spezifikation ab, sondern werden auf dem Endbericht benötigt. Sie können vom Empfänger des Dokuments und/oder dem Empfängerland abhängen. Typische Beispiele für Parametersymbole sind der Materialname, aber auch der Empfänger oder die Notfalltelefonnummer. Es handelt sich also hauptsächlich um Informationen aus Kapitel 1 des Sicherheitsdatenblattes.

Abbildung 2.25 zeigt das Customizing eines Spezifikationsberichtssymbols, also vom Typ 01. Wie in der Abbildung gut zu erkennen ist, lässt sich aus dem Symbolnamen G1013005VA sehr leicht die Verbindung zu dem Merkmal SAP_EHS_1013_005_VALUE, also dem Wert der Dichte herstellen.

Abbildung 2.26 zeigt das im SAP-Standard ausgelieferte Symbol für den Materialnamen. Hier wurde als technischer Bezeichner EHS_MATNAM, also ein sprechender Schlüssel verwendet. Augenfällig ist, dass sich aus dem technischen Bezeichner nicht direkt auf das entsprechende Tabellenfeld rückschließen lässt.

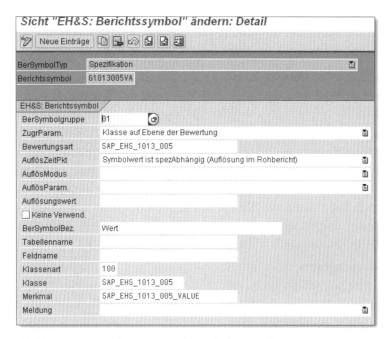

Abbildung 2.25 Spezifikations-Berichtssymbol – Einstellungen

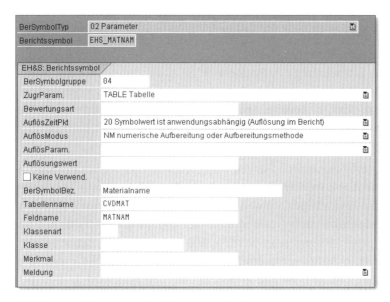

Abbildung 2.26 Parameter-Berichtssymbol – Einstellungen

Die wichtigsten Einstellungen für ein Symbol werden im Folgenden erläutert:

▶ **Feld »Berichtssymbol«**
Der technische Name der einzelnen Symbole, die entweder vom System generiert werden können oder aber vom User vergeben werden.

▶ **Feld »BerSymbolGruppe«**
Die *Berichtssymbolgruppe* dient zur weiteren Gruppierung der Berichtssymboltypen.

▶ **Feld »ZugrParam.«**
Das Feld *Zugriffsparameter* steuert, wie der Zugriff zur Auflösung des Berichtssymbols erfolgen soll. Der Wert TABLE bezieht sich dabei auf Werte von Nicht-SAP EHS Management-Tabellen. Die Werte CLASSH und CLASSP beziehen sich auf Klassen aus der Spezifikationsdatenbank. CLASS bezieht sich auf Bewertungen aus Klassen, die außerhalb von SAP EHS Management angelegt worden sind, wie z.B. Materialklassifizierungen.

▶ **Feld »Bewertungsart«**
Dieses Feld ist nur gefüllt, wenn es sich um ein Symbol vom Typ 01 handelt. Dann wird hier der technische Bezeichner der Stoffbewertungsart angegeben (siehe Abbildung 2.25).

▶ **Feld »AuflösZeitPkt«**
Dieses Feld beschreibt den *Auflösungszeitpunkt*. Es werden im Wesentlichen der Wert 10, also die Auflösung im Rohbericht für Werte aus der Spezifikationsdatenbank, und der Wert 20, also die Auflösung im Endbericht (meistens für Parameterwerte), verwendet. Im Customizing lautet die genaue Bezeichnung »20 Symbolwert ist anwendungsabhängig (Auflösung im Bericht)«. Um zwischen Rohbericht und versendetem Bericht besser unterscheiden zu können, sprechen die meisten Nutzer vom »Endbericht« für den letztlich versendeten vollständig ausgefüllten Bericht.

▶ **Feld »AuflösModus«**
Das Feld *Auflösungsmodus*. Für die verphrasten Merkmale aus der Spezifikationsdatenbank wird in der Regel GPC, also die Auflösung als Grafik, Phrase oder Phrasencode verwendet. Weitere Auflösungsmodi sind definiert für Identifikatoren (IT) und Barcodes (B), die im Wesentlichen auf Etiketten in GLM verwendet werden. Die Auswahl NM erlaubt es, eine programmierte Auflösungsmethode zu hinterlegen. Welche dieser drei Möglichkeiten für den Bericht verwendet werden soll, wird im Berichtslayout (siehe Kapitel 3, »Produktsicherheit«) definiert.

▸ **Feld »AuflösParam.«**

Auflösungsparameter geben weitere Vorgaben mit, z.B. wenn das Symbol nur für bestimmte gesetzliche Listen wie ADR oder IATA-C im Bereich Transport verwendet werden soll.

▸ **Feld »BerSymbolBez.«**

Der *Berichtssymbolbezeichner* ist der Name für das Symbol. Er soll später die eindeutige Auswahl beim Erstellen der Berichtsvorlagen erleichtern.

▸ **Feld »Tabellenname«**

Bei Parameterwerten außerhalb vom SAP EHS Management wird hier die Tabelle definiert, in der das gewünschte Feld (nächster Aufzählungspunkt) zu finden ist.

▸ **Feld »Feldname«**

Definiert exakt das Feld in der ausgewählten Tabelle.

▸ **Feld »Klassenart«**

Der Eintrag in diesem Feld lautet immer 100, wenn es sich um Daten aus der Spezifikationsdatenbank handelt. Wenn z.B. Daten aus der Materialklassifizierung gezogen werden sollen, ist die entsprechende Klassenart anzugeben.

▸ **Feld »Klasse«**

Dieses Feld definiert die Klasse in SAP EHS Management oder aus einem anderen Bereich in SAP, aus dem der Wert gezogen werden soll.

▸ **Feld »Merkmal«**

Hier wird das Merkmal aus der oben angegebenen Klasse in SAP EHS Management oder aus einem anderen Bereich in SAP, aus dem der Wert gezogen werden soll, definiert.

Customizing in verteilten Systemlandschaften [+]

Wenn SAP EHS Management als verteiltes System auf verschiedenen Plattformen läuft, muss darauf geachtet werden, dass die Berichtssymbole – speziell für die kundenspezifischen Merkmale – auf allen Systemen identisch sind. Hier ist es sinnvoll, ein Stammdaten-Referenzsystem aufzubauen, und von dort aus auch die entsprechenden Customizing-Tabellen per ALE oder Transport zu verteilen.

Sind die Berichtssymbole gerade bei den kundenspezifischen Merkmalen auf unterschiedlichen Systemen zu unterschiedlichen Zeiten generiert worden, besteht die große Gefahr, dass die technischen Bezeichner für die Berichtssymbole unterschiedlich sind und damit die Berichtsvorlage je Plattform unterschiedlich aufgebaut werden muss.

Die Verwendung von Berichtssymbolen auf den entsprechenden Layouts ist in Kapitel 3, »Produktsicherheit«, im Detail beschrieben.

2.9   Spezifikationsverwaltung

In der Spezifikationsverwaltung werden die im Unternehmen gehandelten Spezifikationen, Belastungen, gesetzlichen Listenstoffe etc. gepflegt und miteinander verknüpft, um die Datenpflege so einfach und effektiv wie möglich zu gestalten.

In den folgenden Abschnitten stellen wir Ihnen zunächst die Customizing-Möglichkeiten für den Spezifikationskopf vor.

2.9.1   Spezifikationstypen

Der Spezifikationstyp legt fest, für welchen Bereich von SAP EHS Management die Datensammlungen bei einer Spezifikation verwendet werden sollen. Für den Bereich der Produktsicherheit ist dies der Typ »Stoff«. In der Haupttransaktion CG02 werden nur die Spezifikationsarten angezeigt, die als Typ »Stoff« definiert wurden.

In der Standardauslieferung sind mehrere Spezifikationstypen enthalten. Als Beispiel seien hier nur die folgenden beschrieben:

▶ **Spezifikationstyp »Stoff«**
Dem Spezifikationstyp »Stoff« sind alle Spezifikationsarten zugeordnet, die in der Produktsicherheit Verwendung finden (siehe Abschnitt 2.9.2).

▶ **Spezifikationstyp »Gefahrgutklassifizierung«**
Diesem Spezifikationstyp sind die Spezifikationsarten zugeordnet, die für die Abwicklung von Gefahrgut notwendig sind (siehe Kapitel 5, »Gefahrgutabwicklung«).

▶ **Spezifikationstyp »Belastung«**
Dem Spezifikationstyp »Belastung« sind neben einigen Spezifikationsarten aus der Produktsicherheit auch weitere nicht-stoffliche Spezifikationsarten zugeordnet. Als nicht-stoffliche Spezifikationsart gelten z.B. Lärm, Hitze oder Kälte. Die Verwendung dieses Spezifikationstyps finden Sie in Kapitel 7, »Gefahrstoffmanagement«.

▶ **Spezifikationstyp »Verpackung«**
Der Spezifikationstyp »Verpackung« hängt eng mit den Bereichen »Produktsicherheit« und »Gefahrgut« zusammen. Die Abbildung von Verpackungen in SAP EHS Management ist eine der neueren Entwicklungen.

2.9.2 Spezifikationsarten für die Produktsicherheit

Man unterscheidet verschiedene Spezifikationsarten nach dem Spezifikationstyp. Die Bedeutung der Spezifikationsarten kann sich in den einzelnen Unternehmen auch je nach Portfolio unterscheiden. Die wichtigsten Spezifikationsarten für die Produktsicherheit sind in Tabelle 2.3 beschrieben. Es steht Ihnen frei, für Ihre Zwecke weitere Spezifikationsarten im Customizing aufzubauen.

Spez.-art	Bedeutung	Erklärung
LIST_SUB	Listenstoffe	Listenstoffe enthalten alle Daten für spezifische Chemikalien, die vom Gesetzgeber veröffentlicht worden sind. Das können Daten zur Einstufung und/oder Kennzeichnung, Arbeitsplatzgrenzwerte oder toxikologische und ökotoxikologische Einstufungen sein.
LIST_GRP	Listenstoffgruppe	Listenstoffgruppen enthalten Daten, die der Gesetzgeber für eine Gruppe von Chemikalien gemäß den bei den Listenstoffen genannten Kriterien veröffentlicht hat. Als Beispiel dafür können z.B. Cr^{3+}- oder Cr^{6+}-Salze genannt werden, die eine gemeinsame Einstufung haben und nicht einzeln in den gesetzlichen Listen aufgeführt sind.
LS_UN_SUB	UN-Listenstoffe	Diese Spezifikationsart enthält Daten, die speziell für den Transport von gefährlichen Gütern veröffentlicht sind.
REAL_SUB	Realstoffe	Am Realstoff sind die Daten gepflegt, die für diese Spezifikation im Unternehmen gültig sind. Üblicherweise wird für Realstoffe ein Sicherheitsdatenblatt erstellt.
REAL_GRP	Realstoffgruppe	Hier gilt das Gleiche wie für den Realstoff. Ein Beispiel für eine Realstoffgruppe kann z.B. Lack sein, der in verschiedenen Farben (die keinen Einfluss auf das Sicherheitsdatenblatt haben) verkauft wird.
REF_SUB	Referenzstoffe	Im Unterschied zur Realstoffgruppe enthalten Referenzstoffe Daten für ein bestimmtes Merkmal oder für ein bestimmtes Kapitel, die für viele Realstoffe gültig sind. Das bedeutet, dass die Pflege eines Referenzstoffes beliebig viele Realstoffe mit Daten füllen kann.

Tabelle 2.3 Spezifikationsarten

Spez.-art	Bedeutung	Erklärung
DG_CL_SUB	Gefahrgut-klassifizierung	In der Gefahrgutklassifizierung werden die Daten des UN-Listenstoffes um firmenspezifische Informationen ergänzt, wie z. B. das Gefährdungspotenzial oder die Verpackungsvorschriften. Auch hierzu finden Sie die Details in Kapitel 5.

Tabelle 2.3 Spezifikationsarten (Forts.)

Die in Tabelle 2.3 beschriebenen Spezifikationsarten sind in der SAP-Standardauslieferung enthalten. Ein Realstoff (REAL_SUB) kann also gemäß dieser SAP-Spezifikationsarten sowohl einen reinen Stoff oder eine Mischung darstellen. Unternehmen, denen es an dieser Stelle wichtig ist, zwischen den beiden Stoffarten zu unterscheiden, bauen häufig noch die Spezifikationsart Reinstoff (PURE_SUB) auf. Das könnte wichtig sein, wenn Sie z. B. im Bereich der Aromaindustrie oder der schon erwähnten Lackindustrie tätig sind und im System zwischen reinen Stoffen und sogenannten Pre-Mix-Zubereitungen (wie Lösungsmittelgemischen) unterscheiden möchten.

Im Customizing finden Sie diese Einstellungen in der Aktivität SPEZIFIKATIONSARTEN ÄNDERN (siehe Abbildung 2.27).

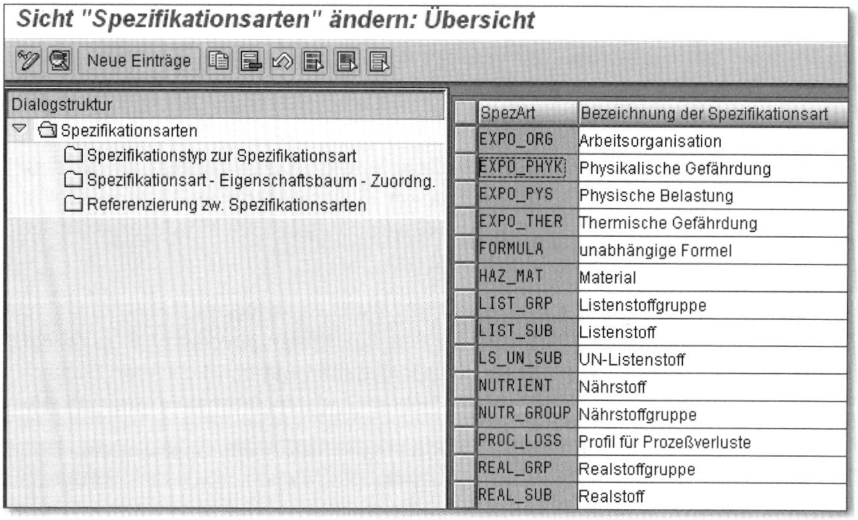

Abbildung 2.27 Customizing-Einstieg für Spezifikationsarten

Wenn Sie einen Eintrag auf der rechten Seite der Customizing-Aktivität markieren und dann auf die Schaltfläche 🔍 klicken, sehen Sie eine Übersicht über die Grundkonfiguration zu dieser Spezifikationsart (siehe Abbildung 2.28).

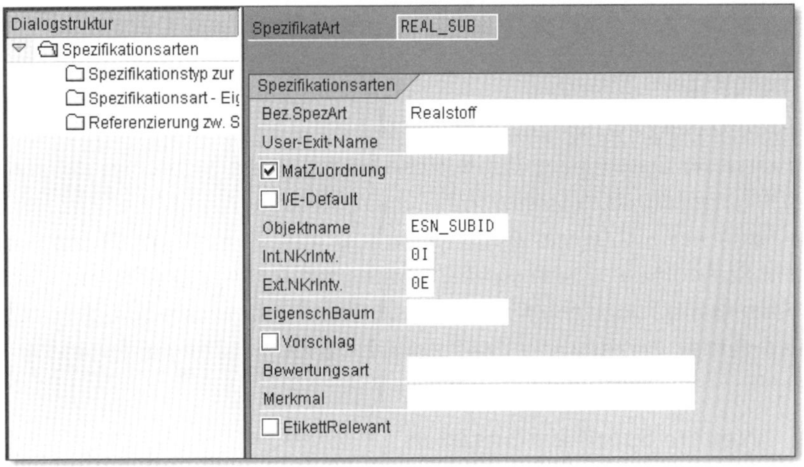

Abbildung 2.28 Detailsicht zu den Spezifikationsarten

Die wichtigsten Informationen, die Sie Abbildung 2.28 entnehmen können, sind folgende:

▸ Der Spezifikationsart (im Beispiel REAL_SUB) können Materialien zugeordnet werden (das ist z.B. bei Listenstoffen fachlich nicht sinnvoll).

▸ Die Spezifikationsschlüssel können im Beispiel aus dem Nummernkreis ESN_SUBID (siehe Abschnitt 2.3) gezogen werden.

▸ Sie sehen, ob aus diesem Nummernkreis interne und/oder externe Nummern vergeben werden dürfen – also ob der Benutzer einen Spezifikationsschlüssel aus dem externen Nummernkreis vorgeben darf. Dies ist demnach die Stelle, an der Sie die definierten Nummernkreise den Spezifikationsarten zuordnen können, wenn Sie getrennte Nummernkreise für unterschiedliche Spezifikationsarten wünschen.

Auf der linken Seite in der Abbildung sehen Sie drei weitere Möglichkeiten, die Verwendung von Spezifikationsarten einzuschränken:

▸ **Spezifikationstyp zur Spezifikationsart**
Nicht alle Spezifikationsarten können in allen Bereichen von SAP EHS Management sinnvoll eingesetzt werden. So ist z.B. eine physikalische Gefährdung EXPO_PHYK der Spezifikationsart »Belastung« zuzuordnen. Es erleichtert dem Anwender, z.B. in der Produktsicherheit, die Datenpflege, wenn ihm/ihr diese nicht benötigten Spezifikationsarten nicht angezeigt werden.

▸ **Spezifikationsart – Eigenschaftsbaum – Zuordnung**
Wenn in Ihrem Unternehmen ein Team nur für die Pflege der Listenstoffe (LIST_SUB) und der Listenstoffgruppen (LIST_GRP) zuständig ist, benötigen

diese in aller Regel nur einen eingeschränkten Eigenschaftsbaum. Es dient der Ergonomie, wenn auch nur dieser für die entsprechenden Spezifikationsarten angezeigt wird.

▶ **Referenzierung zw. Spezifikationsarten**
Während der Datenpflege lassen sich Daten von einer zu einer anderen Spezifikation durch Referenzierung (siehe Abschnitt 2.11.7) übertragen. Aus fachlicher Sicht ist es (wahrscheinlich) niemals sinnvoll, Daten von einem Realstoff (REAL_SUB) an einen Listenstoff (LIST_SUB) zu übertragen. Wiederum um Pflegefehler durch den Anwender zu vermeiden, lässt sich eine derartige Verknüpfung bereits durch das Customizing unterbinden.

2.9.3 Weitere Spezifikationsarten

Die im vorherigen Abschnitt aufgezählten Spezifikationsarten stellen im Wesentlichen das Standardportfolio dar, das für die Prozesse in der Produktsicherheit benötigt wird. Wie zuvor beschrieben, kann im Prinzip jede Spezifikationsart für alle Anwendungen innerhalb von SAP EHS Management genutzt werden – wenn dies fachlich sinnvoll ist und die Einstellungen im Customizing entsprechend getätigt wurden.

Aus rein »technischem« Blickwinkel heraus lassen sich die Spezifikationsarten auch für den Bereich des Arbeitsschutzes und der Arbeitsmedizin (REAL_SUB als stoffliche Belastungen, EXPO_XXX als nicht-stoffliche Belastungen), des Abfallmanagements und des Gefahrgutmanagements (LS_UN_SUB und D_CL_SUB) sowie für alle möglichen zukünftigen Anwendungen oder die speziellen Bedürfnisse in Ihrem Unternehmen nutzen. Weitere Hinweise zu diesem Thema finden Sie in den entsprechenden Kapiteln zu den einzelnen Teilbereichen von SAP EHS Management in diesem Buch.

2.10 Daten an der Spezifikation pflegen

SAP EHS Management ist in der Lage, alle Ihre Daten, die entweder weltweit von Bedeutung sind oder nur in bestimmten Ländern oder Bereichen (z.B. Europäische Union, NAFTA) Gültigkeit besitzen, an *einer* Spezifikation abzulegen.

Zudem mag es bei Ihnen Daten geben, die nur für bestimmte Dokumente freigegeben sind; ebenfalls mag es Daten geben, die noch in Überprüfung sind oder für andere Zwecke verwendet werden sollen, ohne dass Sie extra dazu eine weitere Spezifikation erstellen möchten. All dies führen Sie in der mächtigsten Transaktion von SAP EHS Management durch, in der Transaktion CG02.

2.10.1 Spezifikationen suchen

Üblicherweise befinden sich in SAP EHS Management in der produktiven Umgebung schnell mehrere Hundert, wenn nicht gleich Tausende von Datensätzen. Bei den meisten wird es sich um Realstoffe (REAL_SUB) handeln, vermutlich dicht gefolgt von Listenstoffen (LIST_SUB) und den weiteren Spezifikationsarten. Abhängig von Ihrem Portfolio wird es auch zahlreiche UN-Listenstoffe (LS_UN_SUB) und Gefahrgutklassifizierungsstoffe (DG_CL_SUB) geben. Das bedeutet, bevor Sie mit der Pflege der Daten zu einer genau definierten Spezifikation beginnen können, muss diese erst einmal gefunden werden. Oder andersherum: Bevor Sie eine neue Spezifikation erstellen, möchten Sie sicherstellen, dass diese nicht bereits im System vorhanden ist.

Der Aufruf der Transaktion CG02 ist gleichzeitig der Einstieg in die Suchfunktionalitäten von SAP EHS Management. Zuerst erscheint der Bildschirm aus Abbildung 2.29. Die Details der einzelnen Schaltflächen werden im Laufe dieses Abschnitts erklärt.

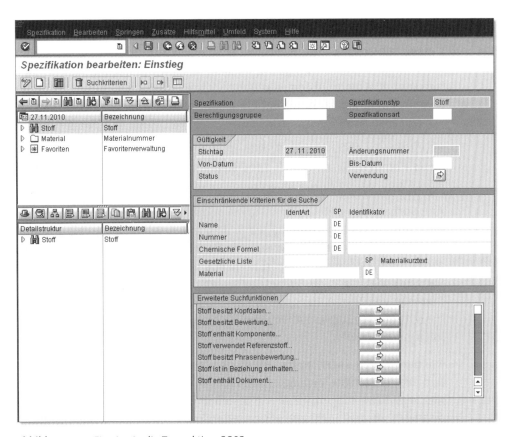

Abbildung 2.29 Einstieg in die Transaktion CG02

In der Ansicht von Abbildung 2.29 legen Sie im rechten Fenster die Suchkriterien fest, um eine sogenannte Trefferliste zu erzeugen. Als Trefferliste wird in SAP EHS Management eine Liste von Spezifikationen bezeichnet, die den eingegebenen Suchkriterien entsprechen: Suchen Sie einen bestimmten Stoff und kennen Sie den Spezifikationsschlüssel, tragen Sie diese Nummer im Feld SPEZIFIKATION ein. Dann wird die Trefferliste genau diese eine Spezifikation anzeigen.

Möchten Sie sich alle Stoffe, die zu einer bestimmten Berechtigungsgruppe gehören, anzeigen lassen, wählen Sie diese im entsprechenden Feld aus. Suchen Sie z.B. alle Spezifikationen, die den Identifikator NAM CAS enthalten (bezüglich der Identifikatoren lesen Sie Abschnitt 2.11.4), geben Sie im Feld IDENTART nur »CAS« ein und die entsprechende Liste wird aufgebaut. Kennen Sie nur einen Teil des Namens oder einer Nummer, benutzen Sie das Zeichen »*«, das Asterisk, um beliebige Ziffern- oder Buchstabenfolgen vor oder hinter dem eingegebenen Teilbereich suchen zu lassen.

Im unteren Bereich ERWEITERTE SUCHFUNKTIONEN können noch detailliertere Abfragen an die Spezifikationsdatenbank definiert werden. Die hier am häufigsten verwendete Suche bezieht sich auf das Kriterium STOFF BESITZT BEWERTUNG. Hiermit lassen sich unter Zuhilfenahme des Eigenschaftsbaumes sehr detaillierte Abfragen gestalten, die es erlauben, detaillierte Spezifikationsmerkmale als Suchkriterien zu definieren. Die Eigenschaftsbäume können auch gewechselt werden.

Eine typische Abfrage ist z.B. folgende: Zeige alle Spezifikationen an, die einen Flammpunkt kleiner als 23 °C haben. Dies lässt sich über die Suchabfrage STOFF BESITZT BEWERTUNG realisieren (siehe Abbildung 2.30).

Alle Suchen lassen sich miteinander verknüpfen. Sollten die im SAP-Standard angebotenen Suchfunktionen in diesem Bereich nicht ausreichen, können Sie weitere unternehmensspezifische Suchkriterien entwickeln und als Menü-Exits einhängen. Eine sehr häufig eigenprogrammierte erweiterte Suchfunktion ist z.B. die Suche aller Spezifikationen zu einer einfachen Liste (.txt-File) von Materialien, die direkt vom Frontend aus aufgerufen werden kann. Leider kann dem SAP-Standard hier immer nur eine Materialnummer mitgegeben werden.

Mit dem Button TREFFERLISTE (, Taste F8) wird die Suchanfrage gestartet und die Trefferliste erzeugt. Entsprechen die Ergebnisse der Trefferliste nicht den Erwartungen, kann eine bestehende Trefferliste auch durch Veränderungen an den Suchkriterien erweitert oder reduziert werden. Entsprechen die Ergebnisse überhaupt nicht Ihren Erwartungen, können über den

Button Suchkriterien löschen (Tastenkombination ⌂+F7) alle einschränkenden Suchkriterien im rechten großen Fenster auf einmal aufgehoben werden.

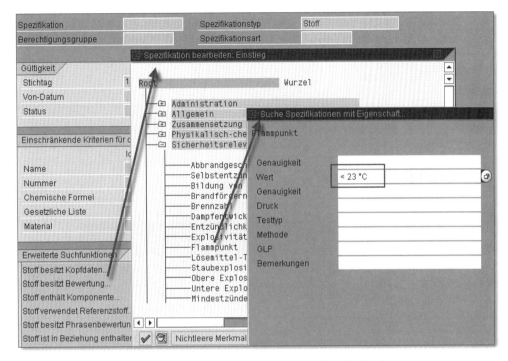

Abbildung 2.30 Transaktion CG02 – Einschränkung der Suche auf ein Merkmal

Wenn einer der Einträge bei den erweiterten Suchfunktionen aktiviert wurde, ist dies nur durch den kleinen grünen Kasten unterhalb des gelben Pfeiles zu erkennen (siehe Abbildung 2.31).

Abbildung 2.31 Kennzeichen für die aktivierte erweiterte Suche

In der Praxis wird dies oft übersehen, daher empfiehlt es sich, zwischendurch die Suchkriterien vollständig zu löschen.

Suchanfrage speichern

Oftmals ist es notwendig, mehrstufige Suchen durchzuführen. Diese müssen vielleicht auch regelmäßig durchgeführt werden. Dann wäre es mühsam, jedes Mal die Parameter auszuwählen und auf die Zwischenergebnisse zu warten, bevor der nächste Schritt ausgeführt werden kann. Sie haben daher die Möglichkeit, die hintereinander durchgeführten Suchschritte abzuspeichern, sobald Sie auf der Trefferliste sind. Dazu gehen Sie über das Menü HILFSMITTEL in den Punkt ANFRAGE und dort auf SICHERN. Es erscheint auf dem Bildschirm die zusammengefasste Anzeige aller Suchschritte, die Sie mit SPEICHERN bestätigen. Anschließend wird Ihnen die Anzeige aus Abbildung 2.32 angezeigt.

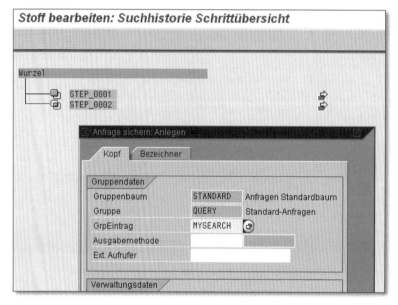

Abbildung 2.32 Abspeichern mehrstufiger Suchanfragen

Etwas verwirrend ist hier, dass trotz des ausgegrauten Felds GRUPPE »Query« eingetragen werden muss, bevor im Feld GRPEINTRAG Ihr Bezeichner für die Suche angegeben werden kann.

2.10.2 Trefferliste

Die Trefferliste zeigt das Ergebnis der Suchkriterien als eine Liste von Spezifikationen an. In der ersten Spalte steht üblicherweise der Spezifikationsschlüssel (siehe Abbildung 2.33). In den weiteren folgen die Identifikatoren, wie sie in der Identifikationsauflistung D_HITLIST definiert worden sind (siehe den Exkurs zur Identifikationsauflistung in Abschnitt 2.11.5).

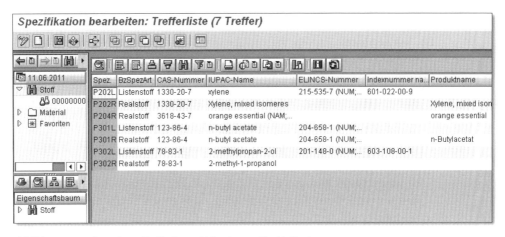

Abbildung 2.33 Generierte Trefferliste abhängig von Suchkriterien

Abbildung 2.34 Transaktion CG02 – Buttons in der Trefferliste

Die Schaltflächen in der Buttonleiste der Trefferliste – siehe Abbildungen 2.33 und 2.34 – haben die folgenden Funktionen:

1. Mit Hilfe dieses Buttons schalten Sie zwischen dem Anzeigen- und Ändern-Modus um. Dies ist durch den Text SPEZIFIKATION BEARBEITEN: TREFFERLISTE (XX TREFFER) oder SPEZIFIKATION ANZEIGEN: TREFFERLISTE (XX TREFFER) in der obersten Zeile des jeweiligen Bildschirms zu erkennen.

2. Dieser Button ist nur im Bearbeiten-Modus verfügbar. Mit Hilfe dieses Buttons legen Sie eine komplett neue Spezifikation an.

3. Durch diesen Button rufen Sie die mit Hilfe des nächsten Buttons ausgewählte Ausgabevariante auf (siehe Abschnitt 2.12.14).

4. Hiermit entscheiden Sie, welche Ausgabevarianten für die markierten Spezifikationen der Trefferliste aufgerufen werden sollen (siehe Abschnitt 2.12.14).

5. Die Spezifikation kann in der Zusammensetzung einer anderen Spezifikation erscheinen. Durch diesen Button erhalten Sie, ausgehend von den Selektionskriterien, den so genannten Verwendungsnachweis für die gewählte Spezifikation (siehe Abbildung 2.53).

[+] | **Verwendungsnachweis**

Der Verwendungsnachweis bezieht sich ausschließlich auf die Verwendung der Spezifikation in weiteren Spezifikationen (z.B. durch Referenzierung oder als Bestandteil einer Zusammensetzung oder Stoffauflistung) und ist unabhängig vom Reiter VERWENDUNG!

6. Wenn Sie eine Trefferliste erzeugt haben, die noch nicht alle Einträge enthält, springen Sie über diesen Button wieder in Suchmaske im rechten Teil des Bildschirms ab. Hier können Sie erneut Suchkriterien eingeben, die dann zusammen mit den Ergebnissen der ersten Suche angezeigt werden (es wird dann nach den Kriterien der ersten Suche *und* der zweiten Suche gesucht).

7. Enthält die Trefferliste zu viele Einträge, können Sie mit dieser Auswahl die Suchkriterien weiter einschränken. Dann erhalten Sie eine neue, reduzierte Trefferliste (Schnittmenge der ersten und der zweiten Suche).

8. Hiermit setzen Sie die letzte Einschränkung oder Erweiterung bei der Erzeugung Ihrer Trefferliste zurück.

9. Dieser Button übernimmt die markierten Einträge aus der Trefferliste im rechten Teil des Bildschirms in den Navigationsbereich (linker oberer Teil).

10. Dieser Button blendet den Navigationsbereich und den Eigenschaftsbaum aus Transaktion CG02 aus.

Um aus der Trefferliste heraus eine bestimmte Spezifikation aufzurufen, reicht es aus, den entsprechenden Spezifikationsschlüssel per Doppelklick zu aktivieren. Je nach Einstellung des Systems wird dann der Spezifikationskopf und hier der Reiter IDENTIFIKATOREN aufgerufen. Die einzelnen Reiter im Spezifikationskopf erklären wir im nächsten Abschnitt.

Mit dem grünen Pfeil nach links (ZURÜCK, Taste F3) kommen Sie von der Spezifikation jederzeit wieder zurück zur Trefferliste und können dann gezielt zu einer der anderen Spezifikation auf der Trefferliste wechseln. Mittlerweile gibt es zahlreiche weitere Möglichkeiten, um, ausgehend von der Trefferliste, von einer Spezifikation zur nächsten zu gelangen.

2.11 Kopfdaten der Spezifikation

Wenn Sie aus der Trefferliste heraus durch Doppelklick auf die entsprechende Zeile die Spezifikation aufgerufen haben, erscheint rechts im Bildschirm der Spezifikationskopf. Die Bezeichnung »Spezifikationskopf« wird für alle Reiter verwendet, die auf diesem Bildschirm zu sehen sind. Diese Reiter sind von zentraler Bedeutung für die Datenpflege und die Berichtsgenerierung, und sie werden nun im Einzelnen vorgestellt.

2.11.1 Reiter »Spezifikationskopf«

Auf dem ersten Reiter SPEZIFIKATIONSKOPF werden die wichtigsten administrativen Daten zu der Spezifikation abgelegt (siehe Abbildung 2.35). Die grau hinterlegten Felder im oberen Teil werden bei Anlage einer Spezifikation festgelegt und können nachträglich nicht mehr geändert werden.

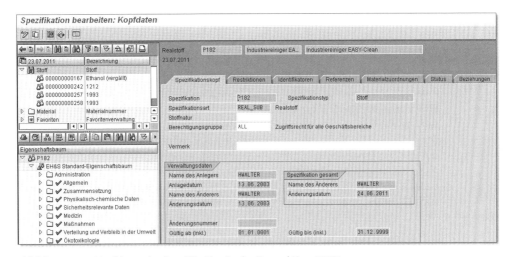

Abbildung 2.35 Kopfdaten der Spezifikation in der Transaktion CG02

Unterschiede in Release-Ständen bei der Spezifikationsart [!]

Die Spezifikationsart konnte noch nie im Dialog (also durch den Benutzer) nachträglich geändert werden. Allerdings war es in den älteren Release-Ständen möglich, dies über ein Programm im Hintergrund zu umgehen. Mit dem aktuellen Release ist dies ohne Modifikation nicht mehr möglich und sollte daher auch in keinem Prozess geplant werden.

Die Verwaltungsdaten werden automatisch durch das SAP EHS Management-System aktualisiert, wenn Daten in den Kopfdaten oder im Eigenschaftsbaum verändert werden.

Die Stoffnatur wird im Customizing eingestellt. Das Feld STOFFNATUR ist ein Relikt aus der Entstehungszeit von SAP EHS Management. Üblicherweise ist diese Information in keinerlei Prozess automatisch eingebunden. Durch die Einführung von REACH und durch die damit eingehende Bedeutungssteigerung der Unterscheidung zwischen Polymeren und Nichtpolymeren haben viele Nutzer von SAP EHS Management dieses Feld durch eigene Entwicklungen in ihre Prozesse eingebunden.

Von sehr großer Bedeutung ist das Feld BERECHTIGUNGSGRUPPE. Entsprechend der Größe Ihres Unternehmens steuern Sie über die Berechtigungsgruppe, wer für diese Spezifikation zuständig ist. Das heißt, Sie können über das Standard-SAP-Berechtigungssystem steuern, dass nur Mitarbeiter, die dieser Berechtigungsgruppe zugeordnet sind, Veränderungen an dieser Spezifikation durchführen dürfen. Das Berechtigungskonzept erlaubt Ihnen außerdem zu entscheiden, welche Informationen Benutzer, die anderen Berechtigungsgruppen zugeordnet sind, von dieser Spezifikation einsehen und/oder verändern dürfen.

[zB] | **Berechtigungsgruppe**

Ein Beispiel für die Steuerung über das Berechtigungskonzept ist die Zusammensetzung »Genaue Zusammensetzung aus Produkten«. Dahinter verbirgt sich in aller Regel das »Know-how« der entsprechenden Abteilung. Diese Klassifizierung sollte nur von den Inhabern der Stoff-Berechtigungsgruppe eingesehen werden können. Andere Daten, wie z.B. der Flammpunkt, sind sicherheitsrelevant und müssen daher auch von anderen Einheiten, wie z.B. dem Werkschutz, der Feuerwehr oder auch Einheiten, die diesen Stoff benutzen, einsehbar sein.

Das hier beschriebene Konzept für die Steuerung der Berechtigungen kann nur ein erster Ansatz sein. Wie bereits beschrieben, sind die Berechtigungen für bestimmte Aktionen je nach Größe Ihres Unternehmens sehr unterschiedlich gesteuert. Besteht das SAP EHS Management-Team aus wenigen Mitarbeitern, die sich gemeinsam die anstehenden Aufgaben teilen, ist ein einfaches Berechtigungssystem ausreichend. Wird SAP EHS Management in einem multinationalen Konzern mit vielen verschiedenen Abteilungen eingeführt, bleibt der Ansatz einer zentralen Datenbank weiterhin äußerst sinnvoll. Die Ausgestaltung der einzelnen Bereiche, welche Personen oder Teams für welche Aufgaben zuständig sind, wird aber deutlich differenzierter zu betrachten sein. Dies lässt sich bis auf die schon beschriebene Ebene von bestimmten Eigenschaften oder Transaktionen herunterbrechen. Gleiches gilt auch für die später noch vorgestellten Berichte.

Sowohl das Szenario »Kleines Team ist für alles verantwortlich« wie auch das Szenario »Unterschiedliche Teams nehmen jeweils genau umrissene, dezidierte Aufgaben wahr« und auch alle Varianten, die dazwischen liegen mögen, lassen sich in SAP EHS Management abbilden. Im Unterschied zu manchen anderen Einstellungen in SAP EHS Management wie z.B. dem Datenmodell, ist das Berechtigungskonzept jederzeit änder- und skalierbar, wenn das Unternehmen wächst. Es müssen keine zentralen Bereiche, die bereits vorhanden sind, vollständig überarbeitet werden.

Üblicherweise ist das Berechtigungsmanagement im Unternehmen zentral gesteuert. Wenn während der Einführung von SAP EHS Management ein Konzept entstanden ist, das die Rechte für die Ansicht und die Pflege von Daten in SAP EHS Management regeln soll, empfehlen wir dies mit der entsprechenden Abteilung umzusetzen.

2.11.2 Exkurs: Kopieren einer Spezifikation

Wir zeigen im Folgenden, wie Sie eine neue Spezifikation durch Kopieren anlegen.

> **Hinweis zur folgenden Darstellung** [+]
>
> Die Erklärung dieser Schaltfläche setzt einiges Wissen voraus, das erst im Verlauf dieses Kapitels aufgebaut wird. Da das Kopieren einer Spezifikation später nicht mehr gestreift wird, werden alle hier noch nicht erklärten Begriffe im Laufe dieses Kapitels erklärt.

Wenn Sie über die Schaltfläche ANLEGEN (, Tastenkombination ⇧ + F6) eine komplett neue Spezifikation anlegen und sich dabei der Daten einer bereits bestehenden Spezifikation bedienen möchten, ist dies über die im linken oberen Teil des Bildschirms angezeigte Schaltfläche VORLAGE KOPIE-REN (, Tastenkombination ⇧ + F4) möglich. Wenn Sie diese Schaltfläche aktivieren, erscheint der folgende Bildschirm (siehe Abbildung 2.36).

Abbildung 2.36 Auswahlschirm für das Kopieren einer Spezifikation

In diesem Auswahlbildschirm wird der Spezifikationsschlüssel (SUBID) der Quellspezifikation (Feld QUELLSPEZIFIKATION) angegeben, aus der die gewünschten Daten an die neue Spezifikation kopiert werden sollen. Hinter dem Feld ist eine F4-Suchhilfe, über die die gesuchte Spezifikation ermittelt werden kann (siehe Abschnitt 2.10.1, »Spezifikationen suchen«).

Über das Feld VORLAGE wird ausgewählt, welche Daten der Quellspezifikation kopiert werden sollen. Wie eine Vorlage angelegt bzw. ausgewählt wird, finden Sie weiter unten in diesem Hauptkapitel.

Das heißt, durch die geschickte Definition bzw. durch die anschließende Auswahl der Vorlagen kann die Quelle entweder vollständig oder selektiv in Teilen in die neue Spezifikation kopiert werden. Somit es ist auch möglich – durch Auswahl der richtigen Quelle und Vorlage – Daten an eine bestehende Spezifikation zu kopieren.

Zudem können Sie über die Checkbox REFERENZEN auswählen, ob die Kopfreferenzen (siehe Abschnitt 2.11.7) der Quellspezifikation an die neue Spezifikation übertragen werden sollen. Die zweite Checkbox MATERIALIEN steuert, ob die Materialzuordnungen der Quellspezifikation ebenfalls an die neue Spezifikation kopiert werden sollen. (Dies ist im Regelfall nicht sinnvoll, wie in Abschnitt 2.11.8, »Reiter ›Materialzuordnungen‹«, beschrieben ist.)

Im Folgenden sind nun die weiteren Reiter auf dem Bildschirm SPEZIFIKATIONSKOPF beschrieben:

2.11.3 Reiter »Restriktionen«

Auf diesem Reiter können Sie Verwendungen und Gültigkeitsräume in verschiedenen Kombinationen direkt für den Spezifikationskopf definieren. Diese Einstellungen können als Ergänzung zu der Berechtigungsgruppe im Stoffkopf angesehen werden.

In der Praxis muss sehr genau geprüft werden, ob diese Feinsteuerung über die Berechtigungsgruppe hinaus einen Vorteil bietet, oder ob – auch um die Datenpflege so effizient wie möglich zu halten – die Berechtigungssteuerung über die Berechtigungsgruppe ausreicht.

2.11.4 Reiter »Identifikatoren«

Identifikatoren werden im Stoffkopf gepflegt und sollten Werte abbilden, die die betrachtete Spezifikation eindeutig identifizieren. Im Standard bietet

SAP drei verschiedene Identifikationstypen (`IdentTyp`) an, die im Customizing erweitert werden können (siehe Tabelle 2.4).

IdentTyp (Code)	Identifikationstypen (Bezeichnung)
NAM	Namen
NUM	Nummern
FRM	Formeln

Tabelle 2.4 Identifikationstypen

Alle Identifikationstypen müssen durch Identifikationsarten (`IdentArt`) ergänzt werden. Die bekanntesten Beispiele sind der CAS-Name und die CAS-Nummer. Unter dem Identifikationstyp `NAM` wird die Identifikationsart `CAS` ausgeliefert. Der komplette Identifikator wird also durch Typ und Art `NAM CAS` spezifiziert. Analog gilt für die CAS-Nummer `NUM CAS`, also der Identifikationstyp `NUM` ergänzt um die Identifikationsart `CAS`.

Hinter jeden Identifikator lässt sich ein Funktionsbaustein einfügen, der den eingegebenen Wert gegen eine Prüfroutine checkt. Im SAP-Standard wird z.B. eine Prüfroutine hinter der CAS-Nummer ausgeliefert. Dieser Funktionsbaustein prüft, ob die eingegebene Nummer entsprechend der den CAS-Nummern zugeordneten Prüfroutine (letzte Stelle der CAS-Nummer) korrekt ist. Ist das Ergebnis der Prüfung negativ, erlaubt das System nicht, die eingegebene Nummer zu speichern.

Es werden zahlreiche weitere Prüfroutinen für bestimmte, meist numerische Identifikatoren im Standard mit ausgeliefert, die einen Überblick über die Möglichkeiten und Anregungen für die kundenspezifische Eigenentwicklung von Prüfroutinen geben. Sollte es in Ihrem Unternehmen Daten geben, die Sie einer Prüfroutine unterziehen wollen, ist dies jederzeit durch die Entwicklung von eigenen Routinen in Ihrem Namensraum möglich.

Die Ablage von Formeln erfolgt auf zweckdienliche Weise als Summenformeln `FRM SUM`. Wenn eine Formel in grafischer Form abgelegt werden soll, empfehlen wir die Nutzung einer Freitextart für diesen Zweck (siehe Abschnitt 2.12.9).

Abbildung 2.37 zeigt Ihnen verschiedene Identifikatoren für die Chemikalie Xylol.

	S...	Ve...	GL	VW	IdentTyp	IdentArt	S	Sor...	Identifikator	
			0	1	NAM	CC		7	Xylene, mixed isomers	
			0	1	NAM	ET		1	Xylene, mixed isomers	
			0	1	NAM	HIS	DE	4	Xylol, Isomerengemisch	
			0	1	NAM	HIS	EN	5	xylene, mixed isomers	
			0	1	NAM	IH	DE	2	Xylol, Isomerengemisch	
			0	1	NAM	IH	EN	3	Xylene, mixed iosomers	
			0	1	NAM	IUPAC		1	Xylene, mixed isomeres	
			0	1	NAM	PROD		1	Xylene, mixed isomeres	
			0	1	NAM	TRIV	DE	2	Xylol, Isomerengemisch	
			0	1	NAM	TRIV	EN	3	Xylene, mixed isomers	
			0	1	NUM	CAS		6	1330-20-7	

Abbildung 2.37 Beispiel für verschiedene Identifikatoren im Stoffkopf

Identifikatoren können für verschiedene Sprachen angelegt werden. Also kann, wie in Abbildung 2.37, ein Trivialname (NAM TRIV) in den Sprachen Deutsch und Englisch und gegebenenfalls auch noch in weiteren Sprachen angelegt werden. Es ist auch möglich, dem Identifikator keine Sprachenkennung mitzugeben. Auch dies ist als eigenständiger Eintrag erlaubt.

Zusätzlich kann einem Identifikator auch noch eine Zuordnung zu einer oder mehreren gesetzlichen Listen mitgegeben werden. Dies ist hilfreich, wenn eine bestimmte gesetzliche Liste bestimmte Namen fordert. Die Anzahl der zugeordneten gesetzlichen Listen erscheint als numerische Zahl in der Spalte GL.

Mittlerweile ist es auch möglich, für jeden einzelnen Identifikator eine oder auch mehrere Verwendung(en) anzugeben (siehe Abschnitt 2.12.1). Wenn der Nutzer keine Verwendung vorgibt, sind die eingetragenen Werte automatisch mit der Einstufung PUBLIC und dem Gültigkeitsraum REG_WORLD versehen. Im Unterschied zu den gesetzlichen Listen ist die Spalte für die Verwendung VW also immer mindestens mit dem Eintrag »1« gefüllt, es sei denn, der Nutzer löscht diese Verwendung bewusst.

[!] **Zwang zur Eineindeutigkeit von Identifikatoren**

Wir möchten darauf aufmerksam machen, dass ein Identifikator, dessen Attribute alle gleich sind (Typ, Art, Sprache, Zuordnung gesetzliche Listen und Verwendungen), nur einmal gepflegt werden kann!

Abbildung 2.38 Schaltflächen für die Identifikatoren

Wenn der Reiter IDENTIFIKATOREN ausgewählt wird, ändert sich automatisch die Liste der zur Verfügung stehenden Schaltflächen. Im Folgenden möchten wir die Schaltflächen zu den Identifikatoren (siehe Abbildung 2.38) im Einzelnen vorstellen, da diese von großer Bedeutung für die spätere Datenpflege sind:

1. **Button »Alle markieren«**
   Markiert alle vorhandenen Identifikatoren.

2. **Button »Alle Mark. löschen«**
   Löscht die Markierungen von Identifikatoren.

3. **Button »Aufsteigend sortieren«**
   Sortiert die Zeilen aufsteigend.

4. **Button »Absteigend sortieren«**
   Sortiert die Zeilen absteigend.

5. **Button »Zeile einfügen«**
   Fügt eine Zeile hinzu.

6. **Button »Zeile löschen«**
   Löscht den markierten Identifikator.

7. **Button »Ausschneiden«**
   Übernimmt den markierten Identifikator in die Zwischenablage.

8. **Button »Kopieren«**
   Kopiert den markierten Identifikator in die Zwischenablage.

9. **Button »Einsetzen«**
   Fügt den markierten Identifikator aus der Zwischenablage an der Spezifikation wieder ein.

10. **Button »Rückgängig«**
    Macht die letzte vom Benutzer durchgeführte Aktion bei den Identifikatoren wieder rückgängig.

11. **Button »Erste Seite«**
    Springt auf die oberste Seite der Identifikatoren, wenn mehrere Seiten vorhanden sind.

12. **Button »Vorherige Seite«**

Springt auf die nächsthöhere Seite der Identifikatoren, wenn mehrere Seiten vorhanden sind.

13. **Button »Nächste Seite«**

Springt auf die nächste Seite der Identifikatoren, wenn mehrere Seiten vorhanden sind.

14. **Button »Letzte Seite«**

Springt auf die letzte Seite der Identifikatoren, wenn mehrere Seiten vorhanden sind.

15. **Button »Langtext«**

Springt in den Langtext-Editor ab, um Identifikatoren zu pflegen, die länger als 132 Zeichen sind.

16. **Button »Information«**

Zeigt die Verwaltungsinformationen zu dem markierten Identifikator an.

17. **Button »Zuordnung Gesetzliche Liste«**

Erlaubt die Zuordnung von gesetzlichen Listen, deren Anzahl dann in der Spalte GL angezeigt wird.

18. **Button »Verwendung«**

Erlaubt die Zuordnung von Verwendungen, deren Anzahl dann in der Spalte VW angezeigt wird.

2.11.5 Exkurs: Identifikationsauflistung

Identifikatoren werden an vielen Stellen von SAP EHS Management verwendet. Es kann aber nicht immer davon ausgegangen werden, dass ein bestimmter Identifikator für alle Spezifikationen gepflegt worden ist. Um sicherzustellen, dass in einer Trefferliste oder aber in einer Zusammensetzung immer einer oder ein bestimmter Satz von Identifikatoren angezeigt werden, gibt es die Identifikationsauflistung.

[zB] | **Identifikationsauflistung**

Wenn z. B. der Identifikator NAM PROD (Produktname) nicht vorhanden ist, soll zumindest der Identifikator NAM TRIV (Trivialname) angezeigt werden. Wenn auch dieser nicht vorhanden ist, soll gegebenenfalls ein weiterer Identifikator angezeigt werden.

An vielen Stellen kann mehr als ein Identifikator angezeigt werden, wie z.B. in der Trefferliste. Im Customizing kann für jede einzelne Position in der Trefferliste bestimmt werden, in welcher Reihenfolge die Identifikatoren aus dem System angezeigt werden sollen.

Abbildung 2.39 zeigt für die am häufigsten verwendete Identifikatorenauflistung `D_HITLIST` den Aufbau im Customizing.

Dialogstruktur	IdenAnzeige	D_HITLIST
▽ ☐ Identifikationsauflistunge	IdAufl.	Identifikatoren der Trefferliste
☐ Definition		

	SpezTyp	IdAnPos.	IdAnPrio.	IdentTyp	IdentArt	Ges. Liste	MaxAnzId.
		1	1	NUM	CAS	⟳	1
		1	2	NUM	UN		1
		2	1	NAM	IUPAC		1
		2	2	NAM	PROD		1
		2	3	NAM	TRIV		1
		2	4	NAM	SYN		1
		3	1	NUM	ELINCS		1
		3	2	NUM	EINECS		1
		4	1	NUM	INDEX		1
		5	1	NUM	MITI		1
		6	1	NUM	RTECS		1
		7	1	NUM	CI		1
		8	1	NUM	UN		1
		9	1	NAM	PROD		1
		11	1	NAM	IUPAC		1
		11	2	NAM	SYN		

Abbildung 2.39 Aufbau der Identifikationsauflistung im Customizing

Es besteht die Möglichkeit, die Steuerung der Identifikatoren auch vom Spezifikationstyp abhängig zu machen, was in Abbildung 2.39 nicht durchgeführt worden ist. Falls die Steuerung der Identifikationsauflistungen auch vom Spezifikationstyp abhängig sein sollte, gelten die gleichen Regeln wie nun beschrieben, nur dass dann zusätzlich die erste Spalte für den SPEZTYP gefüllt werden muss.

Die Spalte IDANPOS. zeigt die Stelle an, für die eine Prioritätenliste erstellt werden soll. In der nächsten Spalte IDANPRIO. legen Sie fest, mit welcher Priorität der in den nächsten beiden Spalten – IDENTTYP und IDENTART – definierte Identifikator erscheinen soll.

In der nächsten Zeile wird dann der Identifikator definiert, der mit der nächsten Priorität gezogen werden soll, falls der mit der höchsten Priorität nicht vorhanden ist. Sind für eine Position alle Prioritäten definiert, wird in der nächsten Zeile die zweite Position in der gleichen Art und Weise definiert. Bei dem in Abbildung 2.39 angegebenen Beispiel würde in der Trefferliste an der ersten Position, die durch die ersten zwei Zeilen in der Tabelle definiert ist, der Identifikator NUM CAS erscheinen. Ist dieser nicht vorhanden, würde der Identifikator NUM UN gezogen. Fehlt auch dieser, bleibt die Position frei.

An der zweiten Position würde – wenn gepflegt – der Identifikator NAM IUPAC gezogen. Wenn dieser nicht vorhanden ist, der Identifikator NAM PROD. Ist auch dieser nicht gepflegt, würde der Identifikator NAM TRIV erscheinen usw. Die dritte Position wäre wieder mit Nummern belegt (analog wie für die erste Position beschrieben), die vierte Position würde leer bleiben, wenn zu der Spezifikation kein NUM INDEX gepflegt wäre, usw.

Die wichtigsten Identifikationsauflistungen sind in Tabelle 2.5 beschrieben.

Iden.-aufl.	Bedeutung der Identifikationsauflistung
D_DANGOOD	Identifikatoren für Gefahrgut
D_DEFAULT	Standardauflistung für Identifikatoren
D_HITLIST	Identifikatoren der Trefferliste
D_VALPOS	Identifikatoren in der Komponentenübersicht

Tabelle 2.5 Identifikationsauflistungen

Da Sie an verschiedenen Stellen in SAP EHS Management unterschiedliche Identifikationsauflistungen benötigen bzw. unterschiedliche Informationen abhängig von der bearbeiteten Aufgabe in SAP EHS Management sehen möchten, gibt es zahlreiche Identifikationsauflistungen, die Sie in dieser Art unabhängig voneinander festlegen können. Benötigen Sie für neue Anforderungen darüber hinaus eigene Identifikationsauflistungen, können diese ebenfalls im Customizing angelegt werden.

2.11.6 Exkurs: Gesetzliche Listen

Gesetzliche Listen sind für eine Vielzahl von Daten der richtige Anker für eine Zuordnung, da z. B. die Daten insgesamt oder bestimmte Identifikatoren nur gültig sind, wenn sie im Zusammenhang mit dieser gesetzlichen Liste stehen.

Hier gilt das Gleiche wie für die Literaturquellen (siehe Abschnitt 2.12.7): Ursprünglich war diese Einstellung nur im Customizing beim Spezifikationsstamm in der Aktivität GESETZLICHE LISTEN FESTLEGEN möglich. Mit den höheren Release-Ständen ist hierfür die Transaktion S_SH8_72000974 (Gesetzliche Listen festlegen) eingeführt worden. Die Daten werden in der Tabelle TCG81 abgelegt. Wir führen den Tabellennamen an dieser Stelle an, da diese Tabelle als Prüftabelle hinter einem Merkmal hinterlegt werden kann.

Zuordnungen von gesetzlichen Listen zu Daten [zB]

Als Beispiel für die Zuordnung von gesetzlichen Listen zu Daten weisen wir auf den Bereich des Gefahrgutes hin: Die Namen von Chemikalien sind in den entsprechenden Regelungen für die einzelnen Transportarten (Straße, Schiene etc.) festgelegt. Diese Namen müssen exakt so auf den Transportpapieren und im Sicherheitsdatenblatt in Kapitel 14, »Transportklassifizierung«, geschrieben werden. Die Groß- und Kleinschreibung muss dabei beachtet werden – selbst wenn es offensichtlich ist, dass sich in den Verordnungen Rechtschreibfehler eingeschlichen haben.

2.11.7 Reiter »Referenzen«

Vielfach kommt es vor, dass bestimmte Daten, die Sie zu einer Spezifikation pflegen wollen, auch für eine oder mehrere weitere Spezifikationen geeignet sind. Um in diesen Fällen eine mehrfache manuelle Pflege zu vermeiden, gibt es verschiedene Ansätze in SAP EHS Management.

Eine Möglichkeit für das Kopieren von Daten von einer Spezifikation zu einer anderen haben wir bereits in Abschnitt 2.11.2, »Exkurs: Kopieren einer Spezifikation«, beschrieben. Dies hat allerdings den Nachteil, dass dann Änderungen in allen Spezifikationen einzeln korrigiert werden müssen, wenn sich die ursprünglichen Daten verändern. Für diese Aufgabenstellung gibt es seit langem das Konzept der Referenzierung.

In aller Regel werden eigene Spezifikationsarten vom Spezifikationstyp »Stoff« für die Referenzierung verwendet. Dies sind meistens entweder spezielle Referenzstoffe bzw. Referenzstoffgruppen (REF_SUB bzw. REF_GRP) oder Listenstoffe bzw. Listenstoffgruppen (LIST_SUB bzw. LIST_GRP). Die Daten, die an den Referenzstoffen gepflegt werden, werden über die Referenzierung direkt an den Zielspezifikationen abgebildet.

Referenzierung [zB]

Die Referenzierung möchten wir Ihnen an einem Beispiel aus der Lackindustrie verdeutlichen. Stellen Sie sich einen Lack vor, dessen Einstufung und Kennzeichnung unabhängig von den verwendeten Pigmenten ist. Alle Daten, die für die Einstufung und die Kennzeichnung wichtig sind – wie die physikalisch-chemischen Daten, die Gefahrgutklassifizierung, die sicherheitsrelevanten Daten etc. –, pflegen Sie an dem Referenzstoff. Wenn Sie nun drei Spezifikationen verwenden, die mit drei Materialien für die Lacke in Rot, Grün und Gelb verbunden sind, müssen Sie nur die Farbe, die nicht an den Referenzstoffen gepflegt ist, an der Zielspezifikation pflegen.

Dies bedeutet, dass sie für drei Spezifikationen die Daten nur einmal pflegen müssen, und zwar an dem Referenzstoff.

Ein Referenzstoff muss nicht sämtliche Bewertungen für die Zielsubstanz enthalten. Das heißt, Sie können mehrere Referenzstoffe verwenden, um die Zielspezifikation vollständig zu füllen. Letztlich können also aus einem gut definierten Pool von Referenzstoffen heraus jeweils die Referenzstoffe einer Spezifikation zugeordnet werden, bei denen die Daten der Referenzstoffe passen.

Im Eigenschaftsbaum erkennen Sie an der Spezifikation, ob die Daten direkt an dieser Spezifikation gepflegt wurden oder ob sie über einen Referenzstoff an diese Spezifikation gelangt sind. Zudem erkennen Sie, ob Sie eine bestehende Referenz von einem Referenzstoff überschrieben haben oder ob die Eigenschaft noch nicht bewertet worden ist (siehe Abbildung 2.40):

1. **Kein Symbol vor dem Namen der Eigenschaft**
   Diese Eigenschaft ist noch nicht bewertet, es wurden keine Daten gepflegt.

2. **»Grüner Haken« vor der Eigenschaft**
   Hier wurden Daten manuell oder durch ein Regelwerk direkt in die Eigenschaft gepflegt.

3. **»Blatt mit Stift« vor der Eigenschaft**
   Hier wurde ein Wert von der im Spezifikationsstoff angelegten Referenz-Spezifikation manuell überschrieben.

4. **»Quadrat mit Dreifachpfeil« vor der Eigenschaft**
   Dieser Wert stammt von der Referenzspezifikation.

Abbildung 2.40 Symbolik im Eigenschaftsbaum für Referenzen

In einigen Ausnahmefällen, wenn ein Referenzstoff sehr viele Eigenschaften an der Zielspezifikation füllt, kann es dazu kommen, dass Sie in einer Eigenschaft einen Wert benötigen, der von der Referenz abweicht, ohne dass alle anderen referenzierten Eigenschaften davon betroffen sind. Man spricht dann davon, dass die Referenz gebrochen wird. Dazu muss zuerst die Eigenschaft per Doppelklick im Eigenschaftsbaum (links, unteres Fenster) aufgerufen werden, und der Button REFERENZ ÜBERSCHREIBEN (⬚, Tastenkombination ⌨Strg⌨+⌨⇧⌨+⌨F10⌨) muss aktiviert werden. Sie haben dann die Möglichkeit, entweder den von der Referenz kommenden Wert an die Zielspezifikation zu kopieren und ihn gegebenenfalls zu ändern oder diese Eigenschaft durch den Bruch der Referenz leer zu lassen.

Wenn Sie den Wert, der ursprünglich von einer Referenzspezifikation kam, überschrieben haben, können Sie die Referenz dadurch wiederherstellen, dass Sie den manuell eingetragenen Wert löschen, der die Referenz überschrieben hat. Dadurch wird die ursprüngliche Referenz wieder aktiviert. Die Information der Referenz geht also durch den Bruch nicht verloren, sondern steht Ihnen zu einem späteren Zeitpunkt bei Bedarf wieder zur Verfügung.

Wichtige Hinweise zur Referenzierung   **[!]**

Bei der Referenzierung gibt es zwei wichtige Restriktionen, die unbedingt zu beachten sind:

▶ Es dürfen niemals zwei Referenzstoffe auf die gleiche Eigenschaft an der Zielspezifikation verweisen!

▶ Die Referenzierung kann nur von der Quellspezifikation auf die Zielspezifikation übertragen werden. Das heißt, wenn Sie die Zielspezifikation erneut als Referenzstoff für eine weitere Spezifikation eintragen, werden die Daten nicht ein weiteres Mal übertragen. Dies ist die wichtigste Limitierung der Referenzierung!

Wir möchten die zweite der beiden Restriktion nochmals besonders herausstellen: Wenn Sie einen Listenstoff (LIST_SUB) als Referenzstoff für einen Realstoff (REAL_SUB) A verwenden, kann dieser Realstoff A in einem zweiten Schritt nicht wieder als Kopfreferenz (Eintrag der Referenz im Spezifikationskopf) für Realstoff B dienen! Es ist aber sehr wohl möglich, Realstoff A als Komponente (siehe Abschnitt 2.12.11, »Reiter ›Zusammensetzung‹«) oder in einer Spezifikationsauflistung (siehe Abschnitt 2.12.10) zu verwenden. Dann können die an Realstoff A gepflegten Daten über eine spezielle Wiederholungsgruppe für einen Bericht in der Berichtsvorlage verwendet werden (siehe Abschnitt 3.2, »Produktsicherheit – Berichtserstellung«).

Ab einer gewissen Menge von Spezifikationen muss das Thema »Performance der Hardware« in Betracht gezogen werden. Die Referenzierung ist eine Methode, die im Verhältnis zu der später beschriebenen Vererbung sehr schnell ist, und Veränderungen an den Referenzstoffen belasten das System kaum merklich.

Die Referenzierung ist seit den frühen Zeiten von SAP EHS Management verfügbar. Vor einigen Jahren kam aus der Nutzergemeinde der Wunsch auf, die Restriktion, die durch die einstufige Nutzung vorgegeben ist, aufzuweichen. Diesem Wunsch ist die SAP durch das Konzept der Vererbung nachgekommen (siehe Abschnitt 2.11.11, »Reiter ›Beziehungen‹«).

2.11.8 Reiter »Materialzuordnungen«

Auf diesem Reiter werden der Spezifikation alle Materialen aus der Materialwirtschaft zugeordnet, die exakt dieser Spezifikation entsprechen. Je nach Aufbau der Materialhierarchien reicht die Nennung eines Materials oder die Nennung aller Materialien, die dieser Spezifikation entsprechen. Wird dort ein Wert eingetragen, wird der korrespondierende Materialname nach dem Speichern entsprechend auch an der Spezifikation angezeigt. Die dazugehörige Tabelle heißt ESTMJ.

Abbildung 2.41 Transaktion CG02 – Spezifikationskopf, Materialzuordnungen

Mit den höheren Release-Ständen ist es jetzt auch möglich, die Zuordnung der Materialien zu den Spezifikationen direkt in der Materialwirtschaft (Modul MM) durchzuführen. Zu Beginn von SAP EHS Management war dies ausschließlich über den Reiter MATERIALZUORDNUNG in SAP EHS Management möglich. Rufen Sie dazu das Material in der Transaktion MM02 auf. Dort finden Sie oben links die Schaltfläche ABSPRUNG ZU ZUSATZDATEN (Tastenkombination [Strg]+[F6]). In dem dann angezeigten Bildschirm wählen Sie den Reiter SPEZIFIKATIONSZUORDNUNG aus und tragen den Spezifikationsschlüssel (SUBID) ein.

2.11.9 Exkurs: Materialien zu Spezifikationen zuordnen

Eine Spezifikation, genauer ein Realstoff, ist im Prinzip ein theoretisches Gebilde. In Bezug auf die SAP-Terminologie kann eine Spezifikation nicht gehandelt, nicht gekauft und nicht verkauft werden und ist physisch nicht vorhanden. Dies ist nur mit Materialien möglich.

Spezifikationen werden aber benötigt, um die Fülle an Daten zu verwalten, die gesetzlich wie firmenintern notwendig sind, um sicher mit den Chemikalien umzugehen. Die oben beschriebenen Materialzuordnungen sind ein weiterer Baustein, um – gerade in größeren Unternehmen – effizient mit möglichst wenig Spezifikationen möglichst viele Materialien zu versorgen.

Dies möchten wir Ihnen an dem schon erwähnten Beispiel der Lacke verdeutlichen (siehe Abbildung 2.42). Üblicherweise haben Sie für jede Verpackungsgröße eines bestimmten Materials ein Material in Ihrer Materialwirtschaft angelegt. Die Sicherheitsdatenblätter, die Sie Ihren Kunden dafür zur Verfügung stellen müssen, sind üblicherweise identisch – bis auf den Materialnamen.

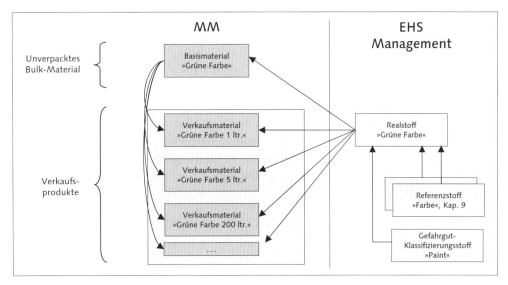

Abbildung 2.42 Materialzuordnung zu einem Realstoff

Das Ziel der Materialzuordnung zu einer Spezifikation ist, dass – wiederum gemäß den gesetzlichen Vorgaben – die Informationen für Rechnungen und Lieferpapiere (siehe Kapitel 5, »Gefahrgutabwicklung«) automatisch ermittelt werden und, wenn notwendig, der Versand von Sicherheitsdatenblättern vollständig automatisiert durchgeführt werden kann.

Dazu ist es notwendig, dass jedem Material nur *eine* Spezifikation zugeordnet ist, damit die relevanten Dokumente, die für diese Spezifikation erstellt worden sind, versendet werden können! Umgekehrt können beliebig viele Materialien einer Spezifikation zugeordnet werden.

Ausnahmen von der beschriebenen Regel   **[+]**

Die Ermittlung des Materialnamens auf dem Sicherheitsdatenblatt ist unabhängig von der Menge der zugeordneten Materialien, darauf gehen wir später nochmals detaillierter ein (siehe Kapitel 3, »Produktsicherheit«). Weitere Ausnahmen im Sicherheitsdatenblatt können sich aus dem Gefahrgut ergeben, wenn Sie für den Transport sogenannte Mindermengen-Regelungen geltend machen können (siehe Kapitel 5, »Gefahrgutabwicklung«).

[+] | **Problem bei n:m-Beziehungen – Spezifikation und Material**

Technisch ist auch eine n:m-Zuordnung von Spezifikationen und Materialen möglich. Dies führt aber in der Praxis dazu, das sowohl die Gefahrgutstammbefüllung (siehe Kapitel 5) und damit der Ausdruck der Transportinformationen auf den Lieferpapieren wie auch der Versand von Sicherheitsdatenblättern (siehe Kapitel 3, »Produktsicherheit«) nicht mehr eindeutig ist und damit nicht mehr automatisch ablaufen kann.

2.11.10 Reiter »Status«

Der Spezifikationsstatus auf Spezifikationskopf-Ebene gestattet Ihnen, bestimmte Prozesse an der gesamten Spezifikation zu erlauben oder zu unterbinden. Wenn die Felder auf diesem Reiter nicht gefüllt sind, können z.B. zu jedem Zeitpunkt Änderungen an den Daten vorgenommen werden, und gleichzeitig kann ein anderer Benutzer diese Spezifikation nutzen, um einen neuen Bericht zu generieren – obwohl die Daten gerade überarbeitet, bzw. durch die entsprechende Fachabteilung noch nicht freigegeben worden sind.

Wenn Sie ein kleines Portfolio an Stoffen haben bzw. eine kleine Gruppe innerhalb Ihres Unternehmens den Bereich der Produktsicherheit vollumfänglich bearbeitet, mag es sinnvoller sein, diese Funktionalität mit weniger Aufwand organisatorisch abzubilden. Wenn in Ihrem Unternehmen Datenerfassung, Berichtsgenerierung und -freigabe z.B. global verteilt sind, ist diese Funktionalität hilfreich, da damit der aktuelle Status einer Spezifikation genau ersichtlich ist. Als Beispiel kann hier angeführt werden, dass eine Generierung von Dokumenten nicht möglich ist, wenn der Status der Spezifikation nicht entsprechend gesetzt wird. Dadurch verhindern Sie, dass Dokumente erzeugt werden, obwohl ein Datenpfleger seine Arbeit noch nicht abgeschlossen hat.

Es ist noch wichtig zu erwähnen, dass der Stoffstatus räumlich (Gültigkeitsraum, siehe Abschnitt 2.12.6), zeitlich (von – bis) und auch automatisiert zeitlich mittels Änderungsnummern gesteuert werden kann.

[+] | **Arbeiten mit Änderungsnummern**

Änderungsnummern sind eine Grundfunktionalität, die mit SAP ausgeliefert wird. Sie ermöglicht Ihnen, dass Datensätze für einen bestimmten Zeitraum bzw. ab einem bestimmten Datum gültig sind. Dies kann für Sie bei gesetzlichen Änderungen wichtig sein, die meist ab einem Stichtag Gültigkeit haben. Sie haben dann also die Möglichkeit, im Vorfeld die entsprechenden Daten an Ihren Spezifikationen zu pflegen. Diese Daten werden dann erst zu dem mit der Änderungsnummer vergebenen Stichtag angezeigt. Genauere Informationen entnehmen Sie bitte den allgemeinen Informationen der SAP zu den Änderungsnummern.

Wenn diese Funktionalität nicht verwendet werden soll, kann sie entweder ignoriert werden, d.h. es werden keine Einträge an dieser Stelle gemacht, oder dieser Reiter wird im Customizing ausgeblendet. In den meisten Fällen wird die erste Variante gewählt.

2.11.11 Reiter »Beziehungen«

Anhand des Reiters REFERENZEN haben wir Ihnen die einfachste und in der SAP EHS Management-Welt bekannteste Art der Verknüpfung von Daten gezeigt. In den meisten Fällen reicht die Nutzung von Referenzstoffen vollständig aus, um eine effiziente Datenpflege zu gewährleisten. Sollte das Datenmodell bzw. die Übertragung von Daten in Ihrem Unternehmen komplexer sein, steht in den höheren Release-Ständen von SAP EHS Management die Funktionalität der »Vererbung« zur Verfügung. Diese wird auf dem Reiter BEZIEHUNGEN gepflegt. Dies ist der letzte Reiter, der in Abbildung 2.35 sichtbar ist.

Wichtiger Hinweis zur Vererbung [!]

Wir möchten Sie ausdrücklich darauf hinweisen, dass die Vererbung deutlich mächtiger ist als die Referenzierung! Mit Hilfe der Vererbung ist es möglich, Kreisbeziehungen aufzubauen, die die Übersichtlichkeit und die Verständlichkeit bei der Datenpflege deutlich absenken. Eine exakte Spezifikation des Vererbungsmodells sollte vor der Einführung genau ausgearbeitet und anschließend getestet werden! Die Benutzer sollten gut geschult werden, bevor die Vererbung eingesetzt wird.

Als die Vererbung gerade in das SAP EHS Management eingeführt worden ist, wurde massiv davon abgeraten, Vererbung und Referenzierung parallel in einem System einzusetzen. Mittlerweile wurde die Funktionalität der Vererbung weiterentwickelt und SAP ist von dieser Strategie abgewichen. Sie können also die Referenzierung, z.B. im Bereich »Gefahrgut«, weiter verwenden und für die Verteilung der Daten im Bereich »Produktsicherheit« die Vererbung nutzen. Welche Strategie für Ihr Unternehmen zielführend ist, hängt von der Menge der Daten und Spezifikationen sowie von der Struktur Ihrer Produkte ab.

Die Standardvererbung ist ein event-gesteuerter Hintergrundjob (Programmname RC1R0INH). Als Anwender können Sie entscheiden, ob die Daten, die Sie an einem Quellstoff verändern, sofort (manuell, also durch Betätigen einer Schaltfläche) oder über den periodisch eingeplanten Job an die Zielspezifikationen übertragen werden. »Übertragen« bedeutet in diesem Sinne, dass die Daten von der Quellspezifikation an die Zielspezifikation physisch kopiert werden.

Um eine neue Vererbungsbeziehung anzulegen, wird auf dem Reiter BEZIEHUNGEN im Stoffkopf entweder im oberen Bereich STOFF XXX ERBT VON: oder im unteren Teil STOFF XXX VERERBT AN: eine Zeile markiert. Anschließend wird über die Schaltfläche VERERBUNGSBEZIEHUNG ANLEGEN die Quell- bzw. Zielspezifikation ausgewählt. Hierfür stehen die üblichen Suchfunktionalitäten, die weiter oben bereits beschrieben worden sind, zur Verfügung. Die Auswahl der Quelloder Zielspezifikation sowie die Auswahl der Vererbungsvorlage sind Mussfelder.

Eine Vererbungsvorlage legt fest, welche Informationen über den Vererbungsvorgang weitergegeben werden sollen. Sollte unter den angebotenen Vererbungsvorlagen keine passende vorhanden sein, kann an dieser Stelle eine neue Vorlage aufgebaut werden. Sie müssen dazu den Button ANZEIGEN <-> ÄNDERN (✐, Tastenkombination ⇧+F1) betätigen und dann in der gleichen Leiste über den Button VERERBUNGSVORLAGEN ANLEGEN (◻, Tastenkombination ⇧+F6) zuerst den Kopf der neuen Vorlage erstellen. Anschließend markieren Sie in der Liste die neu erstellte Vorlage und springen über den Button DETAILSICHT VERERBUNGSVORLAGEN (Tastenkombination Strg+⇧+F1) in die Kriterien für die neue Vererbungsvorlage ab (siehe Abbildung 2.43).

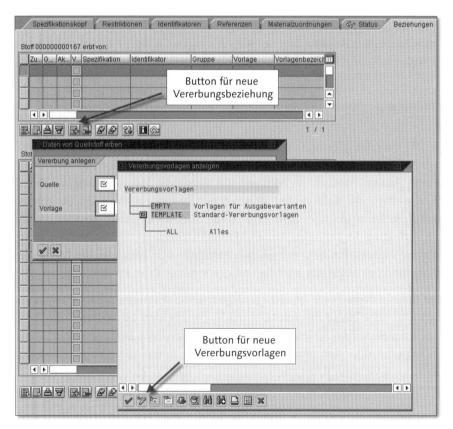

Abbildung 2.43 Neue Vererbungsbeziehung anlegen

In den Kriterien für die neue Vererbungsvorlage kann dann sehr detailliert eingestellt werden, welche Informationen durch diese Vererbungsvorlage erfasst werden sollen (siehe Abbildung 2.44).

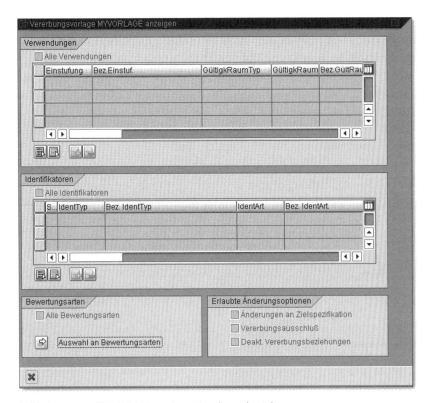

Abbildung 2.44 Möglichkeiten einer Vererbungsbeziehung

Wie Abbildung 2.44 zeigt, können sehr selektiv bestimmte Verwendungen in die Vererbungsbeziehung aufgenommen werden (erster Kasten). Darüber hinaus können entweder einzelne oder alle Identifikatoren ausgewählt werden (zweiter Kasten). In dem unteren linken Kasten können über die Schaltfläche AUSWAHL DER BEWERTUNGSARTEN über den Eigenschaftsbaum die Stoffbewertungsarten selektiert werden, die in dieser Vererbungsvorlage in Betracht gezogen werden sollen.

Herausforderungen bei der Vererbung   **[+]**

Für die Vererbung ist es wichtig, bei Problemen mit der Funktionalität oder der Performance die aktuellen SAP-Hinweise für Ihren SAP EHS Management-Release-Stand zurate zu ziehen. Hier hat sich in den vergangenen Jahren sehr viel getan.

Damit ist die Pflege des Spezifikationskopfes abgeschlossen.

2.12 Bewertungen im Eigenschaftsbaum

Um zu den Stoffbewertungsarten im Eigenschaftsbaum zu gelangen, der Ihnen bereits im linken unteren Fenster angezeigt wird, genügt ein Doppelklick auf einen der »Knoten« des Eigenschaftsbaums. Machen Sie dort wiederum einen Doppelklick auf die gewünschte Eigenschaft, gelangen Sie in die Bewertung. In dem Reiter BEWERTUNG pflegen Sie dann die gewünschten Daten. In dem hier gezeigten Beispiel sind dies alle Informationen, die benötigt werden, um den Messwert der Dichte exakt zu beschreiben. Der Bildschirm sieht nun aus wie in Abbildung 2.45 gezeigt.

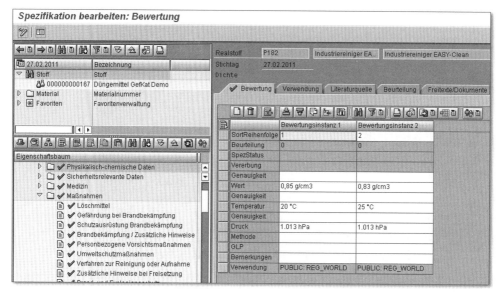

Abbildung 2.45 Transaktion CG02 – dreigeteilter Bildschirm für die Bewertungsbearbeitung

Hier kann der Benutzer die Daten nun so eingeben, wie es im Customizing für die einzelnen Merkmale vorgegeben wurde. Das bedeutet, dass der Nutzer hier nicht mehr die Möglichkeit hat, Felder zu verändern. Bei Zahlenwerten bedeutet dies, dass das SAP EHS Management eine Fehlermeldung ausgibt, wenn der Benutzer z.B. beim pH-Wert einen Zahlenwert <1 oder >14 einzugeben versucht – vorausgesetzt, die Werte auf diesen Bereich sind in dieser Form eingeschränkt worden. Bei verphrasten Feldern ist es die wesentlichste Einschränkung, ob ein Feld einfach oder mehrfach bewertbar ist. Es können nur diejenigen Phrasen ausgewählt werden, die der Auswahlmenge (siehe Abschnitt 2.7.6) zugeordnet sind. Bei Feldern, hinter denen eine Prüftabelle angegeben ist, können nur die Daten eingegeben werden, die in der hinterlegten Tabelle vorhanden sind.

Es kann notwendig sein, dass Sie für die Bewertung der Dichte mehrere Datensätze eingeben (Dichte bei 15 °C, 20 °C und 25 °C). In diesem Fall geben Sie den ersten Datensatz ein und legen dann über den Button BEWERTUNGSINSTANZ ANLEGEN (⬜) den zweiten Datensatz an und danach gegebenenfalls weitere. Hier möchten wir wieder auf Abschnitt 2.12.1, »Reiter ›Verwendung‹«, hinweisen. Mehrere Instanzen können nicht nur für die Ablage von Messwerten bei verschiedenen Parametern notwendig sein, sondern auch, um die eingegebenen Werte für verschiedene Zwecke zu nutzen.

Wenn Sie zum ersten Mal die Bewertung aufrufen, erscheinen alle Instanzen zeilenweise (siehe Abbildung 2.46).

	Sort...	Be...	Spe...	Ver...	Genauigkeit	Wert	Genauigkeit	Temperatur	Genauigkeit	Druck	Methode	GLP	Bemerkungen	Verwendung
	1	0				0,8...		20 °C						PUBLIC: REG_WORLD
	2	0				0,7...		25 °C					Keine Dat...	PUBLIC: REG_EU / (ES)

Abbildung 2.46 Transaktion CG02 – Bewertung Zeilen

Dies ist die klassische Ansicht der Bewertung. Mittlerweile gibt es auch die Möglichkeit, über den Button ACHSENTAUSCH (🔳) die einzelnen Instanzen spaltenweise anzuzeigen. Das hilft in vielen Fällen, die Übersichtlichkeit der Daten deutlich zu erhöhen (siehe Abbildung 2.47).

	Bewertungsinstanz 1	Bewertungsinstanz 2
SortReihenfolge	1	2
Beurteilung	0	0
SpezStatus		
Vererbung		
Genauigkeit		
Wert	0,85 g/cm3	0,75 g/cm3
Genauigkeit		
Temperatur	20 °C	25 °C
Genauigkeit		
Druck		
Methode		
GLP		
Bemerkungen		Keine Daten verfügbar
Verwendung	PUBLIC: REG_WORLD	PUBLIC: REG_EU / (E...

Abbildung 2.47 Transaktion CG02 – Bewertung Spalten

[+]

Wichtiger Hinweis zum Achsentausch

Der Achsentausch funktioniert nur, wenn die Anzahl der zu konvertierenden Instanzen nicht zu groß ist. Typischerweise ist diese Funktion gerade bei den Arbeitsplatzgrenzwerten schnell nicht mehr nutzbar, da hier oft sehr viele Instanzen (größer 50) angegeben sind.

Wenn Sie die einzelnen Felder der Bewertung betrachten, sind einige Felder grau hinterlegt. Dies ist das typische Verhalten, wie Sie es aus anderen Modulen von SAP kennen. Nur die weiß hinterlegten Felder können bearbeitet werden. (Das kann im Customizing in der Aktivität TABELLARISCHE ANSICHT DER STOFFBEWERTUNGSARTEN manipuliert werden. Wir empfehlen dies aber nicht!)

Bei den Bewertungen sind die folgenden vier Felder nicht editierbar:

▸ **Feld »Beurteilung«**
Spiegelt die im Reiter BEURTEILUNG getroffene Entscheidung wider (siehe Abschnitt 2.12.8).

▸ **Feld »SpezStatus«**
Spezifikationsstatus, zeigt Ihnen den aktuellen Status der gesamten Spezifikation an, wie er im Stoffkopf festgelegt worden ist (siehe Abschnitt 2.11.10, »Reiter ›Status‹«).

▸ **Feld »Vererbung«**
Hier sehen Sie, ob dieser Datensatz bei der Vererbung als Quelle dient, oder ob dieser Datensatz mittels einer Vererbung entstanden ist.

▸ **Feld »Verwendung«**
Fasst die Verwendung, wie sie im nächsten Kapitel beschrieben wird, zusammen, so dass sie für den Benutzer auf den ersten Blick ersichtlich ist.

[!]

Feld »Verwendung«

Wenn das Aktivkennzeichen nicht gesetzt ist, erscheint hier kein Eintrag!

Die Dichte ist ein gutes Beispiel, um eine weitere wichtige Funktionalität zu erklären, die bei Unternehmen, die international engagiert sind, hilfreich ist, um die Datenpflege schlank zu halten. Physikalisch-chemische Messwerte werden im europäischen Raum üblicherweise im metrischen System erfasst (Temperatur in °C). Im angelsächsischen Raum gilt das Foot-Pound-System (Temperatur in °F). Wenn die Umrechnung im Customizing definiert ist, können die lokalen Benutzer, die bei Ihnen vor Ort korrekten Maßeinheiten einfach über die Tastatur mit der richtigen Maßeinheit einpflegen. SAP EHS Management kann im Gegenzug durch entsprechende Aufbereitungsmethoden auf den Berichten die jeweils vor Ort übliche Maßeinheit ausgeben. Um die Standardeinheit zu ergänzen, reicht es in der Regel aus, den reinen Zahlenwert einzugeben, und SAP EHS Management ergänzt die Einheit beim Ausführen der Eingabetaste automatisch: So wird die Eingabe »25« im Feld TEMPERATUR automatisch um die Einheit »°C« ergänzt, und Sie sehen in dem Feld »25 °C«.

Dem Datenerfasser gibt SAP EHS Management also die Möglichkeit, die Daten in der ihm/ihr vertrauten Weise einzugeben. Über den Drop-Down-Menüexit ZUSÄTZE • MASSEINHEITEN UMRECHNEN, gelangt man dann zu dem Bild in Abbildung 2.48 und kann sich die gewünschten Umrechnungen anzeigen lassen.

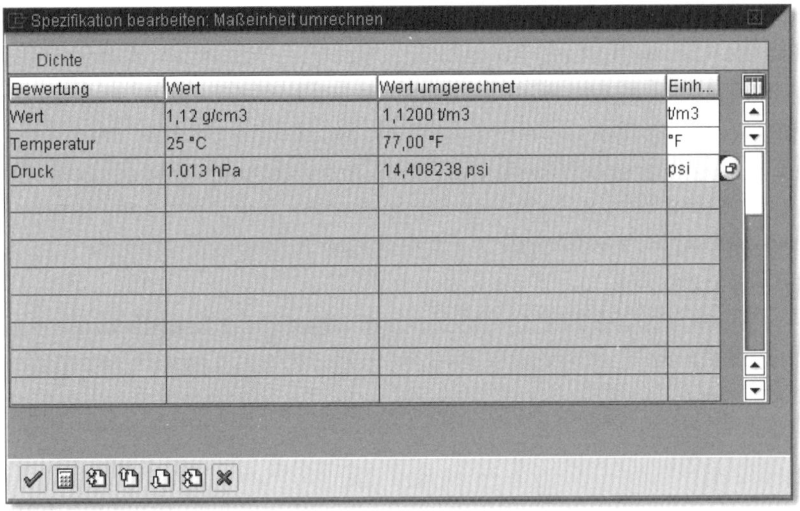
Spezifikation bearbeiten: Maßeinheit umrechnen
Dichte
Bewertung
Wert
Wert umgerechnet
Einh...
Wert
1,12 g/cm3
1,1200 t/m3
t/m3
Temperatur
25 °C
77,00 °F
°F
Druck
1.013 hPa
14,408238 psi
psi

Abbildung 2.48 Transaktion CG02 – Umrechnung der Einheiten

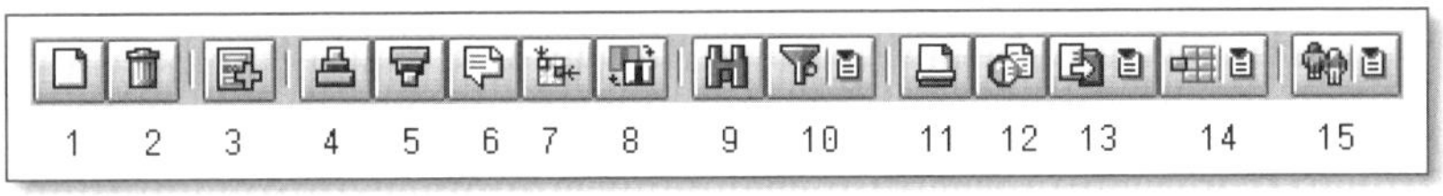
1 2 3 4 5 6 7 8 9 10 11 12 13 14 15

Abbildung 2.49 Schaltflächen auf dem Reiter »Bewertung«

Zurück zum Reiter BEWERTUNG (siehe Abbildungen 2.46 und 2.47). Die Schaltflächen auf dem Reiter BEWERTUNG haben folgende Bedeutung (siehe Abbildung 2.49):

1. **Button »Bewertungsinstanz anlegen«**
   Legt eine neue Bewertungsinstanz an.

2. **Button »Bewertungsinstanz löschen«**
   Löscht die markierte Bewertungsinstanz.

3. **Button »Mehrfachbewertung einfügen«**
   Erlaubt es, einem mehrfach bewertbaren Merkmal mehrere Informationen zuzufügen.

4. **Button »Aufsteigend sortieren«**

5. **Button »Absteigend sortieren«**

6. **Button »Freitext«**
   Üblicherweise ist diese Funktionalität hier nicht nutzbar.

7. **Button »Verwendung«**
   Üblicherweise ist diese Funktionalität hier nicht nutzbar.

8. **Button »Achsentausch«**
   Mithilfe dieses Buttons könne die einzelnen Instanzen spaltenweise angezeigt werden (siehe auch Kasten auf Seite 100).

9. **Button »Suchen...«**
   Der Button unterstützt die Suche nach einem bestimmten Suchbegriff für den Fall, dass sehr viele Bewertungsinstanzen vorhanden sind. Ein weiteres Fenster leitet durch die weitere Suche.

10. **Button »Filter ...«**
    Der Button erlaubt bei der Suche von zahlreichen Instanzen die Einschränkung auf bestimmte Werte, die in einzelnen Instanzen angegeben sein können.

11. **Button »Drucken«**
    Erlaubt das Senden von Daten an den Drucker.

12. **Button »Listausgabe«**
    Der Button erzeugt einen ALV-Grid für die ausgewählte Eigenschaft.

13. **Button »Exportieren«**
    Der Button erlaubt, die Instanzen der gewählten Eigenschaft in die angegebenen Programme zu exportieren oder als lokale Datei abzuspeichern. Siehe auch den Abschnitt im Anschluss an diese Aufstellung.

14. **Button »Layout Einstellungen...«**
    Der Button erlaubt es, die Anzeige der Bewertungen in der Eigenschaft an die persönlichen Bedürfnisse anzupassen.

15. **Button »Ikonenleiste personalisieren«**
    Der Button erlaubt es, bestimmte Schaltflächen aus der Ansicht zu entfernen oder zu aktivieren. Als Grundeinstellung sind alle Schaltflächen aktiviert.

Wenn mehrere Instanzen vorhanden sind, erlaubt der Absprung nach z.B. Microsoft Excel ▨▧ (dann TABELLEN-KALKULATION wählen) die Darstellung aller eingepflegten Werte in dieser Ansicht (siehe Abbildung 2.50).

	A	B	C
	🗗 Tabelle von Basis (1)		
1	Felder	Bewertungsinstanz 1	Bewertungsinstanz 2
2	SortReihenfolge	1	2
3	Beurteilung	0	0
4	SpezStatus		
5	Vererbung		
6	Genauigkeit		
7	Wert	0,85 g/cm3	0,75 g/cm3
8	Genauigkeit		
9	Temperatur	20 °C	25 °C
10	Genauigkeit		
11	Druck		
12	Methode		
13	GLP		
14	Bemerkungen		Keine Daten verfügbar
15	Verwendung	PUBLIC: REG_WORLD	PUBLIC: REG_EU / (ES)
16			

Abbildung 2.50 Transaktion CG02 – Absprung nach Excel

Kehren wir noch einmal zum dreigeteilten Bildschirm der Bewertungsbearbeitung zurück (siehe Abbildung 2.45).

Im oberen linken Teil können Sie zwischen den Spezifikationen auswählen. Hier sehen Sie die letzten Spezifikationen, die Sie bearbeitet haben, können Favoriten abspeichern und springen in die Suche zu den Spezifikationen ab.

Im unteren linken Fenster sehen Sie den Eigenschaftsbaum. Im großen rechten Fenster sehen Sie entweder die Trefferliste oder den entsprechenden Reiter. Diese werden im Folgenden noch im Detail beschrieben.

Besonders auf dem Reiter BEWERTUNG stehen in jedem Bereich des Bildschirmfensters zahlreiche Buttons zur Verfügung (siehe Abbildung 2.45), die sich teilweise auch in anderen Transaktionen wiederholen. Daher möchten wir diese Schaltflächen für die Navigation und den Eigenschaftsbaum hier im Detail beschreiben.

Abbildung 2.51 Buttons im Navigationsbereich

1. **Button »Vorheriges Objekt«**

   Dieser Button erlaubt die Navigation zum vorherigen Objekt/zur vorherigen Spezifikation.

2. **Button »Nächstes Objekt«**

   Dieser Button erlaubt die Navigation zum nächsten Objekt/zur nächsten Spezifikation.

3. **Button »Suche im Baum«**

   Dieser Button erlaubt die Suche in den Favoriten nach einem Begriff, wie z.B. dem Spezifikationsnamen.

4. **Button »Suche nächster Eintrag«**

   Dieser Button ergänzt die Suche des vorherigen Buttons. Der nächste Begriff, der den Suchkriterien entspricht, wird angezeigt.

5. **Button »Filter setzen«**

   Dieser Button filtert die Anzeige im linken oberen Bildschirm. Darüber entscheiden Sie, ob Sie in der Ansicht nur Spezifikationen, Materialien oder Ihre Favoriten sehen.

6. **Button »Expandieren«**

   Dieser Button expandiert einen Baum im linken oberen Fenster, d.h. alle darunter zusammengefassten Einträge werden angezeigt. Der Button ist nur aktivierbar, wenn vor der Zeile ein »Dreieck« sichtbar ist.

7. **Button »Komprimieren«**

   Dieser Button schließt einen Teilbaum, um wieder zu den höheren Ebenen zu kommen.

8. **Button »Personalisierung«**

   Dieser Button erlaubt die Personalisierung der Benutzereinstellungen für die Transaktion CG02. Die wichtigste Einstellung ist, ob Sie im Modus »Bearbeiten« oder »Anzeigen« einsteigen möchten.

9. **Button »Drucken«**

   Dieser Button erlaubt das Senden von Daten an den Drucker.

Im unteren linken Teil des dreigeteilten Bildschirms (siehe Abbildung 2.45) finden Sie den Eigenschaftsbaum.

Abbildung 2.52 Schaltflächen im Bereich »Eigenschaftsbaum«

Die Bedeutung der Schaltflächen in diesem Teilfenster (siehe Abbildung 2.52) ist im Folgenden erklärt:

1. **Button »Kopfdaten«**
   Das System springt automatisch in den Reiter IDENTIFIKATOREN der Kopfdaten für die angezeigte Spezifikation.

2. **Button »Bewertung auswählen«**
   Mit diesem Button wird die markierte Eigenschaft im Eigenschaftsbaum ausgewählt.

3. **Button »Eigenschaftsbaum wechseln«**
   Dieser Button ermöglicht den Wechsel zwischen verschiedenen Eigenschaftsbäumen.

4. **Button »Alles markieren«**
   Dieser Button markiert alle Eigenschaften in diesem Eigenschaftsbaum.

5. **Button »Teilbaum markieren«**
   Wenn Sie einen Knoten markieren, werden nach Betätigung dieses Buttons alle Eigenschaften in diesem Knoten ausgewählt.

6. **Button »Alles entmarkieren«**
   Dieser Button entfernt alle Markierungen, die entweder über die vorherigen beiden Buttons ausgewählt wurden oder die Sie selbst ausgewählt haben.

7. **Button »Bewertung kopieren«**
   Dieser Button fügt die aktuelle Instanz, die in einer Eigenschaft ausgewählt worden ist, in die Zwischenablage ein.

8. **Button »Bewertung einfügen«**
   Dieser Button fügt die in der Zwischenablage abgelegte Eigenschaft als neue Instanz in der aktuellen Eigenschaft ein.

9. **Button »Suchen«**
   Dieser Button erlaubt die Suche im Eigenschaftsbaum nach einem Begriff, wie z.B. der Dichte. Dabei ist es unerheblich, ob der Eigenschaftsbaum vollständig oder nur Knoten angezeigt werden.

10. **Button »Weiter suchen«**
    Dieser Button ergänzt die Suche des vorherigen Buttons. Der nächste Begriff, der den Suchkriterien entspricht, wird im Eigenschaftsbaum angezeigt.

11. **Button »Expandieren«**
    Wenn ein Knoten des Eigenschaftsbaums markiert ist, werden durch diesen Button alle Eigenschaften angezeigt. Ist die oberste Ebene des Eigen-

schaftsbaums markiert, werden alle Eigenschaften und alle Knoten in diesem Fenster aufgeklappt.

12. **Button »Komprimieren«**

    Ist ein Knoten bzw. der Eigenschaftsbaum selbst markiert, werden alle Zwischenebenen bzw. Eigenschaften komprimiert. Sie sehen nur noch die Überschriften der Kapitel des Eigenschaftsbaums.

13. **Button »Eigenschaftsbaum auffrischen«**

    Wenn Sie in einer Instanz Daten pflegen oder eine Referenz hinzufügen bzw. Daten vererben, wird dies im Eigenschaftsbaum nicht automatisch durch den grünen Haken oder die anderen Symbole vor der Eigenschaft angezeigt. Durch diesen Button frischen Sie die Anzeige im Eigenschaftsbaum auf.

14. **Button »Ikonenleiste aktualisieren«**

    Wenn Sie nicht alle Icons, die im oberen Teil dieser Tabelle vorgestellt worden sind, sehen oder nutzen wollen, können Sie diese Icon-Leiste personalisieren. Das bedeutet. Sie können diejenigen Icons ausschalten, die für Sie nicht von Interesse sind.

Wenn Sie in der Trefferliste eine Spezifikation markieren und dann über den Button VERWENDUNGSNACHWEIS die entsprechenden Suchkriterien auswählen, erhalten Sie im rechten Bereich des Bildschirms erneut eine Trefferliste, die Ihnen angezeigt, wo die initial ausgewählte Spezifikation gemäß der von Ihnen gewählten Kriterien verwendet wird. Abbildung 2.53 zeigt Ihnen die möglichen Selektionskriterien an.

In der Produktsicherheit ist vor allen Dingen die Auswahl KOMPONENTEN/ TRANSPORTKL./REFERENZ... wichtig. Sie können entscheiden, ob und in welcher ZUSAMMENSETZUNG gesucht werden soll, ob es sich ausschließlich um direkte Komponenten (die nächste Ebene) oder auch um indirekte Komponenten (wenn die Daten tiefer verschachtelt sind) handeln soll. Über die Checkboxen können Sie entscheiden, ob Sie wissen möchten, welche TRANSPORTKLASSIFIZIERUNG (siehe Kapitel 5, »Gefahrgutabwicklung«) oder REFERENZIERUNG mit dieser Spezifikation verbunden ist.

Die Option DIREKTE KOMPONENTEN bedeutet, dass die gewählte Spezifikation direkt in einer anderen Spezifikation verwendet wird, z.B. in einer Zusammensetzung als Komponente. (Wenn Sie nach der direkten Verwendung der Spezifikation »Xylol« suchen, findet SAP EHS Management alle Spezifikationen, die genau diese Spezifikation in der von Ihnen selektierten Zusammensetzung enthält.)

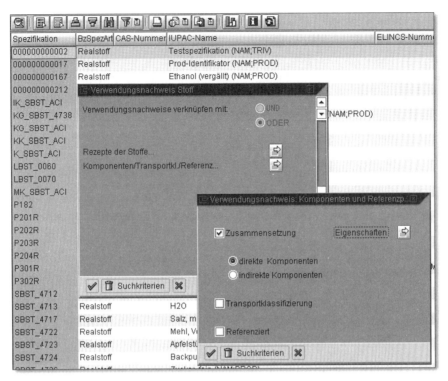

Abbildung 2.53 Transaktion CG02 – Auswahlmöglichkeiten Verwendungsnachweis

Die Option INDIREKTE KOMPONENTEN geht darüber hinaus, d.h. es werden auch Spezifikationen angezeigt, die eine Komponente enthalten, die die gewählte Spezifikation enthält. (Diese Option zeigt Ihnen zusätzlich auch noch alle Spezifikationen an, die eine Spezifikation enthalten, die wiederum die Spezifikation »Xylol« enthält. Als praktisches Beispiel: Wenn verschiedene Lacke ein Lösungsmittelgemisch enthalten, das wiederum »Xylol« enthält, würden sowohl alle entsprechenden Lacke wie auch das Lösungsmittelgemisch angezeigt.)

2.12.1 Reiter »Verwendung«

Die Verwendung ist eine der mächtigsten Funktionalitäten in Bezug auf die effiziente Datenpflege. Sie setzt sich zusammen aus der Einstufung, dem Gültigkeitsraumtyp und dem Gültigkeitsraum (siehe Abbildung 2.54). Mit diesen Informationen steuern Sie, für welchen Zweck und/oder für welchen Bereich die im Reiter BEWERTUNG gepflegten Daten gültig sind. Für jede

Instanz können Sie eine oder mehrere Verwendungen in dem gleichen Bildschirm anlegen.

Je Bewertung können Sie z. B. die erste Verwendung dazu benutzen, zu entscheiden, ob es sich um eine vertrauliche Information handelt (genaue Zusammensetzung aus Produkten) oder um eine allgemein zugängliche Information (Dichte). Die zweite Bewertung kann dann den Zweck des Datensatzes und den Gültigkeitsraum genauer definieren. Eine zweite Verwendung legen Sie über die Schaltfläche BEWERTUNGSINSTANZ ANLEGEN ( ) an.

Um die Datenpflege zu vereinfachen, kann hinter jeder Bewertungsart ein Verwendungsprofil (VerwProfil) gepflegt sein (siehe letzter Absatz von Abschnitt 2.6.4). Wenn ein Verwendungsprofil vorliegt, wird mit dem Speichern des Datensatzes automatisch die Verwendung hinterlegt, wie im Profil angegeben. Dieser Wert kann als Vorschlag verwendet und jederzeit manuell überschrieben werden.

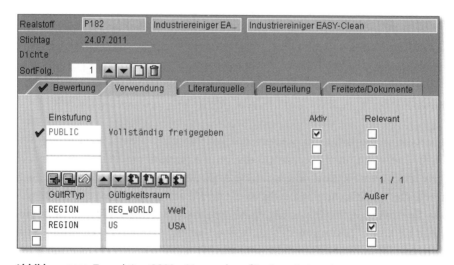

Abbildung 2.54 Transaktion CG02 – Verwendung für einen Datensatz

Die Bedeutung der Schaltflächen im Bereich der Verwendung entspricht den bereits vorgestellten Bedeutungen und wird an dieser Stelle nicht noch einmal explizit erläutert.

2.12.2 Feld »Einstufung«

Mit der Einstufung legen Sie fest, für welchen Zweck die Daten verwendet werden dürfen. Im SAP EHS Management-Standard werden die folgenden fünf Einstufungen ausgeliefert (siehe Tabelle 2.6).

Einstufung	Bedeutung	Erklärung
CUSTOMER	Freigegeben für Kunden	Daten mit dieser Einstufung können auf einen Bericht erscheinen, z.B. einem Sicherheitsdatenblatt für Ihre Kunden.
DANGEROUSG	Gefahrgutrelevant	Für die Befüllung des Gefahrgutstamms ist es wichtig, dass die Dichte bei definierten Temperaturen (z.B. 20 °C) vorliegt. Diese Verwendung erlaubt Ihnen, eigene Datensätze für interne Prozesse anzulegen, die nicht auf einem anderen Dokument ausgegeben würden.
INTERNAL	Nur für internen Gebrauch	Es kommt vor, dass Sie Daten in SAP EHS Management pflegen wollen, die noch nicht verifiziert sind, und damit für offizielle Dokumente noch nicht verwendet werden sollen. Bei der Ausgabe auf Berichten können Sie verhindern, dass Daten verwendet werden, die als INTERNAL gepflegt sind.
OFFICIAL	Freigegeben für Behörden	Ähnliches gilt für diese Einstufung. Teilweise gibt es bestimmte Daten, die Sie für Behörden bereitstellen müssen, die jedoch nicht auf Berichten erscheinen sollen oder müssen, die für Ihre Kunden gedacht sind.
PUBLIC	Vollständig freigegeben	Daten, die sowohl intern wie auch für Kunden oder Behörden freigegeben sind, können mit dieser Einstufung belegt werden. Also alle Daten, die ohne Einschränkung freigegeben sind.

Tabelle 2.6 Einstufungen

Weitere Einstufungen können im Customizing bei GRUNDDATEN UND WERKZEUGE angelegt werden. Es ist allerdings gut zu überlegen, ob weitere Werte an dieser Stelle wirklich notwendig sind, da die Einstufung immer zusammen mit dem Gültigkeitsraumtyp und dem Gültigkeitsraum angegeben werden.

2.12.3 Kennzeichen »Aktiv«

Das AKTIV-Kennzeichen (siehe Abbildung 2.54) ist von zentraler Bedeutung für die Verwendbarkeit des Datensatzes. Wenn diese Box nicht aktiviert ist, kann der Datensatz nicht auf einen Bericht ausgegeben werden und – je nach Einstellungen der Regelwerke – wird nicht von der Sekundärdatenermittlung erfasst.

Die Pflege von Datensätzen ohne Aktiv-Kennzeichen kann dafür genutzt werden, Daten im System zu erfassen, deren Qualität noch nicht verifiziert worden ist und deren Nutzung Sie für die Berichtserstellung verhindern möchten. Das AKTIV-Kennzeichen nicht zu setzen ist in der Praxis teilweise der schnellere Weg, um einen Datensatz zu deaktivieren, als die Verwendung INTERNAL zu vergeben. Allerdings sollte in Ihrem Unternehmen organisatorisch sehr gut abgestimmt sein, welchem Konzept Sie hier folgen.

2.12.4 Kennzeichen »Relevanz«

Das RELEVANZ-Kennzeichen (siehe Abbildung 2.54) hat keinen direkten Einfluss während der Datenpflege, aber eine spezielle und wichtige Bedeutung für die Berichtsgenerierung und den Berichtsversand. Daten, die von großer Bedeutung für Ihre Compliance sind (z.B. die Kennzeichnungen GHS oder EU[alt]), müssen bei Änderungen schnell erscheinen, z.B. auf dem Sicherheitsdatenblatt. Gegebenenfalls müssen Sie Ihre Kunden über diese Änderung informieren.

Wenn das RELEVANZ-Kennzeichen gesetzt ist, bekommt ein durch Änderung oder Anlage von Daten neu generierter Bericht bei der Freigabe automatisch eine neue Hauptversion (siehe Abschnitt 3.2, »Produktsicherheit – Berichtserstellung«). Dies bedeutet, dass der Berichtsnachversand aktiviert wird (siehe Abschnitt 3.2.3, »Produktsicherheit – Berichtsversand«).

Es ist im Betrieb von SAP EHS Management eine organisatorische Aufgabe, festzulegen, welche Daten beziehungsweise Datenänderungen dieses Kennzeichen erhalten sollen, da dies mehrere nachgeschaltete Prozesse aktivieren kann.

2.12.5 Feld »GültRTyp« (Gültigkeitsraumtyp)

Der Gültigkeitsraum bildet immer eine Einheit mit dem Gültigkeitsraumtyp. Das Feld GÜLTRTYP gibt Ihnen eine weitere Möglichkeit, die Verwendung von Daten entweder geografisch (REGION), juristisch/legislativ (Gefahrgutvorschriften: DGREGION) oder nach weiteren für Sie bedeutsamen Kriterien zu strukturieren.

Auch diese Informationen können als Selektionskriterium für die Berichtsgenerierung oder für die Sekundärdatenermittlung mit herangezogen werden (siehe Abschnitt 2.12.12).

2.12.6 Feld »Gültigkeitsraum«

Die Gültigkeitsräume werden im Customizing definiert und greifen auf die zentrale Tabelle der definierten Länder in SAP ERP zurück (Tabelle T005). Der Gültigkeitsraum REG_WORLD ist der einzige vorgegebene technische Gültigkeitsraum, dem keine Länder zugewiesen sind, der aber alle definierten Länder und Bereiche beinhaltet.

Je nach Bedarf in Ihrem Unternehmen sind mindestens alle Länder als eigenständiger Gültigkeitsraum definiert, z.B. DE für Deutschland, FR für Frankreich usw. Darüber hinaus gibt es politische Allianzen, in denen die gleichen Gesetze gelten. Das ist in weiten Teilen der EU der Fall. Daher empfiehlt sich die Anlage eines Gültigkeitsraums REG_EU, dem alle Länder zugeordnet sind und für den die Gesetze in der EU Gültigkeit haben. Die Vorsilbe REG_ hilft Ihnen dabei zu erkennen, dass es sich um eine Auflistung von Ländern handelt.

> **Spezielle Gültigkeitsräume – Bereich »Transport«** [zB]
>
> Weitere Beispiele für spezielle Gültigkeitsräume sind z.B. die Regelungen für den Transport. (Weitere Details zum Thema »Transport von Gütern« finden Sie in Kapitel 5, »Gefahrgutabwicklung«.) Die Regelungen für die Luftfracht (IATA-C für »Cargo« und IATA-P für »Passenger«) sind noch weitgehend global gültig. Bereits beim Transport über die Straße halten sich viele Länder an die ADR-Regulierung, für die sich ein Gültigkeitsraum REG_ADR empfiehlt.
>
> In den USA gibt es für alle Transportarten außer den IATA-Regelungen eigene Gesetze, hier gilt 49CFR. (Ein interessantes Detail ist, dass der Transportweg über den Ozean zu den US-amerikanischen Protektoraten wie Puerto Rico auch als Binnenwasserweg definiert werden darf.) Auch Kanada hat hier eigene Bestimmungen, die einzuhalten und nur dort gültig sind.

In manchen Ländern fehlen gesetzliche Vorschriften für den Versand von Sicherheitsdatenblättern. Oft werden die Vorschriften der EU akzeptiert oder sogar eingefordert. In diesem Fall empfiehlt es sich, eine spezielle Region anzulegen, die alle diejenigen Länder enthält, die die europäischen Regulierungen akzeptieren.

In den meisten Fällen reicht als kleinster Gültigkeitsraum das Land. Sollte Ihre Geschäftstätigkeit es notwendig machen, Daten für kleinere Einheiten zu erfassen, die nur lokal von Bedeutung sind, ist dies jederzeit möglich. Beispiele hierfür finden sich besonders in den USA, etwa der *Right to Know Act* in New Jersey.

Um die Datenpflege bei Ausnahmen einfacher zu machen, können bestimmte Gültigkeitsräume bei der Pflege der Verwendung ausgeschlossen werden. In dem Fall wird zuerst der übergeordnete Gültigkeitsraum gepflegt (Beispiel REG_WORLD). In den nächsten Zeile pflegen Sie dann den oder die Gültigkeitsräume, in denen dieser Datensatz nicht gültig ist, und Sie aktivieren den Schalter AUSSER (siehe Abbildung 2.54).

Die angegebene Reihenfolge der Datenpflege ist eine Empfehlung. Das System erkennt auch, wenn Sie zuerst die ausgeschlossenen Gültigkeitsräume pflegen. Ein gutes Beispiel hierfür findet sich in Europa. Die meisten Informationen sind uneingeschränkt gültig, mit bestimmten Ausnahmen für die Schweiz, die nicht Teil der EU ist und damit eigene Gesetze bzw. Vorschriften hat, die teilweise von den EU-Regulierungen abweichen.

[+] **Neue Gültigkeitsräume einführen**

In den vergangenen Jahren ist die Einführung von neuen Gültigkeitsräumen regelmäßig notwendig gewesen (z.B. durch die Veränderungen im ehemaligen Jugoslawien).

2.12.7 Reiter »Literaturquelle«

Bei den Literaturquellen sind nur zwei Felder zu pflegen. Die Literaturquellen selbst sind ursprünglich eine Customizing-Tabelle gewesen, die aber mittlerweile auch durch die Transaktion S_SH8_72000953 (Literaturquellen festlegen) ergänzt worden ist. In dieser Transaktion pflegen Sie einmalig alle Daten, die im Bereich INFORMATIONEN ZUR QUELLE erscheinen werden, wenn Sie diese Literaturquelle verwenden (siehe Abbildung 2.55).

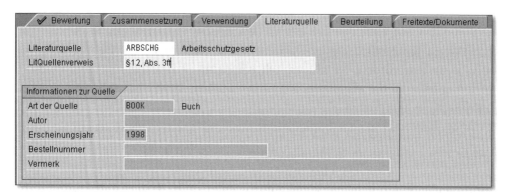

Abbildung 2.55 Transaktion CG02 – Literaturquelle

Der Literaturquellenverweis kann frei belegt werden, um z.B. die exakte Stelle in der Literaturquelle genauer zu kennzeichnen oder weitere Informationen zu der Literaturquelle zu ergänzen.

2.12.8 Reiter »Beurteilung«

Die Beurteilung wird nur von sehr wenigen Kunden verwendet, da sie nicht in weitere Prozesse eingebunden ist oder eine Bedeutung für die Ausgabe von Daten auf Berichten hat.

Im SAP-Standard werden Beurteilungen aus Tabelle 2.7 ausgeliefert.

Beurteilung	Erklärung
0	Nicht beurteilt
1	Uneingeschränkt gültig
2	Eingeschränkt gültig
3	Nicht gültig
4	Nicht beurteilbar

Tabelle 2.7 Beurteilungen

Sie können die Beurteilung im Customizing verändern oder erweitern.

2.12.9 Reiter »Freitexte/Dokumente«

Der Reiter FREITEXTE/DOKUMENTE führt während SAP EHS Management-Einführungsprojekten regelmäßig zu langen und intensiven Diskussionen. Sie haben hier die Möglichkeit, jede Art von weiteren Informationen, Grafiken wie z.B. Formeln, Dokumente oder einfachen Text zu hinterlegen (siehe Abbildung 2.56).

Wir möchten allerdings die dringende Empfehlung geben, dass alle Texte, die entweder in unterschiedlichen Sprachen verwendet werden sollen oder sich in irgendeiner anderen Weise strukturiert als Bewertung in einem Merkmal ablegen lassen, nicht als Freitexte erfasst werden. Die besten Ablagemöglichkeiten hierfür sind in aller Regel das Merkmal BEMERKUNGEN (SAP_ EHS_XXXX_XXX_REMARK) oder das Merkmal HINWEIS (SAP_EHS_XXXX_XXX_REMARK), die meistens am Ende einer Eigenschaft stehen. Zwar können Freitexte auch auf Standardberichten ausgegeben werden. Sie müssen aber alle Sprachen einzeln auf diesem Reiter einpflegen, wenn dieser Freitext auf verschiedenen sprachlichen Berichten genutzt werden soll.

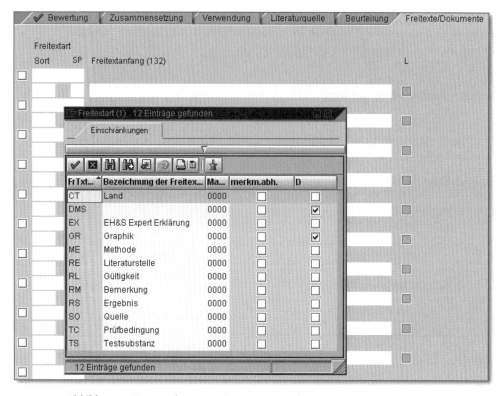

Abbildung 2.56 Transaktion CG02 – Freitexte/Dokumente

Wenn Sie Dokumente oder Grafiken als Freitexte ablegen möchten, muss diese Dokumentenart im Customizing definiert sein.

[+] **Freitexte übersetzen**

Wir möchten an dieser Stelle nochmals darauf hinweisen, dass es den Nutzern in unterschiedlichen Ländern deutlich hilft, wenn die Bezeichner von neuen Freitextarten in allen benötigten Landessprachen übersetzt sind.

2.12.10 Reiter »Spezifikationsauflistung«

In einigen Eigenschaften finden Sie zusätzlich zu den oben genannten Reitern noch den Reiter SPEZIFIKATIONSAUFLISTUNG. Ein Beispiel dafür sind die »Zersetzungsprodukte« im Knoten SICHERHEITSRELEVANTE DATEN des Eigenschaftsraums. Eine Spezifikationsauflistung dient ausschließlich dazu, weitere vorhandene (!) Spezifikationen zu nennen, es ist aber keine Angabe von Mengen notwendig.

Auf diesem Reiter können Sie die Spezifikationsschlüssel zu den Spezifikationen angeben, die dem Kriterium der Stoffbewertungsart entsprechen. Als Beispiel für Zersetzungsprodukte einer organischen Substanz könnten hier die Spezifikationsschlüssel (SUBID) für Kohlendioxid, Kohlenmonoxid und/ oder Schwefeldioxid eingetragen werden.

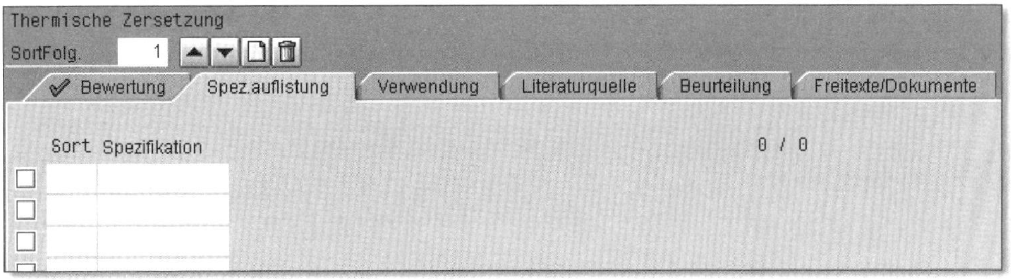

Abbildung 2.57 Transaktion CG02 – Spezifikationsauflistung

Bei der Konfiguration der Stoffbewertungsart zur Klasse legen Sie fest, ob ausschließlich die in den Abschnitten 2.12.1 bis 2.12.9 genannten Reiter erscheinen, ob zusätzlich der Reiter für die SPEZIFIKATIONSAUFLISTUNG erscheint oder ob *alternativ* zu der Spezifikationsauflistung der Reiter ZUSAMMENSETZUNG eingeblendet wird. Dies legen Sie im Customizing fest (siehe Abschnitt 2.6.4, »Eigenschaften/Stoffbewertungsarten«).

2.12.11 Reiter »Zusammensetzung«

Wie im vorherigen Abschnitt beschrieben, kann entweder die Spezifikationsauflistung oder die Zusammensetzung als zusätzlicher Reiter definiert werden. Die Pflege der Zusammensetzung erlaubt Ihnen z.B., folgende Sachverhalte sehr detailliert wiederzugeben (siehe Abbildung 2.58):

▸ welche Substanzen sich z.B. in einem Gemisch befinden (die wiederum über den Stoffschlüssel definiert werden)

▸ was der exakte Anteil jeder einzelnen Komponente ist

▸ in welchem Bereich diese Komponente enthalten sein kann (Unter- und Obergrenze)

▸ welche Funktion jede einzelne Komponente in dem Gemisch hat (typische Funktionen sind z.B. Lösungsmittel, Füllstoff, Wirkstoff etc.)
Wenn Ihnen die angebotenen Funktionen nicht ausreichen, können Sie Ihre unternehmensspezifischen Funktionen von Komponenten im Customizing ergänzen.

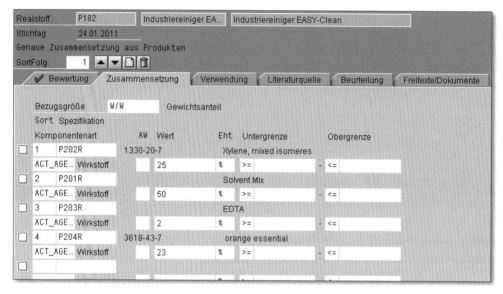

Abbildung 2.58 Transaktion CG02 – Reiter »Zusammensetzung«

Darüber hinaus können Sie die Einheit zur Mengenangabe der Komponente definieren (%, ppm, ppt etc.) und den Operator für die Unter- und Obergrenze festlegen (z.B. »≥« bzw. »>« für die Untergrenze).

Im SAP EHS Management-Standard werden bereits sehr viele Zusammensetzungen als Eigenschaften ausgeliefert. Die erste Zusammensetzung, die unbedingt für ein Gemisch gepflegt werden sollte, ist die »Genaue Zusammensetzung aus Produkten« (SAP_EHS_1012_001).

[zB] | **Eigenschaft »Genaue Zusammensetzung aus Produkten«**

Wenn Sie z.B. die Daten für einen Lack pflegen, der aus einem bereits pigmentierten Grundlack, einem einzelnen Lösungsmittel und einem Pigmentgemisch besteht, wären diese drei Komponenten in dieser Zusammensetzung einzutragen.

Voraussetzung dafür ist, dass Sie vorher für diese drei Komponenten je eine eigene Spezifikation angelegt haben. Der Grundlack und das Pigmentgemisch haben dann wieder in der Zusammensetzung »Genaue Zusammensetzung aus Produkten« je eine eigene Zusammensetzung.

Die »Standardzusammensetzung« lässt sich aus der »Genauen Zusammensetzung aus Produkten« entweder manuell ermitteln, was bei komplexeren Gemischen zeitaufwendig werden kann, oder Sie können diese Eigenschaft automatisiert über ein Regelwerk ermitteln lassen (siehe Abschnitt 2.12.12,

»Regelwerke erstellen und verwenden«). Im Unterschied zur »Genauen Zusammensetzung aus Produkten« finden sich in der »Standardzusammensetzung« nur noch reine Substanzen bzw. Listenstoffe (`LIST_SUB`).

Eigenschaft »Standardzusammensetzung von Produkten«	**[zB]**

Das bedeutet für das obige Beispiel, dass in der Eigenschaft »Standardzusammensetzung« jedes einzelne Pigment, jedes einzelne Lösungsmittel und jeder weitere Bestandteil, der in einem der drei Komponenten bei der »Genauen Zusammensetzung aus Produkten« enthalten ist (wie z.B. Additive, Härter) genannt werden. Sollte dabei eine Substanz in mehreren Komponenten des fertigen Lacks in der Zusammensetzung vorhanden sein, werden die Anteile dieser Substanz in der »Standardzusammensetzung« addiert (kumuliert). Gerade diese Berechnung macht die Unterstützung eines Regelwerks empfehlenswert.

Die »Standardzusammensetzung« ist in aller Regel die Grundlage, aus der die weiteren Zusammensetzungen abgeleitet werden können (Gefährliche Inhaltsstoffe, Gefahrbestimmende Komponenten etc.).

Ebenfalls ist die »Standardzusammensetzung« üblicherweise die Datenquelle, aus der die Gefährlichkeit der Spezifikation (Kennzeichnung und Einstufung) abgeleitet werden kann.

Hinweis zur folgenden Darstellung	**[+]**

Wir beschreiben hier den Regelfall für »einfache« Chemikalien bzw. einfache Zusammensetzungen. Wenn Sie z.B. mit Polymeren arbeiten, sollten Sie bei der Erstellung des Datenmodells mit Ihrer Fachabteilung sprechen, welches Modell Ihre Chemikalie aus den notwendigen Blickwinkeln am besten abbildet.

2.12.12 Regelwerke erstellen und verwenden

Ein Sicherheitsdatenblatt und viele andere Dokumente, die Sie aus SAP EHS Management heraus erstellen möchten, benötigen große Mengen an Daten. Um Ihnen die Datenpflege einfacher zu machen bzw. um Synergieeffekte nutzen zu können, gibt es verschiedene Methoden, auf die Sie zurückgreifen können.

Wir möchten das am Beispiel eines Sicherheitsdatenblattes genauer aufzeigen. Wenn für bestimmte Kapitel des Sicherheitsdatenblattes bei vielen Ihrer Produkte immer wieder die gleichen Daten Verwendung finden, können Sie auf die Referenzierung zurückgreifen (siehe die Abschnitte 2.11.7 und 2.11.11), oder Sie kopieren gleich ganze Spezifikationen oder Teile davon. In vielen Fällen lassen sich aber auch Daten für eine Spezifikation von wenigen Primärdaten ableiten. Diese abgeleiteten Daten, man spricht dann auch von sogenannten Sekundärdaten, lassen sich über Regeln definieren, die auf zwei verschiedene Methoden in SAP EHS Management integriert werden können.

Die SAP bietet in ihrem Portfolio mit dem SAP Regulatory Content (EH&S Expert) eine Funktionalität an, um mit Hilfe einzelner Regelwerke oder Regelwerkskaskaden die Sekundärdaten im besten Fall für ein komplettes Sicherheitsdatenblatt zu ermitteln. Diese Technologie ist so offen gestaltet, dass Sie auch eigene Regelwerke entwickeln und diese entweder eigenständig oder in Zusammenhang mit den SAP-Regelwerken nutzen können.

[+] | **SAP Regulatory Content – Historie der EH&S Expert-Regelwerke**

Die EH&S Expert-Regelwerke sind später im sogenannten CLEO-Content aufgegangen. Der zum Zeitpunkt der Drucklegung dieses Buches aktuelle Name für diese Funktionalität lautet »SAP Regulatory Content«. Bei Interesse empfehlen wir, sich nach dem aktuellen Angebot der SAP oder bei Drittanbietern zu diesem Thema zu informieren.

Eine weitere Möglichkeit ist, dass Sie Regelwerke vollständig ohne die Nutzung von SAP Regulatory Content (EH&S Expert) selbst mit der SAP-Programmiersprache ABAP erstellen und diese, ausgehend von der Trefferliste im Menü, unter HILFSMITTEL und dann unter ERWEITERUNGEN im Customizing einbinden. Wir empfehlen Ihnen, diese Option nur dann zu nutzen, wenn Sie ein sehr großes Portfolio an Spezifikationen haben und Ihnen einen gutes Team aus Software-Entwicklern zur Verfügung steht, die auch in der Lage sind, die über die Zeit notwendigen Änderungen in den Regelwerken anzupassen.

Um Ihnen ein Gefühl dafür zu geben, an welchen Stellen der Einsatz von Regelwerken hilfreich sein kann und welche Voraussetzungen erfüllt sein müssen, möchten wir einige Beispiele einfügen:

Primärdaten

Um ein Sicherheitsdatenblatt weitestgehend automatisiert mit Daten zu füllen, sollten folgende Daten und Voraussetzungen vorhanden und erfüllt sein:

▸ An der Spezifikation, für die das Sicherheitsdatenblatt erstellt werden soll, ist die »Genaue Zusammensetzung aus Produkten« gepflegt. Jede Spezifikation, die in der »Genauen Zusammensetzung aus Produkten« gepflegt ist, besitzt entweder selbst wieder eine Zusammensetzung (z.B. bei Lösungsmittelgemischen) oder hat an der Stelle einen Listenstoff zugeordnet (wenn es sich um einen reinen Stoff handelt).

▶ Alle Listenstoffe sind mit der Kennzeichnung und Einstufung (entweder nach EU[alt] oder GHS), den Arbeitsplatzgrenzwerten und den Zuordnungen zu den für sie wichtigen Gesetzesräumen gepflegt. An der Spezifikation, für die die Sekundärdaten errechnet werden sollen, sind die Daten gepflegt, die nicht durch ein Regelwerk abzuleiten sind (z. B. Flammpunkt und Aggregatzustand).

Möglicher logischer Ablauf von verschiedenen Regelwerken

Wenn die Primärdaten vorhanden sind, könnten die folgenden Regelwerke die Spezifikation befüllen:

▶ **Ermittlung der Standardzusammensetzung**
Die »Standardzusammensetzung« wird aus der »Genauen Zusammensetzung aus Produkten« ermittelt. Alle Komponenten, die in dieser Zusammensetzung genannt sind, werden kaskadiert, sodass in der »Standardzusammensetzung« üblicherweise nur noch Listenstoffe (LIST_SUB) bzw. Listenstoffgruppen (LIST_GRP) enthalten sind. Sollte ein bestimmter Listenstoff in verschiedenen Komponenten in der genauen Zusammensetzung enthalten sein, werden diese Anteile in der Standardzusammensetzung kumuliert. Diese Zusammensetzung ist in aller Regel die Grundlage für die weitere Sekundärdatenermittlung.

Bedeutung der Kaskadierung　　　　　　　　　　　　　　　　　　**[+]**

Unter Kaskadierung versteht man das Durchgehen aller Zusammensetzungen (also jeweils wieder die einzelnen Zusammensetzungen der Zusammensetzung eines Produkts), bis die unterste Ebene erreicht wird – die Ebene, auf der (in der Theorie) die Reinstoffe oder Listenstoffe angegeben sind.

▶ **Ermittlung der gefährlichen Inhaltsstoffe**
Aufgrund der Kennzeichnung der Listenstoffe können aus der »Standardzusammensetzung« heraus die gefährlichen Inhaltsstoffe bestimmt und in der entsprechenden Eigenschaft abgelegt werden. Das Regelwerk sollte erkennen können, wenn die gefährlichen Inhaltsstoffe in verschiedenen Ländern voneinander abweichen und dann gegebenenfalls für diese Länder eine eigene Instanz mit der entsprechenden Verwendung anlegen.

▶ **Ermittlung der Kennzeichnung**
Ebenfalls ausgehend von der Kennzeichnung der Listenstoffe kann nun die Kennzeichnung Ihres Produkts entweder nach alter EU-Stoffzubereitungsrichtlinie oder nach den Regeln der GHS-Kennzeichnung und -Klas-

sifizierung erfolgen. Auch hier gilt, dass die Kennzeichnungen in verschiedenen Ländern voneinander abweichen können und das Regelwerk diesem Umstand durch die entsprechende Anzahl an Instanzen Rechnung tragen sollte.

▶ **Ermittlung der Erste-Hilfe-Maßnahmen**
Normalerweise bestimmt die Kennzeichnung den Inhalt dieses Kapitels. Das bedeutet, dass abhängig von der Kennzeichnung die notwendigen Daten, die in diesem Kapitel erscheinen sollen, definiert werden können.

▶ **Transportklassifizierung**
Hier hängt es sehr davon ab, wie Ihr Produktportfolio aufgebaut ist. Je nachdem, wie viele Ausnahmen (Mindermengen-Regelung etc.) für Sie relevant sind, lässt sich über ein Regelwerk der korrekte Gefahrgutklassifizierungsstoff (`DG_CL_SUB`, siehe Kapitel 5, »Gefahrgutabwicklung«) ermitteln und als Kopfreferenz an die Spezifikation schreiben.

▶ **Befüllung der weiteren Kapitel**
Entweder mit einem oder mit mehreren hintereinander ablaufenden Regelwerken lassen sich nun alle weiteren Kapitel auffüllen, die Sie für das vollständige Sicherheitsdatenblatt benötigen.

Diese Beispiele gegen Ihnen einen Überblick, in welchen Bereichen und mit welchen Möglichkeiten der Einsatz von Regelwerken verbunden ist.

Es sei an dieser Stelle auch darauf hingewiesen, dass Regelwerke Daten direkt in den Stoffkopf schreiben (Identifikatoren) und dass Daten für die Merkmale im Eigenschaftsbaum ermittelt werden können. Regelwerke können auch eine bereits bestehende passende Spezifikation ermitteln und diese als Referenz im Stoffkopf eintragen.

Mögliche Logik für ein Regelwerk

In den allermeisten Fällen beruht die Logik eines Regelwerks auf einfachen »Wenn-Dann-Sonst«-Entscheidungen, bei denen Sie ebenfalls entsprechende Ausnahmen definieren können.

In gewissem Maße ist es auch möglich, physikalisch-chemische Daten zu ermitteln. Als Beispiel dazu beschreiben wir zwei mögliche Wege, um die Dichte einer Spezifikation zu errechnen, die aus mehreren Komponenten besteht.

Die Abbildungen 2.59 und 2.60 zeigen als Beispiel zwei verschiedene Formeln auf, die zur Ermittlung der Dichte eines Gemisches und für die Programmierung eines Regelwerkes herangezogen werden können.

$$\frac{1}{\rho_\Sigma} = \frac{1}{\rho_{Komp_1}} + \frac{1}{\rho_{Komp_2}} + \dots + \frac{1}{\rho_{Komp_n}}$$

Abbildung 2.59 Formel für Dichte, Möglichkeit 1

$$\rho = \frac{\rho_{Komp_1}}{Anteil_{Komp_1}} + \frac{\rho_{Komp_2}}{Anteil_{Komp_2}} + \dots + \frac{\rho_{Komp_n}}{Anteil_{Komp_n}}$$

Abbildung 2.60 Formel für die Dichte, Möglichkeit 2

Ob eine dieser Formeln für Ihre Produktpalette die korrekten Ergebnisse in einem Regelwerk liefern würde, ist eine Diskussion, die während eines SAP EHS Management-Einführungsprojekts mit Ihrer Fachabteilung geklärt werden muss und von Ihrem speziellen Produktportfolio abhängig ist.

Zu beachten ist ferner, dass Sie den Regelwerken mitgeben müssen, welche Verwendungen gelesen werden müssen bzw. in welcher Reihenfolge Verwendungen beachtet werden und mit welcher Verwendung die ermittelten Daten geschrieben werden sollen. Bei den SAP-Regelwerken erfolgen diese Einstellungen durch Mapping-Tabellen.

Es gibt noch weitere Felder, die entweder bei den SAP-Standardregelwerken Beachtung finden können oder die einen Mehrwert liefern, wenn Sie eigene Regelwerke erstellen. Weitere Informationen hierzu finden Sie in Abschnitt 3.1.1 im Kasten »Datenherkunft und Datenlieferant« (siehe Seite 132).

2.12.13 BOM/BOS-Schnittstelle

Eine weitere Möglichkeit, um schnell neue Daten in SAP EHS Management zu erfassen, ist die BOM/BOS-Schnittstelle. Wenn Sie für ein neues Material eine entsprechende Materialstückliste erstellen (BOM, Bill of Material), kann dazu automatisiert eine neue Spezifikation in der Spezifikationsdatenbank angelegt werden. Die einzelnen Materialien aus der Materialstückliste werden dann zu einer Zusammensetzung, wobei üblicherweise die »Genaue Zusammensetzung aus Produkten« (SAP_EHS_1012_001) verwendet wird. Man spricht dann auf Seiten des SAP EHS Managements von der BOS (Bill of Substance).

Die wichtigste Grundvoraussetzung, um diese Funktionalität zu nutzen, ist, dass es zu allen Materialien, die Sie in der Materialstückliste verwenden, eine korrespondierende Spezifikation gibt. Materialstücklisten sind üblicherweise an Ihren Produktionsprozess angepasst, d. h. sie müssen nicht zwangsläufig zu 100 kg aufgehen (was am leichtesten in die geforderten 100 % einer BOS zu überführen wäre), sondern können angepasst an Ihre Reaktoren z. B. auf ein Gewicht von 4.400 kg abgestimmt sein. Die Schnittstelle zum SAP EHS Management ermöglicht es, die einzelnen Bestandteile der BOM so umzurechnen, dass die Zusammensetzung in SAP EHS Management zu 100 % aufgeht.

[+] | **Limitierung der BOM/BOS-Schnittstelle**

Diese Funktionalität hat den größten Wert bei Anwendern, die Formulierungen (also Mischungen) von Produkten herstellen. Chemische Prozesse, die zu einer Umwandlung der Einsatzstoffe führen, können nur sehr bedingt abgebildet werden. Dabei ist der einfachste Fall noch, dass in der Stückliste Wasser enthalten ist, das während des Prozesses entweicht. Dieses Wasser kann als Material definiert werden, das beim Übergang nach SAP EHS Management nicht mit in die Berechnung der Zusammensetzung einfließt. Also enthält die Zusammensetzung am Ende die prozentualen Anteile der Materialstückliste, summiert auf 100 %, ohne die Berücksichtigung von Wasser.

Die BOM/BOS-Schnittstelle kann erweitert werden, indem z. B. geprüft wird, ob die exakt gleiche Zusammensetzung bereits bei einer anderen Spezifikation in SAP EHS Management vorhanden ist. In dem Fall sollte dann nur noch an der bestehenden Spezifikation die Verknüpfung zu dem neuen Material vorgenommen werden (siehe Abschnitt 2.11.8, »Reiter ›Materialzuordnungen‹«), was ebenfalls automatisiert werden kann.

Materialstücklisten sind oft nicht statisch für alle Zeit. Findet eine Veränderung statt, werden also Materialien in veränderten Anteilen eingewogen. Oder wenn ein Austausch von Materialien stattfindet, kann definiert werden, dass über die Schnittstelle geprüft wird, ob diese Änderungen Auswirkungen auf die Zusammensetzungen haben. Wenn es gewünscht ist, können diese Änderungen ebenfalls automatisiert nachgezogen werden.

Der erfolgreiche Lauf der BOM/BOS-Schnittstelle kann in einem zweiten Schritt die Ausführung von Regelwerken starten, sodass im Idealfall eine Spezifikation vollständig erstellt werden kann, ohne dass ein Sachbearbeiter eingreifen muss (siehe Abschnitt 2.12.12). Auch die Berichtsgenerierung und der Berichtsversand können in diesen Prozess mit einbezogen werden.

Während der Einrichtung der BOM/BOS-Schnittstelle sind zahlreiche Fragen seitens der IT und der Fachabteilung zu klären. Die Funktionalität ist extrem flexibel, aber ein entsprechendes Fehler-Handling und die Behandlung von Ausnahmen müssen sinnvoll definiert werden.

2.12.14 Ausgabevarianten erstellen und verwenden

Ausgabevarianten unterstützen Sie, wenn Sie zu mehreren Spezifikationen gleichzeitig bestimmte Daten aus der Spezifikationsdatenbank ausgeben möchten. Sie erreichen die bereits im Standard ausgelieferten Ausgabevarianten, ausgehend von einer Trefferliste, über den Schaltknopf Ausgabevariante wechseln (Tastenkombination [Strg]+[F2]).

Abbildung 2.61 Auswahl der Ausgabevarianten

Es öffnet sich dann ein weiteres Fenster (siehe Abbildung 2.61). Wenn Sie den Baum EMPTY öffnen, können Sie die Ausgabevariante auswählen. Entweder bekommen Sie die gewünschten Ergebnisse als tabellarische Liste in SAP angezeigt (als sogenannter ALV-Grid) oder das System springt, wie in der Bezeichnung der Ausgabevariante deutlich gemacht, in Excel ab und zeigt Ihnen dort die Daten strukturiert an. Es gibt zwei unterschiedliche Arten von Ausgabevarianten: Zum einen diejenigen, die einfach ohne weitere Einstellungen auszuführen sind, und zum anderen die, bei denen Sie noch auswählen können, indem Sie auf die Schaltfläche mit dem gelben Pfeil ganz rechts in der jeweiligen Zeile drücken. Die anschließend in einem neuen Fenster erscheinende Auswahl kennen Sie bereits von der Suche zum Aufbau einer Trefferliste (siehe Abschnitt 2.10.2). Wenn Sie die relevante Ausgabevariante mit oder ohne einschränkende Kriterien ausgewählt haben, können Sie die Ausgabe über die Schaltfläche Ausgabe (Tastenkombination [⇧]+[F2]) ausführen und zur Anzeige bringen.

Die als Beispiele ausgelieferten Ausgabevarianten im SAP-Standard sollen Ihnen nur die Möglichkeiten aufzeigen, die Sie mit dieser Technik haben.

Wenn Sie SAP EHS Management länger im Einsatz haben, werden die Benutzer recht bald eigene Ausgabevarianten fordern, um z.B. qualitätsrelevante Daten oder Datenlücken bei Spezifikationen schnell und einfach ausfindig zu machen. Diese eigenen Ausgabevarianten können dann entweder von Ihren SAP-Entwicklern gebaut oder bei einem Consulting-Unternehmen in Auftrag gegeben und in den Ordner OUTVAR eingehängt werden.

2.13 Fazit

In diesem Kapitel haben Sie das Herz von SAP EHS Management kennengelernt. Wir haben Ihnen die wichtigsten Einstellungen im Customizing, die zentrale Transaktion CG02 aus der Produktsicherheit vorgestellt, die in ähnlicher Weise auch in den anderen Sub-Modulen von SAP EHS Management, besonders im Gefahrgutmanagement Anwendung findet. Sie sollten nun eine Vorstellung davon haben, wie Sie die Spezifikationsdatenbank auf Ihre Bedürfnisse anpassen können, wie Sie neue Spezifikationen strukturiert anlegen können sowie bestehende Spezifikationen finden und bearbeiten können. Wir sind darauf eingegangen, welche Möglichkeiten es gibt, neben der manuellen Anlage von Spezifikationen und Daten, automatisiert entweder bestehende Daten zu nutzen (über Referenzierung und/oder Vererbung) oder aus einem Minimaldatensatz (den sogenannten Primärdaten) Daten zu generieren. Letzteres ist entweder mit Hilfe des SAP-Tools SAP Regulatory Content (EH&S Expert) und den dazugehörigen Regelwerken oder mit selbst entwickelten ABAP-programmierten Regelwerken möglich. Am Ende sind wir kurz auf die Ausgabevarianten eingegangen.

Dieses Kapitel enthält nicht den Anspruch, absolut jedes Detail erwähnt bzw. erklärt zu haben, obwohl wir an manchen Stellen bewusst sehr in die Tiefe gegangen sind. Einige weitere Details werden im folgenden Kapitel erläutert. Wir haben die Spezifikationsdatenbank als das Herz von EHS Management bezeichnet. Je stabiler die Spezifikationsdatenbank aufgebaut ist und je mehr Gedanken Sie zu Anfang eines SAP EHS Management-Projekts in diese Grundstruktur stecken – auch in Bezug auf mögliche zukünftige Erweiterungen –, desto eher kommen Sie in den Genuss, den größtmöglichen Nutzen aus diesem Modul zu ziehen.

SAP EHS Management bietet für viele Standardaufgaben Werkzeuge, die Ihnen dabei helfen, wiederkehrende Aufgaben schneller und systemunterstützt durchzuführen. Diese Werkzeuge stellen wir Ihnen in diesem Kapitel vor.

3 Produktsicherheit

Die Produktsicherheit benötigt im Vergleich zu den bekannteren SAP-Modulen deutlich mehr Daten, die auch noch deutlich häufigeren Wechseln aufgrund von gesetzlichen Änderungen (aktuell durch REACH (Registration, Evaluation, Authorisation and Restriction of Chemicals) und GHS) sowie zunehmenden nationalen Regulierungen unterworfen sind. SAP EHS Management trägt dem durch zahlreiche Hilfsmittel oder Werkzeuge Rechnung, die es erlauben, diese Änderungen schnell und durch einfache technische Unterstützung umzusetzen. In den folgenden Kapiteln stellen wir die wichtigsten und am meisten genutzten Hilfsmittel vor, die im SAP EHS Management-Standard vorhanden sind.

Darüber hinaus stellen wir Ihnen die notwendigen Einstellungen für den Berichtsversand vor, erklären den technischen Ablauf des Berichtsversandes und geben Ihnen einen Ausblick auf die Integration von SAP EHS Management in die anderen SAP-Module.

3.1 Werkzeuge für die Produktsicherheit

Sowohl für den Bereich der Spezifikationsdatenbank (siehe Kapitel 2, »Spezifikationsverwaltung – die Basis von SAP EHS Management und der Produktsicherheit«) wie auch für den Bereich der Berichtsgenerierung (siehe Abschnitt 3.2, »Produktsicherheit – Berichtserstellung«) gibt es zahlreiche Funktionalitäten, die Ihnen sowohl bei regelmäßig wiederkehrenden als auch bei unregelmäßig auftretenden Aufgaben einen großen Teil der Arbeit abnehmen. Eine unregelmäßig auftretende Aufgabe ist z.B. die Datenmigration nach einer Akquisition oder Datenextraktion im Zuge einer Devestition. Die wichtigsten Fakten und Erklärungen zu diesen Funktionalitäten haben wir in diesem Abschnitt zusammengefasst.

3.1.1 Standard-Importfunktionalitäten

Sowohl während des Aufbaus Ihres SAP EHS Management-Systems wie auch im laufenden Betrieb kann es z.B. durch gesetzliche Änderungen, ein erweitertes Produktportfolio oder Aufkäufe von Unternehmen immer wieder dazu kommen, dass Sie weitere Daten wie z.B. Spezifikationen in das System bringen müssen.

Um Daten in das SAP EHS Management-System zu importieren, muss für jede der im Folgenden behandelten Importarten ein spezielles Import-File zur Verfügung gestellt werden. Auf dem Markt werden spezielle Konvertierungsprogramme angeboten, die ausgehend von Microsoft Excel oder Access direkt eine solche Austauschdatei erstellen. Diese Programme sind teilweise mit SAP EHS Management verbunden, sodass Sie für den Bereich der Eigenschaften die notwendigen Phrasenschlüssel (siehe Abschnitt 2.7.5, »Phrasenpflege«) gleich aus Ihrer Spezifikationsdatenbank übernehmen können. Sollten Sie diese Importdateien selbst erstellen wollen, empfehlen wir Ihnen, zuerst eine Austauschdatei durch Export zu erstellen, und die dort vorgegebene Struktur der Austauschdatei durch ein eigenes Konvertierungsprogramm zu erzeugen.

Für den Import steht Ihnen im Bereich der Produktsicherheit eine Reihe von Transaktionen zur Verfügung, die bereits im Standard ausgeliefert werden. Diese Transaktionen erläutern wir im Folgenden.

Datei hochladen (Transaktion CG3Z)

Die Importdateien (sogenannte Austauschdateien) müssen Sie zuerst auf Ihren SAP-Applikationsserver laden. Nachdem Sie Transaktion CG3Z ausgeführt haben, erscheint der Bildschirm in Abbildung 3.1.

Abbildung 3.1 Transaktion CG3Z – Parameter

Die Quelldatei kann dabei entweder auf Ihrem Arbeitsplatzrechner oder auf einem Netzwerklaufwerk liegen. Das Zielverzeichnis auf dem Applikationsserver muss entsprechend für den Upload freigegeben sein.

Für den Fall, dass Sie sehr regelmäßig und/oder viele Dateien importieren möchten, empfiehlt es sich, mit Ihrem SAP-Administrator zu sprechen und das Austauschverzeichnis in Ihrem Netzwerk bekannt zu machen. Dann können Sie die Importdateien direkt von Ihrem lokalen Computer aus, mittels Windows Explorer oder auf ähnlichem Weg, auf dem Applikationsserver ablegen – ohne Nutzung der Funktion DATEI HOCHLADEN. Insofern keine Sicherheitsbedenken dagegen sprechen, ist dies der schnellere Weg.

Austauschprofile

Beim Import von Dateien in EHS Management besteht die Möglichkeit, über ein Austauschprofil zahlreiche Parameter bereits vorzugeben. Die Austauschprofile werden dabei im Customizing angelegt. Wenn Sie regelmäßig viele Dateien in Ihr SAP EHS Management-System laden, beschleunigt die Verwendung eines Austauschprofils Ihre Arbeit erheblich.

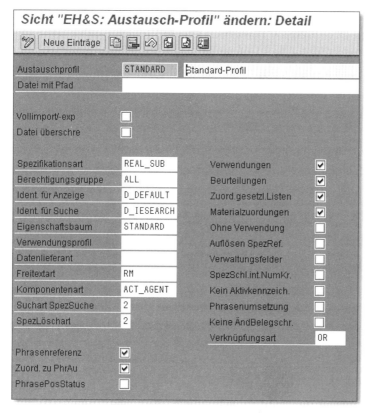

Abbildung 3.2 SAP-Standard-Austauschprofil

[zB] **Austauschprofil sinnvoll verwenden**

Sollten Sie z.B. immer das gleiche Austauschverzeichnis verwenden, empfiehlt es sich, den Pfad und die Datei im Austauschprofil abzulegen.

Allerdings muss dann die Importdatei auf dem Austauschverzeichnis immer den gleichen Namen haben, auch wenn sie einen unterschiedlichen Inhalt hat.

Wie Sie aus Abbildung 3.2 ersehen können, gibt es zahlreiche Prüfungen, die während des Spezifikationsimports durchlaufen werden. Diese Prüfungen sind von großer Bedeutung für die Datenintegrität und -qualität.

Je nachdem, welche Vorgaben Sie mit dem Spezifikationsimport vornehmen möchten, können Sie entweder ein generisches Profil erstellen oder Sie setzen verschiedene Profile für verschiedene Aufgaben ein. Eigene Profile können Sie z.B. für unterschiedliche Spezifikationsarten wie Realstoffe (REAL-SUB) oder Listenstoffe (List-Sub) erstellen.

Spezifikationen importieren (Transaktion CG33)

Die sehr spezielle und tiefe Tabellenstruktur für die Spezifikation, die während des Stoffimports in EHS befüllt wird, macht die Erstellung einer Austauschdatei, welche weitestgehend alle Funktionalitäten bei der Spezifikationserstellung nutzen möchte, zu einer großen Herausforderung. Wenn die Notwendigkeit besteht, große Mengen an Spezifikationen in SAP EHS Management zu importieren, empfehlen wir – die Autoren –, SAP oder einen Drittanbieter nach einem Konvertierungsprogramm zu fragen.

Möchten Sie den Spezifikationsimport nutzen, um Spezifikationen von einem SAP EHS Management-System in ein anderes zu übertragen, hilft Ihnen die Funktionalität SPEZIFIKATIONEN IMPORTIEREN weiter.

[+] **Einmaliger vs. regelmäßiger Spezifikationsimport**

Die nun beschriebene Funktionalität – Transaktion CG33 – ist für unregelmäßige Importe gut geeignet, z.B. wenn die Daten vorher noch gemappt werden (also die Quell- auf die Zielstruktur angepasst werden muss). Für die regelmäßige Übertragung von Spezifikationen, z.B. von Ihrem SAP EHS Management-Stammdaten-Referenzsystem in Ihr ERP-System empfiehlt sich die Nutzung von Application Link Enabling (ALE).

Die Datenmigration ist bei vielen SAP EHS Management-Erstimplementierungen und auch bei der Integration nach einer Firmenübernahme der geschwindigkeits- und qualitätsbestimmende Schritt. Die Struktur der Daten in Ihrem Altsystem entspricht in den seltensten Fällen exakt der erwarteten Struktur, wie sie im SAP EHS Management-System verwendet wird. Die Importfunktion für Spezifikationen ist sehr mächtig, kann aber bei falscher Verwendung auch sehr viel Schaden anrichten. Hinzu kommt, dass Sie sehr viele Einstellmöglichkeiten haben, wie die zu importierende Austauschdatei bearbeitet werden soll. Abhängig von dem zu transferierenden Datenvolumen raten wir Ihnen an dieser Stelle, professionelle Berater einzubeziehen.

Die Mächtigkeit der Importschnittstelle für Spezifikationen und ihre Möglichkeiten werden nun exemplarisch anhand der möglichen Einstellungen bei den Parametern aufgezeigt (siehe Abbildung 3.3).

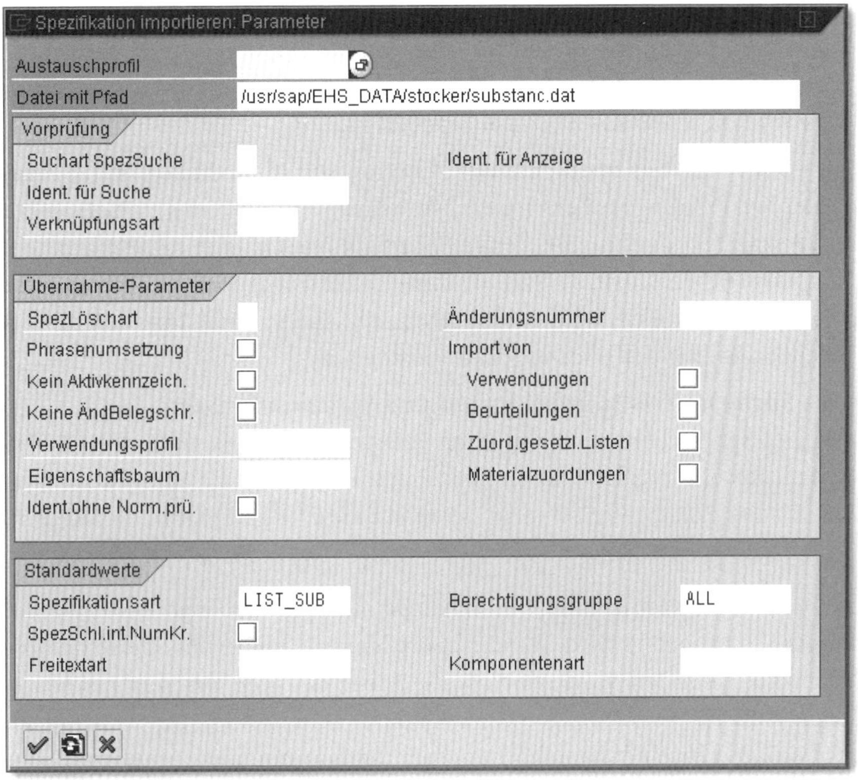

Abbildung 3.3 Transaktion CG33 – Parameter für das Importieren von Spezifikationen

Die Bedeutung der Austauschprofile ist im vorhergehenden Abschnitt bereits beschrieben worden. Die zu importierende Datei und den Pfad, wo sie zu finden ist, geben Sie in das zweite Feld DATEI MIT PFAD ein.

Sehr wichtig und sehr mächtig ist der Bereich VORPRÜFUNG. Das Feld SUCHART SPEZSUCHE legt fest, anhand welcher Kriterien die einzelne Spezifikation im Import-File gegen möglicherweise bereits vorhandene Spezifikationen in SAP EHS Management geprüft werden soll.

Hier werden häufig Fehler gemacht, beachten Sie daher genau die Bedeutung der Einträge für die Sucharten:

▸ **1 – Suche mittels Spezifikationsschlüssel**
Hier prüft das SAP EHS Management-System beim Import ausschließlich, ob der in der Importdatei vorhandene Spezifikationsschlüssel (SUBID) bereits in SAP EHS Management verwendet wird.

▸ **2 – Suche mittels Identifikatoren**
Der Spezifikationsschlüssel im Import-File wird bei der Prüfung ignoriert, und die Prüfung, ob die entsprechende Spezifikation bereits vorhanden ist, wird ausschließlich über die Identifikationsauflistung durchgeführt, die im Feld IDENT FÜR SUCHE angegeben ist.

▸ **3 – Suche mittels SpezSchlüssel (1. Prio) und Identifikatoren (2. Prio)**
Hier werden die Suchen 1 und 2 miteinander kombiniert. Zuerst wird abgefragt, ob der entsprechende Spezifikationsschlüssel (SUBID) aus dem Import-File bereits in SAP EHS Management vorhanden ist. Wenn diese Prüfung negativ ist, wird nachgesehen, ob eine Spezifikation bereits vorhanden ist, die den gleichen Identifikator hat.

▸ **4 – Suche mittels Identifikatoren und Spezifikationsart**
Bei dieser Suchart wird nur dann eine neue Spezifikation in SAP EHS Management angelegt, wenn der Identifikator und die Spezifikationsart (z.B. REAL_SUB, LIST_SUB) nicht bereits in dieser Kombination in SAP EHS Management vorhanden sind.

Das Feld VERKNÜPFUNGSART entscheidet darüber, ob eine Spezifikation bereits dann angelegt wird, wenn nur ein Identifikator in der Spezifikationsdatenbank gefunden wird oder ob alle Identifikatoren der Austauschdatei ebenfalls in SAP EHS Management vorhanden sein müssen. Davon hängt ab, ob die Daten zu einer bestehenden Spezifikation hinzugefügt werden oder eine neue Spezifikation angelegt wird.

Wir kommen nun zum Bereich ÜBERNAHME-PARAMETER. Die Einstellung des Felds SPEZLÖSCHART ist der nächste kritische Faktor. Auch hier erläutern wir die verschiedenen Einstellungen:

▸ **Löschart 1 – Löschen aller Spezifikationsdaten**
Wenn der Import eine Spezifikation in SAP EHS Management vorfindet, werden *alle* Spezifikationsdaten gelöscht, bevor die Daten aus der Austauschdatei importiert werden. Dies entspricht quasi einem Überschreiben der bestehenden Daten.

▸ **Löschart 2 – Löschen bezüglich Datenherkunft und Datenlieferant**
Bei dieser Option werden bei einer bestehenden Spezifikation nur die Daten gelöscht beziehungsweise überschrieben, die eine identische Datenherkunft und einen identischen Datenlieferanten haben.

▸ **Löschart 3 – Kein Löschen (additives Laden)**
Wird eine Spezifikation in SAP EHS Management bei dieser Löschart vorgefunden, werden alle Daten aus der Austauschdatei geladen und gegebenenfalls als neue Instanz zu einer bereits bestehenden Bewertung hinzugefügt.

▸ **Löschart 4 – Löschen aller Spezifikationsdaten mit Angabe von Bewertungsarten**
Wird diese Löschart ausgewählt, werden an einer bestehenden Spezifikation nur die Bewertungsarten gelöscht, die in der Austauschdatei vorhanden sind.

▸ **Löschart 5 – Löschen mit Änderungsnummer**
Um diese Option auswählen zu können, muss die Änderungsnummernschreibung aktiviert sein. Werden dann Daten durch den Import gelöscht, kann zu einem späteren Zeitpunkt jederzeit nachvollzogen werden, wann und durch wen die Daten gelöscht wurden.

Spezifikationslöschart [!]

Die meisten Fehler beim Stoffimport passieren durch die falsche Auswahl der Spezifikationslöschart. Wir empfehlen dringend, hier gut zu testen und die gewünschten Einstellungen vor dem produktiven Laden entsprechend zu dokumentieren und überprüfen!

Geben Sie bei den ÜBERNAHME-PARAMETERN im Feld EIGENSCHAFTSBAUM einen solchen an, laden Sie nur Daten zu Bewertungen, die in diesem Eigenschaftsbaum angegeben sind. Das bedeutet, dass Sie für bestimmte Importvorgänge spezielle Eigenschaftsbäume (siehe Abschnitt 2.6.6, »Eigenschaftsbaum«) anlegen und diese dann selektiv für den Import wie für den Export verwenden können.

Sehr wichtig ist noch der Parameter SpezSchl.int.NumKr (Spezifikations-schlüssel aus internem Nummernkreis) im Bereich STANDARDWERTE. Wenn Sie diese Option wählen, wird der angegebene Spezifikationsschlüssel in der Austauschdatei ignoriert. Stattdessen wird ein neuer Spezifikationsschlüssel (SUBID) aus dem internen Nummernkreis gezogen (siehe Abschnitt 2.3, »Nummernkreise«). Diese Option bietet sich an, wenn Sie komplett neue Spezifikationen anlegen möchten, die derzeit noch nicht in SAP EHS Management vorhanden sind. Sie müssen dann keine Spezifikationsschlüssel vordefinieren, sondern können diese vom SAP EHS Management-System vergeben lassen.

Wie Sie Abbildung 3.3 entnehmen können, gibt es noch zahlreiche weitere Optionen, um den Spezifikationsimport zu steuern. Da diese in der SAP-Online-Hilfe ausführlich erläutert werden, möchten wir hier nicht weiter auf sie eingehen. Wie bereits erwähnt, ist der Import von Daten sehr fehleranfällig und sollte daher vor der produktiven Nutzung sehr intensiv getestet und dokumentiert werden.

Exkurs: Datenherkunft und Datenlieferant

DATENHERKUNFT und DATENLIEFERANT sind zwei weitere Felder, die mit einer Instanz verbunden sein können und auf die wir aus Gründen der Übersichtlichkeit bei der gerade besprochenen Datenpflege nicht eingegangen sind. Diese Daten sind bei den administrativen Daten über das Menü zu finden. Es ist nicht ganz leicht, zwischen beiden Werten zu unterscheiden. Es ist die beste Hilfe bzw. Erklärung, dass es sich bei diesen Feldern um zwei weitere Identifikationsmerkmale handelt, die einem Datensatz mitgegeben und speziell beim Datenimport abgeprüft werden können. Wenn also die Spezifikationslöschart 2 (LÖSCHEN BEZÜGLICH DATENHERKUNFT UND DATENLIEFERANT) beim Import von neuen Spezifikationen gewählt wird, prüft das System, ob die in der Austauschdatei vorhandenen Werte die gleiche Datenherkunft und/oder den gleichen Datenlieferanten haben, wie ein bestehender Datensatz in der Datenbank. Nur dann werden die in der Datenbank vorhandenen Daten gelöscht, ansonsten wird ein neuer Datensatz angelegt.

Diese beiden Felder können auch beim Einsatz von Regelwerken (siehe Abschnitt 2.12.12, »Regelwerke erstellen und verwenden«) verwendet werden: Etwa indem das entsprechende Regelwerk, von dem die geschriebenen Daten ermittelt worden sind, diese Felder befüllt. Diese Informationen werden dann für einen späteren Lauf des Regelwerks, also für eine Aktualisierung, wieder ausgelesen und beachtet.

Phrasen importieren (Transaktion CG31)

Für den Fall, dass Sie viele eigene Phrasen in den kundenspezifischen passiven Phrasenkatalog laden möchten, empfiehlt sich die Nutzung der Funktion

PHRASEN IMPORTIEREN (Transaktion CG31). Als der schnellste Weg hat sich herausgestellt, die neuen Phrasen in Excel anzulegen und die Excel-Datei gegebenenfalls von einem Übersetzungsbüro oder den Kollegen in dem entsprechenden Land in die gewünschten Sprachen übersetzen zu lassen.

Übersetzungen	[+]

Aus unserer Praxiserfahrung heraus empfehlen wir – die Autoren –, Übersetzungen möglichst von Fachleuten in den Firmen lokal vor Ort vornehmen zu lassen, da diese die Fachterminologie kennen und in aller Regel die qualitativ hochwertigeren und exakteren Übersetzungen anfertigen.

Die Konvertierung der Excel-Datei kann durch ein Konvertierprogramm von einem Drittanbieter erfolgen. Gerade aber bei der Erstellung einer Phrasenaustauschdatei sollte die Konvertierung für einen erfahrenen Programmierer überhaupt keine Herausforderung darstellen. Diese Struktur ist weniger komplex als der Spezifikationsimport und sollte daher einfach auch inhouse erledigt werden können. Ein Beispiel für eine Phrasenaustauschdatei erhalten Sie, wenn Sie zwei Phrasen exportieren, herunterladen und sich an Ihrem Frontend anschauen. Die anzeigte Struktur sollte dann für die zu importierenden Phrasen vom Programmierer nachgebaut werden.

Regelmäßiger Phrasenaustausch	[+]

Für die regelmäßige Übertragung von Phrasen, z.B. von Ihrem SAP EHS Management-Master-Data-System in Ihr ERP-System empfiehlt sich wiederum die Nutzung von Application Link Enabling (ALE).

Berichte importieren (Transaktion CG36)

Diese Transaktion erlaubt es, eine große Menge an Berichten gleichzeitig in SAP EHS Management zu importieren. Ursprünglich ist diese Transaktion gebaut worden, um Sicherheitsdatenblätter aus dem Dok-X-Dokumentenverwaltungssystem in SAP EHS Management ablegen zu können.

Die Berichte müssen in dem Austauschverzeichnis auf dem Applikationsserver abgelegt sein. Für das Format der Berichte ist das PDF-Format festgelegt. Zu jedem Bericht gehört ein so genanntes »Keyfile«, das die Parameter enthält, die zu dem Bericht gehören (Zuordnung zur Spezifikation etc). Das Keyfile hat in der Regel den gleichen Namen wie der Bericht, es unterscheidet sich nur durch das Suffix (*.DAT* oder *.TXT*). Hier gilt das gleiche wie im vorherigen Abschnitt: Ein engagierter Entwickler kann ohne viel Aufwand aus einem Excel-File die gewünschte Menge an Keyfiles erzeugen.

Wenn nur wenige Berichte in das System geladen werden sollen, kann das jederzeit geschehen. Wenn eine sehr große Zahl von Berichten in das System geladen werden soll, empfiehlt sich auch hier, eine nutzungsarme Zeit zu definieren und den Import per Job zu starten.

Einzelbericht importieren (Transaktion CG36VEN)

Diese Transaktion ist eine Weiterentwicklung bzw. Individualisierung der Transaktion CG36. Immer häufiger wird es vorkommen, dass Sie von Ihrem Lieferanten Dokumente (Lieferanten-Erklärungen, technische Merkblätter etc.) bekommen, die zu einer bestimmten Spezifikation abgelegt werden müssen. Mit hoher Wahrscheinlichkeit bekommen Sie diese Dokumente mittlerweile als PDF-Dokument.

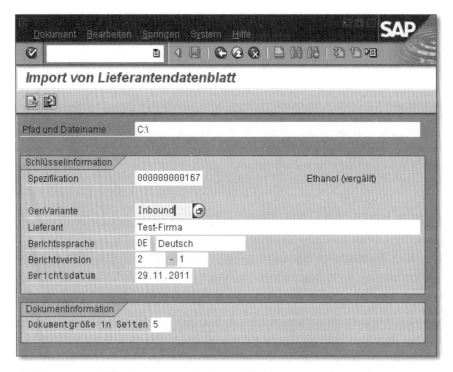

Abbildung 3.4 Zu füllende Parameter für das Hochladen eines einzelnen Dokuments

Im Folgenden beschreiben wir im Detail, wie der Import eines Einzelberichts funktioniert (siehe Abbildung 3.4):

1. Wenn Sie die Transaktion EINZELBERICHT IMPORTIEREN aufrufen, müssen Sie als erstes wie üblich den Dateinamen und den Pfad angeben, unter dem das Dokument abgelegt ist.

2. Als nächstes geben Sie den Spezifikationsschlüssel (SUBID) der Spezifikation ein, zu dem dieses Dokument abgelegt werden soll. Wenn Ihnen diese Nummer nicht bekannt sein sollte, öffnen Sie die Wertehilfe ([F4]-Hilfe), dann steht Ihnen eine ähnliche Unterstützung bei der Suche nach der Spezifikation zur Verfügung, wie Sie sie von der Transaktion CG02 kennen.

3. Dann ist die Angabe der Generierungsvariante (siehe Abschnitt »Berichtsgenerierungsvarianten« auf Seite 160) notwendig, die Sie vorher im Customizing für diese Art von Dokumenten angelegt haben.

4. Ebenfalls notwendig ist die Angabe des Lieferanten. Hinter diesem Feld befindet sich keine Funktionalität, sodass Sie den Namen frei eintragen können.

5. Die Angabe der korrekten Berichtssprache hilft bei der späteren Suche nach dem Dokument. Die Berichtsversion, unterteilt in Haupt- und Nebenversion, kann ebenfalls eingegeben werden. Das Berichtsdatum kann entweder das Datum sein, das auf dem Dokument angegeben ist, oder der Zeitpunkt, zu dem Sie das Dokument importieren.

6. Die Angabe der Dokumentgröße dient nur zu Informationszwecken und hat technisch keine weitere Bedeutung.

Abschließend bestätigen Sie Ihre Eingaben und der Einzelbericht wird importiert.

Literaturquellen importieren (Transaktion CG32)

Als SAP EHS Management auf den Markt kam, wurde beschlossen, dass Literaturquellen im Customizing angelegt und dann mittels des Transportsystems vom Test- bis in das Produktivsystem transportiert werden müssen. Im Laufe der Jahre hat sich gezeigt, dass diese Vorgehensweise für Nutzer, die mit vielen Quellen arbeiten, nicht effizient ist. Daher wurde in einem der späteren Releases eine Art Hintertür eingebaut: Über die Transaktion S_SH8_72000953 (Literaturquellen festlegen) kann heute auch direkt im Produktivsystem eine neue Literaturquelle ergänzt werden.

Um hier eine höhere Flexibilität zu haben, lassen sich die Literaturquellen per Export und Import auch zwischen den Systemen transferieren. Über diese Funktionalität lassen sich auch Literaturquellen von Daten-Providern in SAP EHS Management einspielen.

Sie müssen wiederum nur die entsprechende Austauschdatei und den dazugehörigen Pfad sowie die Zeichennorm (siehe Kasten »Zeichennormen« auf Seite 138) auswählen und können gegebenenfalls das Austauschprofil angeben (siehe Abschnitt 3.1.2, »Standard-Exportfunktionalitäten«).

Eigenschaftsbaum importieren (Transaktion CG35)

Der Import von Eigenschaftsbäumen (siehe Abschnitt 2.6.6, »Eigenschaftsbaum«) kann aus verschiedenen Gründen für Sie regelmäßig notwendig werden: Entweder erhalten Sie von Ihrem Datenlieferanten ein Update auf einen bestehenden Eigenschaftsbaum oder Sie haben auf dem Entwicklungssystem einen bestehenden Eigenschaftsbaum um eigene Eigenschaften ergänzt, die Sie nun auf dem Konsolidierungs- oder Produktivsystem benötigen.

Bei neuen eigenen Eigenschaften arbeiten Sie zunächst im Entwicklungssystem gehen am besten folgendermaßen vor:

1. Sie legen die benötigten Klassen und Merkmale an und ergänzen die Stoffbewertungsart.

2. Im Customizing des Entwicklungssystems wird ein sogenannter »Delta-Eigenschaftsbaum« entwickelt und der anzupassende Eigenschaftsbaum wird mithilfe eines Transportauftrags angepasst.

3. Der Delta-Eigenschaftsbaum wird exportiert (siehe Abschnitt »Eigenschaftsbaum exportieren« auf Seite 140) und das Customizing wird mittels des Transportsystems in das Konsolidierungssystem gebracht, sobald der Delta-Eigenschaftsbaum erfolgreich importiert worden ist.

4. Wenn die Tests im Konsolidierungssystem erfolgreich verlaufen sind, kann der gleiche Delta-Baum in das Produktivsystem gebracht werden. Anschließend wird der Customizing-Transport in dieses System freigegeben.

Da das Customizing im Konsolidierungs- wie auch Produktivsystem aus guten Gründen gesperrt sein sollte, ist der Import des Eigenschaftsbaums ein schneller und eleganter Weg, um Änderungen ohne erneute manuelle Arbeit (und ohne dabei möglicherweise auftretende Fehler bzw. Abweichungen vom Quellsystem) durchzuführen. Ein großer Vorteil dabei ist, dass kundenspezifische Klassen und Merkmale durch den Import des Eigenschaftsbaums automatisch angelegt werden. Auch dies bedeutet Sicherheit und Zeitersparnis bei der Datenübertragung.

Auch beim Import der Eigenschaftsbäume kann über Parameter gesteuert werden, welche Informationen aus der Austauschdatei übernommen werden. Üblicherweise empfiehlt es sich, hier keinerlei Einschränkungen zu machen.

Sie müssen wiederum nur die entsprechende Austauschdatei und den dazugehörigen Pfad sowie die Zeichennorm (siehe nächster Kasten »Zeichennormen«) auswählen.

Berichtsvorlage importieren (Transaktion CG34)

Die Funktion von Berichtsvorlagen wird im Abschnitt »Berichtsvorlagen erstellen« auf Seite 149 beschrieben. Normalerweise erstellen Sie Berichtsvorlagen in Ihrem Testsystem. Wenn diese fertiggestellt sind, müssen sie in das Konsolidierungs- und anschließend in das Produktivsystem übertragen werden. Dazu müssen Sie die fertigen Berichtsvorlagen auf dem Austauschverzeichnis ablegen (siehe Abschnitt 3.2.4, »Grundeinstellungen in der Materialwirtschaft (MM)«).

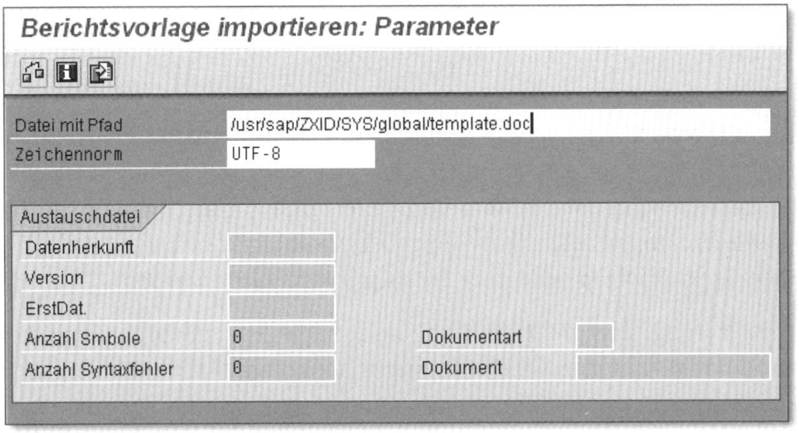

Abbildung 3.5 Parameter für den Import der Berichtsvorlagen

Wenn Sie Transaktion CG34 ausführen, müssen Sie nur zwei Parameter angeben: den Dateinamen und Pfad, wo die Berichtsvorlage abgelegt ist, sowie die Zeichennorm, mit der die Vorlage importiert werden soll.

► Bei den Dateinamen geben Sie nur die Dateien mit der Endung *.DAT* an. Die dazugehörige *.DOC*-Datei wird vom System eigenständig gefunden.

▶ Auf alten SAP EHS Management-Systemen war bei der Zeichennorm normalerweise MS-NT für die Microsoft-Codepage oder ISO-R/3 für die ISO-Codepage anzugeben. Die aktuellen SAP-Systeme sind alle Unicode-fähig. Daher ist in der Regel UTF-8 für Unicode UTF-8 anzugeben.

[+] | **Zeichennormen**

Als SAP EHS Management eingeführt wurde, war es bereits ein großer Fortschritt, die Länder mit Sicherheitsdatenblättern zu bedienen, die dafür bereits gesetzliche Regelungen hatten. Üblicherweise waren dies Länder, deren Zeichennormen sich mit MS-NT oder ISO-R/3 abbilden ließen. Länder, deren Sprachen (besonders die arabischen oder asiatischen Sprachen) mit diesen Zeichennormen nicht wiedergegeben werden konnten, wurden üblicherweise mit englischsprachigen Dokumenten versorgt.

Im Laufe der Zeit ist diese Praxis von immer weniger Ländern akzeptiert worden und die Forderung kam auf, jede Landessprache in EHS abzubilden. Eine Zwischenlösung stellte in der Folge das MDMP-Verfahren (Multi-Display-Multi-Codepage) dar. Darauf möchten wir nicht weiter eingehen, da es mittlerweile vollständig überholt ist.

Alle aktuellen SAP-Systeme arbeiten üblicherweise mit Unicode und hier speziell mit der Codepage UTF-8. Hiermit lassen sich weltweit alle Sprachen auch in SAP EHS Management abbilden. Das gilt auch für die in arabischen Ländern gebräuchliche Schreibweise von rechts nach links.

Der Button DATEI PRÜFEN (Taste F5) startet die Vorprüfung, die feststellt, ob alle in der Berichtsvorlage angegebenen Symbole (siehe Abschnitt 2.8, »Berichtssymbole«) in dem System vorhanden sind. Ist die Prüfung erfolgreich, kann der Import über den Button ÜBERNAHME/STARTZEIT (Taste F6) entweder direkt erfolgen oder über einen Job eingeplant werden.

Ergibt die Prüfung, dass nicht alle Symbole auf dem System vorhanden sind, kann aus dem Customizing des Quellsystems heraus ein Mandantenvergleich mit dem Zielsystem der Berichtsvorlage durchgeführt werden. Ergeben sich hier Abweichungen, muss vor dem Import der Berichtsvorlage ein Transport erstellt werden, damit alle Symbole auf Quell- und Zielsystem identisch sind.

Importprotokolle

Sie haben die Möglichkeit, direkt nach jedem Import den Erfolg der Aktion zu überprüfen. Analog gibt es für die einzelnen Importmöglichkeiten auch jeweils eine Transaktion, mit der Sie den Status des jeweiligen Imports einsehen können. Die folgenden Transaktionen stehen Ihnen zur Verfügung:

- ▶ Transaktion CG3H – Spezifikationsimport prüfen
- ▶ Transaktion CG3G – Phrasenimport prüfen
- ▶ Transaktion CG3J – Berichtsimport prüfen
- ▶ Transaktion CG3F – Literaturquellenimport prüfen
- ▶ Transaktion CG3I – Eigenschaftsbaumimport prüfen
- ▶ Transaktion CG3K – Berichtsvorlagenimport prüfen

Sollten Sie feststellen, dass ein Import fehlerhaft in das System gelaufen ist, sollten Sie sich im ersten Schritt in der entsprechenden Transaktion das Ergebnis des Imports ansehen. Dazu steht Ihnen ein detailliertes Importprotokoll zur Verfügung, das zumindest deutliche Hinweise gibt, warum der Vorgang fehlgeschlagen ist. Als zweiter Schritt empfiehlt sich, die Importdatei zu korrigieren und erneut zu laden.

3.1.2 Standard-Exportfunktionalitäten

In der Praxis kommt es immer wieder vor, dass Sie vor der Aufgabe stehen, Daten aus dem SAP EHS Management-System zu exportieren, z. B. um diese in ein anderes System zu transferieren. Im Unterschied zu den Import- sind die Exportfunktionalitäten nicht gebündelt als Transaktionen aufrufbar, sondern Sie können sie direkt in der jeweiligen Aktivität aufrufen. Im Folgenden beschreiben wir nur die Exportfunktionalitäten, die in der Praxis häufig benötigt werden.

Spezifikationen exportieren

Um eine oder mehrere Spezifikationen zu exportieren, erstellen Sie in der Transaktion CG02 eine Trefferliste, und Sie markieren die Spezifikation(en), die Sie exportieren möchten. Gehen Sie dann über das Menü SPEZIFIKATION • DATENAUSTAUSCH • EXPORTIEREN, und es öffnet sich ein Fenster, in dem Sie die Exportparameter festlegen können (siehe Abbildung 3.6).

Sie müssen mindestens den Pfad und den Dateinamen angeben, unter dem die exportierte Datei abgelegt werden soll (Feld DATEI MIT PFAD). Stellen Sie vor dem Export sicher, dass Sie auf dieses Verzeichnis Zugriff haben. Außerdem muss der Phrasenkatalog definiert sein, der für den Export gültig ist (Feld PHRASENKATALOG). Mit den weiteren Parametern können Sie den Umfang der zu exportierenden Informationen einschränken beziehungsweise selektieren.

Über den Button STARTZEIT können Sie entscheiden, zu welchem Zeitpunkt der Export stattfinden soll. Bei großen Datenmengen empfiehlt es sich, den

Export auf eine Zeit zu legen, zu der sich kaum User auf dem System befinden. Über die Schaltfläche Exportieren ( ) oder die Tastenkombination [Strg]+[F1]) startet der Export sofort.

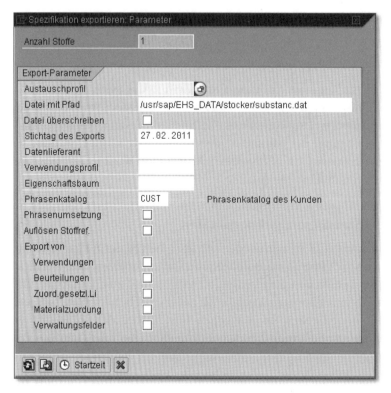

Abbildung 3.6 Transaktion CG02 – Parameter für den Export der Spezifikation

Phrasen exportieren

Der Export von Phrasen erfolgt aus der Transaktion CG12 heraus. Wie in Kapitel 2, »Spezifikationsverwaltung – die Basis von SAP EHS Management und der Produktsicherheit«, beschrieben, markieren Sie eine oder mehrere Phrasen und wählen den Menüpfad Phrase • Datenaustausch • Exportieren. Es erscheint auch hier ein Fenster, in dem Sie mindestens den Dateinamen und den Pfad angeben.

Eigenschaftsbaum exportieren

Die Funktionalität Eigenschaftsbaum exportieren ist der schnellste Weg, um einen Eigenschaftsbaum von einem SAP-System in ein anderes zu transferieren. Sie können den Export direkt aus dem Customizing für den Eigenschaftsbaum anstoßen. Dazu wählen Sie den zu exportierenden Eigenschaftsbaum aus und gehen über das Menü TABELLENSICHT • EXPORTIEREN. Es erscheint wiederum ein Fenster, in dem Sie den Pfad und den Namen der Exportdatei definieren. Wenn Sie das Ankreuzfeld DATEI ÜBERSCHR. aktivieren, wird eine eventuell bereits bestehende Datei gleichen Namens im Austauschverzeichnis ohne Rückfrage überschrieben.

Berichtsvorlage exportieren

Der Export von Berichtsvorlagen erfolgt aus der Transaktion CG42 (Berichtsvorlage bearbeiten, siehe Abschnitt »Berichtsvorlagen erstellen« auf Seite 149) heraus. Hier wird zuerst ebenfalls eine Trefferliste aufgebaut, und die zu exportierende Berichtsvorlage markiert. Über das Menü BERICHTSVORLAGE • EXPORTIEREN erscheint das Fenster, in dem wieder die Datei mit Pfad angegeben werden muss. Auf dem Austauschverzeichnis werden dann zwei Dateien mit dem angegebenen Dateinamen angelegt:

▶ Die eine Datei erhält die Endung *.DAT* und beinhaltet die Steuerinformationen, die für die richtige Zuordnung dieser Berichtsvorlage in SAP EHS Management notwendig sind.

▶ Die andere Datei erhält die Endung *.DOC*. Dies ist die eigentliche Berichtsvorlage, wie sie in der Transaktion CG42 erstellt worden ist.

Soll diese Berichtsvorlage wieder in ein anderes SAP EHS Management-System importiert werden, werden beide Dateien benötigt (.DAT- und .DOC-Datei).

Berichtssymbole im Zielsystem überprüfen   [!]

Wird eine exportierte Berichtsvorlage im Zielsystem wieder importiert, müssen auch hier alle verwendeten Berichtssymbole vorhanden sein. Details hierzu und eine Anleitung, wie Sie eine Berichtsvorlage wieder in das SAP EHS-Management-System laden, finden Sie im Abschnitt »Berichtsvorlage importieren (Transaktion CG34)« auf Seite 137.

Exportprotokolle

Mithilfe der Exportprotokolle können Sie überprüfen, ob Ihre Exportaktion erfolgreich war. Dazu stehen Ihnen die folgenden Transaktionen zur Verfügung:

▶ Transaktion CG3C – Spezifikationsexport prüfen

▶ Transaktion CG3B – Phrasenexport prüfen

- Transaktion CG3A – Literaturquellenexport prüfen
- Transaktion CG3D – Eigenschaftsbaumexport prüfen
- Transaktion CG3E – Berichtsvorlagenexport prüfen

Sie erhalten jeweils einen Statusbericht mit der Information, ob der Export vollständig und erfolgreich durchgelaufen ist.

Datei herunterladen (Transaktion CG3Y)

Ist der Export erfolgreich verlaufen, wird die Datei oder werden die Dateien auf dem Applikationsserver von SAP im Austauschverzeichnis abgelegt. Zu diesem Zeitpunkt haben Sie noch keinen direkten Zugriff auf die Datei(en) an Ihrem Frontend, es sei denn, sie wurde(n) gleich auf ein im SAP-System definiertes Laufwerk außerhalb des Systems exportiert (siehe Abschnitt »Austauschprofile« auf Seite 127). Um von Ihrem Computer aus Zugriff auf die Dateien zu erhalten, ist es notwendig, die Daten von dem Applikationsserver entweder auf ein Netzwerklaufwerk oder auf Ihren Computer zu übertragen.

Die Quelldatei liegt in dem Pfad, der bei einer der oben angegebenen Exporttransaktionen angegeben wurde. Insofern Sie diesen Pfad in den Zwischenspeicher Ihres Computers kopiert haben, brauchen Sie ihn hier nur wieder einzufügen. Den Zielpfad für die Datei können Sie frei wählen, entweder auf Ihrem persönlichen Computer oder auf einem Netzlaufwerk, wenn auch andere Beteiligte auf diese Datei oder Dateien zugreifen sollen.

Es gilt für dieses Kapitel das gleiche, was schon in Abschnitt 3.1.1, »Standard-Importfunktionalitäten«, gesagt wurde: Wenn Sie regelmäßig Dateien exportieren oder importieren, nimmt der Arbeitsaufwand deutlich ab, wenn Sie das Austauschverzeichnis im Windows-Netzwerk bekannt machen.

3.1.3 Fazit

Die im Standard ausgelieferten Werkzeuge für die Produktsicherheit in SAP EHS Management, die zum guten Teil auch in den weiteren beschriebenen Modulen von SAP EHS Management genutzt werden können, helfen Ihnen bei den regelmäßig und unregelmäßig wiederkehrenden Aufgaben. Diese Aufgaben können schneller und sicherer durchgeführt werden und sind besser dokumentierbar.

3.2   Produktsicherheit – Berichtserstellung

In Kapitel 2, »Spezifikationsverwaltung – die Basis von SAP EHS Management und der Produktsicherheit«, haben wir gezeigt, wie Sie die Daten in der Spezifikationsverwaltung pflegen können. Im folgenden Abschnitt lernen Sie die Möglichkeiten kennen, diese Daten strukturiert für einen Bericht zu nutzen, z. B. für das Sicherheitsdatenblatt.

Um Ihnen die maximale Flexibilität bei der Gestaltung von Berichten jeglicher Art zu ermöglichen, hat SAP sämtliche Gestaltungsmöglichkeiten von Microsoft Windows für die Berichtserstellung in SAP EHS Management integriert. In den kommenden Abschnitten zeigen wir Ihnen die notwendigen Einstellungen, die in SAP ERP und auf den sogenannten WWI-Servern (Windows World Integration) notwendig sind. Anschließend gehen wir auf das Berichtsinformationssystem sowie auf den Berichtsversand ein.

3.2.1   Berichtsgenerierung und -erstellung – notwendige Einstellungen

Um Berichte in SAP EHS Management zu erstellen und z. B. zu versenden, müssen Sie eine Reihe von Einstellungen vornehmen und Funktionen kennen – die hier erläutert werden. Sie lernen den grundsätzlichen Ablauf von den gepflegten und strukturierten Daten bis hin zum fertigen Bericht kennen:

1. Um einen Bericht aus SAP EHS Management zu erstellen, werden die Daten aus der Datenbank ausgelesen und auf den WWI-Server übertragen.

2. Hierzu werden die Daten entsprechend der Einstufung und Gültigkeit selektiert, wie sie in der Generierungsvariante angegeben (siehe Abschnitt »Berichtsgenerierungsvarianten« auf Seite 160) sind, und mit der gewählten Berichtsvorlage abgemischt.

3. Der Bericht wird dann als Word-Dokument wieder in das SAP-System (in das Dokumentenverwaltungssystem) übertragen und steht dem Nutzer zur Freigabe zur Verfügung (siehe Abschnitt 3.2.2, »Berichtsverwaltung/ Berichtsinformationssystem«).

4. Ist die Freigabe durch den Nutzer erfolgt, steht der Bericht für den Berichtsversand (siehe Abschnitt 3.2.3, »Produktsicherheit – Berichtsversand«) zur Verfügung.

In Vorbereitung für die Berichtsgenerierung sind die folgenden Customizing- und Entwicklungsaktivitäten durchzuführen.

Dokumentarten und Dokumentstatus prüfen

Diese Aktivitäten finden Sie im Customizing unter BERICHTSDEFINITION. Während der Entstehung eines Sicherheitsdatenblatts werden unterschiedliche Dokumentarten durchlaufen. Wird dieses Dokument ausgedruckt und dem Kunden zugesandt, werden die Dokumentarten für das Deckblatt ebenfalls durchlaufen. Eine eigene Dokumentart gibt es auch für die Inbound-Dokumente, also für Dokumente, die Sie in SAP EHS Management importieren.

Dokumentarten

Im Folgenden möchten wir Ihnen die Dokumentarten vorstellen, die für die Generierung und später auch für den Versand von Sicherheitsdatenblättern notwendig sind.

Art	Dokumentarttext	Statuswechsel	Rev.Verg.	Vers.Verg.	Änd.Beleg	ArchivBer.
Q04	Q-Spezifikation/SD	☑	☐	☑	☐	☐
QMH	QM-Handbuch	☐	☐	☐	☐	☐
RJW	Design / Engineering	☐	☑	☑	☑	☑
RMS	Rezeptdokumente	☐	☐	☐	☑	☐
SB	Serviceanweisung	☐	☐	☑	☐	☑
SBE	Stoffbericht Endf.	☐	☐	☐	☑	☑
SBR	Stoffbericht Rohf.	☐	☐	☐	☑	☑
SBV	Stoffberichtsvorlage	☐	☐	☑	☑	☑
SIM	I-Tutor Simulation	☐	☑	☐	☑	☐
SPE	Spezifikation	☐	☑	☑	☐	☑
SWA	Konstruktionszeichng	☐	☑	☑	☑	☑
SWD	Konstruktionszeichng	☐	☑	☑	☑	☑
SWP	Konstruktionszeichng	☐	☑	☑	☑	☑
SWT	Konstruktionszeichng	☐	☑	☑	☑	☑
TST	Testdokument	☐	☐	☐	☐	☐
UDK	Konstruktionszeichng	☐	☑	☐	☑	☑
UGD	Unigraphics Drawing	☐	☑	☑	☑	☑

Abbildung 3.7 Customizing der Dokumentarten

Abbildung 3.7 zeigt einen Auszug aus dem Customizing der Dokumentarten.

Die wichtigsten Dokumentarten sind die folgenden:

► **DBV – Deckblattvorlage**
Die Deckblattvorlage ist ein WWI-Layout, das später beim postalischen Versand der Sicherheitsdatenblätter genutzt wird, um die Anschrift des Kunden und die Anzahl der beigefügten Dokumente aufzulisten. Dieses Dokument wird während der SAP EHS Management-Einführung erstellt.

▶ **DBE – Deckblatt**

Diese Dokumentart wird vom System während des Berichtsversands genutzt. Nachdem das System korrekt konfiguriert ist, kommen Sie als Benutzer mit Dokumentarten dieses Typs in aller Regel nicht mehr in Berührung.

▶ **IBD – Inbound Dokument**

Diese Dokumentart muss vorhanden sein, damit Lieferanten-Sicherheitsdatenblätter oder Lieferantenerklärungen zum Thema REACH in SAP EHS Management geladen werden können.

▶ **SBV – Stoffberichtsvorlage**

Dies ist die wichtigste Dokumentart für die Produktsicherheit! Mit dieser Dokumentart werden später die sogenannten Berichtsvorlagen für das Sicherheitsdatenblatt und für alle anderen Berichte angelegt, die über WWI erstellt werden und die Daten aus der Spezifikationsdatenbank enthalten sollen.

▶ **SBR – Stoffbericht Rohf.**

Wenn z.B. die Berichtsvorlage für das »Sicherheitsdatenblatt Europa« im richtigen Status ist (hier wäre das FREIGEGEBEN), kann der Prozess »Berichtsgenerierung« dieses Dokument der Dokumentart SBV verwenden und den sogenannten Rohbericht daraus generieren. In diesem Prozess wird dann das Statusnetz für die Dokumentart SBR durchlaufen. Ein fertiger Rohbericht enthält alle Daten aus der Spezifikationsdatenbank. Die Parameterwerte werden weiterhin als Platzhalter im Bericht angezeigt.

▶ **SBE – Stoffbericht Endf.**

Wenn im Prozessberichtsversand der freigegebene Rohbericht mit den Daten für den Empfänger und gegebenenfalls dem Materialnamen abgemischt wird, nutzt dieser Prozess den Dokumenttyp SBE. Das bedeutet, bis das Sicherheitsdatenblatt gedruckt wird, durchläuft das Dokument selbst in jedem Prozess des Statuswerts mit einem eigenen Dokumenttyp. Ein Bericht, der das Statusnetz für diesen Bericht durchlaufen hat, ist vollständig, das bedeutet, er erhält alle Daten aus der Spezifikationsdatenbank und alle Daten in Bezug auf den Materialnamen und die Verkaufsorganisation.

▶ **EBV – Empfangsbest.Vorl.**

Bestimmte Industrien müssen die Zustellung von Dokumenten durch den Kunden bestätigt haben. Analog zu den Dokumenttypen DBV und SBV wird mit dem Dokumenttyp die entsprechende Berichtsvorlage erstellt.

▶ **EBE – Empfangsbest.**
Während des Berichtsversands kann die Empfangsbestätigung als Prozess über den Dokumenttyp EBE abgewickelt werden.

Dokumentstatus
Jede einzelne Dokumentart durchläuft während ihrer Entwicklung oder Verwendung verschiedene Status. Anhand der Dokumentart SBR (Stoffbericht Rohbericht) möchten wir Ihnen den prinzipiellen Aufbau des Statusnetzes für Dokumentarten vorstellen. Im Statusnetz ist der Ablauf beschrieben, den eine Dokumentart durchläuft. Es wird definiert, welche Status zurückgenommen werden und welche nicht mehr verändert werden können.

Wie Sie anhand von Abbildung 3.8 sehen können, ist jeder Dokumentstatus direkt mit der Dokumentart (in der ersten Spalte der Abbildung) verbunden.

Art..	DokStat	Statustext	Abkürzung	Art	ObjektPrKe..	Freigabeke..	ÄndergFert	InhVe
SBR	W1	Arbeitsanfang	AA	P	☑	☐	☐	☐
SBR	W3	Systemfehler	SF	S	☐	☐	☐	☐
SBR	W6	Fertig	FT	S	☑	☑	☐	☐
SBR	W7	Freigegeben	FR	S	☑	☑	☐	☐
SBR	W8	Rohberichtsanf.	RA	S	☐	☐	☐	☐
SBR	WA	Generierbar	GB	O	☐	☐	☐	☐
SBR	WB	Gen. fehlerhaft	GF	S	☐	☐	☐	☐
SBR	WC	Gen. erfolgreich	GE	S	☐	☐	☐	☐
SBR	WD	Historisch	HI	S	☑	☑	☐	☐
SBR	WE	Gen. mit Warnung	GW	S	☐	☐	☐	☐
SBR	WX	Freigabe 1	F1	S	☐	☐	☐	☐

Abbildung 3.8 Dokumentstatus zum Rohbericht (Dokumentart SBR)

Wie Sie Abbildung 3.8 entnehmen können, sind in dieser Customizing-Aktivität noch eine Vielzahl an weiteren Einstellungen möglich. Für das Verständnis des Prozesses möchten wir uns auf die ersten vier Spalten der Abbildung beschränken, zumal die wesentlichen Einstellungen bereits mit dem Standard-Customizing ausgeliefert werden. Wir möchten hier nur die wesentlichen Status vorstellen:

▶ **W1 – Arbeitsanfang**
Wenn Sie im Dialog zum ersten Mal z.B. eine neue Stoffberichtsvorlage anlegen möchten (Transaktion CG42), ist ARBEITSANFANG der erste Status, der vom System vergeben wird.

▶ **W3 – Systemfehler**
Der Status SYSTEMFEHLER kann eintreten, wenn es zu einem Abbruch der RFC-Verbindung zum WWI-Server kommt.

▶ **W6 – Fertig**

Ist die Berichtsgenerierung für einen Rohbericht erfolgreich durchlaufen, ist der Status FERTIG erreicht.

▶ **WX – Freigabe 1**

Der Status FREIGABE 1 ist ein gutes Beispiel dafür, wie das System eine organisatorische Freigabe eines Sicherheitsdatenblatts unterstützen kann. Der Prozess dazu kann wie folgt aussehen: Nachdem ein Dokument generiert worden ist, wird zunächst der Status FREIGABE 1 vergeben, z.B. durch den Toxikologen. Der Produktverantwortliche setzt dann den Status FREIGEGEBEN. Sollte es in Ihrem Unternehmen notwendig sein, weitere Freigabeschritte einzufügen, ist dies über das Statusnetz jederzeit möglich.

▶ **W7 – Freigegeben**

Nur wenn ein Rohbericht den Status FREIGEGEBEN erreicht hat, steht dieses Dokument für den Berichtsversand zur Verfügung.

▶ **WA – Generierbar**

Werden die Daten für die Berichtsvorlage gerade auf dem Generierungsserver bearbeitet, wird der Status GENERIERBAR angezeigt. In aller Regel sieht der Benutzer diesen Status nicht, da er so schnell vonstatten geht, dass dieser Status im Dialog nicht angezeigt wird.

▶ **WB – Gen. Fehlerhaft**

Ist während der Generierung ein Fehler aufgetreten, z.B. weil ein Berichtssymbol nicht oder nicht korrekt definiert worden ist, wird der Status GENERIERUNG FEHLERHAFT erreicht. Was an der Stelle zu tun ist, erläutern wir konkret bei der Berichtsgenerierung (siehe Seite 166).

▶ **WD – Historisch**

Dieser Status wird sowohl bei den Rohberichten wie auch bei den Endberichten verwendet. Ein Rohbericht im Status HISTORISCH kann nicht mehr für den Berichtsversand verwendet werden. Ebenfalls können Berichte in diesen Status nicht mehr von der Datenbank gelöscht werden. Dies ist notwendig, damit Sie Ihrer gesetzlichen Pflicht nachkommen und für die vergangenen zehn Jahre aufzeigen können, welche Daten Sie mit dem Sicherheitsdatenblatt an Ihre Kunden versendet haben.

▶ **WE – Gen. mit Warnung**

Der Status GENERIERUNG MIT WARNUNG wird immer dann vom System in der Transaktion CG50 angezeigt, wenn für einen englischen Bericht die Übersetzung einer oder mehrerer Phrasen nicht vorhanden ist.

Mittlerweile bietet Ihnen SAP die Möglichkeit, das Statusnetz auch grafisch anzusehen. Dazu gibt es in der Customizing-Übersicht zum Dokumentstatus die Schaltfläche STATUSNETZ. Es öffnet sich dann ein neues Fenster, in dem

Abfolge und Abhängigkeiten der einzelnen Status optisch aufbereitet werden (siehe Abbildung 3.9). Diese graphische Aufarbeitung ist für jedes Statusnetz zu einer Dokumentart verfügbar.

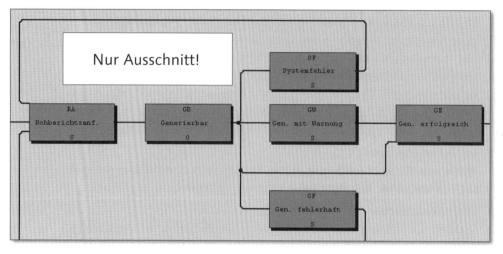

Abbildung 3.9 Ausschnitt aus dem SBR-Statusnetz

Diese Beschreibung soll Ihnen ein Gefühl für den Ablauf durch das Statusnetz geben. Der Rahmen dieses Buchs gestattet es nicht, sämtliche Einstellmöglichkeiten vorzustellen und bis ins Detail zu erläutern. Für die wesentlichen Prozesse (Erstellung der Berichtsvorlage, Generieren des Rohberichts, Generieren und Versand des Endberichts inklusive Deckblatt) sind die Voreinstellungen in SAP EHS Management gut zu verwenden.

SAP EHS Management-Dokumentarten zu DVS-Dokumentarten zuordnen

Für die sinnvolle Ablage der realen Vorlagen und Berichte müssen die Dokumentarten im Dokumentenverwaltungssystem bekannt gemacht werden. Üblicherweise wird diese Aufgabe von Ihrer SAP-Basis übernommen. Wenn in Ihrem Unternehmen nicht die SAP-Lösung, sondern ein anderes Dokumentenverwaltungssystem verwendet wird, sprechen Sie bitte ebenfalls mit Ihrer SAP-Basis.

WWI-Installation

Der Einrichtung von WWI-Servern ist ein ausführliches Kapitel im Customizing von SAP EHS Management gewidmet. Das Aufsetzen von einem oder mehreren WWI-Servern wird in aller Regel durch Ihre SAP-Basis erfolgen.

Die WWI-Server sind über Remote Function Call (RFC) an SAP ERP angebunden. Mittlerweile gibt es über die Transaktion CGSADM die Möglichkeit, direkt vom SAP-System aus auf die WWI-Generierungsserver zuzugreifen. Wir empfehlen, diese Transaktionen über das Berechtigungskonzept gut zu schützen, da die Generierungsserver nach dem Go-Live eine hohe Bedeutung haben, um Ihre gesetzlichen Anforderungen zu erfüllen. Daher müssen sie einwandfrei funktionieren.

WWI-Customizing ist teilweise mandantenabhängig	**[+]**

Eine sehr wichtige Information ist, dass einige WWI-Einstellungen im Customizing mandantenabhängig sind! Das bedeutet für Sie, dass Sie diese Einstellungen in allen Systemen (Test, Konsolidierung und Produktiv) einzeln vornehmen müssen, wenn Sie sicherstellen möchten, dass zumindest der oder die produktiven WWI-Server getrennt von den anderen Systemen aufgesetzt sind. Die Einstellungen sind damit also nicht über das Transportsystem zu übertragen!

Ob Ihr Unternehmen mit einem WWI-Server auskommt oder ob Sie mehrere WWI-Server brauchen, hängt von der Menge der zu generierenden und zu versendenden Berichte ab. Neben der Produktsicherheit nutzt auch das Global Label Management (GLM) die WWI-Server.

Besonderheiten beim GLM für WWI-Server	**[+]**

GLM ist nicht Teil dieses Buchs und hat etwas anders gelagerte Anforderungen an die WWI-Server als das SAP EHS Management. Die grundsätzliche Vorgehensweise für die Generierung der Etiketten im GLM ist aber die gleiche.

Der wichtigste Unterschied ist, dass GLM-WWI-Server die Etiketten normalerweise synchron zur Verfügung stellen, d.h. sobald die Anforderung kommt, müssen die Etiketten schnell generiert werden. Bei der Generierung von Stoffberichten für die Sicherheitsdatenblätter geschieht dies in aller Regel asynchron über Nacht, also unabhängig vom Einstellen des Berichtsversandauftrags.

Berichtsvorlagen erstellen

Im Bereich der Produktsicherheit gibt es drei Transaktionen für die Erstellung von Berichten:

▸ **Transaktion CG42 – Berichtsvorlage bearbeiten**
Mit dieser Transaktion wird als wichtigstes Dokument die Vorlage für das Sicherheitsdatenblatt (zukünftig: erweitertes Sicherheitsdatenblatt, eSBD, das auch den nach REACH geforderten Annex mit den freigegebenen oder

ausgeschlossenen Verwendungen enthält) erstellt. Die Transaktion CG42 dient aber ebenfalls dazu, alle anderen WWI-Berichtsvorlagen, die auf Daten der Spezifikationsdatenbank beruhen, zu erstellen, wie z.B. Betriebsanweisungen, technische Merkblätter.

▶ **Transaktion CG4B – Deckblattvorlage bearbeiten**
Deckblätter werden für den postalischen Versand an Kunden benötigt und enthalten üblicherweise die Anschrift des Kunden, den Grund für das Schreiben und die tabellarische Aufzählung der beigefügten Sicherheitsdatenblätter.

▶ **Transaktion CG4D – Empfangsbestätigungsvorlage bearbeiten**
Empfangsbestätigungen werden zusammen mit den Sicherheitsdatenblättern verwendet, wenn Sie sensible Produkte an Kunden verschicken und dieser Ihnen bestätigen muss, die entsprechenden Dokumente erhalten zu haben.

Am Beispiel der Transaktion CG42 (Berichtsvorlage bearbeiten) möchten wir Ihnen das generelle Vorgehen für das Erstellen eines Layouts näherbringen. Die anderen Transaktionen können analog bearbeitet werden und besitzen ähnliche Funktionalität. Sie werden jedoch im Customizing anders behandelt (siehe Abschnitt 3.2.3, »Produktsicherheit – Berichtsversand«).

Nach dem Aufruf der Transaktion CG42 erscheint das Fenster aus Abbildung 3.10.

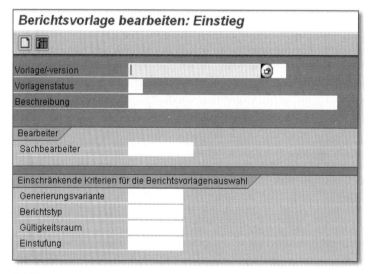

Abbildung 3.10 Transaktion CG42 – Einstieg

Wie Sie es bereits von anderen Transaktionen gewohnt sind, können Sie entweder über den Button TREFFERLISTE (⊞) alle vorhandenen Berichtsvorlagen anzeigen lassen oder Sie schränken die mögliche Trefferliste über die angegebenen Kriterien ein. Üblicherweise kennen Sie z. B. die Generierungsvariante und können sich dann dazu das entsprechende Layout auflisten lassen. Abbildung 3.11 zeigt die Trefferliste.

Berichtsvorlage bearbeiten: Trefferliste

Vorlage	Vs	Datum	Vorlagenstatus	SP	Beschreibung
☐ ABFALLBEGLEITSCHEIN_BRD	00	28.03.2003	IA - In Arbeit	DE	ABFALLBEGLEITSCHEIN_BRD
☐ ABFALLBEGLEITSCHEIN_USA	04	28.03.2003	IA - In Arbeit	DE	ABFALLBEGLEITSCHEIN_USA
☐ BS_TEMP	00	19.03.2003	AA - Arbeitsanfang	DE	Temporär; vor Auslieferung 1(
☐ GLS0000006	00	15.12.2009	AA - Arbeitsanfang	DE	test
☐ MSDS-EXAMPLE	00	16.06.2003	FR - Freigegeben	DE	Sicherheitsdatenblatt
☐ MSDS-EXAMPLE	02	20.09.2006	AA - Arbeitsanfang	DE	test
☐ MSDS-EXAMPLE GLM	00	06.02.2009	AA - Arbeitsanfang	DE	Sicherheitsdatenblatt
☐ NUTLABEL01	01	09.08.2006	IA - In Arbeit	DE	Nährwerte Etikett
☐ SOP_EXPL	00	05.02.2009	IA - In Arbeit	DE	Betriebsanweisung - Beispiel
☐ TRMC-ADNR-EXAMPLE	00	28.03.2003	IA - In Arbeit	DE	Unfallmerkblatt nach ADNR

Abbildung 3.11 Transaktion CG42 – Trefferliste

Abbildung 3.12 Transaktion CG42 – Buttons in der Symbolleiste der Trefferliste

Sie sehen in der Kopfzeile der Trefferliste die Buttons aus Abbildung 3.12, die im Folgenden erläutert sind:

1. **Anzeigen Bearbeiten** (Tastenkombination Strg + F1)
   Standard-Button für den Wechsel zwischen dem Anzeige- und Änderungsmodus

2. **Anlegen** (Tastenkombination ⇧ + F6)
   Dieser Button erzeugt eine neue Berichtsvorlage.

3. **Aufsteigend sort.** (Tastenkombination ⌨Strg⌨+⌨F11⌨)
   Sortiert auf der Trefferliste die vorhandenen Berichte aufsteigend.

4. **Absteigend sort.** (Tastenkombination ⌨Strg⌨+⌨F12⌨)
   Sortiert auf der Trefferliste die vorhandenen Berichte absteigend.

5. **Spaltenauswahl** (Tastenkombination ⌨Strg⌨+⌨⇧⌨+⌨F12⌨)
   Dieser Button erlaubt Ihnen, die angezeigten Spalten in der Trefferliste selbst zu definieren.

6. **Dokument** (Taste ⌨F7⌨)
   Dieser Button erlaubt Ihnen, das entsprechende Dokument im Änderungsmodus zu bearbeiten. Wenn Sie sich im Anzeigemodus befinden, ändert sich das Icon, und Sie können sich das entsprechende Dokument nur anzeigen lassen, aber nicht ändern.

7. **Kopf** (Taste ⌨F5⌨)
   Zeigt Ihnen die Kopfdaten der Berichtsvorlage an.

8. **Bezeichnung** (Taste ⌨F6⌨)
   Dieser Button erlaubt Ihnen, die Bezeichner in den entsprechenden Sprachen zu pflegen.

9. **Benutzereingabe** (Tastenkombination ⌨Strg⌨+⌨⇧⌨+⌨F6⌨)
   Den Autoren ist keine Bedeutung dieser Schaltfläche für den Bereich der Produktsicherheit bekannt.

10. **Freigeben** (Tastenkombination ⌨Strg⌨+⌨F8⌨)
    Nachdem die Berichtsvorlage geprüft und getestet worden ist, wird sie durch den Button FREIGEBEN für die Generierung von Berichten verfügbar gemacht. In diesem Status ist keine Änderung der Vorlage möglich.

11. **Freigabe aufheben** (Tastenkombination ⌨Strg⌨+⌨F9⌨)
    Soll die Berichtsvorlage geändert werden, muss zuerst der Button FREIGABE AUFH. aktiviert werden, bevor durch den Button DOKUMENT (Icon 6 in dieser Auflistung) die eigentliche Berichtsvorlage aufgerufen werden kann.

Um eine bestehende Berichtsvorlage zu ändern, muss zuerst die Aktion FREIGABE AUFH. durchgeführt werden. Die Berichtsvorlage befindet sich dann in dem Status IN ARBEIT. Wenn Sie im Bearbeiten-Modus sind, springen Sie über die Aktion DOKUMENT (Taste ⌨F7⌨) in den dreigeteilten Bildschirm für die Vorlagenbearbeitung ab, die ähnlich aufgebaut ist wie Transaktion CG02. Rechts sehen Sie den Bereich, indem in Microsoft Word das Layout des gewünschten Berichts erstellt wird; links oben den Navigationsbaum, um zu den gewünschten Berichtssymbolen zu kommen, und links unten den sogenannten Wizard und die speziellen Einstellungen, um die Ausgabe der Berichtssymbole zu steuern. Diese Bereiche erläutern wir nun detaillierter.

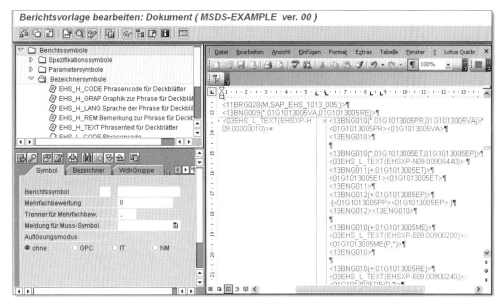

Abbildung 3.13 Transaktion CG42 – dreigeteilter Bildschirm zur Layoutbearbeitung

Abbildung 3.14 Transaktion CG42 – Buttons zur Bearbeitung von Vorlagen

Die transaktionsspezifischen Buttons in der *Symbolleiste* in Abbildung 3.13 haben die folgende Bedeutung (siehe Abbildung 3.14).

1. **Vorlage prüfen** (Taste F5)
   Dieser Button testet die innere Struktur (Verschachtelung) und die richtigen Formatierungen der einzelnen Bausteine der Vorlage. Ohne erfolgreiche Prüfung lässt sich die Berichtsvorlage nicht abspeichern und später nutzen.

2. **Ausschnitt** (Taste F6)
   Besonders bei Berichtsvorlagen für das Global Label Management (GLM) arbeitet man oft mit kleinen Textboxen, die nicht den vollständigen Inhalt des gesamten Codings anzeigen können. Diese Funktion expandiert den Inhalt einer Textbox auf den kompletten rechten Teil des Bildschirms, wo der Inhalt dann bearbeitet werden kann. Anschließend kann die Textbox wieder auf das ursprüngliche Format verkleinert werden und der Inhalt bleibt erhalten.

3. **Etikett anlegen** (Taste F7)
Auch für GLM von Bedeutung: Über ein Pop-Up wird die Größe eines neu anzulegenden Etiketts definiert.

4. **Text konditionieren** (Tastenkombination ⇧ + F1)
Diese Funktion verhindert, dass Überschriften in einer Tabelle mehrfach ausgegeben werden, wenn mehrere Datensätze für diese Eigenschaft ausgegeben werden sollen. Dazu wird üblicherweise das Bezeichnersymbol markiert und dann diese Funktion ausgeführt.

5. **Schriftgrad anpassen** (Tastenkombination ⇧ + F2)
Auch eine Funktion, die hauptsächlich im GLM-Umfeld genutzt wird. Sie erlaubt die Größe des Textes abhängig von der Menge auszugeben, wobei Unter-und Obergrenze vorgegeben werden können.

6. **Seriennummer eingeben** (Tastenkombination ⇧ + F4)
Ebenfalls eine Funktion, die nur für GLM von Bedeutung ist.

7. **Vorschau starten** (Taste F8)
Wenn die Prüfung der Vorlage erfolgreich war, kann mithilfe dieser Funktion ein Bericht aus der Vorlage generiert werden, wobei Sie die Spezifikation (SUBID) und die Generierungsvariante frei wählen können. Diese Funktion ist sehr hilfreich, um schnell Veränderungen überprüfen zu können, ohne die Transaktionen zu verlassen.

8. **Anzeige wechseln** (Tastenkombination ⇧ + F7)
Diese Funktion schaltet im Word-Fenster die nicht sichtbaren Formatierungszeichen aus, so dass nur noch die Symbole sichtbar sind. Dies hilft, sich einen Überblick zu verschaffen. Programmieren ist in diesem Modus (nahezu) nicht möglich, da Ihnen wesentliche Informationen verborgen bleiben.

9. **Symbolbaum wechseln** (Tastenkombination ⇧ + F8)
Diese Funktion erlaubt, die Reihenfolge der Anzeige der Spezifikationssymbole auszuwählen. Sie werden in der Reihenfolge angeordnet, wie sie im Eigenschaftsbaum angegeben sind. Wenn Sie eine Vorlage für das Sicherheitsdatenblatt erstellen möchten, hilft es bei der Navigation, den SDB-Baum (siehe die Erläuterung zu Eigenschaftsbäumen in Kapitel 2, »Spezifikationsverwaltung – die Basis von SAP EHS Management und der Produktsicherheit«) auszuwählen.

10. **WWI-Einstellungen** (Tastenkombination ⇧ + F9)
Diese Funktion erlaubt es, die System-Voreinstellungen für die Word-Einstellungen, den Wizard und die Vorschau zu verändern oder festzulegen.

11. **WWI-Info** (Tastenkombination ⇧ + F11)
Diese Funktion zeigt Ihnen den aktuellen Dokumentenpfad und die wichtigsten Programm-Files von WWI.

12. **Parameterfenster öffnen & schließen**
(Tastenkombination ⌂ + F12)
Diese Funktion blendet die beiden linken Fenster ein oder aus. Dies kann hilfreich sein, wenn Sie an einem sehr kleinen Monitor arbeiten.

Im *linken oberen Teil* können Sie zu den einzelnen Symbolen navigieren. Diese sind in den folgenden drei Symboltypen zusammengefasst:

▸ **Spezifikationssymbole**
Abhängig von dem eingestellten Symbolbaum können Sie die einzelnen Knoten öffnen und zu allen vorhandenen Symbolen aus der Spezifikationsdatenbank navigieren.

▸ **Parametersymbole**
Die Parametersymbole sind gruppiert nach Nummern. Diese reflektieren die Bereiche aus anderen Modulen außerhalb der Spezifikationsdatenbank, für die Parametersymbole im Customizing angelegt worden sind.

▸ **Bezeichnersymbole**
Für Überschriften oder spezielle Informationen, die an einer Phrase abgelegt worden sind, werden die Bezeichnersymbole verwendet.

Im *linken unteren Teil* können Sie ein Symbol, das Sie durch Doppelklick im oberen Teil markiert haben, genauer spezifizieren. Oder Sie können hier eine Wiederholungsgruppe vorbereiten, die dann mit einem Mausklick an die von Ihnen vorbestimmte Stelle im Berichtslayout eingefügt wird. Umgekehrt können Sie auch ein Symbol in der Berichtsvorlage markieren und sich per Mausklick in diesem Fenster das genaue Layout anzeigen lassen. Es empfiehlt sich, für das Einfügen von Symbolen oder Wiederholungsgruppen den »WWI-Wizard« in diesem Fenster zu verwenden, da dieser automatisch die Formatierung von sichtbaren und nicht-sichtbaren Zeichen durchführt.

Da der normale Nutzer von SAP EHS Management in diesem Bereich nicht tätig ist, und dies eine Aufgabe ist, die während der Einführung von SAP EHS Management sowie hinterher bei Änderungen, z.B. aufgrund gesetzlicher Vorschriften, von Bedeutung ist, möchten wir hier nicht zu sehr ins Detail gehen.

Im *rechten Teil* des Bildschirms öffnet sich Microsoft Word, und die zu bearbeitende Vorlage wird angezeigt. Sie können alle Grafik-Tools und Layoutmöglichkeiten von Word nutzen

Beim WWI-Layouting in Word unsichtbare Zeichen anzeigen	**[+]**

Es empfiehlt sich dringend, immer im Word-Modus UNSICHTBARE ZEICHEN ANZEIGEN zu arbeiten und mithilfe des Icons die Absatzmarken einzublenden, da die Formatierung von Zeilenumbrüchen von hoher Relevanz für das Ergebnis ist.

Die Berichtsvorlage für das Sicherheitsdatenblatt bzw. für das neue erweiterte Sicherheitsdatenblatt mit den Anhängen übersteigt sehr schnell 50 Seiten und mehr. Diese Angabe gilt für die Vorlage! Der fertige Bericht hat dann in aller Regel sechs oder mehr Seiten (ohne die Expositionsszenarien bei dem erweiterten SDB (eSDB). Die Funktionen im WWI werden mit jedem Release-Stand erweitert und können hier nicht vollumfänglich dargestellt werden. Besonders Kapitel 14 (Gefahrgutinformationen) des Sicherheitsdatenblatts benötigt zahlreiche Erweiterungen der Berichtssymbole um Funktionen, die um die Symbole herumgebaut werden, um z. B. die richtigen Verkehrträger auszuwählen. Weitere Details finden Sie in Kapitel 5, »Gefahrgutabwicklung«. SAP bietet Berichtsvorlagen an, die dann kundenspezifisch erweitert werden können.

[!] **Berichtsvorlagen selbst aufbauen**

Es empfiehlt sich nicht, eine Berichtsvorlage für das Sicherheitsdatenblatt von Grund auf aufzubauen, da die benötigte Zeit dafür üblicherweise die Projektdauer für die Einführung von SAP EHS Management übersteigen würde.

Wir möchten nun am Beispiel der Dichte aufzeigen, wie WWI prinzipiell funktioniert und wie eine Berichtsvorlage zu lesen ist (siehe Abbildung 3.15).

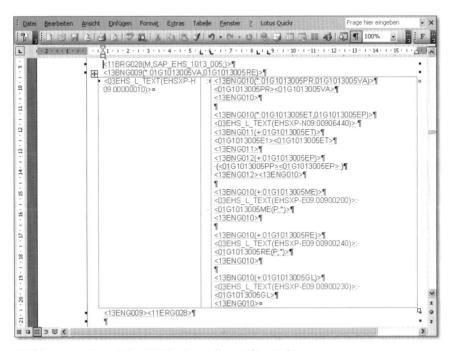

Abbildung 3.15 Transaktion CG42 – Beispiellayout für »Dichte«

Üblicherweise fängt jeder Block mit einer so genannten Hauptwiederholungsgruppe an, die üblicherweise als *Master-Repeating Group* bezeichnet wird. Dies ist in dem oben bezeichneten Beispiel die Zeile `<11BRG026(M,SAP_`
`_1013_005,)>`. Die Werte in der Klammer spezifizieren die Bedeutung der Wiederholungsgruppe `M` und die Verbindung zur Stoffbewertungsarten für die Dichte `SAP_EHS_1013_005`. Die Hauptwiederholungsgruppe ist notwendig, um gegebenenfalls alle Instanzen, die für die Dichte gepflegt sind und die den Kriterien der Generierungsvarianten entsprechen, auf dem Bericht auszugeben. Eine Hauptwiederholungsgruppe muss am Ende durch `<11ERG026>` abgeschlossen werden.

Als Nächstes folgt eine so genannte Leertextunterdrückung: `<13BNG0009(*,`
`01G1013005VA,01G1013005RE)>`. *Leertextunterdrückung* bedeutet, dass der gesamte Block, der sich innerhalb der Leertextunterdrückung befindet, nicht auf dem Dokument ausgegeben wird, wenn die in der Klammer angegebenen Kriterien nicht erfüllt sind. Dabei muss mindestens ein Argument (siehe Abschnitt 2.8, »Berichtssymbole«) angegeben werden. Wenn mehr als ein Argument angegeben wird, können diese durch die Kriterien »und« oder »oder« verknüpft werden. Dafür stehen im obigen Beispiel der Stern (* entspricht der Bedeutung »und« und das Pluszeichen (+ steht für »oder«) zur Verfügung. In diesem Beispiel wird der komplette Bereich für die Dichte unterdrückt, wenn weder ein Wert für die Dichte (Symbol `01G1013005VA`) angegeben noch eine Bemerkung (Symbol `01G1013005RE`) in der Eigenschaft gepflegt ist. Auch die Leertextunterdrückung muss am Ende wieder abgeschlossen werden: `<13ENG009>`.

Anschließend ist eine *Tabelle* eingefügt. Auf der linken Seite der Tabelle wird der Phrasentext »Dichte« durch den Ausdruck `<03EHS_L_TEXT(EHSXP-`
`H09.00000010)>` ausgegeben. Je nach gewähltem Ausdruck lässt sich von einer Phase der Text, der Code oder die hinterlegte Grafik auswählen (Phrasen, siehe Abschnitt 2.7.5, »Phrasenpflege«). Im rechten Teil der Tabelle werden nun einzeln zuerst die Genauigkeit der Dichte, dann der Wert der Dichte sowie die weiteren Merkmale aus der Eigenschaft »Dichte« aufgerufen. Die einzelnen Blöcke sind wiederum mit einer Leertextunterdrückung umrahmt.

Direkt unterhalb der Tabelle folgt zuerst das Ende der Leertextunterdrückung für den gesamten Bereich der Dichte und anschließend das Ende der Hauptwiederholungsgruppe.

Während der Programmierung ist es für die Übersichtlichkeit häufig hilfreich, nicht-sichtbare Zeilenumbrüche (¶) einzufügen. Diese sollten dann farbig (meist in grün) markiert werden.

Abbildung 3.16 zeigt einen kleinen Ausschnitt, bei dem die erlaubte Verschachtelung nochmals deutlich hervorgehoben worden ist. In den nächsten Bereichen außerhalb der Markierung ist erkennbar, dass dann wieder eine BNG010 (Beginn einer Leertextunterdrückung) startet und mit einer ENG010 (Ende dieser Leertextunterdrückung) abgeschlossen wird. Das heißt, die Nummerierung muss nicht zwingend fortlaufend sein.

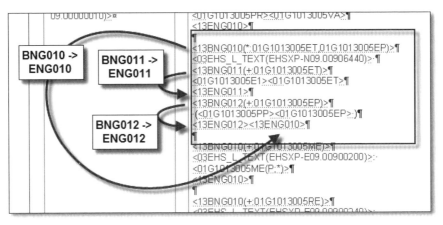

Abbildung 3.16 Verschachtelung beim Erstellen von WWI-Vorlagen

[!] **Keine versetzte Verschachtelung!**

Wir möchten darauf hinweisen, dass die Schachtelung der einzelnen Wiederholungsgruppen wie auch der Leertextunterdrückung und weiterer Funktionalitäten *niemals* versetzt aufgebaut werden darf.

Wenn die Berichtsvorlage erstellt ist und für die Verwendung in der Generierungsvariante zur Verfügung stehen soll, muss ausgehend von der Transaktion zuerst die Funktionalität VORLAGE PRÜFEN (Taste F5) ausgeführt werden. Die WWI-Funktionalität prüft dabei selbstständig, ob die innere Struktur, also die Verschachtelung, stimmig ist und ob alle angegebenen Symbole und Parameter auf dem SAP-System zur Verfügung stehen. Wird versucht, die Berichtsvorlage ohne Prüfung zu speichern, bringt das System automatisch eine Nachfrage, ob vor dem Speichern noch die Prüfung durchlaufen werden soll – was dringend angeraten ist!

Der in Abbildung 3.16 gezeigte Auszug aus der Berichtsvorlage sieht im generierten Bericht dann wie folgt aus (siehe Abbildung 3.17).

Sicherheitsrelevante Daten		
Flammpunkt	:	100 °C
Dichte	:	0,85 g/cm3 bei 20 °C (1.013 hPa)
Dichte	:	0,83 g/cm3 bei 25 °C (1.013 hPa)
Wasserlöslichkeit	:	Bemerkung: teilweise löslich

Abbildung 3.17 Transaktion CG42 – Ergebnis für Dichte gemäß Vorlage

Es sind zwei Datensätze für die Dichte vorhanden und die Überschrift erscheint zweimal, d.h. hier wurde die Überschrift nicht als konditionierter Text (Beginn [und Ende]) in der Berichtsvorlage formatiert.

Der Einfachheit halber sind in diesem Beispiel nur Informationen direkt aus SAP EHS Management verwendet worden. Selbstverständlich ist es aber auch möglich, Daten aus anderen Modulen, wie z.B. den Materialnamen aus der Materialwirtschaft (Modul MM), in die Berichtsvorlage zu integrieren. Dazu dienen die Parameter-Symbole (siehe Abschnitt 2.8, »Berichtssymbole«).

Wenn Ihr Unternehmen global aufgestellt ist, benötigen Sie in aller Regel für verschiedene Länder oder Regionen unterschiedliche Berichtsvorlagen für das Sicherheitsdatenblatt. Oft unterscheiden sich diese Berichtsvorlagen nur in einigen Kapiteln. Mittlerweile ist es in SAP EHS Management auch möglich, ein Kapitel, das in mehreren Berichtsvorlagen benötigt wird, als eigene Vorlage anzulegen und diese Vorlage dann nur noch in den einzelnen Länder-Varianten anzugeben. Das hat den großen Vorteil, dass Sie bei Änderungen nur noch dieses Modul bearbeiten müssen und damit automatisch alle Vorlagen, die dieses Modul verwenden, aktualisiert sind.

Generalisierung von WWI-Vorlagen [+]

Es ist keine zwingende Vorgabe, für verschiedene Regionen verschiedene Vorlagen zu erstellen. Allerdings würde der Versuch, eine einzige global gültige Vorlage für alle Regionen zu erstellen, zu einer extrem hohen Komplexität in der Berichtsvorlage führen, was die Wartung und Ergänzung ebenfalls deutlich schwieriger gestaltet.

Die Berichtsvorlage enthält ausschließlich Informationen zu den Feldern und den Formatierungen. Im Normalfall werden in der Berichtsvorlage keine Selektionen vorgenommen für den Fall, dass in der Spezifikationsdatenbank mehrere Instanzen vorhanden sind. Ausnahmen hiervon können über Funktionsbausteine realisiert werden. Üblicherweise sind besonders in Kapitel 14 des Sicherheitsdatenblatts (Gefahrgutinformationen) Selektionen notwendig, um die Informationen für die Verkehrsträger richtig wiederzugeben.

Das Zusammenspiel der Berichtsvorlage und die Verknüpfung mit der gewünschten Selektion der Daten (Verwendung und Gültigkeitsräume, siehe Abschnitt 2.12.1, »Reiter ›Verwendung‹«) erfolgt über die Berichtsgenerierungsvarianten.

Berichtsgenerierungsvarianten

Eine Berichtsgenerierungsvariante verknüpft das Layout aus der Berichtsvorlage und die Datenverwendungen, wie sie in der Spezifikationsdatenbank abgelegt wurden. Im Bereich des Sicherheitsdatenblattversands wird üblicherweise für jedes Land eine Generierungsvariante angelegt.

Wenn Sie Transaktion CG2B aufrufen, erscheinen Selektionskriterien, die Sie nutzen können, um eine mögliche Trefferliste bereits auf die Einträge zu reduzieren, an denen Sie interessiert sind (siehe Abbildung 3.18).

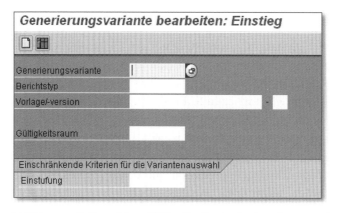

Abbildung 3.18 Transaktion CG2B – Einstieg in die Generierungsvarianten

Die angezeigten Berichtstypen, die Gültigkeitsräume und die Einstufung (siehe Abschnitt 2.12.1, »Reiter ›Verwendung‹«, und die folgenden Abschnitte) haben Sie im Customizing festgelegt. Die Berichtsvorlagen wurden über die Transaktion CG42 angelegt (siehe den vorherigen Abschnitt ab Seite 149). Je nachdem, welche Einschränkungen für die Suche ausgewählt wurden, erscheint die Trefferliste (siehe Abbildung 3.19).

Abbildung 3.19 Transaktion CG2B – Trefferliste

Per Doppelklick wählen Sie die gewünschte Generierungsvariante aus und gelangen direkt in die Kopfdaten (siehe Abbildung 3.20).

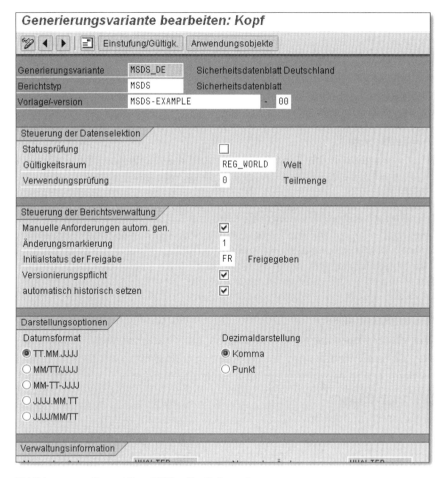

Abbildung 3.20 Transaktion CG2B – Kopfinformationen

Abbildung 3.20 stellt die typischen Einstellungen für eine Generierungsvariante dar. Der Name der Generierungsvariante ist grau hinterlegt, d.h. er kann im Nachhinein nicht mehr geändert werden. Wir empfehlen an dieser Stelle »sprechende Namen« bei der Anlage einer neuen Generierungsvariante zu vergeben. Dies erleichtert dem Anwender die Auswahl bei der Generierung von Berichten. Der Berichtstyp wurde bereits im Customizing besprochen. In der dritten Zeile sind die zugeordnete Berichtsvorlage und die Version der Vorlage eingetragen.

Von weitreichender Bedeutung sind die Einträge in den Feldern im Bereich STEUERUNG DER DATENSELEKTION. Das Kennzeichen STATUSPRÜFUNG setzt voraus, dass ein Status am Spezifikationskopf gepflegt worden ist (siehe Abschnitt 2.11, »Kopfdaten der Spezifikation«). Wenn dieses Feld aktiviert ist, überprüft die Berichtsgenerierung, ob die Spezifikationen für die Generierung von Berichten freigegeben worden ist. Sehr wichtig ist die Auswahl des korrekten Gültigkeitsraums im Feld GÜLTIGKEITSRAUM für diese Generierungsvariante! Hiermit steuern sie, welche Datensätze aus der Spezifikationsdatenbank auf den Bericht übernommen werden. Im Feld VERWENDUNGSPRÜFUNG können Sie die folgenden Einträge machen:

▸ **0 = Teilmenge**
Hier wird geprüft, ob der Gültigkeitsraum des Datensatzes in der Datenbank den hier geforderten Gültigkeitsraums inkludiert.

[zB] **Verwendungsprüfung Teilmenge (0)**

Zwei Datensätze sind mit den Gültigkeitsräumen REG_WORLD und REG_EU gekennzeichnet. Die Generierungsvariante fordert den Gültigkeitsraum DE: Beide Datensätze werden ausgegeben, weil DE sowohl Teil von REG_EU wie von REG_WORLD ist. Dieses ist die am häufigsten verwendete Variante.

▸ **1 = Schnittmenge**
Bei dieser Auswahl muss mindestens ein Gültigkeitsraum (Land oder Region) am Datensatz mit der geforderten Gültigkeit in der Generierungsvariante übereinstimmen, um ausgegeben zu werden.

▸ **2 = 1:1-Prüfung**
Bei dieser Variante müssen die Gültigkeitsräume am Datensatz und in der Generierungsvariante exakt übereinstimmen, damit der Datensatz ausgegeben wird. Typische Beispiele hierfür finden sich im Bereich des Gefahrguts, wo Daten nur ausgegeben werden dürfen, wenn diese 1:1-Beziehung zutrifft.

- **3 = Obermenge**

  Hier erfolgt die Selektion umgekehrt wie bei der Teilmenge. Wenn der Gültigkeitsraum eines Datensatzes innerhalb des von der Generierungsvariante geforderten Gültigkeitsraums liegt, wird er ausgegeben.

In den meisten Fällen wird die Variante 0 (Teilmenge) für die Aufgaben der Produktsicherheit Verwendung finden.

Der nächste Bereich der Generierungsvariante beschäftigt sich mit der STEUERUNG DER BERICHTSVERWALTUNG.

Wir empfehlen das Kennzeichen MANUELLE ANFORDERUNGEN AUTOM. GEN. zu aktivieren. Es besagt, dass eine Berichtsanforderung, die z.B. aus Transaktion CG02 heraus ausgelöst wird, automatisch bis in den Status generiert wird, der im Feld INITIALSTATUS DER FREIGABE definiert worden ist. Wenn Sie dieses Feld nicht aktivieren, müssen Sie nach der Berichtsanforderung zusätzlich in die Transaktion CG50 gehen und die Berichtsgenerierung von dort aus manuell starten. Im Feld ÄNDERUNGSMARKIERUNG kann zwischen drei Werten ausgewählt werden:

- **0 = Keine Änderungsmarkierungen**

  Wenn hier kein Wert gepflegt ist, ist dies die Default-Einstellung.

- **1**

  Es werden Änderungsmarkierungen ausgegeben, wenn sich im Bericht Daten im Vergleich zur Vorgängerversion geändert haben.

- **2**

  Es werden auch dann Änderungsmarkierungen ausgegeben, wenn sich zwar die Daten nicht verändert haben, aber z.B. die Referenzstoff- oder Transportklassifizierungen ausgetauscht worden sind, die diese Daten an die Spezifikation übertragen haben.

Änderungsmarkierungen	[+]

Änderungsmarkierungen machen als seitliche Striche am Rand des Berichts die Daten kenntlich, die sich im Vergleich zum vorherigen Bericht verändert haben.

Abbildung 3.21 Darstellung einer Änderungsmarkierung

Im Feld INITIALSTATUS DER FREIGABE wird definiert, in welchem Status der generierte Bericht im System abgelegt wird. Es empfiehlt sich für die Sicherheitsdatenblätter den Status FT für FERTIG zu wählen, da der Gesetzgeber in den meisten Ländern zwingend vorgibt, dass die Freigabe eines offiziellen Dokuments im System nicht voll automatisiert stattfinden darf. Es gibt andere Dokumente, für die es sinnvoll sein kann, dass SAP EHS Management direkt den Status FR für FREIGEGEBEN vergibt, wenn keine Fehler bei der Berichtsgenerierung entstanden sind. Als Beispiel dafür mag eine stoffbezogene Betriebsanweisung dienen, die erst erzeugt wird, wenn ein Sicherheitsdatenblatt für das entsprechende Land erzeugt worden ist. Die Freigabe kann dann automatisch erfolgen, weil die stoffbezogene Betriebsanweisung einen Auszug der Daten aus dem Sicherheitsdatenblatt enthält, was ja bereits geprüft worden ist.

Das Kennzeichen VERSIONIERUNGSPFLICHT zu setzen, ist auch dringend angeraten für die Sicherheitsdatenblätter. Mit dieser Einstellung geben Sie vor, dass während der Berichtsfreigabe automatisch eine neue Version erzeugt wird.

Die letzte Einstellmöglichkeit in diesem Bereich, das Kennzeichen AUTOMATISCH HISTORISCH SETZEN steuert, dass bei der Freigabe eines neuen Berichts alle noch vorhandenen freigegebenen Berichte automatisch in den Status HISTORISCH gesetzt werden. Der automatische Berichtsversand verwendet immer die letzte, d.h. die höchste Versionsnummer eines Berichts. Mithilfe dieser Einstellung verhindern Sie z.B., dass ein Mitarbeiter aus Versehen manuell ein älteres Dokument an einen Kunden versendet.

Der Bereich DARSTELLUNGSOPTIONEN erlaubt Ihnen, für die Generierungsvariante einzeln auszuwählen, welches Datumsformat das korrekte ist und welche Dezimaldarstellung (Punkt oder Komma) für den Gültigkeitsbereich dieser Generierungsvariante verwendet werden soll. Ganz am Schluss sind wieder die VERWALTUNGSINFORMATIONEN angegeben.

Den nächsten sehr wichtigen Reiter bei der Generierungsvariante erreichen Sie über die Schaltfläche EINSTUFUNG/GÜLTIGK. Im oberen Teil werden die Prioritäten definiert, mit denen verschiedene Datensätze auf dem Bericht ausgegeben werden sollen (siehe Abbildung 3.22).

[zB]

Prioritäten bei der Ausgabe von Datensätzen

Sie haben an einer Eigenschaft zwei Datensätze gepflegt:

▶ Der erste Datensatz ist sehr spezifisch (Einstufung SPEZIF), aber noch nicht an allen Spezifikationen vorhanden.

▶ Der zweite Datensatz in der gleichen Eigenschaft ist generisch (Einstufung PUBLIC) und an allen Spezifikationen vorhanden.

Wenn es Ihr Ziel ist, dass die spezifischen Daten zuerst ausgegeben werden, Sie aber verhindern möchten, dass keine Daten ausgegeben werden – sollten spezifische Daten nicht vorhanden sein –, dann bekommt die Einstufung SPEZIF die erste Priorität, die Einstufung PUBLIC die zweite.

Im unteren Teil können Sie genauere Einstellungen vornehmen, wenn Sie auch die Gültigkeitsräume in die Verwendung mit einbeziehen möchten. Die Auswahl und Funktionen, die Sie für die einzelnen Gültigkeitsräume in der Spalte V einstellen können, sind analog zu denen in der tabellarischen Auflistung für die Verwendungsprüfung.

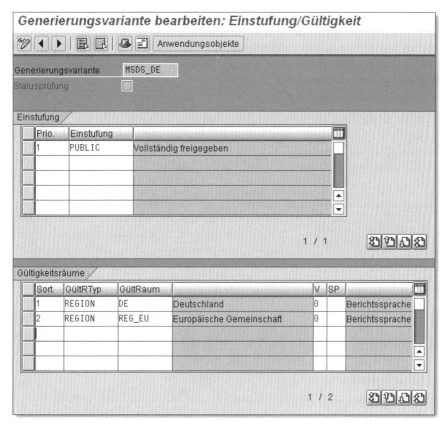

Abbildung 3.22 Transaktion CG2B – Einstufung und Gültigkeit

Die Schaltfläche Bezeichnung (📄 oder Taste F6) erlaubt Ihnen, Generierungsvarianten sprachabhängig zu beschriften (siehe Abbildung 3.23).

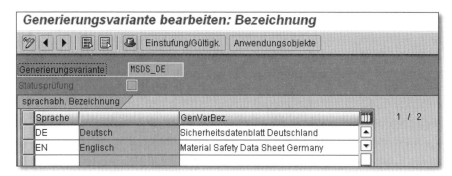

Abbildung 3.23 Transaktion CG2B – Bezeichnungen

Über die Schaltfläche ANWENDUNGSOBJEKTE bestimmen Sie die Hierarchie und damit, in welcher Reihenfolge die generierten Berichte später im Berichtsbaum angezeigt werden (siehe Abschnitt 3.2.2, »Berichtsverwaltung/Berichtsinformationssystem«).

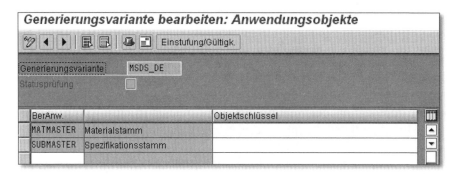

Abbildung 3.24 Transaktion CG2B – Anwendungsobjekte

Abbildung 3.24 zeigt, dass für diese Generierungsvariante Elemente aus dem Spezifikationsstamm und dem Materialstamm herangezogen werden.

Berichtsgenerierung

Mit der Erstellung der Generierungsvariante und der Definition der Berichtsvorlage können nun die entsprechenden Berichte generiert werden. Dies geschieht aus Transaktion CG02 heraus.

Es gibt zwei Möglichkeiten, um einen Bericht zu generieren. Beide erreichen Sie über den Menüpfad SPEZIFIKATION • BERICHTE. In diesem Menü befinden sich drei Einträge: BERICHTSINFORMATIONSSYSTEM (siehe Abschnitt 3.2.2, »Berichtsverwaltung/Berichtsinformationssystem«), BERICHT AUS VORLAGE und BERICHT ANLEGEN.

Das Generieren von Berichten ist nur möglich, wenn Spezifikationen entweder auf der Trefferliste markiert sind (eine oder mehrere) oder wenn sie sich im Spezifikationskopf befinden (ein Bericht für eine Spezifikation). Es ist nicht möglich, Berichte zu generieren, wenn sie sich in einer Bewertung (im Eigenschaftsbaum) befinden.

Bericht aus Vorlage generieren

Der Bericht, der aus der Vorlage generiert wird, dient ausschließlich dazu, am Bildschirm eine Vorschau auf den zu erwartenden Bericht zu generieren. Wenn Sie diese Option auswählen, erscheint auf dem Bildschirm ein kleines Fenster, in dem Sie Folgendes entscheiden müssen (siehe Abbildung 3.25):

▸ welche Generierungsvariante verwendet werden soll (siehe Abschnitt »Berichtsgenerierungsvarianten« auf Seite 160)

▸ ob der Spezifikationsstatus beachtet werden soll

▸ in welcher Sprache der Bericht angezeigt werden soll

Die Abfrage des Stichtages ist nur von Bedeutung, wenn Sie mit Änderungsbelegen arbeiten.

Abbildung 3.25 Parameter für Berichte aus der Vorlage

Die Auswahl der Generierungsvariante ist ein Pflichtfeld, welches durch den Haken gekennzeichnet ist.

Wie auch in anderen Modulen, ist es in SAP EHS Management möglich, mit Änderungsnummern zu arbeiten und Datenänderungen erst zu einem bestimmten Stichtag gültig werden zu lassen. Da es sich hierbei um eine SAP-Standardfunktionalität handelt, gehen wir an dieser Stelle nicht explizit darauf ein.

Die Selektion der Kriterien wird über die Schaltfläche ANZEIGEN (Tastenkombination ⌂+F5) abgeschlossen, und es erscheint ein weiterer Bildschirm, in dem die Parameterwerte für Kapitel 1 des Sicherheitsdatenblatts verändert werden können. Voreingestellt werden diese Daten bei den Parametern im Feld VKO bei den benutzerspezifischen Vorgaben (über den Menüpfad SYS-TEM • BENUTZERVORGABEN • EIGENE DATEN und hier der dritte Reiter). Mit der Schaltfläche ÜBERNEHMEN öffnet sich Word und der Bericht wird Ihnen am Bildschirm angezeigt.

Je nach Einstellungen im WWI ist eine Manipulation der Daten am Bildschirm, also am fertigen Bericht in Microsoft Word, jetzt nicht mehr möglich (dringend empfohlen!). Der Bericht kann gelesen und am Bildschirm geprüft sowie ausgedruckt werden. Er ist jedoch nicht im SAP-Dokumentenmanagementsystem vorhanden, d.h. er wird nicht gespeichert.

Der Bericht aus der Vorlage greift auch nicht auf den entsprechenden Bericht im WWI-Server zu. Deshalb muss der WWI-Server an jedem SAP EHS Management-Arbeitsplatz lokal installiert sein.

[+] | **Zukunft der lokalen WWI-Installation**

SAP plant, diese Funktionalität auch ohne lokale WWI-Installation zur Verfügung zu stellen. Zum Zeitpunkt der Drucklegung dieses Buchs ist diese Neuerung aber noch nicht verfügbar.

Berichte anlegen

Diese Funktion generiert einen Bericht mit dem Ziel, ihn für die weiteren Prozesse in SAP EHS Management zur Verfügung zu stellen. Im Unterschied zur Funktion BERICHT AUS VORLAGE wird hierbei automatisch der Spezifikationsstatus beachtet, und er ist daher hier kein Selektionskriterium. Sie wählen deswegen für die Spezifikation(en), die Sie markiert haben, ausschließlich die Generierungsvariante, die Sprache und den Stichtag aus. Je nach installiertem Support Package besteht auf diesem Bildschirm auch die Möglichkeit, die gewünschten Berichte in mehreren Sprachen in einem Arbeitsgang zu generieren.

Abbildung 3.26 Auswahlmöglichkeiten bei der Berichtsgenerierung

Die erste Schaltfläche BERICHT ANLEGEN unten links (Tastenkombination [Strg]+[⇧]+[F1]) generiert für die in der Trefferliste markierten Spezifikationen ausschließlich die Berichte der gewählten Generierungsvariante und der angegebenen Sprache. Die zweite Schaltfläche MIT SPRACHEN AUS GENVAR (Tastenkombination ⌂+F1) generiert zu der angegebenen Generierungsvariante alle Berichte in den Sprachen, die in der Generierungsvariante angegeben sind. Wenn die dritte Schaltfläche MIT SPRACHEN AUSWÄHLEN (Tastenkombination ⌂+F2) aktiviert wird, öffnet sich ein weiteres Fenster, in dem die Sprachen markiert werden können, in denen Berichte mit den Kriterien aus der angegebenen Generierungsvariante erzeugt werden sollen.

Wenn über diesen Weg Berichte angelegt werden, erfolgt auch keine Nachfrage nach den Parameterwerten wie bei der Funktion BERICHT AUS VORLAGE, da die Parameterwerte nicht fest in den Bericht gesetzt werden, sondern als Platzhalter für die Endberichtsgenerierung diesen.

Wenn Sie nun auf die Schaltfläche BERICHT ANLEGEN (Tastenkombination Strg+⌂+F1) klicken, erscheint am unteren linken Rand die Meldung aus Abbildung 3.27 (in Abhängigkeit der erzeugten Anzahl an Berichten).

Abbildung 3.27 Transaktion CG02 – Mitteilung für erfolgte Berichtsanlage

Nun startet im Hintergrund die Berichtsgenerierung auf dem WWI-Server, und die generierten Berichte werden im Dokumentenmanagement-System abgelegt. Läuft die Generierung ohne Fehler erfolgreich durch, ist der Status der Berichte der, der in der Generierungsvariante angegeben worden ist. Lassen sich Berichtssymbole nicht auflösen (z.B. weil eine entsprechend geforderte Übersetzung fehlt) oder ist die Generierung z.B. aufgrund einer Verbindungsstörung nicht möglich, wird in jedem Fall in der Transaktion CG50 der entsprechende Status angezeigt.

Exkurs: Sicherheitsdatenblätter mit Anhang (Annex)

Anwender, die mit SAP EHS Management Sicherheitsdaten nach GHS (Globally Harmonised System) bzw. REACH erstellen müssen, sind aufgefordert, an das Sicherheitsdatenblatt sogenannte Expositionsszenarien für die einzelnen Verwendungen bzw. für die Freisetzung in die Umwelt anzuhängen.

Expositionsszenarien	**[zB]**

Ein Lack kann z.B. manuell verstrichen sowie mit einer Sprühpistole, als Tauchlack oder von einem Roboter in einer geschlossenen Kabine mit entsprechender Absaugung und Filterung aufgetragen werden. Für jede dieser Anwendungen können die persönlichen Schutzausrüstungen, die Expositionsdauer eines Menschen oder die baulichen Sicherheitsvorschriften voneinander abweichen. Ebenso mag jedes dieser Verfahren eine andere Exposition eines Teils der Inhaltsstoffe in die Umwelt zur Folge haben.

Dies bedeutet, dass für jede einzelne Anwendung ein eigenes Expositionsszenario an das Sicherheitsdatenblatt angehängt werden muss.

Waren Sicherheitsdatenblätter in der Vergangenheit zwischen vier und zehn Seiten lang, können sie in der Praxis bei bestimmten Produkten mit sehr weiten Anwendungsbereichen heute bis zu 1.000 Seiten umfassen, wie den Autoren berichtet wurde.

Auf der einen Seite legen Sie als »Inverkehrbringer« fest, für welche Anwendungen Ihr Produkt bei der European Chemicals Agency (ECHA) registriert wurde. Auf der anderen Seite müssen Sie beachten, für welche Anwendungen und Expositionen die Vorprodukte Ihres Lieferanten registriert worden sind. Wenn Sie festlegen, für welche Anwendungen Sie Ihre Produkte (Materialien) als Hersteller oder Inverkehrbringer freigeben, müssen Sie also geprüft haben, ob der Lieferant Ihrer Vorprodukte diese Anwendung unterstützt. Dies muss aus seinem erweiterten Sicherheitsdatenblatt (eSDB) hervorgehen.

Oft kommt hier auch das Marketing ins Spiel. Aus einer Charge eines Materials werden oft günstige Produkte unter einem anderen Markennamen mit anderen freigegebenen Verwendungen auf den Markt gebracht, als chemisch identische Produkte/andere Materialien, die hochpreisiger sind. Um dies zu realisieren, sollten Sie für die verschiedenen Materialien (Marketing-Sicht), die aus einer Charge gewonnen werden, durch eine Materialhierarchie abbilden und können den einzelnen Materialien unterschiedliche Expositionsszenarien zuweisen. Da Prozesse der Materialhierarchie nicht innerhalb vom SAP EHS Management abgebildet werden, muss dies mit den Kollegen der Materialwirtschaft abgesprochen werden.

Gegebenenfalls stellen Sie bestimmte Produkte und deren Verwendung auf bestimmte Kunden ein. Das bedeutet, Sie registrieren ein bestimmtes Material bewusst ausschließlich für eine bestimmte Kundengruppe. Andere Kunden sollen nur Informationen über davon abweichende Verwendungen über die gelieferten Dokumente erhalten.

SAP unterstützt diese Prozesse ab dem Erweiterungspaket 5 (EHP5) für das Release SAP ERP 6.0.

Mit der Aktivierung von EHP5 erhalten Sie die Möglichkeit, die Expositionsszenarien, die Sie als Spezifikationen für die Verwendung und für die Freisetzung in die Umwelt angelegt haben, an die Spezifikation anzuhängen, für die Sie das Sicherheitsdatenblatt mit Anhängen erstellen möchten. Würden Sie jetzt einen Rohbericht erzeugen, enthält dieser *alle* möglichen Expositionsszenarien! Dies ist aber nicht das, was Sie Ihrem Kunden zur Verfügung stellen möchten. Daher gibt es eine neue Eigenschaft, in der Sie Kombinationen festlegen können, für welche Materialen – die Sie über den Link MATERIALZUORDNUNG (Tabelle ESTMJ) ja bereits haben – welche Expositionsszenarien Gültigkeit haben sollen. Darüber hinaus gibt es die Möglichkeit, bestimmte Kombinationen von Material und Kunde zu definieren, die wiederum davon abweichende Kombinationen der Expositionsszenarien zur Verfügung gestellt bekommen sollen.

»Verwendung« unter REACH	[+]

An dieser Stelle ist »Verwendung« im Sinne von »Benutzung« gemeint, und hat nichts mit der »Verwendung« als technische Zusammenfassung für Einstufung und Gültigkeit zu tun. Der Begriff *Verwendung* wird bedauerlicherweise in verschiedenen Zusammenhängen in SAP EHS Management verwendet und muss daher immer im Kontext gesehen werden.

Es gibt mit Erweiterungspaket 5 (EHP5) bereits auf der Ebene des Rohberichts eine Möglichkeit, das potenzielle Ergebnis für ein bestimmtes Material bzw. die Material-/Kunden-Kombination angezeigt zu bekommen.

Die Pflege dieser Eigenschaft reiht sich wieder ein in das Konzept, nach Möglichkeit nur eine Spezifikation bzw. einen Realstoff für eine Vielzahl von Materialien pflegen und aktuell halten zu müssen – damit jedoch eine möglichst hohe Zahl an Materialien und jetzt auch Kunden jederzeit mit den richtigen Informationen zu bedienen. Die Endberichtsgenerierung wertet dann exakt diese Eigenschaft aus, um aus dem Endbericht alle nicht relevanten Expositionsszenarien auszublenden.

SDBs mit Expositionsszenarien	[+]

Sicherheitsdatenblätter mit angehängten Expositionsszenarien führen zu deutlich umfangreicheren Dokumenten, daher nimmt das Interesse zu, die Sicherheitsdatenblätter nach Möglichkeit per E-Mail an die Kunden zu verschicken. So können die Kosten trotz erhöhter Anforderungen gesenkt werden. Wie Sie dies in Ihrem System einrichten, stellen wir in Abschnitt 3.2.3, »Produktsicherheit – Berichtsversand«, vor.

Nach dem Abschluss dieser Aktion können Sie die Transaktion CG02 verlassen. In den folgenden Kapiteln besprechen wir die Berichtsfreigabe, das Berichtsinformationssystem und dann weiter unten den Berichtsversand.

3.2.2 Berichtsverwaltung/Berichtsinformationssystem

In der Berichtsverwaltung bzw. im Berichtsinformationssystem stehen Ihnen ausschließlich die sogenannten Rohberichte zur Verfügung. Ein SAP EHS Management-Rohbericht enthält alle Daten aus der Spezifikationsdatenbank, nicht aber die Informationen, die erst im Endbericht hinzugefügt werden (die schon erwähnten Parameterwerte). Dies sind in aller Regel die Informationen über den Materialnamen (sofern dieser nicht aus der Spezifikationsdatenbank gezogen wird) und die Informationen, die üblicherweise in Kapitel 1 des Sicherheitsdatenblatts erscheinen.

Für die Berichtsverwaltung stehen im SAP EHS Management-Standard fünf Transaktionen zur Verfügung:

- **Transaktion CG50 – Bericht allgemein bearbeiten**
  Diese Transaktion ist die mächtigste im Bereich der Berichtsverwaltung. Sie inkludiert alle Funktionen, die in den unteren Transaktionen möglich sind, und wird daher im Anschluss an diesen Überblick detailliert beschrieben.

- **Transaktion CG55 – Bericht validieren**
  Erlaubt es, einen generierten Bericht zu prüfen und den Status weiterzuschalten, wenn mehrere Schritte notwendig sind, bevor die finale Freigabe erfolgen darf.

- **Transaktion CG56 – Bericht freigeben**
  Durch diese Transaktion werden die Berichte von den Teileinheiten (wie (Öko-)Toxikologen und gegebenenfalls Marketing-/Legal-Einheiten) final für den Berichtsversand freigegeben.

- **Transaktion CG57 – Bericht versionieren**
  Die Selektion der anzeigbaren Berichte ist auf diejenigen beschränkt, die zur Versionierung anstehen.

- **Transaktion CG58 – Berichte historisch setzen**
  Diese Transaktion erlaubt es ausschließlich, freigegebene Rohberichte in den Status HISTORISCH zu setzen.

Wenn Sie in die Transaktionen einsteigen, erscheint die Suchmaske aus Abbildung 3.28. Wie bereits in der Auflistung erwähnt, erläutern wir die weiteren Schritte am Beispiel der Transaktion CG50.

Im oberen Teil können Sie die Suche auf die allgemeinen Informationen eingrenzen. Im mittleren, linken Teil haben Sie die Möglichkeit, den aktuellen BERICHTSTATUS als Vorgabe für die Suche zu selektieren. Im mittleren rechten

Teil können Sie entweder über die GENERIERUNGSVARIANTE oder über das GENERIERUNGSDATUM die Berichte auswählen. Leider kann im SAP-Standard nur eine Generierungsvariante ausgewählt werden. Gerade für den Bereich der Etiketten (GLM), wäre es hilfreich, wenn in diesem Feld GENERIERUNGSVARIANTE eine Mehrfachselektion möglich wäre. In bestimmten Ländern (z.B. Kanada) haben Sicherheitsdaten ein »Haltbarkeitsdatum«. Das bedeutet, nach einer gesetzlich festgelegten Zeit müssen die enthaltenen Daten auf Aktualisierungen überprüft werden, und es *muss* dann ein neues Sicherheitsdatenblatt freigegeben werden. An dieser Stelle wäre es schön, wenn der SAP-Standard eine Funktionalität anbieten könnte, um herauszufinden, welche Rohberichte vor einem bestimmten Datum bzw. während eines bestimmten Zeitraums freigegeben wurden.

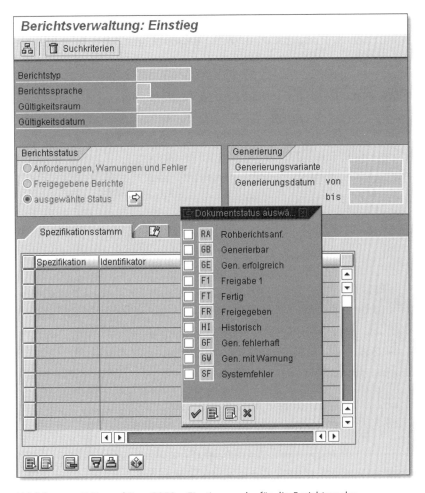

Abbildung 3.28 Transaktion CG50 – Einstiegsmaske für die Berichtssuche

Im unteren Teil können Sie entweder (wie in Abbildung 3.28 angezeigt) die gewünschten Spezifikationen anhand der Spezifikationsnummer (SUBID) auswählen. Oder Sie können über den rechten Reiter (Konfiguration) z.B. auf den Materialstamm wechseln und dann im linken Reiter über die Materialnummern die gewünschten Berichte selektieren.

Da dieses Kapitel im Wesentlichen um die Produktsicherheit kreist, sind die Beispiele entsprechend ausgewählt. Selbstverständlich können auch im rechten Reiter Berichte für andere Bereiche, wie z.B. den Arbeitsbereich das Ambulanzbuch, das Unfallkataster, den Entsorgungspapieren etc. ausgewählt werden. Beachten Sie, dass Sie für die Ausführung der Suche den linken Reiter aktiviert haben müssen. Dies geschieht nach der entsprechenden Auswahl im Reiter KONFIGURATION durch den Button AKTIVIEREN EINFÜGEN.

Über die Schaltfläche BERICHTSBAUM (, Taste F8) wird die Suche vom System ausgeführt. Der dann dargestellte Berichtsbaum kann folgendermaßen aussehen (siehe Abbildung 3.29).

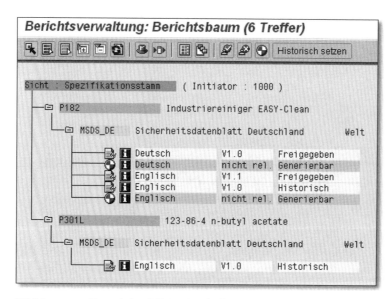

Abbildung 3.29 Transaktion CG50 – Berichtsbaum

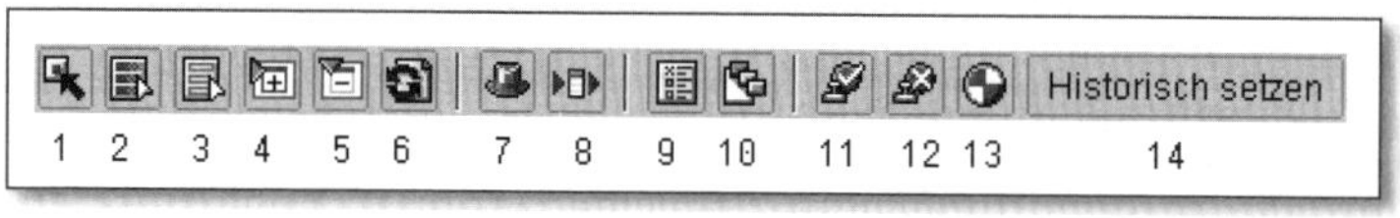

Abbildung 3.30 Transaktion CG50 – Bedeutung der Schaltflächen

Die Schaltflächen, die im oberen Teil des Bildschirms angegeben sind, siehe auch Abbildung 3.30, haben die folgende Bedeutung:

1. **Teilbaum markieren** (Taste `F9`)
   Diese Funktion erlaubt, entweder einzelne Berichte oder Teile des Berichtsbaumes zu markieren, um diese Berichte für die weiteren Aktionen zu selektieren.

2. **Alles markieren** (Tastenkombination `Strg`+`F3`)
   Mit dieser Funktion werden alle Berichte der Trefferliste markiert.

3. **Alle Mark. löschen** (Tastenkombination `Strg`+`F4`)
   Diese Funktion löscht alle Markierungen, die entweder mit der ersten oder zweiten Schaltfläche selektiert wurden.

4. **Teilbaum expandieren** (Tastenkombination `Strg`+`F11`)
   Ähnlich der Funktion im Eigenschaftsbaum: Wenn ein Knoten geschlossen ist, werden durch diese Schaltfläche alle untergeordneten Teilbäume aufgeklappt. Ist die oberste Ebene markiert, werden alle Teilbäume expandiert.

5. **Teilbaum komprimier.** (Tastenkombination `Strg`+`F12`)
   Das Gegenteil zur vorherigen Schaltfläche: Ist ein expandierter Teilbaum markiert, wird er hiermit wieder zusammengefasst. Wird die oberste Ebene markiert, wird der gesamte Baum geschlossen.

6. **Auffrischen** (Taste `F7`)
   Wenn in einem Bericht eine Aktion durchgeführt worden ist, ändert sich der Status in der Transaktion nicht automatisch. Mittels dieser Schaltfläche erhalten Sie wieder den aktuellen Status.

7. **Kopf** (Taste `F5`)
   Wenn ein Bericht markiert worden ist, wird über diese Schaltfläche in den Berichtskopf abgesprungen.

8. **Parameterwerte** (Taste `F6`)
   Wenn Sie einen Bericht mit den korrekten Parameterwerten sehen möchten (für Sicherheitsdatenblätter also z.B. der korrekte Materialname und gegebenenfalls weitere Informationen, die erst im Endbericht erscheinen), öffnet sich mit dieser Schaltfläche ein Pop-Up-Fenster, in dem das Material ausgewählt werden kann, mit dem dieser Rohbericht abgemischt werden soll.

9. **Farblegende** (Tastenkombination `⇧`+`F1`)
   Diese Funktion öffnet ein Fenster, das die Bedeutung der Farben und Icons auf dem Bildschirm erläutert. Sie finden diese Legende in Abbildung 3.31 dargestellt.

10. **Sicht wechseln** (Tastenkombination ⬆+F6)
Diese Funktion erlaubt Ihnen, zwischen den folgenden vier Sichten auszuwählen:

- ▸ Spezifikationsstamm
- ▸ Etikettenpapier
- ▸ Materialstamm
- ▸ Arbeitsbereich

Je nach gewählter Sicht ändert sich die Struktur des Berichtsbaums und damit die Zuordnung der Berichte.

11. **Annehmen** (Tastenkombination Strg+⬆+F1)
Ein Bericht im Status FERTIG wird über diesen Button in den nächsten Status überführt. Wenn der nächste Status FREIGEGEBEN ist und für den Bericht Versionierungspflicht besteht, erscheint ein Fenster, in dem Sie zuerst die Versionsnummer auswählen oder aber den vom System vorgegebenen Vosrschlag folgen können.

12. **Ablehnen** (Tastenkombination Strg+⬆+F2)
Wurde ein Bericht fehlerhaft generiert, oder hat die Prüfung ergeben dass der Bericht noch unvollständig ist, werden die gekennzeichneten Einträge mit diesem Button gelöscht.

13. **Generieren** (Tastenkombination Strg+⬆+F3)
Wenn in der Generierungsvariante nicht bereits festgelegt ist, dass die Berichte automatisch generiert werden sollen, erscheinen sie in dieser Liste als Generierungsanforderungen. Die Generierung kann durch diesen Button gestartet werden.

14. **Historisch setzen** (Tastenkombination Strg+⬆+F6)
Ausschließlich freigegebene Rohberichte können mit diesem Button historisch gesetzt werden, d.h. sie stehen dann nicht mehr für den Berichtsversand zur Verfügung.

Das System verhindert, dass freigegebene Rohberichte oder historische Rohberichte jemals gelöscht werden können.

[!] | **Freigegebene oder historische Berichte löschen**

Freigegebene oder historische Berichte zu löschen, ist im SAP EHS Management-Standard aus sehr gutem Grund nicht möglich. Die einzige Möglichkeit für das Löschen besteht darin, dies direkt auf Tabellenebene (Transaktion SE16) zu tun – wovor wir Sie bereits in den oberen Kapiteln gewarnt haben.

Da nach einer definierten Zeit alle Deckblätter und Endberichte beim automatischen Sicherheitsdatenblattversand gelöscht werden, sind die gespeicherten Parameterwerte zusammen mit den freigegebenen oder historischen Rohberichten Ihr Nachweis, dass Sie Ihren gesetzlichen Anforderungen nachgekommen sind.

Abbildung 3.31 Legende und Bedeutung der Schaltflächen in Transaktion CG50

Abbildung 3.31 zeigt Ihnen komprimiert die Bedeutung der Farben und der Ikonen, die in Transaktion CG50 erscheinen können. Wir möchten auf die wichtigsten Icons eingehen (siehe Tabelle 3.1).

Icon	Bedeutung	Erklärung
	ZUSATZINFORMATION ZUM BERICHT	Diese Funktion zeigt an, wer wann das Dokument generiert und freigegeben hat.
	DOKUMENT AM FRONTEND ANZEIGEN	Durch Aktivieren dieser Schaltfläche öffnet sich Microsoft Word und der generierte Rohbericht wird angezeigt. Die Parametersymbole in Kapitel 1 (SDB) werden dabei mit den in den Benutzerparametern eingestellten Informationen zur Verkaufsorganisation (VKO) aufgefüllt.

Tabelle 3.1 Erläuterung wichtiger Icons aus Transaktion CG50

Icon	Bedeutung	Erklärung
⊕	GENERIERUNG LÄUFT	Der in Transaktion CG02 angeforderte Bericht wird auf dem WWI-Server generiert und steht zum Zeitpunkt des Aufrufs dieser Transaktion noch nicht zur Verfügung.
⇨	ÜBER SPEZIFIKATIONS-ZUORDNUNG ENT-STANDENER BERICHT	Ein bestehender freigegebener Rohbericht kann in der Transaktion CG50 zu weiteren Spezifikationen zugeordnet werden. Die Details sind im Anschluss an diese Tabelle beschrieben.

Tabelle 3.1 Erläuterung wichtiger Icons aus Transaktion CG50 (Forts.)

SAP EHS Management bietet die Möglichkeit, einen freigegebenen Rohbericht mehreren Spezifikationen zuzuordnen. Als Beispiel dafür mag wiederum eine Lackrezeptur dienen, die in vielen Spezifikationen z.B. für die einzelnen Farben vorliegt, deren Sicherheitsdatenblatt allerdings immer identisch ist. Um hier nur ein Sicherheitsdatenblatt aktuell halten zu müssen, können Sie aus der Transaktion CG50 heraus im Berichtskopf alle weiteren Spezifikationen diesem Rohbericht zuordnen.

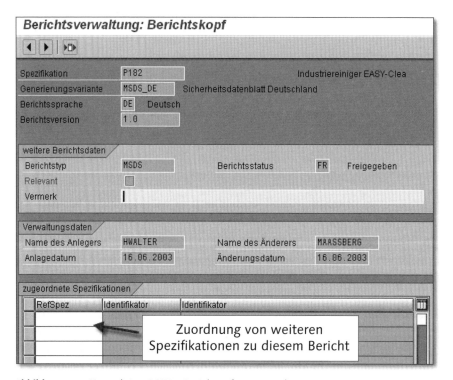

Abbildung 3.32 Transaktion CG50 – Berichtsreferenzen anlegen

Der automatische Berichtsversand und -nachversand erkennt diese Referenz und nutzt diesen Bericht dann für den Versand. Es sei an dieser Stelle abermals darauf hingewiesen, dass der Materialname erst im sogenannten Endbericht hinzugefügt wird. Daher ist für den Bezieher dieses referenzierten Berichts nicht unbedingt ersichtlich, dass hier mehrere Dokumente auf dem gleichen Datensatz beruhen. Diese Funktion ist eine weitere Möglichkeit, die Datenpflege und die Berichtsgenerierung und -aktualisierung so schlank wie möglich zu halten.

In Abbildung 3.32 können Sie an der Stelle des Pfeiles alle Spezifikationen durch Eingabe des Spezifikationsschlüssels (SUBID) zuordnen, die exakt demselben Bericht entsprechen.

WWI-Monitor (Transaktion CG5Z)

Der WWI-Monitor ist auch ein Relikt aus der Anfangszeit des SAP EHS Managements. Diese Transaktion erlaubt es zu prüfen, ob die WWI-Dispatcher und die angeschlossenen WWI-Server aktiv sind (siehe Abbildung 3.33). Außerdem können Sie prüfen, welche Berichte gerade auf den WWI-Servern zur Generierung anstehen bzw. in welchem Status die Berichte sind.

WWI-Monitor: Überblick

Mdt	WWISV	SV aktiv	Job-Status	Prio	Art	Dokument	AnlName	Auftragsstatus
		☐	Freigegeben					
010	SERV01	☐	Freigegeben					
010	SERV02	☐	Aktiv	2	SBE	WWI-00000000000016312151	JOBMASTER	wird bearbeitet
010	SERV02	☐	Aktiv	2	SBE	WWI-00000000000016312152	JOBMASTER	zugeordnet
010	SERV02	☐	Aktiv	2	SBE	WWI-00000000000016312153	JOBMASTER	zugeordnet
010	SERV02	☐	Aktiv	2	SBE	WWI-00000000000016312154	JOBMASTER	zugeordnet

Abbildung 3.33 Aktuelle Sicht auf die Aktivitäten (WWI-Server)

Zur Zeit, als CG5Z die einzige Transaktion war, mit der aus dem ERP-System zumindest eingeschränkt auf die WWI-Server zugegriffen werden konnte, war diese Transaktion die einzige Möglichkeit zu prüfen, ob die Server aktiv waren.

In den aktuellen Releases können Sie – entsprechende Berechtigungen vorausgesetzt – mithilfe der Transaktion CGSADM über das ERP-System direkt auf die WWI-Server zugreifen und diese gegebenenfalls auch administrieren.

Dies gilt sowohl für die Server zur Berichtsgenerierung (hier WWI-Server genannt), für die GLM-Server zur Generierung der Etiketten, die üblicherweise separat aufgesetzt werden, wie auch für die EXPERT-Server, die zur Sekundärdatenermittlung verwendet werden können.

Der Vorteil der neuen Transaktion liegt unter anderem darin, dass Sie sehr schnell und einfach z.B. Grafiken von Ihrem Desktop auf die entsprechenden Server übertragen können.

3.2.3 Produktsicherheit – Berichtsversand

Der vollautomatische Versand von Sicherheitsdatenblättern zum Kunden ist die wichtigste Aufgabe in der Produktsicherheit. In diesem Abschnitt zeigen wir Ihnen die Einstellungen, die dafür notwendig sind. Sie erfahren, welche Einstellungen im Customizing vorgenommen werden müssen, damit, ausgehend von einer Bestellung oder einer Lieferung, das für das Zielland korrekte Sicherheitsdatenblatt rechtzeitig an den Kunden geliefert wird.

Während des Berichtsversands wird gemäß der im Folgenden erläuterten Einstellungen der für das entsprechende Zielland korrekte Rohbericht ermittelt. Dieser wird mit den sogenannten Parameterwerten (Materialname, Informationen für das SDB-Kapitel 1 etc.) wiederum an den WWI-Server geschickt. Der WWI-Server liefert wiederum den vollständig gefüllten Endbericht bzw. für einen Kunden die Endberichte zurück, zusammen mit einem Deckblatt, auf dem der Kunde erfährt, welche Dokumente ihm mit dieser Sendung zugeschickt werden.

Die folgenden Einträge werden normalerweise während der SAP EHS Management-Einführung festgelegt und dann nur noch verändert, wenn sich die Prozesse oder Bedingungen für den Berichtsversand ändern. In der Praxis kommt dies regelmäßig vor, z.B. wenn Sie Ihre Geschäftätigkeit auf weitere Länder ausdehnen oder gesetzliche Änderungen dazu führen, dass Sie für bestimmte Länder andere Dokumente benötigen. Die notwendigen Grundeinstellungen stellen wir Ihnen im Folgenden vor.

Geschäftsprozesse festlegen

Welche Dokumente aus SAP EHS Management heraus versendet werden sollen, wird in den Geschäftsprozessen festgelegt. Neben dem schon mehrfach erwähnten Sicherheitsdatenblatt können dies auch Unfallanzeigen, Messeprojekte oder Betriebsanweisungen sein. Abbildung 3.34 zeigt die Geschäftsprozesse, die im SAP-Standard ausgeliefert werden.

GeschProz	Geschäftsprozeßbezeichner
ACCRE_DIST	Versand Unfallanzeige
ETI_DIST	Etikettenversand
FAL_DIST	Versand Ambulanzbuchberichte
HWM_DIST	Entsorgungspapiere
IAL_DIST	Versand Unfallberichte
IAREP_DIST	Zeitraumbez. Unfallberichte
MP_DIST	Messprojekt
MSDS_DIST	Sicherheitsdatenblattversand
SOP_DIST	Versand Betriebsanweisung
TREMC_DIST	Unfallmerkblattausgabe

Abbildung 3.34 Einstellung der Geschäftsprozesse im Customizing

Für die Produktsicherheit ist der Geschäftsprozess SICHERHEITSDATENBLATT-VERSAND (MSDS_DIST) der bedeutendste.

Versandgründe festlegen

In dieser Customizing-Aktivität ordnen Sie einzelnen Geschäftsprozessen wie dem SICHERHEITSDATENBLATTVERSAND das auslösende Element zu. Die wichtigsten Ursachen für einen Berichtsversand sind hier erwähnt:

▸ **EXP_CALL: Berichtsversand Auftrag – Erzeugung durch Export**
Dieser Versandgrund wird benutzt, um z.B. aufgrund einer Aktualisierung von einer bestimmten Anzahl von Dokumenten Ihr Archiv oder das Portal mit den aktuellen Sicherheitsdatenblättern zu befüllen. Die Dokumente sollen in ein Verzeichnis abgelegt werden, von dem aus sie in einem Dokumentenmanagementsystem verfügbar gemacht werden können.

▸ **MAN_CALL: Berichtsversand Auftrag – manuelle Erzeugung**
Ein Kunde ruft an und verlangt zu einem bestimmten Produkt ein Dokument. Dieser Versandgrund erfordert also keinen Trigger durch eine Bestellung oder einen Verkauf.

▸ **PRINT_CALL: Druckauftrag für einen Bericht**
Sie drucken ein Dokument direkt auf dem Drucker aus. Wie auch bei den anderen Versandgründen wird dies in der Berichtsversandhistorie abgelegt.

▸ **SD_CALL: Berichtsversandauftrag – Erzeugung aus dem Vertrieb**
Wenn ein Sicherheitsdatenblatt aufgrund eines Verkaufs- oder Versandbelegs angefordert wird, kommt diese Versandart zum Einsatz. Im laufenden Betrieb wird dies Hauptversandgrund sein.

▶ **SUB_CALL: Berichtsversandauftrag – Erzeugung durch den Nachversand**
Haben sich relevante Änderungen ergeben, über die Sie Ihre Kunden informieren müssen, wird über diesen Versandgrund der Nachversand angestoßen (siehe Abschnitt 3.2.3, »Produktsicherheit – Berichtsversand«).

[+] | **Schneller Ausdruck von Dokumenten**

Wenn nicht dokumentiert werden muss, dass ein Dokument ausgedruckt worden ist, ist der Ausdruck über die Berichtsauskunft (Transaktion CG54) der deutlich schnellere Weg, als den Versandgrund PRINT_CALL zu nutzen.

Kommunikation festlegen

Für die Kommunikation aus SAP EHS Management heraus zu Ihren Kunden gibt es die folgenden Möglichkeiten als Kommunikationsarten:

▶ **FAX**
Die Übertragung von Dokumenten per Fax zum Kunden verliert immer mehr an Bedeutung. Aufgrund der Größe der Dokumente und die häufige Fehlerquote während der Übertragung ist die Übertragung per Fax eine teure Variante.

▶ **INT**
Die Versendung von Dokumenten per E-Mail hingegen steigt in der Bedeutung. Diese Variante erlaubt die Übertragung von großen Datenmengen als PDF-Dokumente mit den geringsten Kosten. Es muss geprüft werden, ob durch den Versand von E-Mails der gesetzlichen Pflicht Genüge getan werden kann, den Kunden proaktiv in allen Ländern zu informieren.

▶ **LET**
Der Versand per Brief, und damit der Ausdruck der Dokumente an einem definierten Drucker mit anschließendem postalischem Versand ist die klassische Variante für den Versand von Sicherheitsdatenblättern. Auch für die Kommunikation mit Behörden in Bezug auf Unfallanzeigen ist dies die bevorzugte Kommunikationsart.

▶ **RML**
Wenn aus dem SAP-System Dokumente an andere SAP-Benutzer versandt werden sollen, kommt diese Kommunikationsart zum Einsatz.

Da die Kommunikation aus dem SAP EHS Management-System, beziehungsweise aus Ihrem SAP-System heraus modulübergreifend ist, werden die globalen Einstellungen für Fax und E-Mail üblicherweise von Ihrer SAP-Basis in den anwendungsübergreifenden Komponenten im Customizing eingestellt.

Als Dokumentenformat wird in den SAP EHS Management-Modulen üblicherweise das RTF-Format von Microsoft verwendet. An den Drucker werden diese Daten als PostScript (PS) geschickt. Für den Versand per E-Mail raten wir Ihnen dringend dazu, die Dokumente vorher in das PDF-Format zu konvertieren, damit Manipulationen an den Dokumenten weitestgehend ausgeschlossen werden können. Entsprechende Konvertierprogramme können für die Endberichtsgenerierung eingesetzt werden.

Versandobjekte festlegen

Bei der Einstellung für die Versandobjekte legen Sie fest, wie groß eine Sendung maximal sein kann: Die Anzahl an Seiten (Fax und Brief) beziehungsweise an Bytes (E-Mail) wird dabei bestimmt.

Das SAP EHS Management-System ist in der Lage zu prüfen, welche Dokumente pro Systemlauf an einen Kunden versendet werden sollen (das ist das sogenannte »Bundling«). Das bedeutet, dass nicht jedes Sicherheitsdatenblatt einzeln an den Kunden versandt wird. Diese Funktionalität hilft Ihnen dabei, Kosten zu sparen. Durch die Einführung des erweiterten Sicherheitsdatenblatts (eSDB) kann es dazu kommen, dass ein einziges Dokument mit Deckblatt mehrere 100 Seiten haben kann. Dies ist hier zu berücksichtigen. Je nach Land sollten Sie für den Postversand an dieser Stelle mehrere Einträge vornehmen. Abhängig von den Kosten für das Porto ist es sinnvoll, mindestens einen Eintrag für Großbriefe (bis 80 Seiten), einen für Versandtaschen (bis 200 Seiten) und einen für Pakete (bis 1.000 Seiten) anzulegen.

Weitere Grundeinstellungen zu Kommunikation und Ausgabe

Es sind weitere Grundeinstellungen in diesem Bereich zu nennen:

▶ **Kommunikation zuordnen**
Mit dieser Einstellung legen Sie fest, in welcher hierarchischen Reihenfolge ein Ereignis, das einen Geschäftsprozess auslöst, mit welcher Kommunikationsart bedient werden soll.

▶ **Ausgabegerätetyp überprüfen und R/3-Spool einrichten**
Je nachdem, an wie vielen Standorten Sie Sicherheitsdatenblätter drucken müssen, müssen diese Drucker als SAP-Drucker im System bekannt gemacht werden. Auch dies ist eine Einstellung, die üblicherweise von Ihrer SAP-Basis unterstützt wird.

▶ **Default-Ausgabegeräte zuordnen**
Die eingerichteten Drucker werden mit dieser Funktion abhängig von ver-

schiedenen Parametern (Initiator und/oder Geschäftsprozess) einem Land zugeordnet.

▶ **Erweiterung zur Auswahl des Ausgabegerätes entwickeln**
Sollten Sie mit den bisherigen Möglichkeiten für die Einstellung von SAP-Druckern nicht auskommen, gibt es die Möglichkeit, über einen User Exit an dieser Stelle eine kundenspezifische Erweiterung einzubauen.

Versandobjekte zuordnen

Mit dieser Funktion werden die definierten Versandobjekte zu den Kommunikationsarten, den Initiatoren und den Geschäftsprozessen zugeordnet. Sie legen damit z.B. fest, in welcher Reihenfolge beim Briefversand die Umschläge ausgewählt werden. Für die Kommunikationsart »Brief«, einen Initiator und einen Geschäftsprozess müssen Sie dann mehrere Einträge vornehmen, wobei der Eintrag mit der höchsten Priorität die kleinste Versandtasche sein sollte (höchste Priorität »Brief« (da günstigstes Porto), dann z.B. »Großbrief«, dann »Paket«).

Wenn dann z.B. ein eSDB-Endbericht versandt werden soll, der 150 Seiten inklusive Deckblatt enthält, versucht SAP EHS Management zunächst, den Brief zu verwenden, doch dieser ist zu klein für den Umfang des eSDB-Endberichts. Als nächstes wird die Versandtasche mit der nächsten Hierarchie (z.B. Großbrief) ausgewählt. Bekäme der Kunde an einem Tag mehrere eSDB, fasste das System die einzelnen Dokumente zusammen und verwendete dann das Versandobjekt »Paket«. Wenn der Berichtsversand ein Dokument zu verschicken versucht, für das kein ausreichend großes Versandobjekt definiert worden ist, kommt es während des Berichtsversands zu einem Fehler beim so genannten »Bundling«, der nur schwer auf diese Ursache zurückzuführen ist.

Namen für User Exits zuordnen

Wenn Sie eigene Geschäftsprozesse definieren oder Sie Erweiterungen für einen alternativen Berichtsversandprozess wünschen, kann in dieser Aktivität entweder Ihr neuer Geschäftsprozess mit den Berichtsversandroutinen verbunden werden, und/oder die von Ihnen abgewandelten Funktionen können hier in den User Exit eingehängt werden.

Prüf- und Nachversandfunktionen zuordnen

Betrachten wir zunächst die *Prüffunktion für den Sicherheitsdatenblattversand.* Wenn ein Sicherheitsdatenblatt zum Kunden geschickt werden soll, möchten Sie sicherstellen, dass der Kunde exakt dieses Sicherheitsdatenblatt nicht bereits erhalten hat. Dazu müssen die entsprechenden Prüfkriterien festgelegt sein. Während des Berichtsversands prüft der im Standard ausgelieferte Funktionsbaustein `CVEM_RDO_CHECK_EU` anhand zahlreicher Kriterien, ob der Kunde das aktuelle Sicherheitsdatenblatt (Versionsnummer, unabhängig ob Haupt- oder Nebenversion) mit exakt dem angegebenen Materialnamen zu den in der Generierungsvariante angeforderten Daten und in der dem Kunden zugeordneten Sprache bereits erhalten hat. Wenn *alle* Kriterien erfüllt sind, wird kein Sicherheitsdatenblattversand ausgelöst, d.h. der automatisch eingestellte Berichtsversandauftrag wird abgelehnt. Ist nur ein Kriterium nicht erfüllt, wird der Berichtsversandauftrag prozessiert.

Sie haben die Möglichkeit, hier für jedes einzelne Land zu definieren, welche Prüfungen durchlaufen werden sollen. Ferner können Sie eigene Prüfungen entwickeln und an dieser Stelle im Customizing einhängen.

Darüber hinaus steht die *Nachversandfunktion* zur Verfügung. Wenn sich an der Spezifikation Daten geändert haben, die mit dem Relevanzkennzeichen versehen sind (siehe Abschnitt 2.12.1, »Reiter ›Verwendung‹«), wird davon ausgehend ein neues Sicherheitsdatenblatt mit einer neuen Hauptversionsnummer generiert werden. Diese neuen Dokumente können dann automatisch vom System an alle Kunden versandt werden, die die vorherige Version des Sicherheitsdatenblatts in einem bestimmten Zeitraum in der Vergangenheit bereits bekommen haben.

Die gesetzlichen Regelungen unterscheiden sich hier zwischen den USA und der Europäischen Union. In aller Regel akzeptieren alle anderen Staaten, die hier keine eigenen Regeln haben, die europäischen Regelungen.

▶ In den USA müssen alle Kunden über relevante Änderungen informiert werden, die seit Beginn des laufenden Jahres das Produkt erhalten haben.

▶ In Europa müssen alle Kunden informiert werden, die innerhalb der letzten zwölf Monate dieses Produkt erhalten haben (EU-Prüffunktion `CVE8_RDO_SUBSEQ_REQ_CREATE`).

Zu sichernde Parameterwerte festlegen

Mithilfe dieser Einstellung kommen Sie Ihrer gesetzlichen Pflicht nach, zu dokumentieren, welche Sicherheitsdatenblätter zu welchem Zeitpunkt an welche Kunden versendet worden sind. Diese Funktion erlaubt es, die Endberichte nach einer definierten Zeit aus dem System zu löschen, um entsprechenden Speicherplatz zu sparen. Aufgrund der gesicherten Parameterwerte können Sie später jederzeit nachweisen, dass Sie Ihren Verpflichtungen nachgekommen sind, da ein einmal freigegebenes Sicherheitsdatenblatt (Rohbericht) nicht gelöscht, sondern nur noch in den Status HISTORISCH gesetzt werden kann (siehe Abschnitt 3.2.2, »Berichtsverwaltung/Berichtsinformationssystem«).

Vorlagen für Deckblätter und Empfangsbestätigung zuordnen

Ein Deckblatt wird üblicherweise in eine Versandtasche mit Fenster gestellt, als erstes Blatt einer postalischen Sendung. Die Standards für die Anschrift sind in den Ländern unterschiedlich geregelt. So befindet sich in einigen Ländern die Anschrift des Adressaten rechts, in anderen Ländern links im oberen Teil der Versandtasche. Das bedeutet, dass verschiedene Deckblattvorlagen in der Transaktion CG42 angelegt werden müssen.

In dieser Aktivität verbinden Sie im Customizing wiederum die Geschäftsprozesse, die Initiatoren und gegebenenfalls das Land mit der passenden Deckblattvorlage. Wenn Ihr Prozess den Versand von Empfangsbestätigungen notwendig macht, wird diese Zuordnung hier ebenfalls mit den oben erwähnten Parametern definiert.

Empfänger für Fehlerbehandlungszuordnung

Wenn beim Berichtsversand Fehler auftreten, können Sie hier definieren, welche Personen per SAP-E-Mail informiert werden. Ist in dieser Customizing-Aktivität kein Eintrag vorhanden, werden die Informationen an den Benutzer gegeben, der den Job für das Programm des Berichtsversands (RCV-DEVEN – Eventhandler für den Berichtsversand) eingeplant hat.

Erweiterung zur Überprüfung des Materialnamens entwickeln

Im SAP-Standard wird der Materialname, der in Kapitel 1 des Sicherheitsdatenblatts erscheint, gemäß der folgenden Hierarchie ermittelt:

1. Wenn vorhanden, wird zuerst der Name auf dem Verkaufsbeleg gewählt.
2. Ist dieser nicht vorhanden, wird der Materialkurztext am Material verwendet.
3. Ist auch dieser nicht vorhanden, wird der Identifikator NAM PROD angedruckt.

In aller Regel wird diese Kaskade bei der Einführung von SAP EHS Management hinterfragt, und es stellt sich häufig heraus, dass die Regeln in Ihrem Unternehmen von dieser Reihenfolge abweichen. Diese Customizing-Aktivität ermöglicht Ihnen, einen User Exit einzuhängen, der Ihre Bedingungen für die Ermittlung des Materialnamens reflektiert und damit eine abweichende Namensfindung für den Materialnamen auf dem Sicherheitsdatenblatt vom Auslieferungsstandard erlaubt.

Stichtag für den Versand festlegen

Mit dieser Funktion legen Sie fest, aus welcher Tabelle und aus welchem Feld das Datum für den Berichtsversand gezogen werden soll. Üblicherweise wird dieser Wert aus dem entsprechenden Vertriebsbeleg gezogen.

Sprache und Vorlaufzeit dem Land zuordnen

Wenn das Sicherheitsdatenblatt vor dem Empfang der Ware beim Kunden sein soll, können Sie hier die benötigte Vorlaufzeit festlegen. Als Beispiel dafür nennt die SAP den Warenausgangstermin. Die hier festgelegte Zeit in Tagen führt dazu, dass die Endberichtsgenerierung entsprechend vor dem Warenausgangstermin stattfindet.

Einstellungen zur SD-Schnittstelle

Im Customizing von SAP EHS Management finden Sie zwei Möglichkeiten, um die notwendigen Daten aus dem SD-Modul zu erhalten: Diese können entweder aus dem Versandbeleg oder aus dem Verkaufsbeleg gezogen werden.

Diese beiden Möglichkeiten unterscheiden den Zeitpunkt, wann die Sicherheitsdatenblätter Ihren Kunden zur Verfügung gestellt werden sollen – also, ob die Sicherheitsdatenblätter versandt werden sollen, wenn der Warenfluss stattfindet, oder ob die Dokumente bereits versendet werden sollen, sobald der Verkaufsbeleg vorliegt.

Letztendlich wird also der Versand der Sicherheitsdatenblätter aus dem Modul SD heraus gestartet. Dies erfolgt über die sogenannte Nachrichtenfindung.

SD-Modul und SAP EHS Management	[!]

Die Autoren empfehlen an dieser Stelle dringend, diese Einstellungen zusammen mit den Kollegen des SD-Moduls zu entwickeln.

Schnittstelle Unfallmerkblatt/Vertrieb

Unfallmerkblätter sind einseitige Dokumente, die üblicherweise in den Sprachen aller Länder vorliegen müssen, die ein Gefahrguttransport durchquert.

Darüber hinaus muss das Unfallmerkblatt auch in der Sprache des Fahrers vorliegen – auch wenn diese Forderung oft nur schwer zu erfüllen ist, da in aller Regel nicht bekannt ist, welche die Muttersprache des Fahrers eines Gefahrguttransportes ist.

Auf dem Unfallmerkblatt sind die wichtigsten Sicherheitsinformationen zusammengefasst, die im Falle eines Unfalls der Feuerwehr oder der Polizei ausgehändigt werden müssen. Sie verlieren im europäischen Raum immer mehr an Bedeutung. Allerdings sind diese Dokumente noch in Teilen Asiens und Südamerikas Pflicht.

Aus den Daten in der Spezifikationsdatenbank können mit der gleichen Technik (Berichtsvorlage, Rohbericht) auch Unfallmerkblätter erstellt werden. Im Unterschied zu Sicherheitsdatenblättern werden Unfallmerkblätter synchron mit den Lieferpapieren versandt.

Um die entsprechenden Merkblätter, die zu den zu versendenden Materialien gehören, zu identifizieren, kann ebenfalls die gleiche Technologie verwendet werden wie für die Sicherheitsdatenblätter. Um den synchronen Ausdruck zu gewährleisten, sind im SAP-Standard die entsprechenden User Exits vorbereitet, die aber noch nicht ausprogrammiert sind. Für den Fall, dass Sie in Ihrem Unternehmen noch Unfallmerkblätter einsetzen möchten, empfehlen wir – die Autoren –, entweder mit der SAP in Kontakt zu treten oder einen Daten-Provider nach einer bestehenden Lösung für SAP zu fragen.

Tabellen für die Konditionsschemata

Letztendlich muss noch festgelegt werden, welche Abhängigkeiten zwischen den freigegebenen Rohberichten und den Empfangsländern, den Verkaufsorganisationen, den Materialien und den Kunden bestehen. Dies geschieht im Customizing über die sogenannten Konditionstabellen. Hier kann entweder sehr einfach festgelegt werden, welche Generierungsvariante pro Land als relevant gelten soll (Konditionsschema zur SBGV-Selektion – Tabelle 4), oder es kann feiner in den anderen Tabellen für die Konditionsschemata gesteuert werden (siehe Abbildung 3.35), welche Generierungsvariante ausgewählt werden soll.

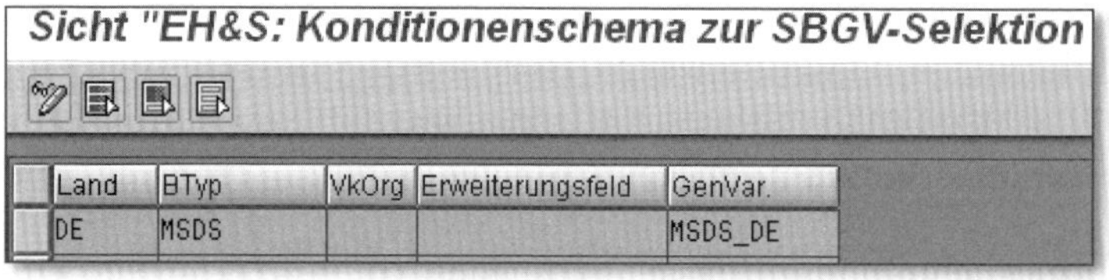

Land	BTyp	VkOrg	Erweiterungsfeld	GenVar.
DE	MSDS			MSDS_DE

Abbildung 3.35 Beispiel – Konditionsschema Tabelle 4

Im Beispiel von Abbildung 3.35 würde ein von der Bestellung oder Lieferung angestoßener Berichtsversand (abhängig von den Einstellungen) eines Sicherheitsdatenblatts (BTyp = MSDS) unabhängig von der Verkaufsorganisation den entsprechenden Bericht verschicken, der mit der Generationsvariante MSDS_DE generiert worden ist. In dieser Tabelle kann noch weiter auf die Verkaufsorganisation eingeschränkt werden. Ein Beispiel dafür kann sein, dass das Logo auf dem Sicherheitsdatenblatt abhängig von der Verkaufsorganisation unterschiedlich ist (was wiederum über ein Parametersymbol auf der Berichtsvorlage gesteuert werden kann). In dem Fall hätten Sie mindestens zwei Einträge in dieser Tabelle für das Land DE und den Berichtstyp MSDS.

Tabelle	Selektionskriterien
1	Warenempfänger, Material, Berichtstyp (BTyp), Verkaufsorganisation (VkOrg) und Generierungsvariante.
2	Land, Region, Material, Berichtstyp (BTyp), Verkaufsorganisation (VkOrg) und Generierungsvariante.
3	Land, Material, Berichtstyp (BTyp), Verkaufsorganisation (VkOrg) und Generierungsvariante.
4	Land, Berichtstyp (BTyp), Verkaufsorganisation (VkOrg) und Generierungsvariante.
5	Vorschrift (Gefahrgut), Berichtstyp (BTyp), und Generierungsvariante.

Tabelle 3.2 Selektionskriterien

In Tabelle 3.2 sind nur die wichtigsten Selektionskriterien für die Auswahl des relevanten Sicherheitsdatenblatts an den Kunden genannt. Sollten diese für die Selektion der Generierungsvariante nicht ausreichen, findet sich im Customizing ebenfalls die Möglichkeit, kundenspezifische Erweiterungen einzufügen.

Regelungen in mehrsprachigen Ländern [+]

In einigen zwei- oder mehrsprachigen Ländern kann es geschäftsentscheidend sein, den Kunden in der richtigen Sprache anzuschreiben. Sehr bedeutsam ist dies in Belgien (Französisch/Niederländisch), aber auch in der Schweiz (Deutsch, Französisch und teilweise auch Italienisch) und bei Geschäftsbeziehungen nach Kanada in die Region Québec (gesetzliche Forderung nach Dokumenten in französischer Sprache). Hier bietet es sich an, das Konditionsschema Tabelle 2 zu verwenden, um die Region des Kunden in die Selektion des benötigten Sicherheitsdatenblatts einfließen zu lassen.

Malaysia fordert Sicherheitsdatenblätter in der Landessprache *und* in englischer Sprache an – dies lässt sich allerdings geschickter durch eine spezielle Berichtsvorlage realisieren.

3.2.4 Grundeinstellungen in der Materialwirtschaft (MM)

In jedem Unternehmen stellen sich verschiedene Fragen:

▶ Zu welchen Materialien, die Sie Ihren Kunden zukommen lassen möchten, müssen Sie ein Sicherheitsdatenblatt verschicken?

▶ Wo sind Gefahrgutinformationen auf den Lieferpapieren notwendig?

▶ Müssen dann gegebenenfalls Unfallmerkblätter verschickt werden?

Diese Fragen sind relativ leicht zu beantworten, wenn Sie ein chemisches Unternehmen oder ein Wiederverkäufer sind, der mit chemischen Produkten handelt.

Schwieriger wird es, wenn Sie mit Produkten handeln, bei denen diese Fragen nicht eindeutig beantwortet werden können. Als Beispiel für einen komplizierteren Fall möchten wir Blei-Akkumulatoren anführen. Wenn diese mit Schwefelsäure befüllt sind, werden Sie aller Wahrscheinlichkeit Ihren Kunden die entsprechenden Papiere zur Verfügung stellen müssen und/oder wollen.

Die Entscheidung, ob der Versand von Sicherheits-Datenblättern für ein Material relevant ist, wird initial in der Materialwirtschaft, im Modul MM getroffen. Wenn Sie im Modul SD die Nachrichtenfindung für SAP EHS Management aktiviert haben, wird bei jedem Beleg eine Nachricht geschickt, die den Sicherheitsdatenblattversand auslöst. Dabei wird geprüft, ob an den entsprechenden Materialien das Kennzeichen UMWELTRELEVANZ gesetzt worden ist (siehe Abbildung 3.36). Ist das Kennzeichen nicht gesetzt, wird die Anfrage abgelehnt und es findet kein Sicherheitsdatenblattversand statt.

Abbildung 3.36 Umweltrelevanzkennzeichen als zentraler Initiator

Die Bedeutung der Gefahrgutkennzeichenprofile wird in Kapitel 5, »Gefahrgutabwicklung«, im Detail erläutert.

Mittlerweile sind nicht nur Chemikalien von internationalen Handelsregulierungen betroffen. Für ein Unternehmen gilt es auch, zahlreiche weitere Regulierungen zu beachten:

- ▸ Vereinbarungen für Drogen- und Drogenvorprodukte
- ▸ Vereinbarungen für Chemikalien und/oder Werkstoffe, die als »Dual-Use«-Materialien auch für nicht friedliche Zwecke eingesetzt werden können
- ▸ internationale Handelsbeschränkungen mit bestimmten Staaten (Sanktionen)
- ▸ Bestimmungen für die Weitergabe von spaltbaren Materialien

Wann immer in Ihrem Unternehmen Chemikalien und/oder Materialien gehandelt werden, die mindestens einer dieser Regulierungen unterliegen, empfiehlt es sich, dafür eine Spezifikation anzulegen und das Kennzeichen UMWELTRELEVANZ zu pflegen. In Kapitel 5, »Gefahrgutabwicklung«, sowie den folgenden gehen wir noch einmal detaillierter auf die Verwendungsmöglichkeiten der Daten auch in anderen Modulen ein.

3.2.5 Grundeinstellungen im Vertrieb (Sales & Distribution, SD)

Der initiale Anstoß für den Versand der Sicherheitsdatenblätter erfolgt aus dem Modul Sales & Distribution (SD). Dazu muss beim Speichern einer neuen Bestellung oder Lieferung eine Nachricht erzeugt werden, die an das SAP EHS Management übergeben wird. Dafür wird bei den Liefernachrichten die Lieferposition SDB benötigt. Da die Einstellungen im SD-Modul üblicherweise nicht in der Hoheit des EHS-Teams liegen, empfehlen wir hier, diese mit den entsprechenden Kollegen vom SD-Modul abzusprechen und dort durchführen zu lassen.

Abhängig von der Größe Ihres Unternehmens bzw. dem Anteil an Produkten, für die Sie Dokumente verschicken möchten, ist der SAP-Standard üblicherweise gut aufgestellt. Wenn Ihnen die Möglichkeiten nicht ausreichen, besteht über die Verwendung von User Exits die Möglichkeit, hier eine eigene, abgewandelte Nachrichtensteuerung einzubauen.

3.2.6 Fazit

Wenn die Daten vollständig und richtig gepflegt sind und wenn alle Einstellungen für alle Länder vorgenommen worden sind, mit denen Ihr Unternehmen geschäftliche Beziehungen unterhält, ermöglicht Ihnen der Berichtsversand das vollautomatische Verschicken der notwendigen SAP EHS Management-Dokumente. Das Hauptaugenmerk wird sicherlich auf den Sicherheitsdatenblättern liegen, aber wir haben Ihnen hoffentlich aufzeigen können, dass auch andere, mit SAP EHS Management erzeugte Dokumente – wie technische Merkblätter, Dokumente zur Verwendung bzw. zum Umgang mit Ihren Produkten – auf diese Weise automatisiert und stets in der aktuellen Version an Ihre Kunden versandt werden können.

Dieses Buch kann nur einen ersten Überblick geben. Wenn Sie einige Jahre Erfahrung mit SAP EHS Management haben, werden neue Herausforderungen auf Sie zukommen – entweder möchte Ihre Fachabteilungen mit einer feineren Justierung des Versands arbeiten oder der Gesetzgeber erlegt Ihnen neue Verpflichtungen auf. Schon jetzt kann das meiste davon im Standard abgebildet werden. Und wo dies einmal nicht der Fall sein sollte, gibt es gerade im Berichtsversand die Möglichkeit, eigene Erweiterungen bzw. Prüfungen über User Exits einzubauen. Die Möglichkeiten sind nahezu unbegrenzt und nicht ausschließlich auf den Handel mit Chemikalien beschränkt.

In den vorherigen Abschnitten haben Sie gesehen, wie Sie in SAP EHS Management von den Einstellungen über die Pflege der Daten bis zu den Berichten gelangen. Im folgenden Abschnitt möchten wir vorstellen, wie SAP EHS Management darüber hinaus genutzt werden kann.

3.3 Produktsicherheit – Zusammenfassung

Wenn Sie bis hierher vorgedrungen sind, sollten in Ihrem SAP EHS Management-System nun alle benötigten Daten und Berichte vorliegen und alle notwendigen Einstellungen sind erfolgt. Wird eine Bestellung oder Lieferung erfasst, wird der automatische Berichtsversand ausgelöst – je nachdem, wie Sie Ihr System eingerichtet haben. An dieser Stelle bleibt nun eigentlich nicht mehr viel zu tun, als den Berichtsversand zu überprüfen und sicherzustellen, dass die WWI-Server laufen und Ihre Fachabteilung(en) die Daten aktuell halten sowie gegebenenfalls neue Berichte generieren und freigeben. Hat sich bei einem Bericht eine gravierende Änderung ergeben, startet SAP EHS Management auch den Nachversand von Sicherheitsdatenblättern an alle Kunden, die in dem eingestellten Zeitraum das betreffende Produkt erhalten haben. Über die Nachrichtenfindung kann selbst ein noch fehlendes Dokument entsprechend den Selektionskriterien in den Konditionsschemata angefordert werden.

Wir zeigen Ihnen in diesem Abschnitt, wie die Jobsteuerung im SAP-Standard funktioniert, welche Prozesse dabei im Hintergrund ablaufen und was während der einzelnen Schritte passiert.

Gerade in der ersten Zeit, wenn Sie mit SAP EHS Management und der Produktsicherheit »live« gegangen sind, möchten Sie einen Status über den aktuellen Stand des Berichtsversands bekommen (siehe 3.3.1, »Technischer Ablauf des Berichtsversands«). Dann haben Sie zwar einen funktionierenden Berichtsversand und Ihre Mitarbeiter können jederzeit auf alle freigegebenen Berichte zugreifen, aber vielleicht möchten Sie die Dokumente noch auf andere Weise (Internet/Intranet) zur Verfügung stellen. Eventuell besteht bei Ihnen also der Wunsch, die Dokumente Ihren Kunden auch direkt zugänglich zu machen. Auch dazu finden Sie im Folgenden weitere Informationen.

3.3.1 Technischer Ablauf des Berichtsversands

Wenn eine Lieferung angelegt worden ist, kann über die Transaktion VL03N überprüft werden, ob bei den Liefernachrichten die Lieferposition SDB angelegt wurde und welche Rolle dieser Lieferposition mitgegeben wurde. Üblicherweise wird entweder die Rolle WE für WARENEMPFÄNGER als Empfänger für die Sicherheitsdatenblätter eingetragen, oder es wird die Rolle SR für SICHERHEITS-DATENBLATTEMPFÄNGER angegeben. Ist die Lieferposition SDB vorhanden, bedeutet dies, dass automatisch ein Eintrag in der Tabelle NAST erfolgt ist.

Abbildung 3.37 Transaktion VL03N – Anzeige der Nachricht für den Berichtsversand

Lieferbedingung 24 muss erfüllt sein [!]

Die Bedingung 24 bedeutet, dass das Kennzeichen UMWELTRELEVANZ am Material gesetzt worden ist (siehe Abschnitt 3.2.4, »Grundeinstellungen in der Materialwirtschaft (MM)«), ansonsten wird kein SDB-Berichtsversandauftrag erzeugt.

Anschließend wird einmal täglich der Job RSNAST00 eingeplant. Dieser Job geht über die Tabelle NAST und legt in der Tabelle CVD1 für jede Lieferposition und jeden Kunden einen neuen Berichtsversandauftrag an. Diese Berichtsversandaufträge werden im Status FREIGEGEBEN abgespeichert.

Nachdem der Job RSNAST00 abgelaufen ist, sollte ebenfalls einmal am Tag der Job RCVDDISP angestoßen werden. Dieser Job wird auch als »Dispatcher für den Berichtsversand« bezeichnet. Er prüft zuerst, ob ein Berichtsnachversand angestoßen werden muss (z.B. weil eine neue Hauptversion entsprechend den Kriterien im Customizing an die Kunden versandt werden muss, die das entsprechende Material bereits innerhalb des relevanten Zeitraums bekommen haben). Anschließend wird der Berichtsversand anstoßen. Das bedeutet in diesem Fall, dass die Berichtsversandaufträge vom Status FREIGEGEBEN in den Status IN ARBEIT gesetzt werden. Dabei wird überprüft, ob das Sollversanddatum kleiner oder gleich dem aktuellen Datum ist.

Der Dispatcher-Job DCVDDISP erzeugt ein System-Event, das wiederum den Report RCVDEVEN startet. Dieser Job wird im Verlauf der weiteren Abarbeitung der Berichtsversandaufträge fünfmal durchlaufen. Während dieser Durchläufe prüft das System zum einen, ob mehrere Lieferungen des gleichen Materials an den gleichen Kunden gehen sollen, und zum anderen, ob das Sicherheitsdatenblatt gemäß den definierten Kriterien bereits innerhalb des definierten Zeitraums an den Kunden versendet worden ist (wie im Rahmen des Customizings in Abschnitt 3.2.3, »Produktsicherheit – Berichtsversand«, beschrieben wird). In Abbildung 3.38 sehen Sie ein Beispiel, wie es aussieht, wenn der Berichtsversand einen erneuten Versand eines Sicherheitsdatenblatts aufgrund der Prüfungen ablehnt.

Abbildung 3.38 Beispiel aus Transaktion CVD1 für abgelehnte Berichtsversandaufträge

In den nächsten Schritten werden alle Positionen zusammengefasst, die für einen bestimmten Kunden bestimmt sind. Diesen Vorgang nennt man Bundling (Bündelung). Hierbei werden die Customizing-Einstellungen in Bezug auf die Versandelemente geprüft, d.h. wie viele SDBs in einen Umschlag

(Anzahl in Seiten), in eine E-Mail (Größe in Bytes) bzw. auf Faxseiten pro Sendung passen. Hier wird die komplette Sendung betrachtet, also sowohl das Deckblatt, die Dokumente selber und gegebenenfalls auch die Empfangsbestätigungen. Anschließend werden die Sicherheitsdatenblätter generiert. Damit ist die Generierung der Endberichte inklusive der finalen Informationen in Kapitel 1 des Sicherheitsdatenblatts in Bezug auf Verkaufsorganisation und Notfalltelefonnummern gemeint, sowie neuerdings auch Notfall-E-Mail-Adressen. Im nächsten Schritt wird das notwendige Deckblatt mit der Aufzählung aller in dieser gebündelten Sendung enthaltenen Dokumente entsprechend der Einstellungen im Customizing generiert – also abhängig vom Land, in Bezug auf die Position des Fensters in den Briefumschlägen.

Am Ende des Prozesses werden die Dokumente entweder an den Drucker-Spool (Drucker pro Land – wenn es entsprechend eingerichtet ist) gesendet – oder an das E-Mail-Gate bzw. den Fax-Spool. Wenn die Daten im Drucker-Spool oder am E-Mail-Gate erfolgreich angekommen sind, ist der Prozess für SAP EHS Management erfolgreich abgeschlossen. Ist die Empfangsbestätigung in SAP EHS Management zu dokumentieren, wird der Berichtsversandauftrag auf den entsprechenden Status gestellt, bis die Empfangsbestätigung per E-Mail oder Post eingegangen ist und manuell erfasst wurde.

Fiskalische Betrachtungen des SDB-Versands   [+]

Wenn Sie Produkte z. B. aus Europa nach Übersee verkaufen, ist es technisch möglich, die entsprechenden Sicherheitsdatenblätter in dem Empfängerland zu drucken und von dort zu verschicken. Ob Sie von einem Land aus verschiedene Länder bedienen können, hängt von den Portokosten und Ihrem Controlling ab. Hier gilt es teilweise steuerliche Regularien zu beachten.

Wenn die notwendigen Sicherheitsdatenblätter an den Kunden versandt worden sind, prüft der Job RCVDDISP am Ende abermals gegen die Umgebungsparameter ab (hier Parameter SRE_DS_DELETE), wann die generierten Endberichte und die Deckblätter gelöscht werden können. Anschließend wird die Aktion entsprechend der Einstellung in den Umgebungsparametern durchgeführt. Dem gesetzlich geforderten Nachweis für die versandten Sicherheitsdatenblätter wird mittels der nicht löschbaren freigegebenen Rohberichte und der Parameterdaten aus der Transaktion CVD1 Genüge getan.

Unterstützung der effizienten Archivierung des Berichtsversands   [+]

Im SAP-Standard ist ein freigegebener Rohbericht – wie schon beschrieben – im Standard nicht löschbar. Er kann höchstens in den Status HISTORISCH gesetzt werden, wenn ein aktuellerer Rohbericht freigegeben wird. Auch historische Rohberichte können nicht gelöscht werden. Dadurch müssen Sie nicht alle Endberichte archivieren, sondern können durch die freigegebenen/historischen Rohberichte und die in der Tabelle CVDDOP oder über die Transaktion CVD1 gespeicherten Parameterwerte jederzeit nachweisen, welche Daten wann an die Kunden geliefert worden sind, denn auch diese Daten lassen sich nicht löschen.

3.3.2 Überprüfung des automatischen Berichtsversands

Um zu kontrollieren, wie die Einträge in die Tabelle CVD1 gekommen sind, lässt sich der Report RC1SDAPL ausführen und erlaubt eine manuelle Überprüfung (siehe Abbildung 3.39).

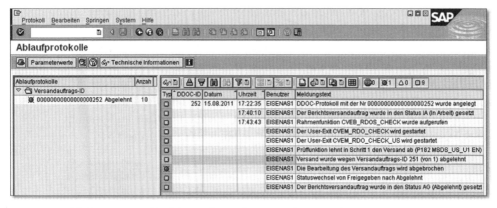

Abbildung 3.39 Ablauf der Prüfungen beim Berichtsversand

Im SAP EHS Management-Standard fehlt eine Funktionalität, die Berichtsversandaufträge prüft, die automatisch erstellt wurden, aber den Status FEHLERHAFT haben, weil zu dem Zeitpunkt und zu der entsprechenden Material-/Spezifikations-/Generierungsvariante-/Sprach-Kombination kein freigegebener Rohbericht vorhanden ist. Dies ist erkennbar an der Versionsnummer 0.0 in der Transaktion CVD1, ganz rechts im Eintrag für den entsprechenden Berichtsversandauftrag.

Dafür wird im Standard zwar ein Berichtsgenerierungsauftrag erstellt, aber selbst wenn dann einen Tag später von der entsprechenden Facheinheit ein Rohbericht freigegeben wird, wird dieser Bericht nicht wieder automatisch vom Berichtsversand erfasst. Daher müssen im SAP-Standard diese Berichtsversandaufträge manuell markiert und dann, ebenfalls manuell, wieder aufgesetzt werden. Diese Funktionalität lässt sich einfach selbst programmieren, d.h. ein Job sollte einmal täglich die oben beschriebenen fehlerhaften Berichtsversandaufträge prüfen, ob mittlerweile eine Versionsnummer ungleich 0.0 vorhanden ist, und dann den Status dieser Versandaufträge wieder in den Status »freigegeben« setzen.

3.3.3 Automatisierter Berichtsexport

Der Export von freigegebenen Rohberichten mag für viele verschiedene Prozesse in Ihrem Unternehmen von Bedeutung sein. Zum einen möchten Sie gegebenenfalls alle aktuellen Dokumente zu jedem Zeitpunkt in Ihrem Intranet im Zugriff haben, um z. B. Ihrem Marketing die aktuellsten Daten zur Verfügung zu stellen. Zum anderen wollen Sie gegebenenfalls Sicherheitsdatenblätter in ein von »außen« erreichbares Portal einstellen, damit Ihre Kunden sich jederzeit selber informieren können.

Berichtsversand versus Portalzugriff	[+]
Aus Kostengründen wäre das alleinige Zurverfügungstellen der Sicherheitsdatenblätter in einem Portal die günstigste Möglichkeit, Ihren Kunden den stets aktuellen Zugriff auf die Dokumente zu ermöglichen. Leider entbindet Sie diese Möglichkeit derzeit aufgrund der gesetzlichen Situation in den meisten Ländern *nicht* davon, Ihren Kunden die jeweils aktuellen Dokumente per Brief, Fax oder E-Mail zuzustellen.	

Über den automatischen Berichtsexport z. B. in ein Verzeichnis lassen sich die Berichte zusammen mit einem sogenannten Keyfile regelmäßig exportieren. Ein Keyfile enthält die wichtigsten Daten zu dem Dokument, wie z. B. Gültigkeitsraum und Sprache (neben zahlreichen weiteren Informationen). Diese Datei wird benötigt, um z. B. Suchen im Portal zu ermöglichen, sie stellt also im engeren Sinne die möglichen Suchkriterien sicher. Dies kann über die gleichen Funktionalitäten erfolgen, wie sie in den vorherigen Abschnitten beschrieben worden sind.

Über die Einbindung der entsprechenden Dokumente und der Keyfiles in Ihrem Portal müssen Sie mit der entsprechenden Fachabteilung sprechen, die die weitere Verarbeitung übernimmt. Hier sind zahlreiche Fragen im Vorfeld zu beantworten, u.a. ob alle Kunden auf alle Dokumente zugreifen dürfen. Je nach Antwort kann die Zugangssteuerung komplex werden. Eine weitere Frage, die Sie klären sollten, ist, wie im Portal mit historischen Berichten umgegangen werden soll. Sollen Sie zu Dokumentationszwecken weiter sichtbar bleiben (aber *nicht* sichtbar für Kunden!), oder sollen Sie gelöscht werden, da die historischen Berichte für alle Zeit im SAP EHS Management-System gespeichert bleiben.

[+] **Substance Volume Tracking (SVT)**

Das Thema »Substance Volume Tracking« behandeln wir detailliert in Kapitel 4. SVT erlaubt es – ausgehend von den Belegen für die Produktion oder dem Import von Materialen – zu summieren, welche Menge eines Stoffs (also auch die Anteile einer speziellen Chemikalie in einem Gemisch) kumulativ in einem definierten Gesetzesraum in Verkehr gebracht wird. Dies ist zuerst für die Registrierung unter REACH in Europa notwendig geworden. Mittlerweile arbeiten aber viele Länder wie z.B. Japan an ähnlichen Regelungen.

3.3.4 SAP EHS Management Product & REACH Compliance Suite

Die SAP Product & REACH Compliance Suite steht auf dem Markt seit kurzer Zeit zur Verfügung. Mithilfe dieser Erweiterung zum SAP EHS Management – die extra lizenziert werden muss – ist es möglich, die Registierprozesse mit der ECHA und die Kommunikation auf neue Verwendungen mit Kunden und Lieferanten zu managen. Wir sind im Zusammenhang mit dem erweiterten Sicherheitsdatenblatt und hier speziell dem Annex an verschiedenen Stellen darauf eingegangen, wenn es um die Schnittpunkte zur Produktsicherheit ging. Die Forderung des Gesetzgebers, sich die sogenannten Verwendungen (freigegebene wie auch ausgeschlossene) sowohl vom Lieferanten von Vorprodukten, wie auch den eigenen Kunden zu bestätigen, führt zu einem sehr hohen Austausch von Daten und zu verhältnismäßig viel Kommunikation zwischen allen Beteiligten. Auch geht es um die Expositionsszenarien, also die möglichen Freisetzungen in die Umwelt und die dafür notwendigen Maßnahmen, um diese soweit wie möglich zu begrenzen.

Da zum Zeitpunkt der Drucklegung noch keine ausreichenden Erfahrungen der Autoren mit diesem Modul zur Verfügung stehen, verzichten wir auf weitere Informationen. Der Umfang und die Funktionalität der SAP Product & REACH Compliance Suite würde auch ein eigenes Buch rechtfertigen.

3.3.5 Produktsicherheit und Compliance

Die Daten, die in der Spezifikationsdatenbank vorliegen, steuern teilweise auch Prozesse im Einkauf und Verkauf. SAP hat hierfür mittlerweile ein eigenes Modul entwickelt, das den Ankauf und Verkauf dieser Produkte steuert. Im folgenden Abschnitt werden wir kurz auf die möglichen Nutzungen der Daten im SAP EHS Management eingehen.

Integration mit SAP Business Objects Governance, Risk and Compliance (GRC) Solutions

Die Gesetzgebung im Bereich der internationalen Handelskontrollen wird immer intensiver, und vor allen Dingen werden die entsprechenden Gesetze und Verordnungen immer stärker kontrolliert. Regelungen zur Proliferation von atomwaffenfähigem Material und/oder den dazugehörigen Hilfs- und Werkstoffen, Chemiewaffen-Übereinkommen, Verbotsliste der amerikanischen DEA oder international vereinbarte Boykotte – neben diesen internationalen Vereinbarungen hat nahezu jedes Land oder jede Ländergruppe wie die Europäische Union/NAFTA Listen, die besagen, welche Chemikalien entweder nicht produziert oder nicht eingeführt werden dürfen. Die Missachtung dieser Auflagen kann zu empfindlichen Geldbußen oder Einschränkungen in den Geschäftsbeziehungen mit dem jeweiligen Land führen – und damit zu relevanten wirtschaftlichen Einbußen oder Verlust des Ansehens. Je nach Größe Ihres Unternehmens und nach Umfang Ihres Portfolios kann dabei die Überschaubarkeit für den einzelnen Sachbearbeiter in Ihrem An- und Verkauf nicht mehr gewährleistet sein.

Üblicherweise lassen sich alle Einschränkungen für Ihre Produkte bereits an den Listenstoffen (LIST_SUBs) über die entsprechenden gesetzlichen Listen entweder direkt pflegen, oder mittels eines Daten-Providers in die entsprechenden Spezifikationen laden und aktuell halten. Fließen diese Listenstoffe nun über die entsprechenden Zusammensetzungen in die Realstoffe (REAL_SUBs) ein, kann mithilfe der Regelwerke (siehe Abschnitt 2.12.12, »Regelwerke erstellen und verwenden«) ermittelt werden, ob der Anteil der entsprechend gelisteten Inhaltsstoffe bei einem möglichen Verkauf zu einem Verstoß gegen die entsprechenden Regulierungen führen würde.

Diese Daten können über Schnittstellen von den entsprechenden SAP BusinessObjects Governance, Risk and Compliance-Lösungen herangezogen werden, um bereits bei der Erfassung einer Bestellung oder bei der Annahme eines Verkaufsauftrags zu prüfen, ob hier Verletzungen bestehenden Rechts zu erwarten sind. Zudem kann eingestellt werden, ob bei Bestellung oder Verkauf eine Warnung an den Sachbearbeiter weitergegeben oder ob der entsprechende Vorgang vollständig geblockt wird (was in der Praxis u.a. dadurch erreicht wird, dass sich der entsprechende Vorgang nicht speichern lässt). Dies ist ein weiteres Beispiel dafür, wie die Daten aus der SAP EHS Management-Produktsicherheit integriert in Ihre ERP-Prozesse eingebettet werden können.

Schnittstelle zum Qualitätsmanagement

Um sicherzustellen, dass die Produkte, die Ihre Produktion verlassen, Ihren oder den geforderten Spezifikationen Ihrer Kunden entsprechen, ist es möglich, zu den einzelnen Produkten ausgewählte Daten aus der Spezifikationsdatenbank über eine im SAP-Standard vorhandene Schnittstelle in Prüfpläne im Qualitätsmanagement (QM) einfließen zu lassen. Damit geben Sie also einen Qualitätsmaßstab vor, der – in den von Ihnen bestimmten Toleranzen – dazu beiträgt, die Wertigkeit Ihrer Produkte, ausgehend von den spezifizierten Daten in der SAP EHS Management-Produktsicherheit, einzuhalten.

3.4 Fazit

Wir haben Ihnen bis hierher alle notwendigen Einstellungen gezeigt, um Daten zu pflegen, Berichtsvorlagen zu erstellen und am Ende die freigegebenen Berichte voll automatisiert an Ihre Kunden zu versenden. Dabei haben wir uns auf den SAP-Standard beschränkt. An vielen Stellen ist es möglich, eigene Prüfungen, bzw. Abfragen über Funktionsbausteine (sogenannte User Exits) einzuhängen bzw. den SAP-Standard zu erweitern und zu ergänzen.

Die Entwicklung bleibt nicht stehen, sodass es stetig neue Anforderungen vonseiten der nationalen Gesetzgeber und auch aus Ihren Fachabteilungen heraus gibt. Der Bereich der Produktsicherheit von SAP EHS Management ist in der Lage – aufbauend auf einem gut durchdachten Konzept –, die zukünftigen Erweiterungen mit einfachen Mitteln zu handhaben. Wichtig ist, dass Sie – wir sprechen an dieser Stelle explizit Ihre IT-Abteilung an – die neuen Anforderungen hinterfragen, den Regelprozess von den Ausnahmen trennen und dann am Ende Veränderungen/Ergänzungen bzw. Erweiterungen auf diesen Fachkonzepten aufbauen. Wenn Sie diesem Konzept folgen, bietet Ihnen der bereits heute verfügbare Funktionsumfang von SAP EHS Management eine sehr gute Plattform, die Ihnen eine hundertprozentige »Compliance« erlaubt und die auch offen genug ist, um zukünftigen Anforderungen gerecht zu werden. Dabei werden Sie von der SAP durch SAP-Hinweise, Service Packs und Erweiterungspakte unterstützt, die allgemeine Veränderungen systemtechnisch schnell zur Verfügung stellen.

*Neue gesetzliche Verordnungen und die immer wichtiger werdende
Compliance Ihres Unternehmen sowie die Ihrer Kunden und
Lieferanten fordern entsprechende Werkzeuge in Ihrem SAP-System.
Substance Volume Tracking (SVT) ist ein Tool, das Sie dabei unterstützt, die gesetzlichen Anforderungen zu erfüllen. Ursprünglich für
die neue Vorschrift REACH entwickelt, ist dieses Tool auch für viele
andere Vorschriften flexibel einsetzbar.*

4   Substance Volume Tracking

Es existieren verschiedenste gesetzliche Vorschriften, durch die Produkte
oder Stoffe teilweise mengenabhängig bei Behörden registriert werden müssen. Die dafür notwendigen Informationen können mit der Funktion »Substance Volume Tracking« (SVT) in SAP EHS Management transparent gemacht
werden. SVT ist dabei zunächst ein reines Anzeigetool, das Stoffmengen zu
verschiedenen gesetzlichen Grundlagen ermitteln und anzeigen kann. Eine
direkte Schnittstelle zur Datenübermittlung an die entsprechenden Behörden existiert dabei nicht.

In diesem Kapitel geben wir Ihnen zunächst einen Überblick über den rechtlichen Hintergrund am Beispiel der neuen EU-Chemikalienverordnung
REACH. Darauf aufbauend erläutern wir die prinzipielle Funktionsweise des
SVTs und das dem Modul zu Grunde liegende Datenmodell sowie die
wesentlichen Customizing-Voraussetzungen. Anschließend werden zwei
Beispielprozesse (Import und Produktion) im Detail erläutert und die Verwendung des SVTs zur Datenermittlung beschrieben. Am Ende des Kapitels
erfahren Sie, wie Sie SVT im System anwenden und erhalten verschiedene
Tipps und Tricks zur erweiterten Konfiguration.

4.1   Rechtlicher Hintergrund

Im Juni 2007 trat die EU-Verordnung REACH in Kraft. Die Abkürzung
REACH steht dabei für *Registration, Evaluation, Authorisation and Restriction
of Chemicals* – die Vorschriften zählen aufgrund ihrer Tragweite wohl zu den
bekanntesten neueren Verordnungen.

Gemäß REACH müssen sämtliche Hersteller und/oder Importeure von Stoffen und Stoffen in Zubereitungen ihre Stoffe bei der Behörde European Chemicals Agency (ECHA) registrieren. Wichtig dabei ist, dass die Registrierung von jeder Rechtseinheit (Legal Entity) durchzuführen ist, die den Stoff importiert oder produziert.

Zu registrieren sind also:

▸ von einer EU-Rechtseinheit (EU Legal Entity) hergestellte Stoffe bzw. deren Mengen

▸ Stoffe bzw. deren Mengen, die von einer Rechtseinheit (Legal Entity) in die EU importiert werden

Die für die Registrierung mitzuliefernden Informationen hängen von der importierten oder produzierten Menge ab. Demnach ist es wichtig für Sie zu wissen, welche Menge eines Stoffes von welcher Legal Entity importiert oder produziert wurde.

Neben REACH existieren viele weitere rechtliche Vorschriften und Stoffinventare, die nach einem ähnlichen Prinzip funktionieren und sich auf Mengenschwellen beziehen.

[+] | **Mengenschwellen**

Mengenschwellen sind Mengengrenzwerte, die in der Regel mit Stoffbezug gesetzlich definiert sind. Für die gesetzliche Vorschrift REACH existieren fünf Mengenschwellen:

▸ < 1 Tonne

▸ < 10 Tonnen

▸ < 100 Tonnen

▸ < 1.000 Tonnen

▸ > 1.000 Tonnen

Gemäß der Vorschrift REACH müssen Sie Ihre relevanten Stoffe mit Bezug zu einer Mengenschwelle registrieren. Die Aufgabe von SVT ist es dann zu überwachen, ob diese Mengenschwellen überschritten wurden und ob ihre Registrierung erweitert werden muss.

Vergleichbar mit REACH sind zum Beispiel das US-amerikanische Gesetz Toxic Substances Control Act (TSCA) oder die kanadische Vorschrift Canadian Environmental Protection Act (CEPA).

Wir möchten Ihnen hier nicht jede Besonderheit der REACH- oder anderer Verordnungen erklären, sondern vielmehr auf die Notwendigkeit von SVT eingehen. In den folgenden Abschnitten erläutern wir daher die grundsätzliche Funktionsweise, die wichtigsten Szenarien und die dafür notwenigen Einstellungen.

SVT ist nicht speziell für eine Vorschrift entwickelt worden. Diese Funktion unterstützt Sie dabei, für verschiedene stoffbezogene Vorschriften die notwendigen Informationen (z. B. Stoffmengen) zu ermitteln und hilft Ihnen so, Ihre Compliance im Unternehmen sicherzustellen.

4.2 Prinzip des Substance Volume Trackings

In Ihrem ERP-System wickeln Sie wahrscheinlich bereits Ihre logistischen Einkaufs- und Produktionsprozesse ab und nutzen dazu die klassischen Module Materialwirtschaft (MM) und Produktionsplanung (PP). Ihre Stoffbeziehungsweise Spezifikationsdatenbank können Sie über die Produktsicherheit in SAP EHS Management abbilden, wie in Kapitel 3 beschrieben. Problematisch an diesem Konstrukt ist, dass es nur sehr eingeschränkte Verknüpfungen zwischen der »Stoff-Welt« und der (logistischen) »Materialwelt« gibt, da sich die meisten Regularien in der Produktsicherheit auf Stoffe und nicht auf Materialien beziehen.

Die Herausforderung ist also, die logistische Information aus der Beschaffung und der Produktion mit der chemischen Information aus der Produktsicherheit zu verbinden. Hier setzt SVT an, indem es Materialbelege aus der Logistik liest (trackt) und die betroffenen importierten, exportierten und produzierten Materialien bis auf die Stoffebene auflöst. Dabei stellt SVT hauptsächlich eine reine Reporting-Funktionalität dar.

Die wesentlichen SVT-Funktionen sind die folgenden:

- ▶ Lesen der Materialbelege aus MM, SD und PP (PI)
- ▶ Verknüpfen der Materialien mit Spezifikationen
- ▶ Auflösen der Materialmengen in Stoffmengen
- ▶ Berechnen, ob eine Produktion vorliegt
- ▶ Prüfen, ob ein Import bzw. Export vorliegt
- ▶ Monitoring der Mengen je Legal Entity und Überwachung des Registrierstatus

Zur Abbildung von verschiedenen Vorschriften steht Ihnen in SVT die so genannte »gesetzliche Liste« zur Verfügung. Sämtliche Einstellungen im SVT-Customizing sowie die SVT-spezifischen Stammdaten beziehen sich immer auf eine gesetzliche Liste. Innerhalb einer gesetzlichen Liste können Sie dann Szenarien definieren, die die jeweiligen Geschäftsvorfälle gliedern.

Gesetzliche Liste

Zum Beispiel benötigen Sie für die Vorschrift REACH eine gesetzliche Liste »REACH« sowie die beiden in SVT vorhandenen Szenarien »Produktion« und »Import« (siehe Abschnitte 4.3.1 und 4.3.2). Für andere Prozesse stehen Ihnen noch weitere Szenarien vorkonfiguriert zur Verfügung.

Grundsätzlich werden in SVT Mengen immer anhand eines bebuchbaren Belegs ermittelt, z.B. anhand einer Bestellung, eines Fertigungs-, Prozess- oder Kundenauftrags bzw. bei einer Lieferung. Bis zur Buchung des Belegs – z.B. Wareneingang zur Bestellung oder zum Auftrag – werden diese Mengen in SVT im Status GEPLANT verwaltet. *Geplante Mengen* dienen der frühzeitigen Information einer eventuell bevorstehenden Verletzung der Registrierpflicht. Sobald der Beleg gebucht wurde, ermittelt SVT die Mengen auf Basis der entsprechenden Materialbelege. Mit der Buchung des Materialbelegs wird aus der geplanten Menge eine bestätigte Menge. Geplante und bestätigte Mengen können auch voneinander abweichen, wenn z.B. die tatsächlich gebuchte Menge von der geplanten Menge abweicht (etwa wenn Sie 1.000 Kilogramm (geplant) bekommen, aber nur 800 Kilogramm geliefert (bestätigt) werden).

Abbildung 4.1 zeigt einen groben Prozessablauf der Mengenermittlung in SVT. Basierend auf der Planung im SAP-System, werden Belege wie Bestellungen, Fertigungs- und Prozessaufträge oder Kundenaufträge angelegt. Zu diesen Belegen werden bereits geplante Mengen ermittelt. Diese Mengen sind zunächst nur geplant, da sich eine Bestellung gegebenenfalls noch ändern kann, bevor der Materialbeleg gebucht wird. Sobald der Wareneingang (WE) zur Bestellung gebucht, d.h. die Ware angeliefert wurde, ermittelt SVT dazu eine bestätigte Menge und verwirft die geplante Menge.

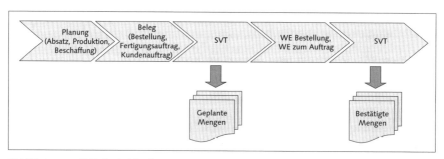

Abbildung 4.1 SVT-Grobablauf

Neben geplanten und bestätigten Mengen gibt es auch noch historische Mengen. Diese zeigen den Mengenverlauf an und sind quasi eine Fortschreibung von bestätigten Mengen. Bei der späteren Auswertung können historische Mengen der Fehleranalyse dienen.

Historische Mengen [zB]

Wenn Sie z.B. im Jahr 10 Tonnen registriert haben, im März aber schon 8 Tonnen getrackt wurden, wird die Registrierung wahrscheinlich nicht ausreichen. Die Analyse über historische Mengen kann Ihnen darüber eventuell Aufschluss geben.

4.2.1 Datenmodell

Wenn Sie SVT einsetzen, müssen Ihnen das Datenmodell, das Sie verwenden, sehr bewusst sein, da Sie nur so die von SVT ermittelten Daten nachvollziehen können.

SVT benötigt Materialdaten, Realstoffe und Zusammensetzungen bzw. Inhaltsstoffe. Abbildung 4.2 veranschaulicht die Stammdatenstrukturen (siehe auch Kapitel 3, »Produktsicherheit«). In diesem Beispiel ist einem Material genau ein Realstoff zugeordnet. In der exakten Zusammensetzung des Realstoffes sind alle Listenstoffe mit ihren relativen Anteilen aufgeführt. In der Listenstoff-Spezifikation selbst werden dann die SVT-spezifischen Daten abgelegt. Diese sind im Wesentlichen der Registrierstatus und gegebenenfalls eigene Stofflimits.

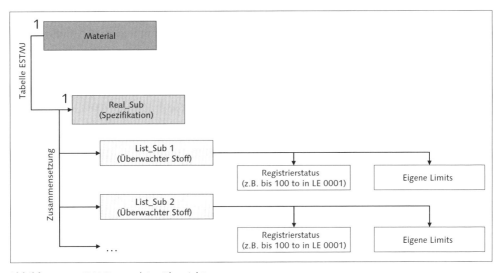

Abbildung 4.2 SVT-Stammdatenübersicht

Sie sollten Ihre Produkte als Spezifikationen (Realstoffe) in SAP EHS Management pflegen und Ihren Materialien zuordnen. Die für SVT essenziellen Daten an der Spezifikation sind die folgenden:

- *materialbezogene Zusammensetzungen* der Stoffe (z.B. List_Sub 1 in Abbildung 4.2), um zu trackende Mengen zu ermitteln
- *Registrierstatus* zur Überwachung der Registrierung auf Buchungskreisebene
- *eigene Limitgrenzen* zur Statusüberwachung

Achten Sie bei den Spezifikationen darauf, dass für SVT genau eine Spezifikation zu einem Material ermittelt werden muss. Technisch ist es auch möglich, ein Material gleichzeitig mehreren Spezifikationen zuzuordnen – dies ist jedoch nicht mit SVT kompatibel.

Die chemischen Inhaltsstoffe können Sie dann in einer Eigenschaft zur Zusammensetzung (Spezifikationsauflistung) pflegen. Die Bewertungsart für die Zusammensetzung ist die Standardzusammensetzung SAP_EHS_1012_003. Darüber hinaus sollten Sie für die verschiedenen rechtlichen Vorschriften (gesetzliche Listen) die Zusammensetzung mit einer separaten Verwendung pflegen.

Oftmals existieren diese Daten bereits im System, werden jedoch der jeweiligen Vorschrift nicht gerecht.

[zB]

Nicht relevanter Stoff (Wasser) in der Zusammensetzung

Wasser ist z.B. ein häufiger Bestandteil bei Laugen, Säuren und anderen Lösungen. Wasser ist aber von der REACH-Verordnung ausgenommen. Die Zusammensetzung müsste demnach für REACH gesondert gepflegt werden.

Andere Besonderheiten, die Sie bei der Pflege der Zusammensetzung berücksichtigen müssen, sind z.B. Verunreinigungen.

Überprüfen Sie unbedingt auch alle in SAP EHS Management gepflegten Zusammensetzungen in den Realstoffen. Dort haben Sie die Möglichkeit, einen festen Anteilswert zu definieren oder aber auch eine Spanne einzugeben.

[zB]

Fester Anteilswert oder Spanne

Sie beschaffen Salzsäure von unterschiedlichen Lieferanten und erhalten verschiedene Konzentrationen, da die Qualität der Salzsäure Ihres Lieferanten abweicht. Sie erhalten somit einmal eine Lieferung mit einer Konzentration von 10 Prozent und bei einer anderen Lieferung eine Konzentration von 15 Prozent. Sie müssen nun aber festlegen, mit welcher Konzentration SVT rechnet, um die importierten Stoffmengen zu ermitteln. Sie können dazu in der Zusammensetzung Ihres Realstoffes den Listenstoff »Salzsäure«/»Chlorwasserstoff« mit MIN. = 10 PROZENT und MAX. 15 PROZENT angeben.

Problematisch hierbei ist, dass SVT zwingend mit einem fixen Wert rechnen muss. Bei der im Folgenden beschriebenen Befüllung der SVT-Stammdatentabellen erfahren Sie, wie Sie mit der Auflösung von Zusammensetzungen umgehen können. Sie können das System in diesem Beispiel entweder mit 10 Prozent, mit 15 Prozent oder mit dem Mittelwert 12,5 Prozent rechnen lassen.

Wir empfehlen hier, ein Worst-Case-Szenario zu entwerfen und immer mit dem maximalen Wert, d.h. 15 Prozent zu rechnen. So schließen Sie aus, dass zu wenig Mengen von SVT ermittelt werden.

Da Sie in der Regel Listenstoffe registrieren müssen, müssen Sie den Registrierstatus pro Vorschrift/gesetzlicher Liste und Buchungskreis (entspricht der Legal Entity) auf `List_Sub`-Ebene definieren (siehe Abbildung 4.2). Im Standard ist dafür die Eigenschaft `SAP_EHS_1023_012` (Registrierstatus) vorgesehen.

Speziell für SVT steht Ihnen außerdem noch die Standardeigenschaft `SAP_EHS_1023_062` zur Pflege der eigenen Stoffmengenschwellen zur Verfügung. Diese Funktion wird jedoch von den wenigsten SVT-Anwendern genutzt, da die übergeordneten Stoffschwellen in der Regel ausreichen. Sollten Sie beispielsweise einen sehr unregelmäßig beschafften oder produzierten Stoff in einem niedrigen Mengenband überwachen, können Sie für diesen Stoff niedrigere Mengenschwellen definieren. SVT warnt so schon frühzeitiger vor einer eventuell bevorstehenden Mengenschwellenüberschreitung.

4.2.2 SVT-Tabellen befüllen

Aus Performance-technischen Gründen werden die hier zuvor beschriebenen und von SVT benötigten Stammdaten in SVT-eigene flache Datenbanktabellen befüllt. Die Datenbankzugriffe während des Trackings und der Auswertung sind dadurch deutlich schneller. Wenn Sie eine verteilte Systemlandschaft haben, werden so auch RFC-Aufrufe aus dem Logistiksystem in das SAP EHS Management-System vermieden, da die SVT-Tabellen lokal im Logistik-System liegen.

SVT bevorratet sich somit mit seinen eigenen Stammdaten und kann dann unabhängig von der Spezifikationsdatenbank laufen. Die dazu verwendeten Tabellen sind die folgenden:

- ▶ Tabelle `CCRCT_EHS_REG` (Registrierstatus)
- ▶ Tabell `CCRCT_EHS_COMP` (Zusammensetzung)
- ▶ Tabelle `CCRCT_EHS_SLIMIT` (Kundeneigene Stoffmengenschwellen)

Bevor Sie die Befüllung der SVT-Stammdaten starten, überprüfen Sie folgende Customizing-Einstellungen bzw. nehmen diese in Ihrem System vor:

ENVIRONMENT HEALTH & SAFETY • PRODUKTSICHERHEIT • STOFFMENGENVERFOL-
GUNG • DATENÜBERTRAGUNG FESTLEGEN (EIGENSCHAFTSBAUM) sowie ENVIRON-
MENT HEALTH & SAFETY • PRODUKTSICHERHEIT • STOFFMENGENVERFOLGUNG •
SZENARIOS FESTLEGEN (Unterpunkt DATENERMITTLUNG PRO VORSCHRIFT UND
SZENARIO FESTLEGEN).

Die erste Einstellung illustriert Abbildung 4.3.

Abbildung 4.3 Datenübertragung aus dem Eigenschaftsbaum festlegen

Damit die SVT-Funktion »weiß«, aus welcher Eigenschaft/Bewertungsart sie
die Zusammensetzungsdaten lesen soll, müssen Sie unter DATENERMITTLUNG
den Funktionsbaustein festlegen, mit welchem die Daten aus dem Eigenschaftsbaum transferiert werden. In der Customizing-Einstellung ENVIRON-
MENT HEALTH & SAFETY • PRODUKTSICHERHEIT • STOFFMENGENVERFOLGUNG •
SZENARIOS FESTLEGEN (Unterpunkt DATENERMITTLUNG PRO VORSCHRIFT UND
SZENARIO FESTLEGEN) müssen die von Ihnen verwendete Eigenschaft pro Vorschrift und Szenario sowie die relevante Verwendung eingetragen werden.
Diese Einstellungen können Sie jeweils mit Bezug zur gesetzlichen Grundlage (z.B. REACH) vornehmen. Sie haben somit die Möglichkeit, für unterschiedliche gesetzliche Grundlagen die Daten aus unterschiedlichen Eigen-
schaften zu übertragen. Für REACH beispielsweise pflegen Sie eine
Eigenschaft ohne Verunreinigungen. Eine andere gesetzliche Grundlage verlangt unter Umständen die Überwachung von Verunreinigungen, so dass Sie
dazu eine separate Eigenschaft oder eine separate Verwendung definieren.
Die Grundlagen zur Eigenschaftsverwaltung und den Verwendungen lesen
Sie im Kapitel Spezifikationsdatenbank.

Sie haben zusätzlich die Möglichkeit, die Übertragung der Daten aus dem
Eigenschaftsbaum in die SVT-eigenen Tabellen zu beeinflussen. Dazu legen
Sie die zu verwendenden Funktionsbausteine fest. In der Regel können Sie
die Standardfunktionsbausteine verwenden. Wenn Sie bestimmte Mappings
oder Berechnungen vornehmen möchten, können Sie die Standardbausteine
kopieren und durch eigene, kundenindividuelle Bausteine ersetzen. Dies ist
z.B. dann sinnvoll, wenn Sie die Zusammensetzungsdaten (MIN, MAX, AVE-
RAGE) individuell übertragen möchten. Sie können SVT z.B. veranlassen,

immer den Maximalwert zu berücksichtigen oder das Mittel aus Minimum und Maximum zu verwenden.

Die anschließende Befüllung der SVT-Stammdatentabellen – also die Datenübertragung aus dem Eigenschaftsbaum – starten Sie, indem Sie den Report RREGCH_FILL im System ausführen. Sie können den Report im Initial- oder Delta-Modus ausführen (siehe Abbildung 4.4).

▶ **Initial-Modus**
Zu Beginn befüllen Sie die Tabellen einmalig im Initial-Modus. Dabei werden alle Spezifikationen, die eine relevante Zusammensetzung haben, gelesen und den in der Spezifikation zugeordneten Materialien zugeordnet. Die so ermittelten Daten werden in die Tabelle CCRCT_EHS_COMP geschrieben. Die von Ihnen eingetragenen Registrierstatus werden mengenbandbezogen in die Tabelle CCRCT_EHS_REG befüllt. Haben Sie z.B. einen Stoff im Mengenband bis 100 Tonnen registriert, wird diese Information mit abgelegt.

▶ **Delta-Modus**
Im laufenden Betrieb sollten Sie regelmäßig (z.B. jede Nacht) den Befüllungsreport im Delta-Modus als Job einplanen. Im Delta-Modus werden nur noch geänderte Spezifikationen berücksichtigt. Ausschlaggebend ist hier das Änderungsdatum.

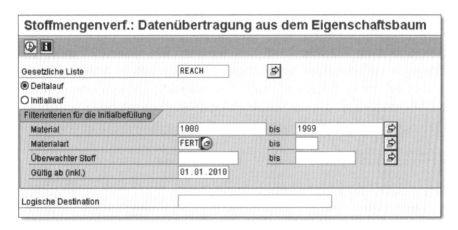

Abbildung 4.4 Datenübertragung aus dem Eigenschaftsbaum

4.2.3 Aufbau und Customizing

In SVT werden sämtliche Einstellungen mit Bezug zu einem Szenario und einer gesetzlichen Liste definiert. Dabei entspricht die gesetzliche Liste wie oben beschrieben der Vorschrift oder Regulierung, zu der Sie Daten tracken; das Szenario entspricht dem Geschäftsprozess, der relevante Daten dazu erzeugt.

Für die Vorschrift und die gesetzliche Liste REACH sind im Normalfall die beiden Geschäftsprozesse »Import« und »Production« relevant, für die in SVT die beiden Szenarien IMP und PRO existieren. Unter diesen Szenarien existieren die weiteren Szenariotypen. Diese unterteilen ein Szenario in eine Art Unterprozesse. So sind z.B. dem Szenario IMP die Szenariotypen PURCHASE und PURCHASE_REQUISITION zugeordnet (siehe Abbildung 4.5).

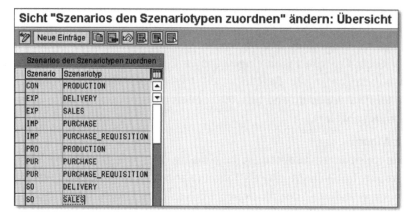

Abbildung 4.5 Szenarios und Szenariotypen

Sie können nun im Customizing die Datenermittlung pro Szenariotyp festlegen. Abbildung 4.6 zeigt hierfür ein Beispiel. Den beiden Szenariotypen PURCHASE und PURCHASE_REQUISITION sind dabei unterschiedliche Funktionsbausteine zum Lesen der Daten zugeordnet. So wird im einen Fall der Funktionsbaustein CBRC_PUR_PL_DATA_READ (Bestellungen), im anderen CBRC_PURREQ_PL_DATA_READ (Bestellanforderungen lesen (tracken)) zugeordnet.

Sicht "Funktionsbausteine pro Szenariotyp" ändern: Übersicht

Dialogstruktur	Funktionsbausteine pro Szenariotyp				
▽ ☐ Funktionsbausteine pro Szenario	Gesetzl. Liste	Szenario	Szenariotyp	Lesen geplanter Daten	Le
☐ Funktionsbausteine pro Szenariotyp	REACH	IMP	PURCHASE	CBRC_PUR_PL_DATA_READ	
	REACH	IMP	PURCHASE_REQUISITION	CBRC_PURREQ_PL_DATA_READ	

Abbildung 4.6 Funktionsbausteine je Szenario und Szenariotyp (zwei Funktionsbausteine)

Anhand von Abbildung 4.7 sehen Sie, dass pro Szenario verschiedene Funktionsbausteine verwendet werden, um die Daten zu tracken oder um Sie fortzuschreiben. In diese Ansicht gelangen Sie über einen Klick auf das Icon Details. Geplante Daten werden beispielsweise mit einem anderen Funktionsbaustein wie bestätigte Daten gelesen. Die hier von SAP im Standardumfang zugeordneten Funktionsbausteine bieten in der Regel eine ausreichende Grundlage. Sie haben jedoch die Möglichkeit, diese Funktionsbausteine durch eigene Bausteine zu ersetzen und so kundenindividuelle Änderungen zu implementieren. Auf diese Weise haben z. B. im Szenario »Import« verschiedene Kunden ihre eigenen Algorithmen zur Identifizierung von relevanten Belegen implementiert.

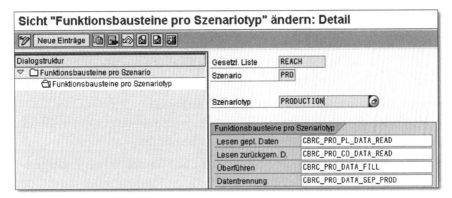

Abbildung 4.7 Funktionsbausteine je Szenario und Szenariotyp (Detailsicht)

Für jedes Szenario legen Sie fest, wie die Daten zu Importen, Exporten und zur Produktion ermittelt werden. Die Basis hierfür kann im Customizing eingestellt werden. Ohne Anpassung von austauschbaren Funktionsbausteinen werden Sie jedoch nur schwer gute Ergebnisse erzielen.

Folgende Einstellungen müssen Sie im Customizing vornehmen:

▶ **Aktivität »Gesetzliche Liste definieren«**
Definieren Sie hier die gesetzlichen Listen, zu denen Sie SVT verwenden wollen. Alle folgenden Customizing-Einstellungen werden mit Bezug zur gesetzlichen Liste vorgenommen. Sie können somit das Verhalten von SVT in Abhängigkeit der gesetzlichen Liste aussteuern. SVT für die Vorschrift REACH kann sich so also anders verhalten als zur Vorschrift TSCA.

Diese Aktivität finden Sie unter Environment, Health & Safety • Grunddaten und Werkzeuge • Spezifiaktionsverwaltung Spezifikationsstamm.

▶ **Aktivität »Szenarios festlegen«**
Hier definieren Sie – wie oben beschrieben – die Szenarien (in der Regel vorhanden). Diese und die folgenden Aktivitäten finden Sie im Customizing-Leitfaden unter Environment, Health & Safety • Produktsicherheit • Stoffmengenverfolgung.

▸ **Aktivität »Datenübertragung festlegen (Eigenschaftsbaum)«**

Hier können Sie die Funktionsbausteine und Eigenschaften festlegen, über welche die Daten aus der Spezifikationsverwaltung (Zusammensetzung, Registrierstatus) in die SVT-eigenen Tabellen geschrieben werden. Weiterhin legen Sie fest, wie im Rahmen der Archivierung (siehe letzter Abschnitt) die getrackten Mengen zurück in den Eigenschaftsbaum übertragen werden.

▸ **Aktivität »Datenermittlung pro Vorschrift und Szenario festlegen«**

Hier ordnen Sie die Funktionsbausteine zu. Sofern Sie eigene Bausteine verwenden, müssen Sie hier die Standardbausteine durch Ihre eigenen Bausteine ersetzen.

▸ **Aktivität »Selektionskriterien festlegen«**

Informationen hierzu finden Sie in Abschnitt »Definition der Selektionskriterien« auf Seite 214.

▸ **Aktivität »Überwachungszeiträume festlegen«**

Wenn Sie unterjährig Mengenschwellen prüfen wollen, können Sie hier entsprechende Überwachungszeiträume definieren.

▸ **Aktivität »Grenzwerte und Reaktionen auf Gesamtstatus festlegen«**

Informationen hierzu finden Sie im folgenden Abschnitt »Grenzwerte und Reaktionen auf den Gesamtstatus festlegen«.

▸ **Aktivität »Online-Prüfungen«**

Informationen hierzu finden Sie in Abschnitt 4.5, »Erweiterte Konfiguration und Anwendung«.

▸ **Aktivität »Fehlermeldungen festlegen«**

Wenn Sie unter GRENZWERTE UND REAKTIONEN AUF GESAMTSTATUS FESTLEGEN den Mailversand aktiviert haben, können Sie hierunter die Empfänger definieren.

▸ **Aktivität »Funktionen zur Mengenüberwachung festlegen«**

Hier ordnen Sie die Funktionsbausteine ja nach gesetzlicher Liste für die Mengen- und Statusermittlung zu. Darüber hinaus können Sie die Funktionen zur Daten- sowie zur Zusatzdatenanzeige in der Transaktion CBRC20 eintragen. Über die Zusatzdatenanzeige lassen sich z.B. eigene Identifikatoren der Real- oder Listenstoffe ausgeben. Dies erleichtert die Arbeit der Anwender, da Sie die für sich relevanten Stoffe schneller erkennen können.

Grenzwerte und Reaktionen auf den Gesamtstatus festlegen

In dieser Einstellung definieren Sie die Mengengrenzwerte, die zu der gesetzlichen Liste gültig sind, und legen fest, wie SVT bei einer Annäherung an den Grenzwert bzw. bei einer Überschreitung reagieren soll. Abbildung 4.8 zeigt diese Definition der Mengengrenzen.

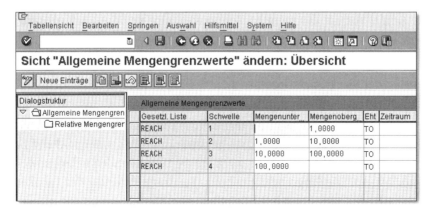

Abbildung 4.8 Definition der Mengengrenzen

Im Anschluss legen Sie noch die Reaktionen und die Status innerhalb einer Mengengrenze fest. In Abbildung 4.9 wird bereits ab 70 Prozent der erreichten Mengenschwelle eine Information (grüne Ampel) angezeigt. Ab 90 Prozent springt der Ampelstatus in der Auswertung auf gelb und ab 100 Prozent (Überschreitung) auf rot.

Über den Meldungstyp steuern Sie die Ampelfarbe

▸ Information: grüne Ampel

▸ Warnung: gelbe Ampel

▸ Fehler: rote Ampel

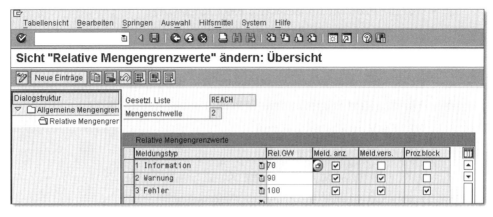

Abbildung 4.9 Reaktionen je Mengengrenze definieren

Haben Sie also einen Stoff im Mengenband 2 (1 bis 10 Tonnen) registriert, erhalten Sie in der späteren Auswertung zunächst eine graue Ampel. Sobald Sie 7 Tonnen importiert und/oder produziert haben, gibt das System eine grüne Ampel aus, ab der neunten Tonne wird eine gelbe Ampel angezeigt und bei Überschreitung der zehnten Tonne eine rote.

Definition der Selektionskriterien

Als Herzstück des SVT-Customizings kann man die Definition der Selektions-kriterien bezeichnen. Hier legen Sie fest, welche Prozesse überhaupt Tracking-relevant sind bzw. welche Materialbelege getrackt werden sollen und welche nicht. Prinzipiell gilt Folgendes: Grenzen Sie die zu trackenden Belege soweit wie möglich ein. Die Eingrenzung nehmen Sie durch Filterung der Tabellen vor, die von den SVT-Funktionsbausteinen zur Mengenermittlung gelesen werden.

Die wichtigsten zu filternden Tabellen sind die folgenden:

- **Allgemein**

  MARA – Allgemeine Materialdaten

  MARC – Werksdaten zum Material

  MKPF – Materialbeleg (Kopf)

  MSEG – Materialbeleg (Segment/Position)

- **Für die Beschaffung (Szenario IMPORT)**

  EKKO – Einkaufsbeleg (Kopf), d.h. Bestellungen

  EKPO – Einkaufsbeleg (Position), d.h. Bestellpositionen

- **Für die Produktion (Szenario PRODUCTION)**

  AUFK – Produktionsauftragskopf

  AFPO – Produktionsauftragsposition (zum Kopfmaterial)

  RESB – Reservierungen/Materialliste zum Produktionsauftrag

- **Für den Vertrieb (Szenario EXPORT)**

  VBAK – Vertriebsbeleg (Kopf)

  VBAP – Vertriebsbeleg (Position)

  LIKP – Lieferbeleg/Auslieferung (Kopf)

  LIPS – Lieferbeleg/Auslieferung (Position)

Insbesondere auf den »großen« Tabellen MKPF und MSEG sollten Sie über Materialarten und Bewegungsarten unnötige Belege von SVT ausschließen. Unnötig sind z.B. interne Umbuchungen (Bestand an Bestand), da diese in der Regel keinen gesetzlich relevanten Vorgang darstellen. Importbelege zu Bestellungen sind jedoch z.B. für die Vorschrift REACH relevant. Darüber hinaus sollten Sie immer auf bestimmte Belegtypen (z.B. Normalbestellung oder Prozessauftrag) eingrenzen, diese können Sie über die Auftragsarten noch weiter spezifizieren.

Abbildung 4.10 zeigt, wie der Aufbau der Selektionskriterien im Customizing definiert wird. Sie haben dort die Möglichkeit, bestimmte Feldkombinationen ein- bzw. auszuschließen. Es ist auch möglich mit Wildcart (*) zu arbeiten. In Abbildung 4.10 sehen Sie beispielsweise, dass über die Tabelle MARA und das Feld MTART nur die Materialart ROH eingeschlossen wird. Das bedeutet, dass alle anderen Materialarten automatisch ausgeschlossen sind. Wir empfehlen jedoch, wenn möglich mit Ausschlusskriterien zu arbeiten. Wenn Sie beispielsweise bestimmte Werke oder Materialarten ausschließen, sind neue Werke oder Materialarten, die Sie im Laufe von anderen Projekten einführen, automatisch eingeschlossen. Eine Anpassung des SVT-Customizings ist somit nicht mehr notwendig.

Sicht "Selektionskriterien für die Mengenverfolgung festlegen" ändern:

Neue Einträge

Selektionskriterien für die Mengenverfolgung festlegen

Gesetzl	Sz	Tabelle	Feld	Rei	Ein-/Ausschl	SelektOption	Untergr	Obergrenze
REACH	IMP	EBAN	BSTYP	1	I einschli	EQ gleich	B	
REACH	IMP	EKKO	BSART	0	E ausschli	EQ gleich	DB	
REACH	IMP	EKKO	BSART	1	E ausschli	EQ gleich	FO	
REACH	IMP	EKKO	BSTYP	0	I einschli	EQ gleich	F	
REACH	IMP	EKKO	BSTYP	1	I einschli	EQ gleich	L	
REACH	IMP	EKPO	PSTYP	0	I einschli	EQ gleich	0	
REACH	IMP	EKPO	PSTYP	1	I einschli	EQ gleich	7	
REACH	IMP	MARA	KZUMW	0	I einschli	EQ gleich	X	
REACH	IMP	MARA	MTART	1	I einschli	EQ gleich	ROH	
REACH	IMP	MKPF	VGART	0	I einschli	EQ gleich	WE	
REACH	IMP	MSEG	EBELN	0	I einschli	NE ungleic		
REACH	PRO	AUFK	AUTYP	1	I einschli	EQ gleich	10	
REACH	PRO	AUFK	AUTYP	2	I einschli	EQ gleich	40	
REACH	PRO	MKPF	VGART	0	I einschli	EQ gleich	WF	

Abbildung 4.10 Selektionskriterien in SVT

4.3   Prozesse im Substance Volume Tracking

In den verschiedenen Regularien wie z.B. REACH sind in der Regel die Import-, Export- und Produktionsprozesse zu betrachten. Wir erläutern im Folgenden die Import- und Produktionsprozesse. Sollten Sie für eine gesetzliche Vorschrift SVT verwenden und auch die Exportprozesse überwachen wollen, folgen diese der gleichen Logik wie die Importprozesse.

4.3.1   Import

Nehmen wir folgenden Fall an: Ihr Unternehmen mit Sitz in der EU bezieht Waren von einem Lieferanten außerhalb der EU. Sofern es sich dabei um REACH-relevante Stoffe handelt und Sie die Waren importieren, sind Sie verpflichtet, auch die in den Waren enthaltenen Stoffe zu registrieren. In SVT werden Importprozesse innerhalb des dafür vorgesehenen Szenarios »Import« ermittelt.

[zB]

> **Importszenario**
>
> Ihr Unternehmen kauft 10.000 Kilogramm Salzsäure bei einem Lieferanten außerhalb der EU. Die Salzsäure hat eine Konzentration von 12 Prozent. In der Regel werden Sie eine Bestellung über 10.000 Kilogramm für das Material »Salzsäure 12 Prozent« im System erfassen und nach Warenanlieferung und Qualitätskontrolle einen Wareneingang über die gelieferte Menge buchen.
>
> Nun ist es aber nicht so, dass die gesamten 10.000 Kilogramm Salzsäure unter die REACH-Verordnung fallen, sondern der eigentliche Stoff »Salzsäure« (bzw. Chlorwasserstoff, Identifikationsnummer CAS 7647-01-0) registrierpflichtig ist und somit getrackt werden muss. Der Wasseranteil in der Salzsäure ist nicht relevant, da Wasser von REACH ausgenommen ist. SVT geht damit folgendermaßen um:
>
> ▸ SVT ermittelt über die mit dem Material »Salzsäure« verknüpfte Spezifikation (REAL_SUB) die Zusammensetzung und erkennt den Inhaltsstoff »Chlorwasserstoff« (LIST_SUB) mit dem Anteil 12 Prozent.
>
> ▸ Bei Vereinnahmung von 10.000 Kilogramm Salzsäure (Material) werden also nur 1.200 Kilogramm Chlorwasserstoff getrackt.

Bevor gegebenenfalls eine Mengenumrechnung erfolgt, muss SVT zunächst identifizieren, ob es sich um einen relevanten Importprozess handelt. Für die Vorschrift REACH sind sämtliche Importprozesse von Nicht-EU-Ländern relevant. Die Beschaffung von Salzsäure außerhalb der EU ist somit relevant. Beschaffen Sie die Salzsäure aus einem EU-Land, so handelt es sich im Sinne von REACH um einen nicht relevanten Beschaffungsprozess. Diese Identifizierung findet im Funktionsbaustein CBRC_PUR_DATA_SEP_PO statt. Sie können diesen Baustein direkt an Ihre Anforderungen anpassen und im Customizing austauschen. Am besten kopieren Sie den Originalbaustein in den Kundennamensraum und fügen Ihre Erweiterungen ein.

SVT ermittelt importierte Mengen zunächst als geplante Mengen. Nach Buchung des Wareneingangs werden diese geplanten Mengen dann in bestätigte Mengen umgewandelt. Das Prinzip ist dabei dasselbe wie im Szenario »Produktion« (siehe Abschnitt 4.3.2).

Das sollten Sie beachten:

▸ **Rücklieferungen zum Kunden**
Rücklieferungen werden oft über spezielle Bewegungsarten abgewickelt. Stellen Sie sicher, dass diese Bewegungsarten in den Selektionskriterien von SVT nicht ausgeschlossen sind.

▸ **Re-Importe**
Sie müssen prüfen, wie sich Re-Importe erkennen lassen. Wird eine Ware z. B. in Frankreich produziert, dann in die Schweiz verkauft und im nächsten Schritt durch Sie wieder nach Deutschland importiert, ist dies ein ReImport. Der Ursprung der Ware liegt in Frankreich. Der dortige Hersteller muss die Ware bereits registriert haben (REACH).

▸ **Ablage des Ursprungs- und Versendungslandes**
Prüfen Sie, auf welcher Ebene Ursprungs- und Versendungsland gepflegt werden. Dazu sind in den MM-Bestellungen mehrere Rollen vorhanden. Es gibt z. B. den Lieferant und den Warenlieferant, die unter Umständen voneinander abweichen können. Sie müssen die Beschaffungsprozesse vor der SVT-Einführung eingehend analysieren und prüfen, welche Rollen für die Auswertung relevant sind.

4.3.2 Produktion

Die Ermittlung von produzierten Mengen mag zunächst sehr einfach klingen. Die meisten Vorschriften beziehen sich aber nur auf tatsächlich produzierte Mengen, die Ihr Unternehmen durch eine chemische Reaktion hergestellt hat. Das bedeutet, dass eine Produktion nur dann vorliegt, wenn ein neuer Stoff entsteht. Mischungen, Abfüllungen, Verdünnungen sind im Sinne der meisten rechtlichen Vorschriften keine registrierpflichtige Produktion. Die Unterscheidung von einer Produktion im Sinne von REACH (oder einer anderen Vorschrift) von einer nicht relevanten Produktion macht dieses Szenario so komplex. Es reicht nicht aus, einfach Ihre Produktionsaufträge im System zu tracken. Vielmehr müssen für die Erkennung von relevanten Produktionsaufträgen sämtliche Einsatzmaterialien und deren Stoffe aufgelöst werden und gegen die Stoffe des produzierten Materials verglichen werden.

[zB]

Produktion

Wir betrachten zur Abgrenzung von relevanten zu nicht relevanten Produktionsszenarien drei Produktionsbeispiele:

▸ Sie kaufen zwei Materialien ein und mischen diese im Rahmen Ihrer Produktion anschließend in einem Mischer, um sie dann weiter zu verkaufen. Dabei handelt es sich in der Regel nicht um eine Produktion im Sinne der meisten Vorschriften (z. B. REACH) – es entstehen keine neuen Stoffe.

▸ Sie beziehen Salzsäure von einem Lieferanten und verdünnen diese mit Wasser. Hier findet auch keine chemische Reaktion statt, und somit ist dieser Vorgang für die meisten gesetzlichen Vorschriften nicht relevant. Sofern Ihr Lieferant die Säure chemisch hergestellt hat, ist dieser in der Registrierpflicht. Im Sinne von REACH sind Sie hier ein *Downstream-User* (nachgeschalteter Anwender). Sofern Ihr Lieferant jedoch außerhalb der EU sitzt und Sie die Säure importieren, sind Sie als Importeur in der Registrierpflicht.

▸ Sie kaufen zwei Komponenten und lassen diese über eine chemische Reaktion zu einer dritten Komponente reagieren. Somit sind Sie Hersteller dieser Komponente und damit in der Registrierpflicht.

In SVT basiert das Szenario »Produktion« auf den Modulen Produktionsplanung (PP) oder Produktionsplanung für die Prozessindustrie (PP-PI). Für Produktionsabbildungen in der Serienfertigung gibt es ein gesondertes Szenario REPET_ MANUFACTURING. Voraussetzung dafür, dass Sie produzierte Mengen in SVT tracken können ist, dass Sie Ihre Produktion auf diese Weise mit Fertigungs- oder Prozessaufträgen in SAP abgebildet haben. SVT unterstützt dabei die gängigen Produktionsmodule, PP und PP-PI, sowie die Serienfertigung. Läuft Ihre Produktion im System ohne diese Module, sondern über reine Materialbelege, fehlt SVT die Grundlage zur Mengenermittlung. Sie können es dann nicht einsetzen.

Hauptaufgabe ist es nun, nur tatsächlich produzierte Mengen zu ermitteln und verschiedene Fälle voneinander abzugrenzen, wie oben beschrieben. Der Kern dieser Funktion ist der sogenannte *Input-/Output-Vergleich*. Der Input-/Output-Vergleich ermittelt zu einem Produktionsauftrag die eingesetzten Materialien und Stoffe (Input) und vergleicht diese dann mit den Materialien und Stoffen, die produziert wurden. Dabei werden die eingesetzten Stoffmengen von den Stoffmengen auf Erzeugnisseite subtrahiert. Wichtig dabei ist, dass Nebenprodukte selbstverständlich auch der Erzeugnisseite hinzugerechnet werden.

Abbildung 4.11 veranschaulicht die Vorgehensweise von SVT zur Mengener-mittlung. Die obere Tabelle stellt eine reine Mischung/Abfüllung dar. Der Vergleich von Input und Output ergibt dabei immer Null. Die untere Tabelle dagegen zeigt, wie Stoff A mit Stoff B zu Stoff C reagiert und somit ein neuer Stoff produziert wird.

Keine Produktion, da reine Mischung

	INPUT				Output		Differenz Output und Input
	Material 1000 - Produkt 1		Material 2000 - Produkt 2		Material F100 - Fertiprodukt A		
Menge	500 kg		500 kg		1000 kg		
	Anteil	Stoffmenge	Anteil	Stoffmenge	Anteil	Stoffmenge	
Stoff A	80%	400 kg			40%	400 kg	0 kg
Stoff B	20%	100 kg	50%	250 kg	35%	350 kg	0 kg
Stoff C			50%	250 kg	25%	250 kg	0 kg

Produktion von »Stoff C«

	INPUT				Output		Differenz Output und Input
	Material 1000 - Produkt 1		Material 2000 - Produkt 2		Material F100 - Fertiprodukt A		
Menge	500 kg		500 kg		1000 kg		
	Anteil	Stoffmenge	Anteil	Stoffmenge	Anteil	Stoffmenge	
Stoff A	100%	500 kg					-500 kg
Stoff B			100%	500 kg	10%	100 kg	-400 kg
Stoff C					90%	900 kg	900 kg

Abbildung 4.11 I/O-Vergleich

Beachten Sie, dass bei einem I/O-Vergleich niemals die Stückliste selbst, son-dern die Materialliste des Produktionsauftrags als Input-Seite dient. In der Regel basiert diese zwar auf der Stückliste, sie kann jedoch auch davon abweichen.

Wie Sie sehen, ist die Stammdatenqualität für das Szenario »Produktion« noch viel mehr von Bedeutung als beim Szenario »Import«. Hier muss nicht nur das Fertigprodukt korrekte Zusammensetzungsdaten haben, sondern auch jedes Input-Produkt. Ist dies nicht der Fall, kommt es zu Rechenfehlern innerhalb des Input-/Output-Vergleichs.

Analog zum Szenario »Import« werden hier Daten so lange im Status GEPLANT getrackt, bis ein Materialbeleg vorliegt. Dies kann teilweise zu temporär fal-schen Mengen führen, z.B. wenn der Wareneingang des Fertigprodukts (Out-put) vor dem Warenausgang der Komponenten gebucht wird (Input). So kann es im Falle einer Abfüllung oder Mischung zu einer getrackten und bestätigten Menge führen, weil zum Zeitpunkt der Buchung die Einsatzmenge im Input-/Output-Vergleich noch nicht vorliegt. Sobald dann jedoch der Verbrauch der Einsatzmaterialien gebucht wurde, wird die Menge wieder »glattgezogen«.

Im Szenario »Produktion« sollten Sie Folgendes beachten:

▸ **Qualität der Stücklisten**

Die Ermittlung der produzierten Mengen basiert auf Prozess- und/oder Fertigungsaufträgen bzw. auf einem Produktkostensammler (Serienfertigung). Dazu ist es zwingend erforderlich, dass alle an dem Produktionsprozess beteiligten Materialien und Stoffe mit Bezug zum Produktionsauftrag gebucht werden. Werden bestimmte Materialien direkt auf Kostenstelle ohne Bezug zum Auftrag gebucht, werden diese von SVT nicht berücksichtigt. Somit könnte es zu Minder- oder Überproduktionen kommen.

Die am Prozess- oder Fertigungsauftrag beteiligten Materialien basieren in der Regel (aber nicht zwingend) auf Ihren Stücklisten. Sind hier bereits grobe Fehler (fehlende Materialien, Mengen) enthalten, multiplizieren sich diese später in SVT.

▸ **Korrekturaufträge**

Oftmals werden für Bestandskorrekturen so genannte Korrekturaufträge verwendet. Das bedeutet, dass einige Verbräuche aus der Produktion, z.B. am Monatsende, auf separate Produktionsaufträge gebucht werden. Diese enthalten dann unrealistische Materialmengen und verfälschen gegebenenfalls das Ergebnis des SVT. Grenzen Sie diese Aufträge am besten über eine eigene Auftragsart ab und schließen Sie diese über Selektionskriterien aus.

▸ **Auftragsarten eingrenzen**

Sofern in Ihrem Produktionssystem möglich, sollten Sie SVT-nicht-relevante Aufträge über eigene Auftragsarten abgrenzen. Haben Sie z.B. die Prozesse »Produktion mit chemischer Reaktion« und »Abfüllung« mit separaten Auftragsarten abgebildet, schließen Sie die Auftragsart für den Prozess »Abfüllung« im SVT-Customizing der Selektionskriterien aus.

▸ **Jahresübergreifende Buchungen**

Dieser Fall hat nur geringe Auswirkungen auf das Ergebnis, Sie sollten sich dieser Möglichkeit aber bewusst sein: Die meisten Vorschriften basieren auf Jahresmengen. Beachten sie deshalb, dass Sie Materialbuchungen und auch insbesondere Stornos immer mit Bezug zum Buchungsdatum des jeweiligen Jahres vornehmen. Vor allem in der Zeit des Jahreswechsels ist dies notwendig.

4.4 Anwendung des Substance Volume Trackings

SVT liest während des Tracking-Laufs sämtliche Materialbewegungen aus den Tabellen MKPF und Tabelle MSEG. Dabei werden die Belege anhand der von Ihnen vorgegebenen Selektionskriterien auf Relevanz geprüft und die Mengen einem Szenario zugeordnet.

Die Ergebnisse werden in den Tracking-Ergebnistabellen abgelegt:

▶ Tabelle CCRCT_PU (Szenario »Import, bestätigte Mengen«)

▶ Tabelle CCRCT_PUPL (Szenario »Import, geplante Mengen«)

▶ Tabelle CCRCT_PR (Szenario »Produktion, bestätigte Mengen«)

▶ Tabelle CCRCT_PRPL (Szenario »Produktion, geplante Mengen«)

▶ Tabelle CCRCT_SO (Szenario »Export, bestätigte Mengen«)

▶ Tabelle CCRCT_SOPL (Szenario »Export, geplante Mengen«)

Die Auswertung der Ergebnisse dieser Tabellen erfolgt mit der Transaktion CBRC20.

4.4.1 Getrackte Mengen selektieren

Die Auswertung und das Monitoring der Stoffmengen werden in SVT zentral über die Transaktion CBRC20 durchgeführt. Auf dem Selektionsbildschirm finden Sie zahlreiche Selektionskriterien, die es anzuwenden gilt (siehe Abbildung 4.12).

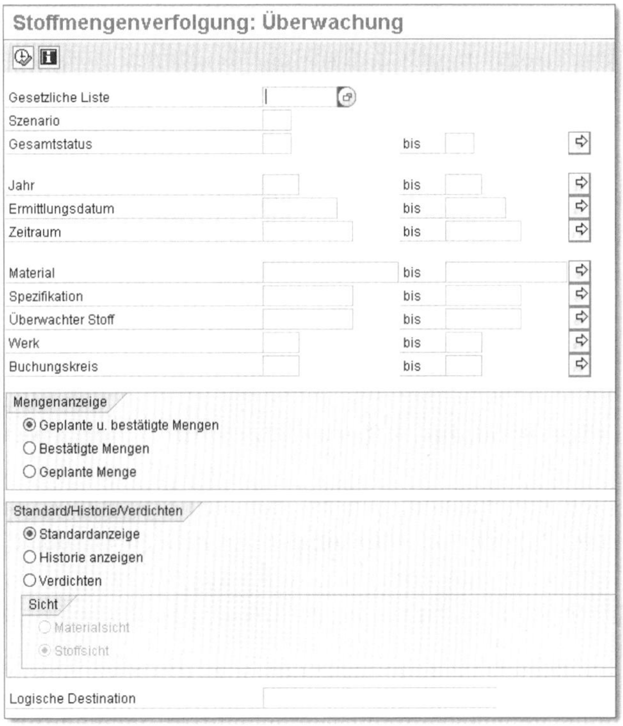

Abbildung 4.12 Transaktion CBRC20 – Stoffmengen überwachen

Die Selektion der Daten aus SVT ist nicht immer ganz leicht. Sie müssen sich bewusst darüber sein, welche Selektionsfelder und -optionen welche Auswirkungen haben. Wir gehen die einzelnen Optionen durch:

▶ **Felder »Gesetzliche Liste« und »Szenario«**
Selektieren Sie grundsätzlich immer über das Feld GESETZLICHE LISTE. Wählen Sie dabei z.B. REACH aus. Bei szenariobezogenen Listen können Sie auch zusätzlich das Szenario mit angeben. Es werden dann nur Daten des selektierten Szenarios ausgegeben

▶ **Feld »Gesamtstatus«**
SVT ermittelt während des Trackings den Gesamtstatus auf *Stoffebene*. Dabei wird immer der Status über die gesamte ermittelte Stoffmenge (d.h. über den gesamten Zeitraum und alle Szenarien) entsprechend der Mengenschwelle ausgegeben.

▶ **Feld »Jahr«**
Hierüber selektieren Sie nur Daten, die mit Bezug zu dem Jahr (Buchungsdatum) getrackt wurden.

▶ **Feld »Ermittlungsdatum«**
Das Ermittlungsdatum ist das Datum, zu dem die Mengen ermittelt wurden. Diese Selektion ist ein wenig kritisch:

Selektieren Sie z.B. das Ermittlungsdatum 31.03.2011, könnten Sie erwarten, dass SVT Ihnen alle bis dahin getrackten Mengen ausgibt. Dem ist aber nicht so. Es werden nur Daten ausgegeben, die exakt zum 31.03.2011 ermittelt wurden. Wurde ein Material das letzte Mal am 30.03.2011 getrackt, ist dies nicht in der Selektion eingeschlossen. Ein Material, das zum letzten Mal zum 01.04.2011 ermittelt wurde, fällt auch komplett aus der Selektion heraus.

▶ **Feld »Zeitraum«**
Sofern Sie Zeiträume im Customizing definiert haben, können Sie hier über diese selektieren.

▶ **Felder »Material«, »Spezifikation«, »Überwachter Stoff«, »Werk« und »Buchungskreis«**
Über das Material, die Spezifikation, den überwachten Stoff sowie die Organisationselemente »Werk« und »Buchungskreis« können Sie detaillierte Mengen auswerten. Es empfiehlt sich, wenn möglich nur auf der Ebene des überwachten Stoffs auszuwerten, da sich die gesetzliche Listen z.B. darauf beziehen:

  ▶ Selektieren Sie z.B. den überwachten Stoff 1000, ermittelt SVT automatisch alle Realstoffe, die den Stoff 1000 in ihrer Zusammensetzung haben sowie die den Realstoffen zugeordneten Materialien.

▸ Wenn Sie nur über ein Material und/oder den Realstoff selektieren, zeigt SVT auch nur die über das selektierte Material ermittelte Menge an.

In der Praxis hat es sich bewährt, dass über den überwachten Stoff und den Buchungskreis selektiert wird. So bekommen Sie die Stoffmengen auf Ebene der Legal Entity (Buchungskreis). Dies entspricht der Anforderung der meisten gesetzlichen Listen.

▸ **Bereiche »Mengenanzeige« und »Standard/Historie/Verdichten«**
Wie oben beschrieben, kann ein überwachter (Listen-)Stoff in mehreren Realstoffen vorkommen, und der Realstoff kann wieder mehrere Material-zuordnungen haben. Die Selektion eines einzigen Stoffes kann somit zu einer sehr langen Ergebnisliste führen. Dies erreichen Sie mit der Option STANDARD. Um das Ergebnis übersichtlicher zu machen, können Sie die Option VERDICHTEN verwenden. Damit konsolidiert das System die Daten auf Ebene des überwachten Stoffs (oder des Materials bei entsprechender Option). Die Aufsplittung nach Material und Realstoff findet dann nicht mehr statt.

Um die getrackten Mengen nachzuvollziehen kann aber die Option STANDARD hilfreich sein. Sie können so auswerten, welches Material in der Logistik den Ursprung der getrackten Mengen bildet.

Typ	Buchungsdatum	Belegdatum	Menge	Einheit
Wareneingang Prod.	15.03.2011	15.03.2011	100	kg
Wareneingang Prod.	20.03.2011	20.03.2011	50	kg
Wareneingang Prod.	29.03.2011	29.03.2011	50	kg
Wareneingang Prod.	05.04.2011	05.04.2011	100	kg
Wareneingang Prod.	15.04.2011	02.05.2011	100	kg

15.04. – 400 kg

05.04. – 300 kg

29.03. – 200 kg

20.03. – 150 kg

15.03. – 100 kg

Abbildung 4.13 Prinzip der Historie

Die Selektion HISTORIE wird oft falsch interpretiert. Die Historie entspricht dem Verlauf der Datenmengen und nicht den in den historischen Monaten getrackten Mengen. In der Regel steigen die historischen Mengen also mit der Zeit immer an, es sei denn, Sie stornieren Belege (siehe Abbildung 4.13).

Sie können über die Option HISTORIE auswerten, welche Mengen bis zu einem bestimmten Datum getrackt wurden. Zur Fehleranalyse eignet sich diese Methode sehr gut, da eventuelle Mengensprünge transparent werden.

4.4.2 Auswertung interpretieren

Nachdem Sie die Selektion ausgeführt haben, erhalten Sie eine Ergebnisliste. Diese Liste hat reinen Anzeige-/Monitoring-Charakter (siehe Abbildung 4.14).

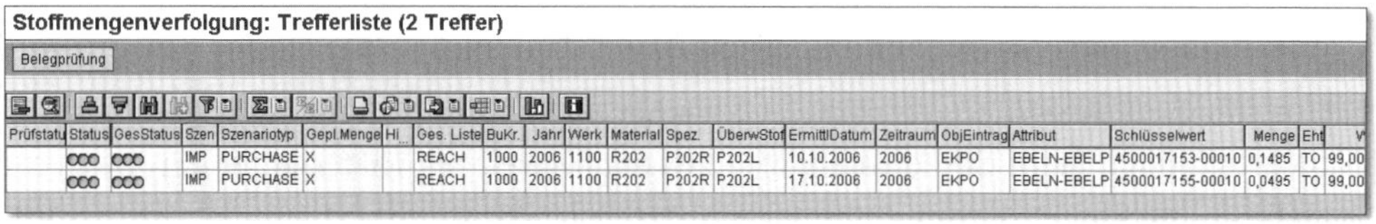

Stoffmengenverfolgung: Trefferliste (2 Treffer)

Belegprüfung

Prüfstatu	Status	GesStatus	Szen	Szenariotyp	Gepl.Menge	Hi...	Ges. Liste	BuKr.	Jahr	Werk	Material	Spez.	ÜberwStof	ErmittlDatum	Zeitraum	ObjEintrag	Attribut	Schlüsselwert	Menge	Eht	W
			IMP	PURCHASE	X		REACH	1000	2006	1100	R202	P202R	P202L	10.10.2006	2006	EKPO	EBELN-EBELP	4500017153-00010	0,1485	TO	99,00
			IMP	PURCHASE	X		REACH	1000	2006	1100	R202	P202R	P202L	17.10.2006	2006	EKPO	EBELN-EBELP	4500017155-00010	0,0495	TO	99,00

Abbildung 4.14 Anzeige in der Tabelle CBRC20

Die Liste enthält Mengen mit Bezug zu Szenario, Werk, Buchungskreis sowie zum Material, dem Realstoff (Spezifikation) und dem überwachten Stoff. Darüber hinaus werden die Registrierstatus und Mengenschwellen angezeigt. Die wichtigste Information ist jedoch der Gesamtstatus, der in Form einer Ampel ausgegeben wird.

Verwechseln Sie nicht die beiden Felder STATUS und GESAMTSTATUS. Die Anzeige des Status ist sehr verwirrend, dieser bezieht sich immer nur auf eine Zeile. Dagegen sind im Gesamtstatus die gesamten Mengen des überwachten Stoffes berücksichtigt.

[zB]

Status und Gesamtstatus

Sie importieren und produzieren Schwefelsäure. Sie haben dazu gegebenenfalls zwei Materialnummern mit zwei Realstoffen. Beide enthalten aber den zu überwachenden Listenstoff »Schwefelsäure«. Nehmen wir an, Sie haben im Jahr 2011 6 Tonnen importiert und 6 Tonnen produziert, und Sie haben den Stoff im Mengenband von 1 bis 10 Tonnen registriert.

- Wenn Sie nun den Stoff unverdichtet selektieren, gibt Ihnen SVT je Szenario 6 Tonnen aus. Der *Status* ist in beiden Fällen grün bzw. gelb, da Sie mit jeweils 6 Tonnen die Mengengrenze von 10 Tonnen noch nicht überschritten haben.

- Der *Gesamtstatus* zeigt jedoch eine rote Ampel, da Sie insgesamt 12 Tonnen zu registrieren haben und damit die Mengenschwelle von 10 Tonnen überschritten haben.

Über die verdichtete Selektion würden Sie nur eine Zeile über 12 Tonnen erhalten.

Aufgrund der Tatsache, dass man die Daten leicht fehlinterpretieren kann, ist eine intensive Beschäftigung mit den Selektionsverfahren notwendig. Wir empfehlen, Varianten für die Transaktion CBRC20 zu definieren, die der Anwender dann direkt aufrufen kann. Für den Endanwender empfiehlt es sich, immer verdichtete Daten aufzurufen. So bekommt man ein übersichtliches Ergebnis mit nur einer Zeile je Stoff und Buchungskreis und kann anhand des Gesamtstatus Probleme leicht erkennen.

4.5   Erweiterte Konfiguration und Anwendung

Für den täglichen Betrieb des SVT sollten Sie folgende Jobs einplanen:

- **Hintergrundjobs**
  Die Befüllung der SVT-Tabellen nehmen Sie über den Report REGCH_FILL vor (im Delta-Modus). Mithilfe dieses Reports werden Änderungen an Ihrer Zusammensetzung in die SVT-eigenen Stammdatentabellen geschrieben.

  Für den Tracking-Lauf ist Report RREGCH_VT wichtig (im Delta-Modus). Je nachdem, wie aktuell Sie Ihre Tracking-Ergebnisse benötigen, sollten Sie den Report regelmäßig einplanen. Es empfiehlt sich, den Lauf einmal pro Nacht laufen zu lassen. Je nach Laufzeit ist eine Aufsplittung in verschiedene Jobs sinnvoll. Kriterium zum Aufsplitten ist dabei das Szenario. Sie können z.B. einen Job je Szenario einplanen.

- **Re-Tracking**
  SVT bietet Ihnen die Möglichkeit, Daten zu einem bestimmten Material/Stoff erneut zu tracken. Dies kann z.B. dann notwendig sein, wenn sich die Zusammensetzung eines Stoffes geändert hat. Angenommen Sie haben von Januar bis Juni einen Stoff getrackt. Nun stellen Sie fest, dass die Zusammensetzung nicht korrekt gepflegt war. Um die vergangenen Tracking-Daten zu korrigieren, können Sie den Report RREGCH_RESTART_VT ausführen. Dieser hat den Vorteil, dass Sie materialspezifisch korrigieren können und nicht das gesamte Tracking neu aufbauen müssen.

  Der Report löscht alle Tracking-Ergebnisse des Materials in dem von Ihnen eingegebenen Zeitraum und baut die Daten neu auf. Problematisch ist hierbei nur die Performance des Reports. Sie sollten ihn daher am besten zu fest definierten Zeitpunkten ausführen und dann mehrere geänderte Materialien auf einmal re-tracken.

▶ **Tracking auf Materialebene ein-/ausschalten**
Sie haben die Möglichkeit, auf Materialebene das Tracking zu deaktivieren. Wenn Sie z. B. wissen, dass ein bestimmtes Material mit all seinen Inhaltsstoffen bei Ihnen niemals registrierpflichtig wird, ist es sinnvoll, dieses von SVT auszugrenzen.

Die Ausgrenzung wird technisch über eine Materialklassifizierung gelöst. Legen Sie sich dazu am besten eine eigene Klasse mit der Klassenart 001 (Materialklasse) an und ordnen das Merkmal SAP_EHS_SVT_RELEVANT zu. Das Merkmal kann die beiden Werte 1 (Ja) und 0 (Nein) annehmen.

Zur Aktivierung dieses Materialfilters müssen Sie im Customizing noch den Umgebungsparameter SVT_MATERIAL_CLASS mit dem Klassennamen befüllen. Um eigene Filtermethoden zu implementieren, müssen Sie den Funktionsbaustein CBRC_MM_REL_MATNR_FILTER individuell anpassen.

▶ **Archivierung von Tracking-Ergebnissen**
Die getrackten Mengen verbleiben bis zur Archivierung in den Tracking-Ergebnistabellen von SVT. Über Jahre hinweg wachsen die Tabellen sehr schnell und wirken sich negativ auf die Performance bei der Auswertung aus. Die Archivierung bietet Ihnen dann die Möglichkeit, die kumulierten Mengen in den Eigenschaftsbaum der Listenstoffe zurückzuschreiben, auf Basis des überwachten Stoffes und des Buchungskreises (Legal Entity) und mit Bezug zum Werk und Jahr.

Führen Sie die Archivierung über den Report RREGCH_VT_CONDENSE_SAVE aus. Beachten Sie dabei, dass die Archivierung die Daten aus den Tracking-Ergebnistabellen löscht und diese dann nicht mehr über die Transaktion CBRC20 ausgewertet werden können.

▶ **Online-Checks**
In erster Linie hat SVT reinen Monitoring-Charakter und greift nicht aktiv in die Prozesse ein. Sie haben jedoch auch die Möglichkeit, online, d.h. während des Prozesses die Mengenschwellen zu prüfen. SVT nutzt dazu verschiedene User Exits/BAdIs, die beim Anlegen/Sichern eines Logistikbelegs (z. B. Bestellung oder Prozessauftrag) ausgeführt werden. Dort wird dann der Gesamtstatus der beteiligten Stoffe geprüft, und bei einer Überschreitung der registrierten Menge wird eine Warnung ausgegeben bzw. der Prozess wird direkt geblockt.

▶ **Umgebungsparameter**
Überprüfen Sie folgende Umgebungsparameter (siehe Tabelle 4.1):

Umgebungsparameter	Bedeutung
SVT_MATERIAL_CLASS	In diesem Umgebungsparameter ordnen Sie die Materialklasse zu, mit der Sie Materialien vom Substance Volume Tracking ausschließen können.
SVT_PRO_PROFILE	Wenn Sie Online-Prüfungen in logistischen Belegen durchführen wollen, müssen Sie diesen und die folgenden drei Parameter füllen. Belege (z.B. Prozessaufträge) werden über ein Anwenderstatusschema gesperrt. Dieses Anwenderstatusschema enthält wieder mehrere Status. In diesem Parameter geben Sie das Anwenderstatusschema ein, das Sie für das Szenario »Produktion« verwenden möchten.
SVT_PRO_STATUS	In diesem Parameter geben Sie einen konkreten Status des bereits definierten Anwenderstatusschemas ein, den Sie für das Szenario »Produktion« verwenden möchten und der einen Produktionsbeleg sperrt.
SVT_SO_PROFILE	Analog zu Parameter SVT_PRO_PROFILE, hier handelt es sich aber um das Szenario »Sales«.
SVT_SO_STATUS	Analog Parameter SVT_PRO_STATUS, hier handelt es sich aber um das Szenario »Sales«.
SVT_ARCHIVE_PLAN_DATA	Aktivieren Sie diesen Parameter (X), wenn Sie getrackte Daten zurück in die Eigenschaften im Eigenschaftsbaum übertragen und somit archivieren möchten.
SVT_EHS_RFCDEST	Geben Sie hier eine RFC-Destination an, falls Ihr SAP EHS Management-System auf einem anderen System als SVT läuft. So können Sie beim SVT zum Beispiel in der Auswertung Daten aus den EHS-Spezifikationen (z.B. Identifikatoren) nachlesen.
SVT_HITLIST_MAX_ENTRIES	Maximale Trefferzahl auf der Trefferliste
SVT_LOG_EXPIRY_TIME	Anzahl der Tage, nach der das Anwendungslog verfällt.
SVT_TOLERANCE_PRO	Definieren Sie hier die Toleranz in Prozent, die im Szenario »Produktion« beim Input-Output-Vergleich angewendet wird. Nur wenn die vom I/O-Vergleich ermittelte produzierte Menge größer als die hier angegebene Prozentzahl von der Gesamtauftragsmenge ist, trackt SVT eine Menge. Lassen Sie den Parameter leer, wenn Sie keine Toleranz pflegen wollen.
SVT_TRACKING_DIFF_TIME	Zeit in Minuten, die ein Beleg vor dem Tracking-Lauf angelegt worden sein muss. Wir empfehlen hier mindesten zwei Minuten zu pflegen. So ist sichergestellt, dass der Beleg zum Zeitpunkt des Trackings bereits vollständig verbucht wurde.

Tabelle 4.1 Umgebungsparameter

▶ **Kundenindividuelle Funktionsbausteine**
SVT bietet Ihnen die Möglichkeit, sämtliche Funktionsbausteine, die Sie im Customizing zuordnen können, anzupassen. Sie können diese dann einfach in Ihren Kundennamensraum kopieren und Ihre individuellen Anforderungen einprogrammieren: Achten Sie aber auch darauf, dass diese Funktionsbausteine wieder Unterfunktionen aufrufen, die auch von anderen Programmteilen verwendet werden.

4.6 Erweiterungen

Aufgrund der noch jungen gesetzlichen Situation, u.a. bei der Vorschrift REACH, hat die SAP noch einige Erweiterungen für SVT bereitgestellt. Mit dem aktuell verfügbaren Erweiterungspaket 5 (EHP5) stehen Ihnen zusätzliche Eigenschaften und Funktionen zur Verfügung:

▶ **Abbildung des Only Representative**
Ein Only Representative (OR) ist ein Alleinvertreter, der im Namen einer Legal Entity Stoffregistrierungen vornimmt. Haben Sie beispielsweise drei verschwesterte Firmen in der EU und alle drei Firmen importieren denselben Stoff von außerhalb der EU, muss auch jede Firma den Stoff registrieren. Nun ist es bei einigen gesetzlichen Vorschriften möglich, die Registrierung über einen Alleinvertreter zu organisieren. Firma 1 kann dann z.B. die Stoffe für Firma 2 mit registrieren. Importiert Firma 1 also einen Stoff, müsste dieser mit Bezug zur Legal Entity der Firma 2 ermittelt werden. Diese Beziehung von Legal Entity zu einem Only Representative wird über diese Funktion abgedeckt.

Sie können externe Only Representatives als externe Geschäftspartner definieren oder bei Konzernen einen internen OR als Buchungskreis angeben und diesen materialspezifisch zuordnen. Diese Zuordnung wird dann bei der Auswertung berücksichtigt.

▶ **Erweiterte Importidentifikation**
Sie haben hier die Möglichkeit zu definieren, wie Warenlieferanten und anderen Partnerrollen in der SVT-Bestellung zur Importidentifikation berücksichtigt werden.

▶ **Abbildung von Zolllagern**
Wird Ware zwar physisch in die EU eingeführt, aber nicht rechtlich (d.h. nicht verzollt), befindet sie sich im Transit. Die Mengen unterliegen dann nicht der Vorschrift REACH. Wareneingänge in ein sogenanntes Zolllager müssen daher vom Tracking ausgenommen werden. Entnahmen bzw.

Einfuhren vom Zolllager in den Rechtsraum der EU sind dahingegen registrierpflichtig.

Ab EHP5 können Sie Werks-/Lagerort-Kombinationen als Zolllager definieren, die dann entsprechend beim Tracking berücksichtigt werden.

▸ **Nachvollziehbarkeit von getrackten Mengen**
Insbesondere bei der Anlaufphase von SVT sind die Ergebnisse oft nur schwer nachvollziehbar. Nur bei geplanten Mengen ist noch ein Belegbezug zur Bestellung oder zum Produktionsauftrag vorhanden. Bei bestätigten Mengen dagegen finden Sie keinen Bezug. Um hier die Mengen nachvollziehen zu können, müssen Sie aufwendige Vergleiche mit den Materialbeleglisten erstellen. Ab EHP5 können Sie die logistischen Referenzbelege noch bis drei Monate in die Zukunft nachvollziehen und Tracking-Fehler somit leichter aufspüren.

▸ **Berechnung des Drei-Jahres-Durchschnittstwerts**
Sie können für getrackte Stoffe einen Drei-Jahres-Durchschnitt berechnen lassen. Insbesondere für die Vorschrift REACH ist der Drei-Jahres-Durchschnitt von Belang.

4.7   Fazit

SVT kann Sie bei der Einhaltung der Compliance in Bezug auf Stofflisten unterstützen. Der technische Ablauf von SVT ist relativ einfach. Die Prozesse, die bei einer SVT-Einführung analysiert und abgegrenzt werden müssen, sind jedoch sehr komplex. Das gleiche gilt für die beteiligten Stammdaten. Durch die neuesten Erweiterungen (EHP5) des SVT bietet Ihnen dieses auch die notwendige Flexibilität.

Beachten Sie jedoch, dass die Datenqualität und das Bewusstsein über die zu betrachtenden Prozesse im Import- und Produktionsbereich die entscheidenden Erfolgsfaktoren für die SVT-Einführung sind. Die oft fehlende Kommunikation zwischen den beteiligten Logistikeinheiten (Einkauf, Supply Chain, Produktion) und mit den Compliance-Einheiten bzw. der Produktsicherheit stellt in einem Einführungsprojekt eine sehr große Herausforderung dar. Achten Sie daher auf das entsprechende Bewusstsein von Compliance in den jeweiligen Einheiten, und bringen Sie in Ihrem Projekt die beteiligten Personen an einen gemeinsamen Tisch.

Die Komponente »Gefahrgutabwicklung« erlaubt Ihnen,
gefahrgutrelevante Daten zu erfassen und zu verwalten.
Zusätzlich definieren Sie dort Gefahrgutprüfungen für die
Verwendung in Ihren logistischen Prozesse sowie die Ausgabe
von Gefahrgutinformationen auf Dokumenten.

5   Gefahrgutabwicklung

Die Beförderung von gefährlichen Gütern und die Berücksichtigung der
damit verbundenen gesetzlichen Bestimmungen ist eine Standardaufgabe für
Unternehmen der chemischen Industrie. Aber auch für andere Unternehmen kann dies ein Thema werden, wenn beispielsweise Geräte wie Hei-
zungsthermostate oder Automobilersatzteile wie Airbags gefährliche Stoffe
enthalten, deren Transport den Regelungen des Gefahrgutrechts unterliegt.

5.1   Rechtlicher Hintergrund

Laut dem Gesetz über die Beförderung gefährlicher Güter sind Gefahrgüter
»Stoffe und Gegenstände, von denen auf Grund ihrer Natur, ihrer Eigen-
schaften oder ihres Zustandes im Zusammenhang mit der *Beförderung*
Gefahren für die öffentliche Sicherheit oder Ordnung, insbesondere für die
Allgemeinheit, für wichtige Gemeingüter, für Leben und Gesundheit von
Menschen sowie für Tiere und Sachen ausgehen können (Gesetz über die
Beförderung gefährlicher Güter, §2).

Der Begriff *Beförderung* umfasst hierbei neben dem eigentlichen Transport
auch sogenannte Vorbereitungs- und Abschlusshandlungen, z.B. die folgenden:

▸ Verpacken

▸ Verladen

▸ Versenden

▸ Empfang

▸ Entladen

Internationale Grundlage des Gefahrgutrechts sind die von den Vereinten Nationen herausgegeben »Model Regulations« der UN Recommendations on the Transport of Dangerous Goods. Auf ihnen basieren die meisten internationalen Abkommen sowie die Ableitung nationaler Verordnungen.

Der Transport gefährlicher Güter, die nicht den Beförderungsvorschriften entsprechen, ist nicht zulässig und kann – auch ohne, dass ein Transportunfall geschieht – zu empfindlichen Geldstrafen führen.

Basis für die Kennzeichnung gefährlicher Güter ist die sogenannte UN-Nummer, eine vierstellige Kennnummer, die für alle Gefahrgüter im sogenannten *Orange Book* festgelegt wird (von der UN Recommendations on the Transport of Dangerous Goods).

5.2 Gefahrgutgrunddaten pflegen

Die Pflege der für die Gefahrgutabwicklung notwendigen Grunddaten erfolgt an den Objekten der Spezifikationsdatenbank und am Materialstamm. Diese Grunddaten werden in einem darauf folgenden Prozess – der *Gefahrgutstammbefüllung* – nach definierten Regeln in den Gefahrgutstamm überführt und stehen dann dort für die Prozesse in der Gefahrgutabwicklung zur Verfügung.

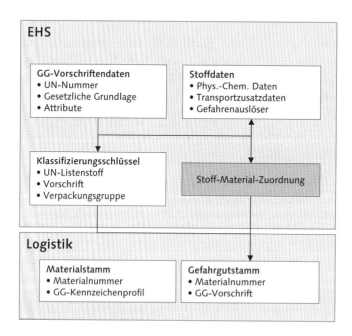

Abbildung 5.1 Stammdaten für die Gefahrgutabwicklung im Überblick

Abbildung 5.1 zeigt die Grunddaten/Stammdaten der Gefahrgutabwicklung im Überblick.

5.2.1 UN-Listenstoffe

Analog zum Listenstoff in der Komponente »Produktsicherheit« wird in der Gefahrgutabwicklung die Spezifikationsart *UN-Listenstoff* (LS_UN_SUB) verwendet, um die gesetzlich vorgeschriebenen Daten abzubilden. Der UN-Listenstoff dient im SAP System somit als Container für die Daten der verschiedenen Gefahrgutvorschriften.

Für die Pflege von UN-Listenstoffen gelten prinzipiell dieselben Voraussetzungen wie für alle anderen Objekte der Spezifikationsdatenbank. Sie können UN-Listenstoffe in der Stoff-Workbench (Transaktion CG02) entweder manuell anlegen und pflegen oder die gesetzlichen Daten über einen externen Datenprovider beziehen. Im Folgenden beschreiben wir den manuellen Pflegeprozess. Dieser besteht aus den folgenden Schritten:

1. Pflege von UN-Listenstoffen

2. Pflege von Gefahrgutklassifizierungen

3. Verknüpfung von Realstoffen mit Gefahrgutklassifizierungen

Abbildung 5.2 Identifikatoren für den UN-Listenstoff »UN 1993«

Zuerst müssen Sie eine Spezifikation der Spezifikationsart LS_UN_SUB anlegen und für diese zusätzliche Identifikatoren wie die UN-Nummer (NUM; UN) und zugehörige Bezeichner pflegen. Abbildung 5.2 zeigt exemplarisch die sprachabhängigen Identifikatoren für den UN-Listenstoff UN 1993.

Für die Spezifikationsart LS_UN_SUB ist in der SAP EHS Management-Standardauslieferung der Eigenschaftsbaum EH&S GEFAHRGUTVORSCHRIFTEN (LS_UN_TREE) zugeordnet, an dem Sie als einzige Bewertungsart die Eigenschaft GEFAHRGUTVORSCHRIFTEN pflegen können.

In dieser Bewertungsart bilden Sie pro Gefahrgutvorschrift die entsprechenden gesetzlichen Daten zur Beförderung ab. Im Regelfall werden Sie in diesen Eigenschaften daher immer mehrere Bewertungsinstanzen anlegen

Gefahrgutvorschriften – Bewertung

Die in der Registerkarte BEWERTUNG am UN-Listenstoff gepflegten Daten beziehen sich immer auf eine definierte Gefahrgutvorschrift und Gefahrgutklasse. Diese Informationen sind als Merkmale ausgeprägt. Folgende Merkmale müssen Sie pro Bewertungsinstanz pflegen:

▸ Gefahrgutvorschrift

▸ Sammelnummer (Ja/Nein)

▸ Transport zugelassen

▸ Gefahrgutklasse

[+] | **Merkmale »Gefahrgutvorschrift« und »Gefahrgutklasse«**

Die Merkmale »Gefahrgutvorschrift« und »Gefahrgutklasse« sind hierbei nicht mit Phrasenauswahlmengen verknüpft, sondern mit Tabellenwerten aus den IMG-Aktivitäten GEFAHRGUTVORSCHRIFTEN FESTLEGEN, GEFAHRGUTKLASSEN und KLASSIFIZIERUNGSCODES FESTLEGEN. Gleiches gilt auch für das mehrfach bewertbare Merkmal »Gefahrzettel«. Für die Pflege mehrerer Gefahrzettel können Sie bei der Eingabe ein Semikolon als Trennzeichen benutzen.

Die Bewertungsart GEFAHRGUTVORSCHRIFTEN (Feld BEWERTUNG) enthält noch weitere Reiter für zusätzliche ergänzende Daten:

▸ **Gefährdungsklassifizierung**
Auf dem Reiter GEFÄHRD. KLASSIFIZ. geben Sie zu definierten Kombinationen aus *Gefahrgutbuchstabe* und *Verpackungsgruppe* (entspricht dem Gefährdungspotenzial) an, welche Mengen pro Beförderungseinheit transportiert werden dürfen. Diese Verpackungsmethode (z.B. Packing

Instruction Number) ordnen Sie dann zu. Auch die Gefahrnummer wird hier hinterlegt (siehe Abbildung 5.4).

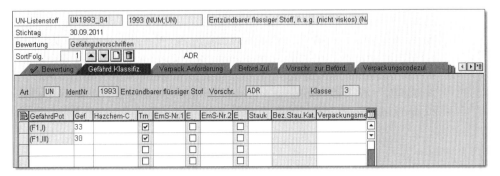

	Bewertungsinstanz 1	Bewertungsinstanz 2	Bewertungsinstanz 3
SortReihenfolge	1	2	3
Beurteilung	0	0	0
SpezStatus			
Vererbung			
Gefahrgutvorschrift	ADR	IATA_C	IMDG
Sammelnummer	Ja	Ja	Ja
Transport zugelassen	Ja	Ja	Ja
Gefahrgutklasse	3	3	3
Unterklasse			
Ziffer Volltransport			
Blatt			
Gefahrzettel-Nummer	3	3	3
Trennschlüssel			
Zusammenladeregel			
Zus.ladegruppe (Vorschrift)			
Höchstmenge je BeфördEinheit			
Marine Pollutant			Meeresschadstoff
MFAG-Nummer 1			310
MFAG-Nummer 2			

Abbildung 5.3 Beispiel für Bewertungen zum UN-Listenstoff »UN 1993«

Abbildung 5.4 Reiter »Gefährdungsklassifizierung« in der Eigenschaft »Gefahrgutvorschriften«

▶ **Verpackungsanforderung**

Auf dem Reiter VERPACK. ANFORDERUNG legen Sie die maximal zugelassenen Mengen in Abhängigkeit des Gefährdungspotenzials und der Verpackungsgruppe fest.

► **Beförderungszulassung**

Auf dem Reiter BEFÖRD. ZUL. geben Sie an, ob die Beförderung für die Kombination aus Gefährdungspotenzial und Beförderungsart zulässig ist.

Abbildung 5.5 Reiter »Beförderungszulassung«

5.2.2 Gefahrgutklassifizierungen

Basierend auf den im UN-Listenstoff abgelegten Daten können Sie dann im zweiten Schritt (nachdem Sie die UN-Listenstoffe angelegt haben) eine Gefahrgutklassifizierung Ihrer Produkte durchführen. Diese Klassifizierung erfolgt über Objekte vom Spezifikationstyp »Gefahrgutklassifizierung« (DG_CL_SUB). Gefahrgutklassifizierungen sind die Bindeglieder zwischen den Gesetzesdaten der UN-Listenstoffe und den in einem Unternehmen physisch gehandhabten Realstoffen. Somit sind sie auch ein Abbild des Expertenwissens in Ihrem Unternehmen.

Falls Sie z.B. Stoffe handhaben und transportieren, die mit der UN-Nr. 1993 zu bezeichnen wären, gilt es zu entscheiden, welche Verpackungsgruppe für Ihren Realstoff korrekt ist. Die Zuordnung der Verpackungsgruppe erfolgt dabei anhand der physikalisch-chemischen Eigenschaften des Realstoffs. Hierzu zählen beispielsweise Dampfdruck, Siedepunkt, Flammpunkt und Viskosität. Die Zuordnungsregeln sind in den jeweiligen Dokumentationen zu den Gefahrgutvorschriften hinterlegt.

Hierzu legen Sie Spezifikationen vom Typ »Gefahrgutklassifizierung« (DG_CL_SUB) an. Als Identifikatoren für die Gefahrgutklassifizierung können Sie z.B. eine sprechende Beschreibung Ihres Klassifizierungsschlüssels sowie die UN-Nummer ablegen. Letztendlich geht es hierbei vor allem darum, dass Sie Ihre Objekte nach gewünschten Suchkriterien im System wiederfinden.

Der im SAP-Standard den Objekten der Spezifikationsart DG_CL_SUB zugeordnete Eigenschaftsbaum GEFAHRGUTKLASSIFIZIERUNG enthält die im Regelfall zu pflegenden Eigenschaften. Die wichtigste Eigenschaft ist darin die gleichnamige GEFAHRGUTKLASSIFIZIERUNG. Diese enthält neben der Registerkarte

Bewertung noch zusätzliche Registerkarten, in denen weitere gefahrgutrelevante Daten in Tabellenform erfasst werden.

Als einziges Merkmal enthält die Eigenschaft Gefahrgutklassifizierung das Feld Aggregatzustand bei Beförderung, über das durch Auswahl einer Phrase gekennzeichnet werden kann, ob das Produkt in flüssiger oder fester Form transportiert wird. Eine weitere Ausprägung wäre z. B. der Transport als erwärmte flüssige Schmelze, die sich gefahrgutrechtlich vom Transport als Feststoff unterscheidet.

Auf dem Reiter Transportkl. (Transportklassifizierung) verknüpfen Sie die Gefahrgutklassifizierungen mit UN-Listenstoffen über einen Tabelleneintrag in der sogenannten Transportklassifizierung. Hier können Sie auch pro Vorschrift eine Spezifikation der Spezifikationsart »UN-Listenstoff« zuordnen (siehe Abbildung 5.6).

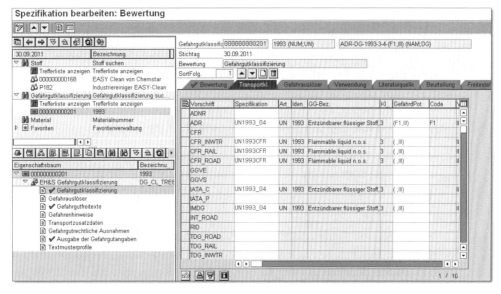

Abbildung 5.6 UN-Listenstoffe in der Eigenschaft »Gefahrgutklassifizierung« zuordnen

UN-Listenstoffangaben anzeigen [+]

Sie können auf dem Reiter Transportklassifizierung durch Doppelklick auf den zugeordneten UN-Listenstoff ein Fenster öffnen und sich dort Angaben zum UN-Listenstoff anzeigen lassen.

Der Reiter Gefahrauslöser dient der Zuordnung von gefahrauslösenden Stoffen. Auch diese Zuordnung erfolgt pro Gefahrgutvorschrift. Sie können maximal drei Gefahrauslöser pro Vorschrift zuordnen. Zusätzlich zu den »normalen« Gefahrauslösern stehen Ihnen hier auch die Arten MARINE POLLUTANT und REPORTABLE QUANTITIES zur Verfügung, die für bestimmte Gefahrgutvorschriften anzugeben sind.

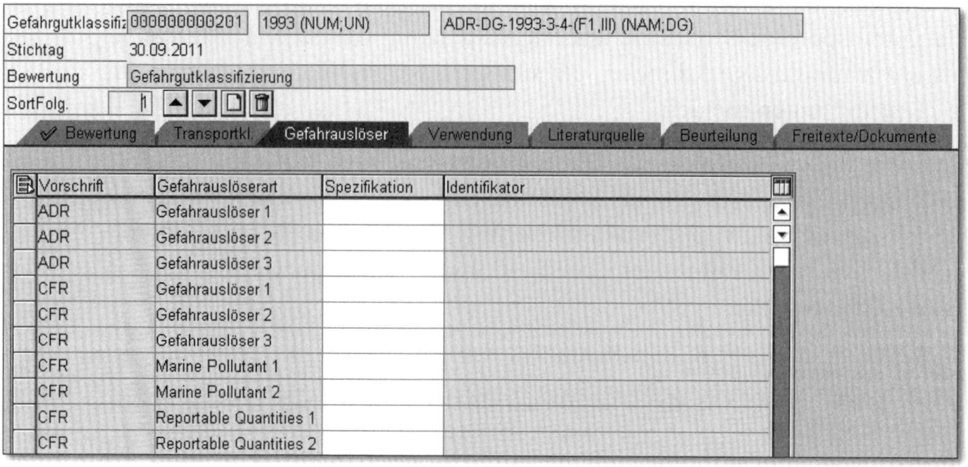

Abbildung 5.7 Reiter »Gefahrauslöser« in der Eigenschaft »Gefahrgutklassifizierung«

In der Eigenschaft GEFAHRGUTFREITEXTE können Sie z.B. Texte zu Ausnahmeregelungen wie der Sondervorschrift 640E für ADR erfassen.

In der Eigenschaft AUSGABE DER GEFAHRGUTANGABEN können Sie vorschriftenabhängig sogenannte Textmusterphrasen angeben, die in SAPscript-Formularen zur variablen Textausgabe in Transportdokumenten genutzt werden können (siehe Abschnitt 5.5.2).

Wenn Sie eine Gefahrgutklassifizierung erstellt und mit einem UN-Listenstoff wie beschrieben über die Transportklassifizierung verknüpft haben, können Sie den Prozess der Gefahrgutklassifizierung abschließen. Dies tun Sie, indem Sie die Gefahrgutklassifizierung einem Realstoff oder einem Material zuordnen, also einem Realstoff wahlweise über Referenz oder Vererbung die entsprechende Gefahrgutklassifizierung zuweisen. Der zu klassifizierende Realstoff muss dabei eine aktive Materialzuordnung auf dem Reiter MATERIALZUORDNUNG im Spezifikationskopf besitzen, damit später eine Gefahrgutstammbefüllung durchgeführt werden kann.

In bestimmten Situationen kann es notwendig sein, einzelne Materialien, die einem Realstoff zugeordnet sind, abweichend zu klassifizieren. Dies können Sie erreichen, indem Sie die betreffende Gefahrgutklassifizierung im Spezifikationskopf über die Registerkarte MATERIALZUORDNUNGEN direkt mit einem

Material verknüpfen. Dies kann bei der Anwendung von Mindermengenregelungen der Fall sein, wenn ein Material unterhalb einer bestimmten Verpackungsgröße als Nicht-Gefahrgut befördert werden darf.

Priorität der Zuordnung	**[+]**

Wenn Sie das Material direkt der Gefahrgutklassifizierung zuordnen, hat diese Zuordnung die höhere Priorität bei der späteren Gefahrgutstammbefüllung als die Zuordnung der Gefahrgutklassifizierung zum Realstoff.

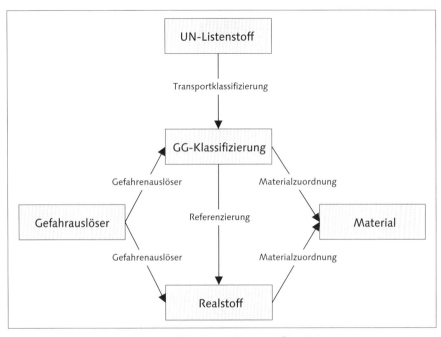

Abbildung 5.8 Datenmodell der Gefahrgutgrunddaten im Überblick

In Abbildung 5.8 sehen Sie eine schematische Darstellung des Datenmodells der Gefahrgutgrunddaten. Sie zeigt das mögliche Zusammenspiel der beteiligten Objekte UN-Listenstoff, Gefahrgutklassifizierung, Gefahrauslöser, Material und Realstoff im Überblick.

5.3   Gefahrgutstamm

Der Gefahrgutstamm ist das zentrale Objekt der Gefahrgutabwicklung in SAP EHS Management. Der Gefahrgutstamm enthält die Daten, die notwendig sind, um in den logistischen Prozessen Gefahrgutprüfungen durchzuführen und Gefahrgutpapiere zu erzeugen. Der Gefahrgutstamm ist eine Erweiterung des Materialstamms und wird pro Material und Gefahrgutvorschrift angelegt (siehe Abbildung 5.9). Der Gefahrgutstamm liefert die Daten für die Gefahrgutprüfungen sowie für den Andruck der Gefahrguttexte auf den Gefahrgutpapieren.

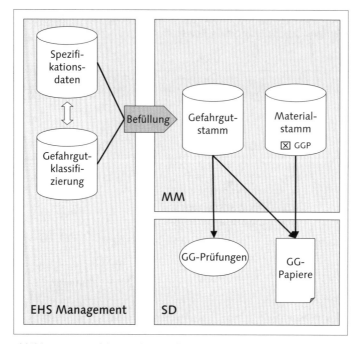

Abbildung 5.9 Gefahrgutschnittstellen

In den folgenden Abschnitten wird die Struktur des Gefahrgutstamms erläutert sowie die Gefahrgutstammbefüllung im Detail beschrieben. Im Regelfall wird der Gefahrgutstamm nicht manuell angelegt, sondern aus den Daten der klassifizierten Realstoffe befüllt.

5.3.1 Datenmodell des Gefahrgutstamms

Der Gefahrgutstamm besteht technisch aus drei Tabellen:

- Tabelle DGTMD – Gefahrgutstamm
- Tabelle DGTM2 – Gefahrgutstamm (Anhangtabelle)
- Tabelle DGTPK – Verpackungsanforderung

Diese »flache« Datenstruktur ähnelt dem Materialstamm und dient der besseren Performance für die Datenprüfung und -ausgabe in den logistischen

Prozessen. Sie können den Gefahrgutstamm wahlweise manuell pflegen oder mittels der Gefahrgutstammbefüllung automatisch aus der Spezifikationsdatenbank befüllen lassen.

5.3.2 Gefahrgutstammbefüllung

Als Voraussetzung für die Gefahrgutstammbefüllung müssen Sie die Gefahrgutklassifizierung in der in Abschnitt 5.2.2 beschriebenen Weise durchgeführt haben:

1. Sie haben UN-Listenstoffe gepflegt.
2. Sie haben Gefahrgutklassifizierungen und Gefahrauslöser definiert.
3. Sie haben Ihre Realstoffe klassifiziert.
4. Sie haben Materialien angelegt und diesen Realstoffe zugeordnet.
5. Sie haben im Materialstamm das Gefahrgutkennzeichenprofil gepflegt.

Anschließend können Sie mit der Gefahrgutstammbefüllung beginnen. Die Gefahrgutstammbefüllung kann manuell im Dialog erfolgen oder als Hintergrundjob eingeplant werden. Die manuelle Befüllung des Gefahrgutstamms erfolgt über die Transaktion DGE5 (siehe Abbildung 5.10).

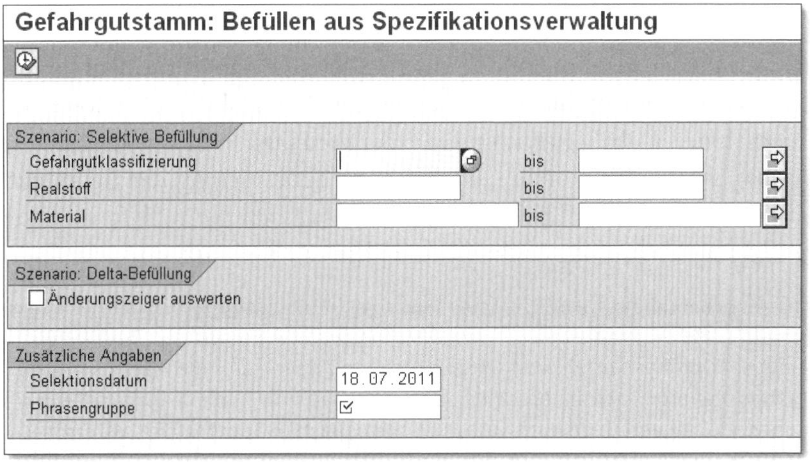

Abbildung 5.10 Transaktion DGE5 – Gefahrgutstammbefüllung (Transaktion DGE5)

Sie können die Gefahrgutstammbefüllung selektiv für Gefahrgutklassifizierungen (Spezifikationsart DG_CL_SUB), Realstoffen (REAL_SUB) oder Materialien durchführen. Hierbei werden abhängige Objekte automatisch mit in die Befüllung einbezogen.

▶ **Gefahrgutklassifizierung**
Alle Spezifikationen mit Referenz zur Gefahrgutklassifizierung sowie alle zugeordneten Materialien werden befüllt.

▶ **Realstoff**
Alle zugeordneten Materialien sowie deren gegebenenfalls vorhandenen Klassifizierungen werden befüllt.

▶ **Material**
Nur das selektierte Material wird befüllt.

▶ **Selektionsdatum**
Ein Datensatz wird erzeugt, der ab einem bestimmten Tag gültig ist.

Die notwendige Angabe einer Phrasengruppe (Bereich ZUSÄTZLICHE ANGABEN) bei der Befüllung rührt daher, dass im Rahmen der Gefahrgutstammbefüllung Identifikatoren aus der Spezifikationsdatenbank in Phrasen umgewandelt werden. Die sprachabhängigen Einträge werden in Phrasenpositionen umgesetzt und die dabei erzeugten Phrasen dieser Phrasengruppe zugeordnet.

Die Angabe eines Selektionsdatums bei der Gefahrgutstammbefüllung erlaubt Ihnen die Pflege von Daten für die Zukunft (siehe Abbildung 5.11). Wenn Sie hier ein Datum eingeben, das in der Zukunft liegt, gelten die entsprechend befüllten Daten erst ab diesem Datum. Dies bedeutet einen unschätzbaren Vorteil bei Massenänderungen, die durch Anpassungen von Gefahrgutvorschriften zu bestimmten Stichdaten notwendig sind. Insbesondere wenn Sie als Unternehmen global agieren und in einer verteilten Systemlandschaft mit ALE-Szenarien arbeiten, können Sie durch die Terminierung der Gefahrgutstammsätze in die Zukunft Dateninkonsistenzen durch die zeitlich versetzte Pflege und Datenverteilung effektiv vermeiden.

[zB] | **Terminierung in die Zukunft, um Inkonsistenzen zu vermeiden**
Bei einer sehr großen Anzahl von Gefahrgutstammsätzen kann die ALE-Verteilung der Daten mehrere Tage in Anspruch nehmen. Dadurch können Inkonsistenzen entstehen, da auf verschiedenen Systemen zum gleichen Stichtag sich unterscheidende Gefahrgutstammsätze zum gleichen Material befinden können.

Da die Anpassungen der Gefahrgutvorschriften häufig zum 1. Januar eines Jahres in Kraft treten und teilweise keine Übergangsfristen gesetzt werden, können Sie auf diese Weise Ihre Mitarbeiter von der Feiertagsarbeit am Neujahrstag befreien.

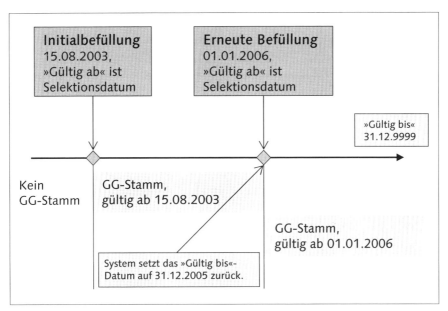

Abbildung 5.11 Systemverhalten bei der Gefahrgutstammbefüllung hinsichtlich des Selektionsdatums

Abbildung 5.11 zeigt den Einfluss des Selektionsdatums auf die Gültigkeit der Gefahrgutstammsätze. Die erste Gefahrgutstammbefüllung erfolgt am 15.8.2003. Dabei wird dieses Datum im Feld GÜLTIG AB des Gefahrgutstamm befüllt. Im Feld GÜLTIG BIS wird der 21.12.9999 eingetragen. Sobald eine zweite Befüllung des gleichen Gefahrgutstammsatzes erfolgt, wird das GÜL-TIG BIS-Datum des bereits existierenden Satzes auf den Tag vor dem Selektionsdatum der Befüllung gesetzt. Im gezeigten Beispiel wird zum 1.1.2006 neu befüllt. Das System ändert für den bereits existierenden Stammsatz den Eintrag im Feld GÜLTIG BIS auf den 31.12.2005. Gleichzeitig erhält der neue Gefahrgutstammsatz ein GÜLTIG AB-Datum vom 1.1.2006.

Befüllungsobjekte definieren

Die Gefahrgutstammbefüllung selektiert Gefahrgutgrunddaten aus der Spezifikationsverwaltung und übernimmt diese in die entsprechenden Felder des Gefahrgutstamms. Die genaue Zuordnung der Tabellenfelder bzw. der Bewertungsarten der Spezifikationsdatenbank zu den Tabellenfeldern des Gefahrgutstamms erfolgt in der IMG-Aktivität ZUORDNUNGSOBJEKTE FÜR DIE BEFÜLLUNG FESTLEGEN (siehe Abbildung 5.12).

| Sicht "Zuordnungsobjekte für die Befüllung festlegen" ändern: Übersich |

Neue Einträge

Zieltyp	Tabellenname	Feldname	Quelltyp	Quelle Tabelle Bewertungsart	Feldname / Merkr
T	DGTM2	RSMLG1	C	SAP_EHS_1022_024	SAP_EHS_1022_
T	DGTM2	RSMLG2	C	SAP_EHS_1022_024	SAP_EHS_1022_
T	DGTM2	RSMLG3	C	SAP_EHS_1022_024	SAP_EHS_1022_
T	DGTMD	COLNO	C	SAP_EHS_1022_024	SAP_EHS_1022_
T	DGTMD	DENFEE	C	SAP_EHS_1013_005	SAP_EHS_1013_
T	DGTMD	DENFIF	C	SAP_EHS_1013_005	SAP_EHS_1013_
T	DGTMD	DENTWE	C	SAP_EHS_1013_005	SAP_EHS_1013_
T	DGTMD	DGCL	C	SAP_EHS_1022_024|	SAP_EHS_1022_
T	DGTMD	DGSC	C	SAP_EHS_1022_024	SAP_EHS_1022_
T	DGTMD	DGSHE	C	SAP_EHS_1022_024	SAP_EHS_1022_
T	DGTMD	DGTNA	C	SAP_EHS_1022_024	SAP_EHS_1022_
T	DGTMD	EIMDG	C	SAP_EHS_1022_024	SAP_EHS_1022_
T	DGTMD	EMSN1	C	SAP_EHS_1022_024	SAP_EHS_1022_
T	DGTMD	EMSN2	C	SAP_EHS_1022_024	SAP_EHS_1022_

Abbildung 5.12 Zuordnung der Befüllungsobjekte

Als Beispiel für die Zuordnung der Befüllungsobjekte schauen wir uns die Definition für das Feld DGCL der Tabelle DGTMD an (siehe Abbildung 5.12 und Tabelle 5.1).

Feldname	Ausprägung	Beschreibung
ZIELTYP	T	Tabelle ist der Standardwert
TABELLENNAME	DGTMD	Name der GG-Stammtabelle, in die der Quellwert befüllt werden soll
FELDNAME	DGCL	Name des Zieltabellenfeldes in der Tabelle DGTMD, hier »Klasse«
QUELLTYP	C	Die Quelle kann eine Klasse (aus einer Merkmalsbewertung) oder eine Tabelle (T) sein.
QUELLE TABELLE BEWERTUNGSART	SAP_EHS_1022_024	Name der Klasse (Stoffbewertungsart) aus der das Zielfeld zu befüllen ist, hier die Stoffbewertungsart »Gefahrgutvorschriften«
FELDNAME/ MERKMAL	SAP_EHS_1022_024_DGCL	Name des Merkmals, hier das Merkmal »Gefahrgutklasse«

Tabelle 5.1 Definition für das Feld DGCL der Tabelle DGTMD

Feldname	Ausprägung	Beschreibung
Zeitpunkt	3	Zeitpunkt der Zuordnung in der Befüllung, hier »UN-Listenstoff nach Listenstoff-Auflösung«
Name des Funktionsbausteins		Hier können kundeneigene Funktionsbausteine zur Datenselektion eingetragen werden.

Tabelle 5.1 Definition für das Feld DGCL der Tabelle DGTMD (Forts.)

Um die stark strukturierten Bewertungsinstanzen aus der Spezifikationsdatenbank in die eher flache Struktur des Gefahrgutstamms zu überführen, sind zusätzlich Definitionen für eine Priorisierung der Datenselektion notwendig. Diese können Sie in der IMG-Aktivität Priorisierung für Gültigkeitszeiträume je Vorschrift festlegen vornehmen.

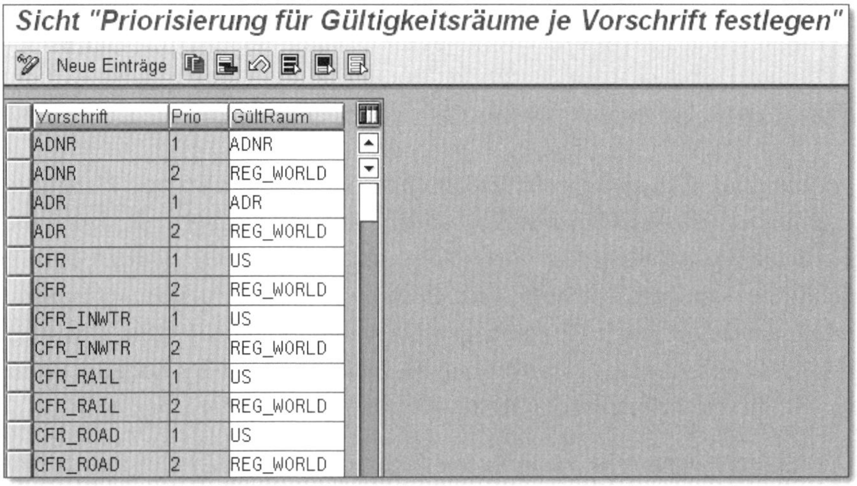
Sicht "Priorisierung für Gültigkeitsräume je Vorschrift festlegen"

Neue Einträge

Vorschrift	Prio	GültRaum
ADNR	1	ADNR
ADNR	2	REG_WORLD
ADR	1	ADR
ADR	2	REG_WORLD
CFR	1	US
CFR	2	REG_WORLD
CFR_INWTR	1	US
CFR_INWTR	2	REG_WORLD
CFR_RAIL	1	US
CFR_RAIL	2	REG_WORLD
CFR_ROAD	1	US
CFR_ROAD	2	REG_WORLD

Abbildung 5.13 Priorisierung der Gültigkeitsräume pro Vorschrift

In dieser Aktivität wird die Prioritätsreihenfolge der Gültigkeitsräume in Abhängigkeit der Gefahrgutvorschrift festgelegt. In Abbildung 5.13 sind für die Vorschrift ADR zwei Gültigkeitsräume eingetragen:

- Prio 1 – ADR
- Prio 2 – REG_WORLD

Die Priorität der Bewertungsinstanzen wird dabei nach folgendem Schema ermittelt:

Vor der eigentlichen Befüllung wird vom System geprüft, ob überhaupt gefahrgutrelevante Bewertungsinstanzen in der selektierten Bewertungsart vorhanden sind. Dies geschieht, indem die Einstufung und der Gültigkeitsraum in der Verwendung der Bewertungsinstanz geprüft werden. Eine Einstufung ist dann gefahrgutrelevant, wenn in der IMG-Aktivität EINSTUFUNG FESTLEGEN eine Priorität für Gefahrgut zugewiesen ist.

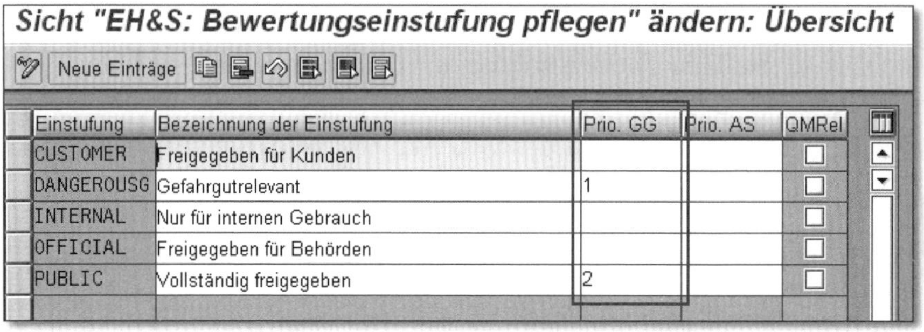

Einstufung	Bezeichnung der Einstufung	Prio. GG	Prio. AS	QMRel	
CUSTOMER	Freigegeben für Kunden			☐	
DANGEROUSG	Gefahrgutrelevant	1		☐	
INTERNAL	Nur für internen Gebrauch			☐	
OFFICIAL	Freigegeben für Behörden			☐	
PUBLIC	Vollständig freigegeben	2		☐	

Sicht "EH&S: Bewertungseinstufung pflegen" ändern: Übersicht

Abbildung 5.14 Zuordnung der GG-Priorität für Verwendungseinstufungen

In Abbildung 5.14 sind für die Einstufungen DANGEROUSG und PUBLIC im Feld PRIO. GG jeweils Einträge vorhanden. Stoffbewertungen, die keine dieser beiden Einstufungen in ihrer Verwendung enthalten, werden bei der Befüllung nicht berücksichtigt. Falls an einer Stoffbewertung zwei Instanzen mit je einer der beiden Einstufungen DANGEROUSG oder PUBLIC vorhanden sind, wird über die Priorisierung die Bewertung mit der höheren Priorität – in diesem Fall DANGEROUSG – für die Befüllung herangezogen.

Der Gültigkeitsraum ist dann für die Befüllung relevant, wenn ihm zusammen mit der zu befüllenden Gefahrgutvorschrift eine Priorität zugeordnet wurde oder wenn er mit dem Gültigkeitsraum der Gefahrgutvorschrift übereinstimmt. Bewertungsinstanzen mit dem Gültigkeitsraum REG_WORLD sind grundsätzlich befüllungsrelevant.

Das System befüllt die Bewertungsinstanz, deren Einstufung die höchste Gefahrgutpriorität besitzt. Dazu werden die Einträge der IMG-Aktivität EINSTUFUNGEN FESTLEGEN ausgewertet. Falls mehrere Bewertungsinstanzen dieselbe Priorität besitzen, erfolgt eine weitere Priorisierung über den Gültigkeitsraum anhand der Einträge in der IMG-Aktivität PRIORISIERUNG FESTLEGEN. Wird dort kein Eintrag gefunden, wertet das System die Gültigkeitsräume der

Gefahrgutvorschriften aus (siehe Abschnitt 5.6.2, »Gefahrgutvorschriften fest-legen«). Wird auch dort nichts gefunden, prüft das System, ob eine Instanz mit dem Gültigkeitsraum REG_WORLD vorhanden ist.

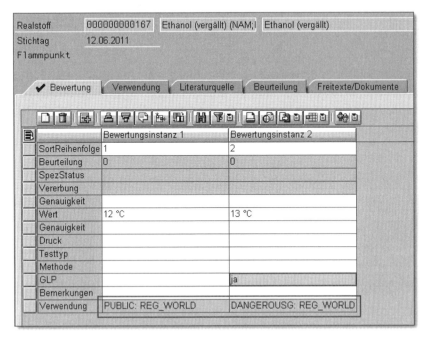

Abbildung 5.15 Zwei Bewertungsinstanzen mit unterschiedlichen Verwendungen

Wenn zwei Bewertungsinstanzen mit gleich hoher Priorität gefunden wer-den, wird der Gefahrgutstamm nicht mit der Bewertungsart befüllt!

Im sogenannten Anwendungslog können Sie die Befüllungsprotokolle einse-hen und sich detailliertere Fehlermeldungen anzeigen lassen. Sie erreichen das Anwendungslog im SAP-Menü unter GEFAHRGUTABWICKLUNG • HILFSMIT-TEL • IMPORT-PROTOKOLLE ANZEIGEN (siehe Abbildung 5.16).

Typ	Meldungstext	Ltxt
●	Spezifikation P182 Bewertung SAP_EHS_1022_032 nicht gesichert (gleiche Prioritäten)	⑦
◻	Datensatz mit Material P182 und Vorschrift ADR wurde gesichert	⑦
◻	Datensatz mit Material P182 und Vorschrift CFR_INWTR wurde gesichert	⑦
◻	Datensatz mit Material P182 und Vorschrift CFR_RAIL wurde gesichert	⑦
◻	Datensatz mit Material P182 und Vorschrift CFR_ROAD wurde gesichert	⑦
◻	Datensatz mit Material P182 und Vorschrift IATA_C wurde gesichert	⑦

Abbildung 5.16 Fehlermeldung im Anmeldungslog wegen Datensätzen mit gleicher Priorität

[+] | **Intervallwerte**

Intervallwerte in Bewertungen werden bei der Befüllung so interpretiert, als wäre kein Wert vorhanden. Stellen Sie gegebenenfalls sicher, dass keine Intervallwerte bei der Befüllung selektiert werden. Dies tun Sie durch die Pflege zusätzlicher, geeigneter Bewertungsinstanzen ohne Intervallangaben mit Verwendungseinstufung höherer Priorität.

Das System kann nur Datensätze zur Befüllung berücksichtigen, bei denen ein eindeutiger Schlüssel aus Material und Gefahrgutvorschrift gebildet werden kann. Abbildung 5.17 zeigte die Zuordnungen, die Sie prinzipiell erstellen können.

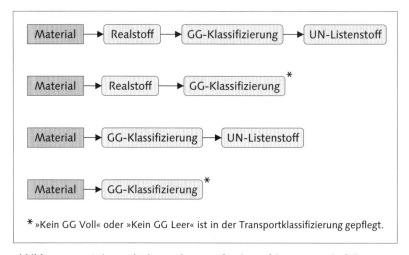

Abbildung 5.17 Gültige Objektzuordnungen für die Gefahrgutstammbefüllung

Abbildung 5.17 zeigt in der Übersicht die möglichen Objektzuordnungen für die Gefahrgutstammbefüllung. Die mit einem Stern gekennzeichneten Varianten sind jeweils für Nicht-Gefahrgüter vorgesehen. Hier benötigen Sie keine Zuordnung zum UN-Listenstoff.

5.3.3 Gefahrgutstamm anzeigen und bearbeiten

Die Transaktionen zur Bearbeitung des Gefahrgutstamms orientieren sich an der SAP-Standard-Nomenklatur für Anlage, Änderung und Anzeige:

- ▶ Transaktion DGP1 – Gefahrgutstamm anlegen
- ▶ Transaktion DGP2 – Gefahrgutstamm ändern
- ▶ Transaktion DGP3 – Gefahrgutstamm anzeigen

Die Schlüsselfelder für den Gefahrgutstamm sind MATERIAL und VORSCHRIFT (Gefahrgutvorschrift), dies sind auch die zentralen Selektionskriterien. Als weitere Selektionskriterien stehen folgende Felder zur Verfügung (siehe Abbildung 5.18):

► Verkehrsträgertyp

► Gültigkeitsraum

► Identnummer (UN-Nummer)

► Gefahrgutklasse

► Bearbeitungsstatus

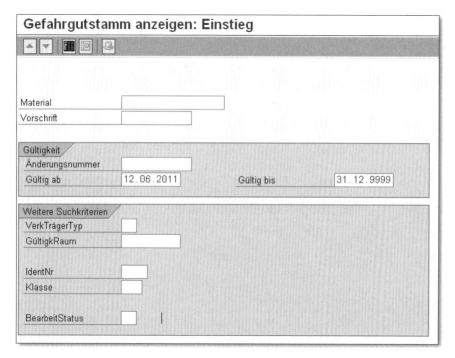

Abbildung 5.18 Selektionsbildschirm zur Anzeige des Gefahrgutstamms

Entsprechend des Selektionskriteriums, das Sie wählen, erhalten Sie im Folgenden eine tabellarische Trefferliste, aus der ein einzelner Stammsatz im Detail betrachtet werden kann. Abbildung 5.19 zeigt als Ergebnis eine Trefferliste ohne vorherige Eingabe eines Selektionskriteriums.

Über den Button DETAILSICHTEN lassen sich für einen definierten Gefahrgutstammsatz alle befüllten Daten in verschiedenen Registerkarten anzeigen (siehe Abbildung 5.19).

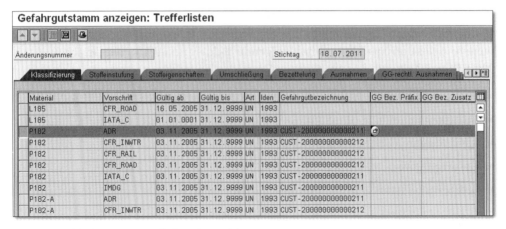

Abbildung 5.19 Trefferliste des Gefahrgutstamms

Auf dem Reiter KLASSIFIZIERUNG finden Sie allgemeine Daten wie die UN-Nummer, die Gefahrgutklasse, die Verpackungsgruppe sowie die Gefahrauslöser. In Abbildung 5.20 ist gut zu erkennen, dass bei der Gefahrgutstammbefüllung die als Identifikator gepflegte Bezeichnung des Gefahrguts sowie der Gefahrauslöser in Phrasen umgewandelt wurden.

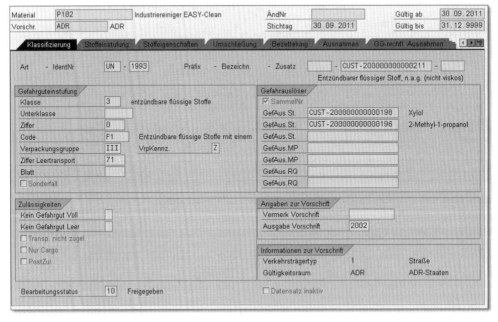

Abbildung 5.20 Detailsicht des Gefahrgutstamms

Zusätzlich sind auf diesem Reiter die Kennzeichen KEIN GEFAHRGUT VOLL und KEIN GEFAHRGUT LEER sowie das generelle Kennzeichen TRANSP. NICHT ZUGEL. im Bereich ZULÄSSIGKEITEN aufgeführt.

Die Registerkarte STOFFEINSTUFUNG enthält Daten zur Befüllung und Beförderung. Hier wird auch die Bewertungsart AGGREGATZUSTAND BEI BEFÖRDERUNG aus der Gefahrgutklassifizierung angezeigt. Auf der Registerkarte STOFFEIGENSCHAFTEN sind auch die aus dem Realstoff befüllten sicherheitsrelevanten physikalisch-chemischen Daten wie Dichte, Flammpunkt und Siedepunkt zu finden (siehe Abbildung 5.21).

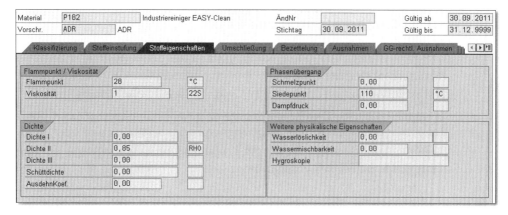

Abbildung 5.21 Aus dem Realstoff befüllte Stoffeigenschaften im Gefahrgutstamm

Der Reiter PAPIERANDRUCKTEXTE enthält die gepflegten Daten aus den Eigenschaften »Gefahrgutfreitexte« und »Ausgabe der Gefahrgutdaten« mit den entsprechenden Textmustern.

5.3.4 Template- und Einmalmaterialabwicklung

Insbesondere in der chemischen Industrie ist man oft mit der Situation konfrontiert, dass Stoffe anfallen, die nur ein einziges Mal versendet werden sollen – z.B. Muster, die an externe Stellen zur Prüfung oder an potenzielle Kunden verschickt werden.

In solchen Fällen ist der Standard-Prozess der Gefahrgutklassifizierung häufig unverhältnismäßig aufwendig und zeitintensiv. Sie müssten Spezifikationen sowie einen Materialstamm anlegen, diese miteinander verknüpfen und danach die Spezifikation gefahrgutrechtlich klassifizieren und eine Gefahrgutstammbefüllung anstoßen.

Die Template- und Einmalmaterialabwicklung ermöglicht es Ihnen, individuell eingerichtete Vorlagen zu benutzen, die nur noch um zusätzliche variable Informationen ergänzt werden müssen. Diese Informationen können bei der Anlage oder beim Bearbeiten der entsprechenden Belege direkt eingegeben werden.

Um die Template- und Einmalmaterialabwicklung einzusetzen, müssen Sie sie zuvor in der IMG-Aktivität GEFAHRGUTPRÜFUNGEN aktivieren (siehe Abschnitt 5.4).

5.4 Gefahrgutprüfungen

Eine wesentliche Funktion im Rahmen der Gefahrgutabwicklung in SAP EHS Management sind die Gefahrgutprüfungen. Hierbei kann in den logistischen Prozessen Verkauf, Versand und Transport beispielsweise sichergestellt werden, dass die in einer Lieferung erfassten Materialien auf der vorgesehenen Route in einem Transport gemeinsam befördert werden dürfen oder nicht. Sie können dabei sowohl die Art der Prüfung als auch die »Schwere« der Systemreaktion individuell konfigurieren.

5.4.1 Gefahrgutprüfungen im logistischen Prozess

Gefahrgutprüfungen ermöglichen es Ihnen, die Gefahrgutvorschriften hinsichtlich des Transports gefährlicher Güter automatisch zu erfüllen und die Anlage von SD-Belegen zu beschleunigen.

Sie haben die volle Kontrolle, ob und an welcher Stelle im logistischen Prozess (Verkauf, Versand, Transport) Gefahrgutprüfungen ausgeführt werden und welche Konsequenzen für den weiteren Prozess daraus entstehen.

[zB] | **Gefahrgutprüfung**

So können Sie z.B. festlegen, ob eine nicht erfolgreiche Gefahrgutprüfung nur zu einer Systemwarnung führt oder ob sie die Weiterverarbeitung des entsprechenden Belegs verhindert. Auf diese Weise können Sie sicherstellen, dass keine Transporte Ihr Unternehmen verlassen, die die gesetzlichen Vorgaben nicht erfüllen.

Gefahrgutprüfungen sind als User Exits ausgeprägt und können entsprechend kundenspezifisch erweitert und angepasst werden. Sie können aus Verkaufs-, Versand- und Transportbelegen heraus aufgerufen werden.

Die Prüfungen werden im System als sogenannte Prüfschemata angelegt. Jedes Gefahrgutprüfschema ist aus unterschiedlichen Prüfmethoden zusammengesetzt, die innerhalb eines Schemas sukzessive abgearbeitet werden.

5.4.2 Gefahrgutprüfungen implementieren

Um den korrekten Ablauf von Gefahrgutprüfungen in den logistischen Prozessen sicherzustellen, sind sowohl im Hinblick auf die zu verwendenden Stammdaten als auch für das Gefahrgut-Customizing einige Voraussetzungen zu erfüllen.

Gefahrkennzeichenprofile für Materialstamm festlegen

Damit die gefahrgutrelevanten Daten eines Materials überhaupt zu Gefahrgutprüfungen herangezogen werden können, müssen Sie im Materialstamm zuerst das sogenannte Gefahrgutkennzeichenprofil festlegen. Im Standard werden folgende Profile ausgeliefert:

▸ **G00 – Gefahrgutrelevant**
Das Material ist ein Gefahrgut. Es werden jedoch keine Gefahrgutprüfungen durchgeführt und keine Gefahrguttexte auf Dokumenten ausgegeben.

▸ **G0P – Gefahrgut- und papierrelevant**
Das Material ist ein Gefahrgut. Es werden zwar Gefahrguttexte auf Dokumenten ausgegeben, jedoch keine Prüfungen durchgeführt.

▸ **GP0 – Gefahrgut- und prüfungsrelevant**
Das Material ist ein Gefahrgut und es werden Gefahrgutprüfungen durchgeführt, jedoch keine Gefahrguttexte angedruckt.

▸ **GPP – Gefahrgut-, prüfungs-, papierrelevant**
Das Material ist ein Gefahrgut und es werden Gefahrgutprüfungen durchgeführt sowie Gefahrguttexte angedruckt.

▸ **GTO – Gefahrgut-, prüfungs-, papierrelevant (Einmalmaterial)**
Das Material ist ein Gefahrgut, der Gefahrgutstamm ist jedoch nahezu leer. In den Vertriebsbelegen wird eine zusätzliche Registerkarte mit den festgelegten Gefahrgutfeldern angelegt, die zu pflegen sind.

▸ **GTP – Gefahrgut-, prüfungs-, papierrelevant (Template-Material)**
Analog zum Einmalmaterial, allerdings existieren schon Grunddaten aus dem Gefahrgutstamm, die in den Vertriebsbelegen noch zu ergänzen sind.

[+] | **Profile GTO und GTP**

Sie können die Profile GTO und GTP nur dann pflegen, wenn die Einmal- und Template- und Einmalmaterialabwicklung aktiviert wurde.

Datum für Ermittlung der Gefahrgutstammdaten festlegen

Ein Gefahrgutstamm hat einen durch die Felder GÜLTIG AB und GÜLTIG BIS definierten Gültigkeitszeitraum. Daher können zu einer Materialnummer und einer Gefahrgutvorschrift mehrere Datensätze vorliegen, die sich bezüglich Inhalt und Gültigkeitsstand unterscheiden. Sie können für die unterschiedlichen Vertriebsbelegtypen auch abweichende Datumstypen definieren. So könnten für den Transportbeleg z.B. das Warenausgangsdatum oder das Tagesdatum als Selektionskriterium für den Gefahrgutstamm definiert werden.

[+] | **Fehlermeldung »Kein Gefahrgutstammsatz vorhanden«**

Bei EHS-Implementierungsprojekten tritt besonders in der Testphase die Fehlermeldung »Kein Gefahrgutstammsatz vorhanden« recht häufig auf, da die Lieferbelege und die Stammdaten keine überlappenden Gültigkeitsstände aufweisen können.

Werden z.B. die Gefahrgutstammdaten spät im Projekt bereitgestellt und die Tests der logistischen Prozesse mit »alten« Vertriebsbelegen durchgeführt, kann es vorkommen, dass für ein Warenausgangsdatum in der Vergangenheit kein Gefahrgutstammsatz gefunden wird. Hier müssen dann die entsprechenden Datumsfelder der Beleg entsprechend angepasst oder neue Belege angelegt werden.

Routendefinition

Eine Route ist durch einen Abgangs- und einen Zielort sowie die dazwischen liegenden Routenabschnitte definiert. Im Versand wird durch die Route der Transportweg und die Transportmittel bestimmt und hierüber z.B. die Transportterminierung durchgeführt. Die Route kann aber auch dazu dienen, mehrere Lieferungen zu einem Transport zusammenzufassen.

Für das Gefahrgutmanagement ist die Route eine essenzielle Information, denn durch sie werden Abgangsland, Zielland und der Verkehrsträgertyp definiert. Sie erinnern sich: Eine Gefahrgutvorschrift ist immer für ein Land oder eine Anzahl Länder und durch einen Verkehrsträgertyp definiert.

Zur Ermittlung der für einen Transport relevanten Gefahrgutvorschriften müssen aus dem Vertriebsbeleg die entsprechenden Länder und Verkehrsträgertypen hervorgehen.

Transitländer festlegen

In der sogenannten Transitländertabelle können Sie in Abhängigkeit der Route, des Abgangs- und des Ziellandes die betroffenen Transitländer pflegen. Die Angabe der Route ist dabei optional – wenn aber eine Route angegeben wird, muss diese im entsprechenden Customizing des Vertriebs angelegt sein.

Sie können hier zusätzlich angeben, ob es sich bei einer Route um eine sogenannte RoRo-Route (Roll-on – Roll-off) handelt.

RoRo-Route	[+]
Unter einer RoRo-Route versteht man eine Route, die zwar auf einem Landverkehrsträger wie Schiene oder LKW durchgeführt wird, dabei jedoch einen Teil auf einer Fähre (Roll-on – Roll-off) enthält. Hierbei bewegt sich also der Verkehrsträger Schiene oder LKW teilweise auf dem Verkehrsträger See.	

Wenn das RoRo-Kennzeichen gesetzt ist, wird zusätzlich der entsprechende Gefahrgutstammsatz zum Verkehrsträger »See« gelesen. Dies ist in Europa insbesondere für den Straßen- und Eisenbahntransport nach Großbritannien und Skandinavien interessant, da hierbei häufig Fährverbindungen genutzt werden (siehe Tabelle 5.2).

Route	Abgangsland	Zielland	RoRo	Transitländer
Route XY	Schweiz	Schweden	X	Deutschland
				Dänemark

Tabelle 5.2 Beispiel für eine Route mit RoRo-Kennzeichen und Transitländern

Relevante Verkehrsträgertypen den Verkehrsträgern zuordnen

Die Zuordnung von Verkehrsträgertypen zu Verkehrsträgern ist notwendig, damit bei der Gefahrgutprüfung die richtige Vorschrift gefunden wird. In Abbildung 5.22 sehen Sie z.B., dass dem Verkehrsträger »Straße« der Verkehrsträgertyp »Straße« zugeordnet ist. Dies ermöglicht die Integration in die logistischen Prozesse. Hiermit ordnen Sie dem Objekt »Verkehrsträger« aus der Logistik den entsprechenden Verkehrsträgertyp aus der Gefahrgutabwicklung zu.

Sicht "Verkehrsträger" ändern: Übersicht

VT	Bezeichnung	VTTyp	Bezeichnung
01	Straße	1	Straße
02	Bahn	2	Eisenbahn
03	See	4	See
04	Binnenschiff	3	Binnenschiff
05	Luft	5	Luft Cargo
06	Post, Postdienste	1	Straße

Abbildung 5.22 Zuordnung der Verkehrsträgertypen

Gefahrgutprüfungen aktivieren

Wählen Sie im Customizing der Gefahrgutabwicklung die IMG-Aktivität GEFAHRGUTPRÜFUNGEN AKTIVIEREN aus (siehe Abbildung 5.23). Im SAP-Standard ist hier eine Standardmethode zur Aktivierungsprüfung eingetragen (HAZMAT_CHK_ACTIVE). Zum Aktivieren der Gefahrgutprüfungen muss das Kennzeichen PRÜFUNGEN AKTIV gesetzt sein.

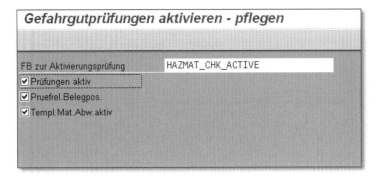

Abbildung 5.23 Aktivierung der Gefahrgutprüfungen

Mit dem Kennzeichen PRÜFRELEVANTE BELEGPOSITIONEN steuern Sie, ob nur die gefahrgutrelevanten Belegpositionen an die Gefahrgutabwicklung übergeben werden sollen. Das System erkennt gefahrgutrelevante Belegpositionen über das Gefahrgutkennzeichenprofil (sofern das gesetzte Gefahrgutkennzeichenprofil als prüfungsrelevant definiert wurde) im Materialstamm. Ist das Kennzeichen nicht gesetzt, werden alle Belegpositionen übergeben. Falls Sie die Template- und Einmalmaterialabwicklung nutzen möchten, muss zudem das Kennzeichen TEMPL.MAT.ABW.AKTIV gesetzt werden.

Gefahrgutprüfmethoden festlegen

Die eigentlichen Gefahrgutprüfungen sind in Form von Funktionsbausteinen als User Exits ausgeprägt. Jeder Funktionsbaustein steht dabei für eine Prüfmethode. Im SAP-Standard werden einige Funktionsbausteine ausgeliefert (siehe Abbildung 5.24). Zusätzliche Prüfbausteine können von Ihnen unternehmensspezifisch programmiert werden.

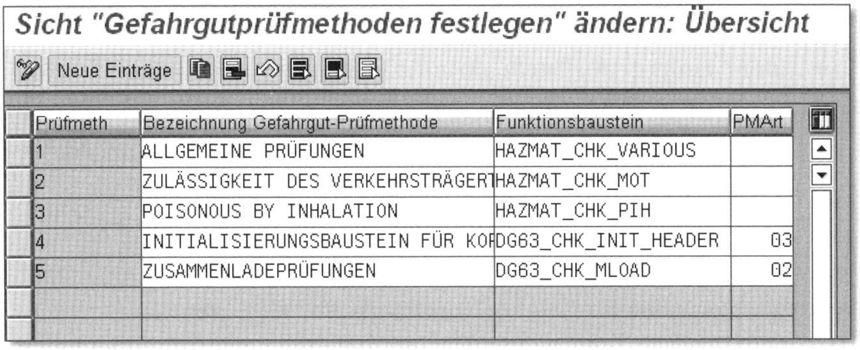

Sicht "Gefahrgutprüfmethoden festlegen" ändern: Übersicht

Neue Einträge

Prüfmeth	Bezeichnung Gefahrgut-Prüfmethode	Funktionsbaustein	PMArt
1	ALLGEMEINE PRÜFUNGEN	HAZMAT_CHK_VARIOUS	
2	ZULÄSSIGKEIT DES VERKEHRSTRÄGER	HAZMAT_CHK_MOT	
3	POISONOUS BY INHALATION	HAZMAT_CHK_PIH	
4	INITIALISIERUNGSBAUSTEIN FÜR KO	DG63_CHK_INIT_HEADER	03
5	ZUSAMMENLADEPRÜFUNGEN	DG63_CHK_MLOAD	02

Abbildung 5.24 Definition von Prüfmethoden

Betrachten wir die wichtigsten Funktionsbausteine bzw. Prüfmethoden:

▸ **Allgemeine Prüfungen (HAZMAT_CHK_VARIOUS)**
Dieser Funktionsbaustein prüft die Vollständigkeit der Daten im Belegkopf und im Gefahrgutstamm. Er ermittelt, ob im Kopf des SD-Belegs eine Route angegeben ist und ob im Gefahrgutstamm für die Abschnitte der Route die Zulässigkeit des Verkehrsträgertyps gepflegt ist.

Funktionsbaustein HAZMAT_CHK_VARIOUS **[+]**

Der Funktionsbaustein HAZMAT_CHK_VARIOUS *muss* in jedem Gefahrgutprüfschema an erster Stelle stehen (zur Reihenfolge der Funktionsbausteine lesen Sie den Abschnitt »Gefahrgutprüfschema festlegen« auf Seite 259).

▸ **Zulässigkeit des Verkehrsträgertyps (HAZMAT_CHK_MOT)**
Mit diesem Funktionsbaustein wird ermittelt, ob die den Routenabschnitten zugeordneten Verkehrsträger im jeweiligen Gültigkeitsraum zulässig sind. Das Feld, auf das im Gefahrgutstamm geprüft wird, ist hierbei das Kennzeichen TRANSPORT NICHT ZULÄSSIG.

▸ **Poisonous by Inhalation (HAZMAT_CHK_PIH)**
Dieser Baustein prüft gegen das Feld HAZARD ZONE im Gefahrgutstamm.

▸ **Initialisierungsbaustein für Kopfprüfmethoden (DG63_CHK_INIT_HEADER)**
Dieser Funktionsbaustein dient als Initialisierungsbaustein für sogenannte Kopfprüfmethoden; das heißt, Gefahrgutprüfmethoden, für die
alle Gefahrgutstammsätze des aktuellen Belegs zur Verfügung stehen
müssen, wie beispielsweise Zusammenladeprüfungen. Der Funktionsbaustein sammelt alle Gefahrgutstammsätze und Verpackungsdatensätze
des aktuellen Belegs. Der Funktionsbaustein muss vor der ersten Kopfprüfmethode stehen und als Prüfmethodenart (PMArt) den Wert »03«
erhalten, damit der Baustein als Initialisierungsbaustein erkannt wird.

▸ **Zusammenladeprüfungen (DG63_CHK_MLOAD)**
Dieser Baustein dient zur Prüfung von Zusammenladeverboten. Für den
korrekten Ablauf der Zusammenladeprüfungen wird zudem für diese Prüfung das Feld PMArt mit dem Wert »02« für Kopfprüfmethoden gefüllt.

Verwendungsprofile für Gefahrgutprüfmethoden festlegen

Mit Verwendungsprofilen steuern Sie die Abarbeitung der Prüfmethoden in
Abhängigkeit von Verkehrsträgertyp, Gültigkeitsraum und Rolle (siehe Abbildung 5.25). Dadurch kann sichergestellt werden, dass nur die Gefahrgutprüfungen des Prüfschemas abgearbeitet werden, die im aktuellen Kontext der
Route sinnvoll sind. Kontextabhängig eingestellte Verwendungsprofile bringen Ihnen deutliche Performance-Vorteile, da nicht immer alle Prüfbausteine
durchlaufen werden müssen.

Sicht "Verwendungsprofile für Gefahrgutprüfmethoden festlegen"				
Prüfmethode	VerkTrägerTyp	GültRaum	Rolle	
3	99	US	3	

Abbildung 5.25 Verwendungsprofile für Prüfmethoden

In Abbildung 5.26 ist die Prüfmethode 3 (Poisonous by Inhalation) auf den
Verkehrsträgertyp 99 (alle Verkehrsträger) und den Gültigkeitsraum US mit
der Rolle 3 (Empfangsland) beschränkt. Der Prüfbaustein wird also nur bei
Transporten in die USA durchlaufen.

[+] **Verwendungsprofile definieren**

Falls Sie keine Verwendungsprofile definieren, werden in den Prüfmethoden alle
Land-Verkehrsträger-Kombinationen der gewählten Route ausgewertet.

Abbildung 5.26 Gefahrgutprüfschemata einrichten

Gefahrgutprüfschema festlegen

Das Gefahrgutprüfschema gibt an, welche Prüfbausteine in welcher Reihenfolge abgearbeitet werden sollen. Wie bereits erwähnt, muss der Baustein HAZMAT_CHK_VARIOUS hierbei immer an erster Stelle stehen.

Gleichzeitig wird festgelegt, auf welche Art das System auf die Prüfung reagieren soll. Ihnen stehen folgende Möglichkeiten zur Verfügung:

▸ Warnung

▸ Fehler

▸ Information

Die Nachrichtenklasse dient als Gruppierungsbegriff der Meldungen. Für jede Prüfmethode können Sie eine eigene Nachrichtennummer angeben, die in das Prüfungsprotokoll geschrieben werden soll.

Im Feld Bel.Sp (Belegsperre) legen Sie fest, ob der Vertriebsbeleg weiterverarbeitet werden darf oder nicht. Wenn dieses Kennzeichen gesetzt ist, geschieht Folgendes:

▸ Im Lieferbeleg wird ein Unvollständigkeitsstatus gesetzt.

▸ Im Transportbeleg wird das Sperrkennzeichen Gefahrgut gesetzt.

Die Spalte SiSaGg steht für »Sichern im Sammelgang« und gibt an, ob im Sammelgang gesichert werden darf. Mit dem Kennzeichen SiDial (Sichern im Dialog) können Sie festlegen, ob der Anwender im Dialog den Beleg noch sichern darf.

Gefahrgutprüfschema zuordnen

Die von Ihnen erstellen Gefahrgutprüfschemata müssen nun noch den entsprechenden Belegen zugeordnet werden:

> ▸ **Verkaufsbeleg**
> Die Zuordnung erfolgt abhängig von der Verkaufsorganisation, dem Vertriebsbelegtyp und der Verkaufsbelegart.

> ▸ **Versandbeleg**
> Die Zuordnung erfolgt abhängig von der Verkaufsorganisation, Versandbelegtyp und Versandbelegart.

> ▸ **Transportbeleg**
> Die Zuordnung erfolgt abhängig von der Transportdispostelle, dem Transportbelegtyp und der Transportart.

Gefahrgutprüfungen können also verkaufsorganisationsspezifisch eingerichtet werden. Hierdurch können auch die Reaktionen auf negative Gefahrgutprüfungen basierend auf der Unternehmensorganisation unterschiedlich eingestellt werden. Zudem können bestimmte Organisationseinheiten komplett von den Gefahrgutprüfungen ausgenommen werden.

Findungsmethoden

In der IMG-Aktivität FINDUNGSMETHODEN legen Sie fest, wie die Gefahrgutprüfschemata in den Belegen gefunden werden, d.h. welches Prüfschema im Einzelnen zur Anwendung kommt. Im SAP-Standard wird hier die Methode HAZMAT_CHK_FIND_SCHEMA ausgeliefert.

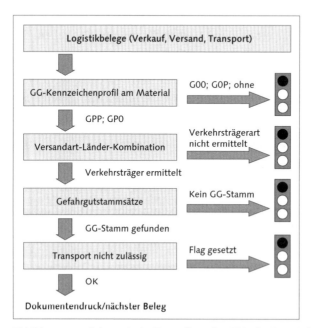

Abbildung 5.27 Schematische Darstellung des Ablaufs einer Gefahrgutprüfung

Abbildung 5.27 zeigt den grundlegenden Ablauf einer Gefahrgutprüfung im Überblick. G00 und G0P sind die jeweiligen Gefahrgutkennzeichenprofile im Materialstamm, die Ampeln sind alle rot.

Gefahrgutprüfung durchführen

Gefahrgutprüfungen werden abhängig von den im Customizing eingestellten Parametern beim Sichern der entsprechenden Belege im Hintergrund ausgeführt. Sie können jedoch die Gefahrgutprüfung im Beleg auch manuell über das Icon Gefahrgutprüfung ⬛ ausführen.

Abhängig vom Erfolg der Prüfungen erhalten Sie darauf eine der beiden folgenden Dialogmeldungen:

- **Erfolgreiche Prüfung**
  Hierbei erscheint der Text GG-Prüfungen sind abgearbeitet, es liegen keine Protokolleinträge vor (siehe Abbildung 5.28).

- **Prüfung mit Fehlern**
  Hierbei erscheint der Text GG-Prüfungen sind abgearbeitet, es liegen Protokolleinträge vor (siehe Abbildung 5.29).

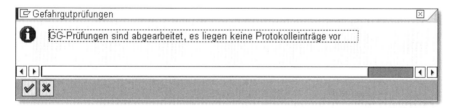

Abbildung 5.28 Prüfung erfolgreich abgearbeitet

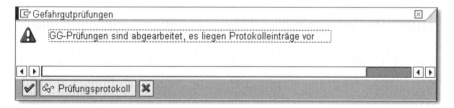

Abbildung 5.29 Prüfung nicht erfolgreich abgearbeitet

Im Fehlerfall gelangen Sie über die Drucktaste Prüfungsprotokoll in die Übersicht der abgearbeiteten Prüfungen mit den entsprechenden Meldungen.

Abbildung 5.30 zeigt exemplarisch ein Gefahrgutprüfungsprotokoll bei nicht erfolgreicher Prüfung einer Lieferung. Das Protokoll zeigt das Selektionsdatum, das gefundene Prüfschema (hier 00001) und die Reihenfolge der Abarbeitung der Prüfmethoden.

Im Abschnitt PRÜFERGEBNIS LIEFERUNG finden Sie dann die Fehlermeldung MATERIAL DARF AUF DEM VERKEHRSTRÄGERTYP NICHT TRANSPORTIERT werden. Für die Lieferposition 10 wurde hier die Zulässigkeit des Verkehrsträgertyps geprüft. Die Route der Lieferung beinhaltete in diesem Beispiel einen Transport per Luftfracht und das Material ist für den Transport per Luftfracht nicht zugelassen. Das bedeutet, dass im Gefahrgutstamm des Materials für die Vorschrift IATA_C das Kennzeichen TRANSPORT NICHT ZUGELASSEN gesetzt ist. Abhilfe könnte hier die Wahl einer alternativen Route für den Lieferungsbeleg schaffen, die als Hauptlauf einen Seetransport vorsieht. Danach würde die Gefahrgutprüfung erfolgreich wiederholt und der Beleg gespeichert werden.

Typ	Meldungstext	Ltxt
◇	--	
◇	Selektionsdatum__ : 20111005	⑦
◇	--	
◇	Prüfschema_____ : 00001	
◇	Methoden mit Verwendungsprofil in Reihenfolge der Abarbeitung:	⑦
◇	Reihenfolge: 03 Methode: 00003 POISONOUS BY INHALATION	
◇	Verkehrsträgertyp: 01 Gültigkeitsraum: US Landrolle: 7	⑦
◇	Reihenfolge: 05 Methode: 00005 ZUSAMMENLADEPRÜFUNGEN	
◇	Verkehrsträgertyp: 01 Gültigkeitsraum: ADR Landrolle: 7	⑦
◇	Methoden ohne Verwendungsprofil in Reihenfolge der Abarbeitung:	
◇	Reihenfolge: 02 Methode: 00002 ZULÄSSIGKEIT DES VERKEHRSTRÄGERTYPS	
◇	Reihenfolge: 04 Methode: 00004 INITIALISIERUNGSBAUSTEIN FÜR KOPFPRÜFMETHODEN	
◇	--	
◇		
◇	Prüfergebnis Lieferung	
◇	--	
◇	Lieferposition___ : 000010 Materialnr.: P182	
◇	Methode_____ : 00002 ZULÄSSIGKEIT DES VERKEHRSTRÄGERTYPS	
◇	Verkehrsträgertyp: 05 Luft Cargo Land: DE Region:	⑦
◇	Gültigkeitsraum__ : REG_WORLD Gefahrgutvorschrift: IATA_C	⑦
◙	Material darf auf dem Verkehrsträgertyp nicht transportiert werden	⑦
◇	--	
◇	Verkehrsträgertyp: 05 Luft Cargo Land: US Region: TX	⑦
◇	Gültigkeitsraum__ : REG_WORLD Gefahrgutvorschrift: IATA_C	⑦
◙	Material darf auf dem Verkehrsträgertyp nicht transportiert werden	⑦
◇	--	

Abbildung 5.30 Protokoll einer Gefahrgutprüfung mit Fehlern

5.4.3 Zusammenladeprüfungen

Bestimmte Güter dürfen aufgrund möglicher gefährlicher Reaktionen nicht gemeinsam transportiert werden. So dürfen z.B. Säuren und Basen nicht zusammen geladen werden. Die Abbildung von Zusammenladeprüfungen erfolgt zum einen über die Stammdatenpflege und zum anderen über das Customizing.

Der generelle Ablauf ist dabei folgender:

1. Definition von vorschriftenabhängigen Trennschlüsseln
2. Definition der Trennregel, Kombination von zwei Trennschlüsseln mit zugehöriger Reaktion
   Hierbei werden erlaubte und nicht erlaubte Kombinationen definiert.
3. Definition der Gefahrgutprüfmethoden
4. Zuordnung der Prüfmethoden zu einem Prüfschema

Trennschlüssel definieren

Trennschlüssel werden vorschriftenspezifisch gepflegt. Für die Vorschriften RID und ADR wird dabei auf Gefahrzettel zurückgegriffen, während für IATA und IMDG die Gefahrgutklasse als Trennschlüssel fungiert.

Abbildung 5.31 zeigt Beispiele für Trennschlüssel zur Vorschrift ADR. Diese Trennschlüssel können als Elemente einer Trennregel für die Zusammenladeprüfung verwendet werden.

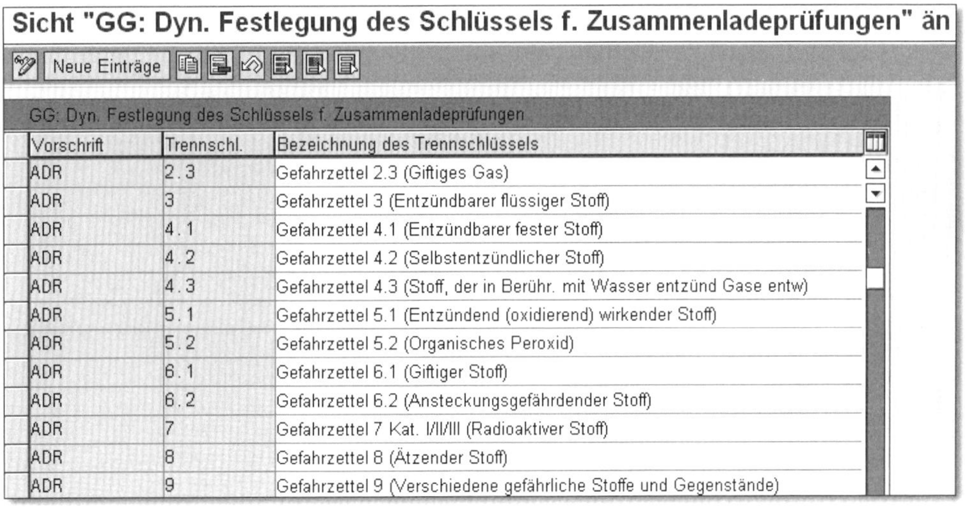
Sicht "GG: Dyn. Festlegung des Schlüssels f. Zusammenladeprüfungen" än

Neue Einträge

GG: Dyn. Festlegung des Schlüssels f. Zusammenladeprüfungen

Vorschrift	Trennschl.	Bezeichnung des Trennschlüssels
ADR	2.3	Gefahrzettel 2.3 (Giftiges Gas)
ADR	3	Gefahrzettel 3 (Entzündbarer flüssiger Stoff)
ADR	4.1	Gefahrzettel 4.1 (Entzündbarer fester Stoff)
ADR	4.2	Gefahrzettel 4.2 (Selbstentzündlicher Stoff)
ADR	4.3	Gefahrzettel 4.3 (Stoff, der in Berühr. mit Wasser entzünd Gase entw)
ADR	5.1	Gefahrzettel 5.1 (Entzündend (oxidierend) wirkender Stoff)
ADR	5.2	Gefahrzettel 5.2 (Organisches Peroxid)
ADR	6.1	Gefahrzettel 6.1 (Giftiger Stoff)
ADR	6.2	Gefahrzettel 6.2 (Ansteckungsgefährdender Stoff)
ADR	7	Gefahrzettel 7 Kat. I/II/III (Radioaktiver Stoff)
ADR	8	Gefahrzettel 8 (Ätzender Stoff)
ADR	9	Gefahrzettel 9 (Verschiedene gefährliche Stoffe und Gegenstände)

Abbildung 5.31 Trennschlüssel für Zusammenladeprüfungen

Die Trennschlüssel können Sie am UN-Listenstoff oder am Realstoff in der Eigenschaft GEFAHRGUTVORSCHRIFTEN pflegen.

Reaktionen und Trennregeln festlegen

Hier definieren Sie die Reaktionen auf Zusammenladeprüfungen sowie die Ausgabenachrichten für die Trennregeln im Prüfprotokoll. Abbildung 5.32 zeigt exemplarisch vier Reaktionen mit zugeordneten Ausgabenachrichten (MsgNr) sowie der zugehörigen Reaktionsart (E=Error).

Sicht "GG: Reaktion" ändern: Übersicht

Reaktion	Bezeichnung der Reaktion	Zus	Nachrichte	MsgNr	ReaktArt
1	Trenngrad 1 (away from)	☐	DG	695	E
2	Trenngrad 2 (separated from)	☐	DG	696	E
3	Trenngrad 3 (separated by a complete compartment or hold)	☐	DG	697	E
4	Trenngrad 4 (separated longitudinally by an intervening ...))	☐	DG	698	E

Abbildung 5.32 Reaktionen auf Zusammenladeprüfungen definieren

Nachdem Sie die Trennschlüssel und die Reaktionen definiert haben, müssen Sie noch die eigentlichen Trennregeln erstellen. Hierzu ordnen Sie zwei Trennschlüssel einander zu und legen die zugehörige Reaktion fest.

Sicht "GG: Trennregeln für Zusammenladeprüfungen" ändern: Übersicht

Vorschrift	Trennschlüssel	Trennschlüssel	Reaktion	Bezeichnung der Reaktion
IMDG	4.1	6.2	3	Trenngrad 3 (separated by a complet
IMDG	4.1	7	2	Trenngrad 2 (separated from)
IMDG	4.1	8	1	Trenngrad 1 (away from)
IMDG	4.2	4.3	1	Trenngrad 1 (away from)
IMDG	4.2	5.1	2	Trenngrad 2 (separated from)
IMDG	4.2	5.2	2	Trenngrad 2 (separated from)
IMDG	4.2	6.1	1	Trenngrad 1 (away from)
IMDG	4.2	6.2	3	Trenngrad 3 (separated by a complet
IMDG	4.2	7	2	Trenngrad 2 (separated from)
IMDG	4.2	8	1	Trenngrad 1 (away from)
IMDG	4.3	5.1	2	Trenngrad 2 (separated from)
IMDG	4.3	5.2	2	Trenngrad 2 (separated from)
IMDG	4.3	6.2	2	Trenngrad 2 (separated from)
IMDG	4.3	7	2	Trenngrad 2 (separated from)
IMDG	4.3	8	1	Trenngrad 1 (away from)

Abbildung 5.33 Definition von Trennregeln

In Abbildung 5.33 sehen Sie Trennregeln für die Vorschrift IMDG. In der sechsten Zeile ist die Trennregel für Stoffe der Klassen 4.2 (selbstentzündliche Stoffe) und 5.2 (organische Peroxide) definiert. Stoffe dieser beiden Klassen sollen nicht zusammen geladen werden und bei der Prüfung die Reaktion »2« hervorrufen.

Gefahrgutprüfmethoden definieren

Im SAP-Standard wird die Prüfmethode `DG63_CHK_MLOAD` ausgeliefert. Diese Methode muss über die Prüfmethodenart als Kopfprüfmethode gekennzeichnet werden und der Initialisierungsbaustein `DG63_CHK_INI_HEADER` muss dieser Methode voranstehen (siehe Abschnitt »Gefahrgutprüfmethoden festlegen« auf Seite 257).

Prüfmethoden zu einem Prüfschema zuordnen

Damit die Zusammenladeprüfung ablaufen kann, muss schließlich noch die Prüfmethode einem Gefahrgutprüfschema zugeordnet werden.

Vorschriftenabhängige Zusammenladegruppen

Bestimmte Gruppen von Gefahrgütern, die beim Zusammenladen mit anderen Gefahrgütern ähnlich zu behandeln sind, werden in sogenannten Zusammenladegruppen zusammengefasst. Für die Vorschrift IMDG gibt es z.B. die Zusammenladegruppe A (Säuren), unter der verschiedene UN-Nummern zusammengefasst werden (siehe Abbildung 5.34).

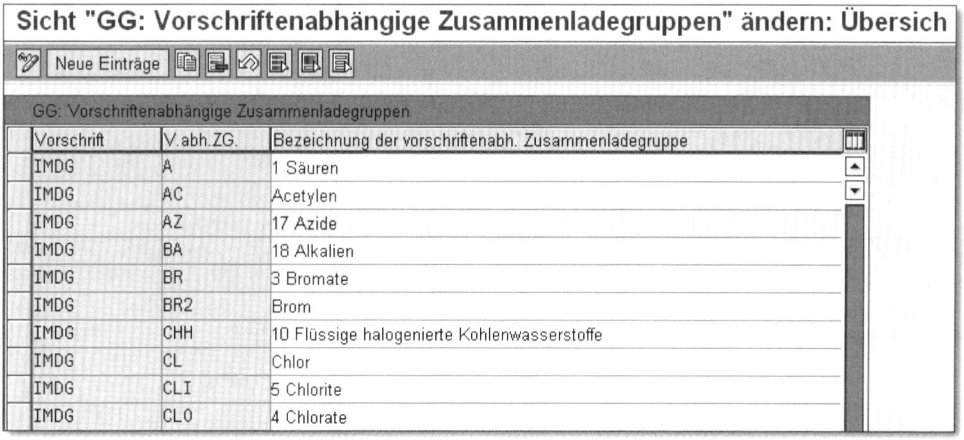
Sicht "GG: Vorschriftenabhängige Zusammenladegruppen" ändern: Übersich

Neue Einträge

GG: Vorschriftenabhängige Zusammenladegruppen

Vorschrift	V.abh.ZG.	Bezeichnung der vorschriftenabh. Zusammenladegruppe
IMDG	A	1 Säuren
IMDG	AC	Acetylen
IMDG	AZ	17 Azide
IMDG	BA	18 Alkalien
IMDG	BR	3 Bromate
IMDG	BR2	Brom
IMDG	CHH	10 Flüssige halogenierte Kohlenwasserstoffe
IMDG	CL	Chlor
IMDG	CLI	5 Chlorite
IMDG	CLO	4 Chlorate

Abbildung 5.34 Vorschriftenabhängige Zusammenladegruppen

Die Zusammenladegruppen werden im Customizing definiert und können am UN-Listenstoff oder am Realstoff in der Eigenschaft GEFAHRGUTVORSCHRIFTEN gepflegt werden.

In der IMG-Aktivität SEGREGATIONEN FESTLEGEN definieren Sie die räumliche Trennung der vorschriftenabhängigen Zusammenladegruppen.

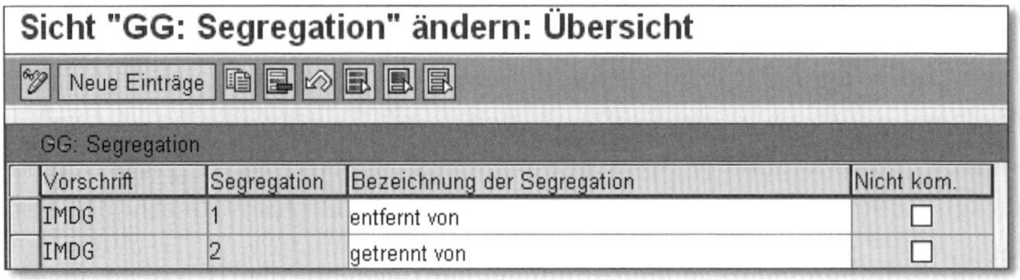
Sicht "GG: Segregation" ändern: Übersicht

Neue Einträge

GG: Segregation

Vorschrift	Segregation	Bezeichnung der Segregation	Nicht kom.
IMDG	1	entfernt von	☐
IMDG	2	getrennt von	☐

Abbildung 5.35 Segregationen

In Abbildung 5.35 sehen Sie zwei Segregationen für die Vorschrift IMDG ENTFERNT VON sowie IMDG GETRENNT VON.

Die Checkbox NICHT KOM. bedeutet hier »nicht kommutativ«, d.h. »A entfernt von B« muss nicht gleichbedeutend sein mit »B entfernt von A«. In solchen Fällen muss diese Checkbox gepflegt werden.

Zusammenladeregeln festlegen

In Abhängigkeit der vorschriftenabhängigen Zusammenladegruppen legen Sie dann in der Aktivität ZUSAMMENLADEREGELN FESTLEGEN die Segregation und die Reaktionsart der entsprechenden Gefahrgutprüfung fest.

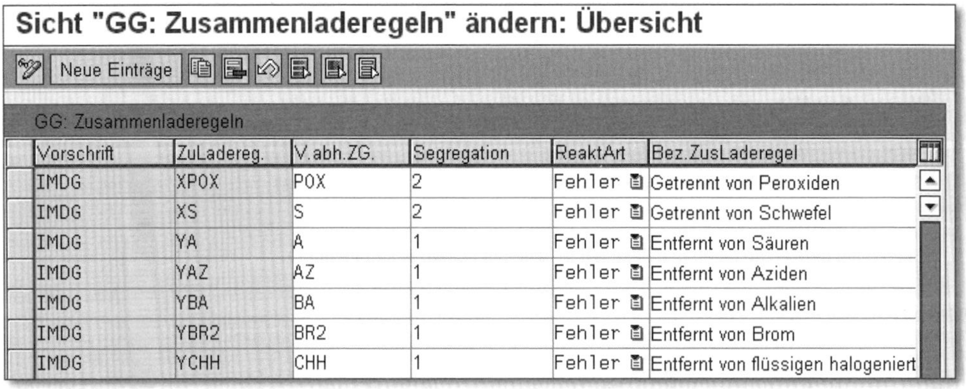
Sicht "GG: Zusammenladeregeln" ändern: Übersicht

Neue Einträge

GG: Zusammenladeregeln

Vorschrift	ZuLadereg.	V.abh.ZG.	Segregation	ReaktArt	Bez.ZusLaderegel
IMDG	XPOX	POX	2	Fehler	Getrennt von Peroxiden
IMDG	XS	S	2	Fehler	Getrennt von Schwefel
IMDG	YA	A	1	Fehler	Entfernt von Säuren
IMDG	YAZ	AZ	1	Fehler	Entfernt von Aziden
IMDG	YBA	BA	1	Fehler	Entfernt von Alkalien
IMDG	YBR2	BR2	1	Fehler	Entfernt von Brom
IMDG	YCHH	CHH	1	Fehler	Entfernt von flüssigen halogeniert

Abbildung 5.36 Zusammenladeregeln

In Abbildung 5.36 sehen Sie in der dritten Zeile die Zusammenladeregel YA (ENTFERNT VON SÄUREN). Dieser Zusammenladeregel ist die Vorschriftenabhängige Zusammenladegruppe A (Säuren) sowie die Segregation 1 (entfernt von) zugewiesen. Als Reaktionsart ist FEHLER ausgewählt. Wenn nun für einen Realstoff in der Eigenschaft Gefahrgutklassifizierung im Merkmal »Zusammenladeregeln« die Regel YA gepflegt wurde, wird bei der Zusammenladeprüfung sichergestellt, dass keine Stoffe der Zusammenladegruppe A mit diesem Stoff zusammengeladen werden können.

5.5 Gefahrgutpapiere

Bei Gefahrguttransporten müssen auf den Beförderungspapieren von der Vorschrift abhängige Informationen für die beförderten Gefahrgüter angedruckt werden. Diese Informationen werden ebenfalls aus dem Gefahrgutstamm ermittelt.

5.5.1 Gefahrgutausgabe auf Beförderungspapieren

Die Ausgabe von Gefahrgutpapieren innerhalb der SD-Vertriebsabwicklung erfolgt mit Hilfe von SAPscript-Formularen und den dazugehörigen Druckprogrammen. Der SAP-Standard liefert standardisierte Formulare und Druckprogramme aus, die Sie auf Ihre eigenen Bedürfnisse anpassen können. Sie können dabei Daten aus dem Gefahrgutstamm sowie allgemeine Gefahrguttexte auf Kopf- oder Positionsebene andrucken.

Die gefahrgutspezifischen Texte und Standardtexte der Gefahrgutabwicklung verwalten Sie mit Hilfe der Phrasenverwaltung. Die Ausgabe der Texte erfolgt über den User Exit `PHR_TEXT`.

5.5.2 Textmusterphrasen

Wenn man verschiedene Gefahrgutvorschriften miteinander vergleicht, wird man schnell feststellen, dass sich die auf Beförderungspapieren anzugebenden Gefahrgutinformationen häufig nur in »Feinheiten« unterscheiden.

Unterschiede in den Gefahrgutinformationen auf Beförderungspapieren [zB]

Es kann sich z.B. die Reihenfolge der anzugebenden Daten unterscheiden, oder es kann eine Zusatzangabe eines einzelnen Datums für eine bestimmte Gefahrgutvorschrift gemacht werden.

> Zudem treten bei neuen Ausgaben von existierenden Gefahrgutvorschriften häufig Anpassungen in der Reihenfolge der auszugebenden Daten auf oder es werden neue, vorher noch nicht verwendete Daten auf einem Beförderungspapier gefordert.

Hieraus ergibt sich für Beförderungspapiere die Anforderung, dass die Ausgabe der Gefahrgutinformationen vorschriftenabhängig sehr flexibel realisiert werden können muss. Diese Anforderung kann durch die Verwendung sogenannter Textmusterphrasen erfüllt werden.

Textmuster sind SAPscript-Bausteine, die flexibel bearbeitet werden können. Im Gefahrgutstamm werden Textmuster als Phrasen hinterlegt, die dann vom entsprechenden SAPscript-Programm gezogen werden können. Diese Phrasen können Sie in der Spezifikationsdatenbank an Realstoffen oder Gefahrgutklassifizierungen vorschriftenabhängig pflegen. Abbildung 5.37 zeigt exemplarisch die Positionen einer Textmusterphrase aus der Phrasenverwaltung (Transaktion CG12).

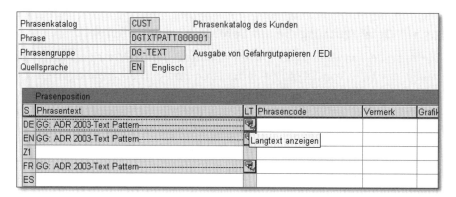

Abbildung 5.37 Beispiel für Textmusterphrasen

Indem Sie das Icon LANGTEXT ANZEIGEN in der entsprechenden Phrasenposition anklicken, gelangen Sie zum Langtexteditor, wo Sie dann die Textmusterphrase anpassen können.

Eine Textmusterphrase enthält Platzhalter für Felder des Gefahrgutstamms in Form von sogenannten Symbolen. Die Symbole setzen sich hierbei aus Struktur- und Feldnamen zusammen, die durch einen Bindestrich getrennt und von einem &-Zeichen eingeschlossen werden. Die Struktur RDGPRINT enthält dabei die SAPScript-Schlüssel der Textbausteine. Das Symbol &RDGPRINT-LWDGN& wird beispielsweise als Name der Gefahrgutvorschrift aufgelöst.

Bei der Ausgabe der gefahrgutrelevanten Informationen auf den Beförderungspapieren werden die in den Textmustern enthaltenen Symbole durch die entsprechenden Daten aus dem Gefahrgutstamm ersetzt (siehe Listing 5.1).

```
&RDGPRINT-LWDGN' -,& &RDGPRINT-VKTRT':'&
&RDGPRINT-TKUI& &RDGPRINT-DGNU' ,&
&'Klasse'RDGPRINT-DGCL& &,Verpackungsgruppe
,RDGPRINT-PGRO& &RDGPRINT-LDBC& &' 'RDGPRINT-LWDGN&
```

Listing 5.1 Textmusterphrase

Das Beispiel einer Textmusterphrase in Listing 5.1 enthält Platzhalter für Tabellenfelder des Gefahrgutstamms (eingeschlossen mit dem Symbol ‚&') und Textbausteine, die in Hochkommata gesetzt werden. Bei Ausgabe in deutscher Sprache könnte eine Ausgabe auf dem Beförderungsdokument folgendermaßen aussehen:

▸ ADR – Strasse

▸ UN 1993 Klasse 3

▸ Verpackungsgruppe II ADR

Textmusterphrasen sind wie »normale« Phrasen in den entsprechenden Phrasenpositionen zu pflegen, damit abhängig von der Dokumentsprache die korrekte Position angedruckt werden kann.

5.6 Customizing-Einstellungen

Die für die Gefahrgutabwicklung notwendigen Einstellungen im SAP-Customizing finden Sie im IMG unter dem Pfad ENVIRONMENT, HEALTH & SAFETY • GEFAHRGUTABWICKLUNG (siehe Abbildung 5.38). Im Folgenden werden die wichtigsten Grundeinstellungen vorgestellt.

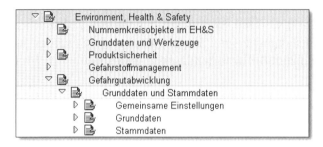

Abbildung 5.38 Position der Customizing-Einstellungen für die Gefahrgutabwicklung im IMG

5.6.1 Bearbeitungsstatus festlegen

Der Prozess der Gefahrgutklassifizierung erfordert es, verschiedene Grunddaten zum zu klassifizierenden Stoff zu sammeln, die je nach Organisationsstruktur des Unternehmens aus verschiedenen Quellen zusammengeführt werden müssen. Am Ende dieses Prozesses steht eine gefahrgutrechtliche Einstufung, deren Abschluss durch eine explizite Freigabe dokumentiert wird.

Hierzu dient der sogenannte *Bearbeitungsstatus*. Dieser sorgt dafür, dass nur freigegebene Daten zu Gefahrgutprüfungen herangezogen werden oder auf Transportdokumenten angedruckt werden. Sie können also mit der Datenpflege im System beginnen, selbst wenn noch nicht alle für die gefahrgutrechtliche Einstufung notwendigen Daten vorhanden sind.

Zwei Bearbeitungsstatus können minimal ausgeprägt werden (siehe Abbildung 5.39):

▶ 01 – In Bearbeitung

▶ 10 – Freigegeben

GG: Bearbeitungsstatus Gefahrgutgrunddaten		
BearbStat.	Bez.BearbeitStatus	FreigSt.
01	in Bearbeitung	☐
10	freigegeben	☑

Abbildung 5.39 Bearbeitungsstatus festlegen

Denkbar wären jedoch auch mehrere Status für IN BEARBEITUNG, falls in Ihrer Organisation verschiedene Einheiten am Klassifizierungsprozess beteiligt sind. Wir empfehlen hierbei, den Statusschlüssel zweistellig in einer Art zu vergeben, die das spätere Selektieren erleichtert. Denkbar wäre z.B. eine führende Null für alle Status, die sich in Bearbeitung befinden. So lassen sich verschiedene Stadien der Bearbeitung abbilden.

Für den Status FREIGEGEBEN setzen Sie zusätzlich noch das Kennzeichen FREIGST. Nur Gefahrgutstammsätze mit diesem Kennzeichen werden zu Gefahrgutprüfungen und zum Dokumentendruck herangezogen.

5.6.2 Gefahrgutvorschriften festlegen

In dieser IMG-Aktivität legen Sie die für Ihre Geschäfts- und Lieferprozesse notwendigen Gefahrgutvorschriften fest. Die Gefahrgutvorschriften werden dabei grundsätzlich für einen Verkehrsträgertyp sowie für einen Gültigkeitsraum definiert. Beispiele für bekannte Gefahrgutvorschriften sind die Folgenden:

- **ADR – Accord européen relatif au transport international des marchandises Dangereuses par Route**
  Die Vorschrift ADR ist eine Vorschrift für die Beförderung gefährlicher Güter auf der Straße und ist derzeit in 46 Ländern gültig. Darunter sind die europäischen Länder, aber auch die nordafrikanischen Ländern wie Marokko und Tunesien.
- **IMDG – International Maritime Dangerous Goods Code**
  Der IMDG-Code definiert die Gefahrgutkennzeichnung für den internationalen Seeschiffsverkehr.
- **RID – Règlement concernant le transport international ferroviaire de marchandises dangereuses**
  Die Vorschrift RID regelt den Transport gefährlicher Güter über die Schiene.
- **49 CFR – Code of Federal Regulations**
  Diese Vorschrift regelt den Transport gefährlicher Güter für alle Verkehrsträger in den USA.

Bereits an diesen wenigen Beispielen ist leicht die notwendige technische Struktur aus Vorschrift, Gültigkeitsraum und Verkehrsträgertyp zu erkennen. Abbildung 5.40 zeigt den Pflegeview für die Einrichtung von Gefahrgutvorschriften mit den Pflichtfeldern Vorschrift, Gültigkeitsraum und Verkehrsträgertyp.

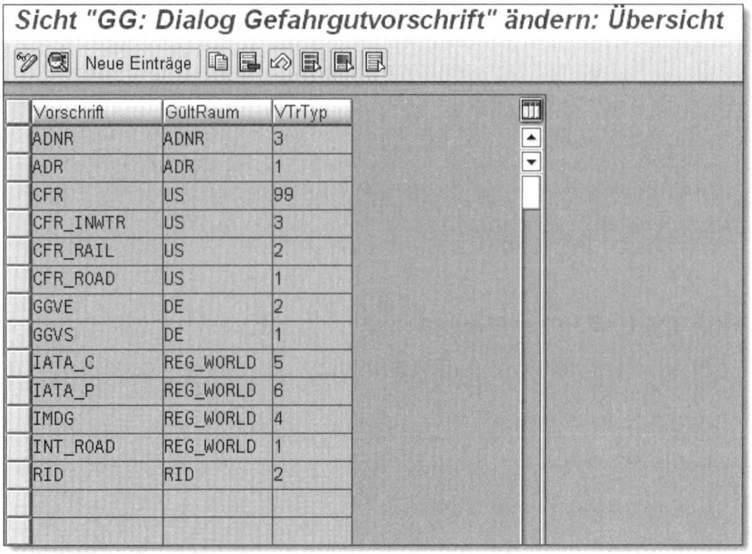

Vorschrift	GültRaum	VTrTyp
ADNR	ADNR	3
ADR	ADR	1
CFR	US	99
CFR_INWTR	US	3
CFR_RAIL	US	2
CFR_ROAD	US	1
GGVE	DE	2
GGVS	DE	1
IATA_C	REG_WORLD	5
IATA_P	REG_WORLD	6
IMDG	REG_WORLD	4
INT_ROAD	REG_WORLD	1
RID	RID	2

Abbildung 5.40 Einrichten von Gefahrgutvorschriften

In der IMG-Aktivität GÜLTIGKEITSRÄUME FESTLEGEN können Sie für die jeweiligen Gefahrgutvorschriften Gültigkeitsräume definieren und diesen wiederum die entsprechenden Länder zuordnen. Die Einstellungen für den Verkehrsträgertyp erfolgen in der IMG-Aktivität VERKEHRSTRÄGERTYP FESTLEGEN (siehe Abbildung 5.41).

Verkehrsträgertyp festlegen			
VTrTyp	Bez. VerkTrägertyp	Basis-VTT	
1	Straße	☑	
2	Eisenbahn	☑	
3	Binnenschiff	☑	
4	See	☑	
5	Luft Cargo	☑	
6	Luft Passenger	☑	
20	Pipeline	☑	
99	Alle Verkehrsträgertypen	☑	

Abbildung 5.41 Festlegen von Verkehrsträgertypen

Diese Einstellungen sind unter anderem für die Durchführung von Gefahrgutprüfungen notwendig. Über diese Einstellungen wird für ein Zielland und für einen Verkehrsträger die zu prüfende Gefahrgutvorschrift ermittelt.

[+] **Zusammenhang von Gefahrgutabwicklung und Produktsicherheit**

In Bezug auf die Definition der Gültigkeitsräume der Gefahrgutvorschriften sollten Sie sicherstellen, dass gleichzeitig für jede Gefahrgutvorschrift im Modul »Produktsicherheit« entsprechende gesetzliche Listen vorhanden sind. Diese dienen der Zuordnung von Identifikatoren zu den entsprechenden Gefahrgutvorschriften und sorgen für den korrekten vorschriftenabhängigen Andruck dieser Identifikatoren auf den entsprechenden Dokumenten.

5.6.3 Gefahrgutklassen festlegen

Nach den Vorgaben der UN erfolgt die Einteilung von Gefahrgütern in neun Klassen.

▶ Klasse 1 – Explosive Stoffe

▶ Klasse 2 – Gase und gasförmige Stoffe

▶ Klasse 3 – Entzündbare flüssige Stoffe

- Klasse 4 – Entzündbare feste Stoffe

- Klasse 5 – Entzündend (oxidierend) wirkende Stoffe

- Klasse 6 – Giftige Stoffe

- Klasse 7 – Radioaktive Stoffe

- Klasse 8 – Ätzende Stoffe

- Klasse 9 – Verschiedene gefährliche Stoffe und Gegenstände

Für einige Gefahrgutklassen existieren zudem noch Unterteilungen in Unterklassen. In der IMG-Aktivität GEFAHRGUTKLASSEN UND KLASSIFIZIERUNGSCODES FESTLEGEN definieren Sie pro Gefahrgutvorschrift die einzelnen, für Ihre Gefahrgüter relevanten Gefahrgutklassen (siehe Abbildung 5.42).

Vorschrift	Kla	ZifLeTr	Bezeichnung der Gefahrgutklasse
ADR	1	91	Explosive Stoffe und Gegenstände mit Explosivstoff
ADR	2	8	Gase
ADR	3	71	Entzündbare flüssige Stoffe
ADR	4.1	51	Entzündbare feste Stoffe
ADR	4.2	41	Selbstentzündliche Stoffe
ADR	4.3	41	Stoffe, die in Berührung mit Wasser entzündbare Gase entwickeln
ADR	5.1	41	Entzündend (oxidierend) wirkende Stoffe
ADR	5.2	31	Organische Peroxide
ADR	6.1	91	Giftige Stoffe
ADR	6.2	11	Ansteckungsgefährliche Stoffe
ADR	7		Radioaktive Stoffe
ADR	8	91	Ätzende Stoffe
ADR	9	71	Verschiedene gefährliche Stoffe und Gegenstände
CFR	1.1		Explosives (with a mass explosion hazard)
CFR	1.2		Explosives (with a projection hazard)
CFR	1.3		Explosives (with predominately a fire hazard)
CFR	1.4		Explosives (with no significant blast hazard)

Abbildung 5.42 Vorschriftenabhängige Gefahrgutklassen einrichten

Die Gefahrgutklassen vorschriftenabhängig festzulegen, ist notwendig, da deren Unterteilung in Unterklassen sowie die sprachabhängigen Bezeichner der Gefahrgutklassen und -unterklassen von einer Gefahrgutvorschrift zur anderen abweichen können.

Sie können die notwendigen Übersetzungen direkt in der gleichen IMG-Aktivität pflegen, wenn Sie im Anwendungsmenü SPRINGEN • ÜBERSETZUNG auswählen (siehe Abbildung 5.43).

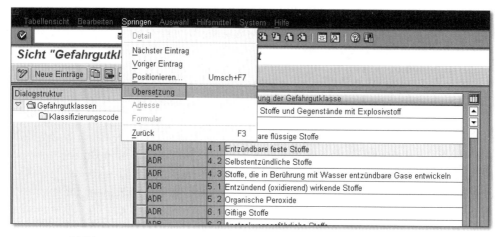

Abbildung 5.43 Sprachabhängige Definition der Gefahrgutklassen über das Anwendungsmenü

Eine weitere Unterteilung ist über einen Klassifizierungscode für jede Gefahrgutklasse möglich (siehe Tabelle 5.3).

Code	Eigenschaft
F	Entzündbare flüssige Stoffe ohne Nebengefahr
F1	Entzündbare flüssige Stoffe mit einem Flammpunkt von höchstens 60°C
F2	Entzündbare flüssige Stoffe mit einem Flammpunkt über 60°C, die auf oder über ihren Flammpunkt erwärmt zur Beförderung aufgegeben oder befördert werden (erwärmte Stoffe)
FT	Entzündbare flüssige Stoffe, giftig
FT1	Entzündbare flüssige Stoffe, giftig
FT2	Mittel zur Schädlingsbekämpfung (Pestizide)
FC	Entzündbare flüssige Stoffe, ätzend
FTC	Entzündbare flüssige Stoffe, giftig und ätzend
D	Desensibilisierte explosive flüssige Stoffe

Tabelle 5.3 Beispiele für Klassifizierungscodes zur Gefahrgutklasse 3

5.6.4 Kennzeichen »Kein Gefahrgut«

Dieses Kennzeichen mit unterschiedlichen Ausprägungen gibt an (siehe Abbildung 5.44), ob ein Gebinde im vollen oder leeren Zustand als Gefahrgut anzusehen ist. Bedingt durch die unterschiedlichen regionalen Umsetzungen der UN Recommendations sowie die unterschiedlichen Verkehrsträger kann es zudem dazu kommen, dass ein Stoff für eine Gefahrgutvorschrift als Gefahrgut anzusehen ist und für eine andere nicht. Darüber hinaus existieren vorschriftenabhängige Ausnahmeregelungen, die z.B. den Transport von Kleinmengen <450 l als Nicht-Gefahrgut erlauben.

Diese Fälle lassen sich einfach über die Ausprägungen des Kennzeichens KEIN GEFAHRGUT abbilden. Das Kennzeichen ist im Gefahrgutstamm über die F4-Hilfe auswählbar und erlaubt dadurch die materialabhängige Definition von solchen Ausnahmeregelungen.

Kein GG	Volltrsp.	Leertrsp.	Bezeichnung Kein Gefahrgut (Voll-/Leer)	
M	☑	☑	Kein Gefahrgut in Behältern < 450 Liter Fassungsvermögen	▲
X	☑	☑	Kein Gefahrgut	▼

Abbildung 5.44 Unterschiedliche Ausprägungsmöglichkeiten des Kennzeichens für Nicht-Gefahrgüter

5.6.5 Beförderungsarten festlegen

Ein Gefahrgut kann für einen gegebenen Verkehrsträger auf unterschiedliche Arten transportiert werden. So kann ein flüssiges Gefahrgut z.B. sowohl in einer Verpackung als auch in einem Tankwagen auf der Straße transportiert werden. Sie können für jede Gefahrgutvorschrift eigene Beförderungsarten definieren (siehe Button NEUE EINTRÄGE in Abbildung 5.45).

Sicht "GG: Beförderungsart" ändern: Übersicht

Neue Einträge

Vorschrift	Beförd	Bez. der Beförderungsart	Kommentartext Beförderungsart	
ADNR	1	Geschlossene Ladung		▲
ADNR	2	Beförderung in loser Schüttung		▼
ADNR	3	Beförderung in Containern		
ADNR	4	Beförderung in Tanks		
ADNR	5	verpackte Ware		
ADR	1	Geschlossene Ladung		
ADR	2	Beförderung in loser Schüttung		
ADR	3	Beförderung in Containern		
ADR	4	Beförderung in Tanks		
ADR	5	verpackte Ware		

Abbildung 5.45 Beförderungsarten pro Vorschrift definieren

5.6.6 Gefahrnummern festlegen

Die Gefahrnummer, auch Kemler-Zahl genannt, ist eine für alle gefährlichen Stoffe einheitliche Kennzahl. Sie wird als obere Nummer auf den an Gefahrguttransporten angebrachten orangefarbenen Warntafeln angezeigt.

Vorschrift	Gefa	Bezeichnung der Gefahrnummer
ADR	30	entzündbarer flüssiger Stoff (nach Rn. 250 000)
ADR	323	entzündbarer flüssiger Stoff, der mit Wasser reagiert und entzündbare Gase bildet
ADR	33	leicht entzündbarer flüssiger Stoff (Flammpunkt unter 23°C)
ADR	333	pyrophorer flüssiger Stoff
ADR	336	leicht entzündbarer flüssiger Stoff, giftig
ADR	338	leicht entzündbarer flüssiger Stoff, ätzend
ADR	339	leicht entzündbarer flüssiger Stoff, der spontan zu einer heftigen Reaktion führen kann
ADR	36	entzündbarer flüssiger Stoff (Flammpkt. von 23°C bis einschl. 61°C),schwach giftig,od
ADR	362	entzündbarer flüssiger Stoff, giftig, der mit Wasser reagiert und entzündbare Gase bild
ADR	368	entzündbarer flüssiger Stoff, giftig, ätzend
ADR	38	entzündbarer flüssiger Stoff (Flammpkt. von 23°C bis einschl.61°C), schwach ätzend,
ADR	382	entzündbarer flüssiger Stoff, ätzend, der mit Wasser reagiert und entzündbare Gase b
ADR	39	entzündbarer flüssiger Stoff, der spontan zu einer heftigen Reaktion führen kann
ADR	X323	entzündbarer flüssiger Stoff, der mit Wasser gefährlich reagiert und entzündbare Gase
ADR	X333	pyrophorer flüssiger Stoff, der mit Wasser gefährlich reagiert
ADR	X338	leicht entzündbarer flüssiger Stoff, ätzend, der mit Wasser gefährlich reagiert
ADR	X362	entzündbarer flüssiger Stoff, giftig, der mit Wasser gefährlich reagiert und entzündbare
ADR	X382	entzündbarer flüssiger Stoff, ätzend, der mit Wasser gefährlich reagiert und entzündb

Abbildung 5.46 Gefahrnummern pro Vorschrift

Es handelt sich dabei um eine bis zu dreistellige Zahl, deren erste Ziffer im Allgemeinen der Gefahrgutklasse entspricht. Die Verdopplung der ersten Ziffer bedeutet dabei eine Erhöhung der Gefahr dieser Art (siehe Abbildung 5.46). Die Ziffern haben folgende Bedeutung:

- ▶ 2 – Gefahr des Entweichens von Gas durch Druck oder chemische Reaktion
- ▶ 3 – Entzündbarkeit von Flüssigkeiten (Gase/Dämpfe) oder selbst erhitzungsfähiger flüssiger Stoff
- ▶ 4 – Entzündbarkeit von festen Stoffen oder selbst erhitzungsfähiger fester Stoff
- ▶ 5 – Oxidierende (brandfördernde) Wirkung
- ▶ 6 – Gefahr durch Giftigkeit oder Ansteckung
- ▶ 7 – Gefahr durch Radioaktivität
- ▶ 8 – Gefahr durch Ätzwirkung

- 9 (an erster Stelle) – Umweltgefährdender Stoff; Verschiedene gefährliche Stoffe

- 9 (an zweiter oder dritter Stelle) – Gefahr einer spontanen heftigen Reaktion

- 0 (als Platzhalter der zweiten Stelle) – Ohne besondere Gefahr

- X – Reagiert auf gefährliche Weise mit Wasser

5.6.7 Gefahrzettel festlegen

Als Gefahrzettel werden Piktogramme bezeichnet, die genauere Auskunft über die Art der Gefahr geben. Gefahrzettel sind auf der Spitze stehende Quadrate, die ein Gefahrensymbol sowie einen speziellen Nummerncode enthalten. Dieser Nummerncode wird in der IMG-Aktivität GEFAHRZETTEL FESTLEGEN in Abhängigkeit der Gefahrgutklasse gepflegt.

Gefahrzettel werden in der Eigenschaft GEFAHRGUTVORSCHRIFTEN am UN-Listenstoff oder Realstoff gepflegt (siehe Abbildung 5.47).

Abbildung 5.47 Beispiele für Gefahrguttafel und Gefahrzettel

5.6.8 Verpackungsmethoden festlegen

In der Aktivität VERPACKUNGSMETHODEN FESTLEGEN pflegen Sie vorschriftenabhängige Verpackungsanweisungen, wie z. B die Packing Instruction Number (PIN) für den Lufttransport. Verpackungsmethoden verweisen auf Tabellen oder Paragrafen aus den entsprechenden Gefahrgutvorschriften und sind daher vorschriftenabhängig einzupflegen.

5.6.9 Verpackungscodes festlegen

Der Verpackungscode dient zur Kennzeichnung UN-geprüfter Verpackungen für Gefahrgüter. Der Code setzt sich hierbei aus einer Ziffer für die Verpackungsart (zwei Ziffern für Großpackmittel), einem oder mehreren lateini-

schen Buchstaben für den Werkstoff und einer weiteren Ziffer für den Ver-
packungstyp zusammen (siehe Abbildung 5.48).

Sicht "Dialog GG-vorschriftspezifischer Verpackungscode" ändern: Übers

Vorschrift	Vrp.Code	Bez. Verpackungscode
ADR	0A1	Feinstblechverpackungen Stahl, mit nicht abnehmbarem Deckel
ADR	0A2	Feinstblechverpackungen Stahl, mit abnehmbarem Deckel
ADR	116	IBC aus Pappe für feste Stoffe bei Befüllung oder Entleerung durch Schwerkraft
ADR	11A	metallene IBC aus Stahl für feste Stoffe bei Befüllung oder Entleerung durch Sch
ADR	11B	metallene IBC aus Aluminium für feste Stoffe bei Befüllung oder Entleerung durc
ADR	11C	IBC aus Naturholz mit Innenauskleidung
ADR	11D	IBC aus Sperrholz mit Innenauskleidung
ADR	11F	IBC aus Holzfaserwerksroff mit Innenauskleidung
ADR	11G	IBC aus Pappe für feste Stoffe bei Befüllung oder Entleerung durch Schwerkraft
ADR	11H1	starre Kunststoff IBC für feste Stoffe bei Befüllung oder Entleer ng durch Schwer
ADR	11H2	starre Kunststoff IBC für feste Stoffe bei Befüllung oder Entleerung durch Schwe
ADR	11N	metallene IBC aus anderen Metallen für feste Stoffe bei Befüllung oder Entleerur
ADR	13H	flexible IBC aus Kunststoffgewebe mit Innenauskleidung
ADR	13H1	flexible IBC aus Kunststoffgewebe ohne Beschichtung oder Innenaus leidung
ADR	13H2	flexible IBC aus Kunststoffgewebe, beschichtet
ADR	13H4	flexible IBC aus Kunststoffgewebe beschichtet und mit Innenauskleidung
ADR	13H5	flexible IBC aus Kunststofffolie

Abbildung 5.48 Vorschriftenabhängige Verpackungscodes

[zB]

> **Verpackungscode**
>
> Weitere Beispiele für einen Verpackungscode nach der ADR-Vorschrift könnten
> folgendermaßen aussehen:
>
> ▸ 1A2 – Fässer aus Stahl mit abnehmbarem Deckel
>
> ▸ 3A2 – Kanister aus Stahl mit abnehmbarem Deckel
>
> ▸ 4C2 – Kisten aus Naturholz mit staubdichten Wänden
>
> ▸ 6HG2 – Kombinationsverpackungen-Kunststoffgefäß in einer Kiste aus Pappe

5.6.10 Gefährdungspotenziale festlegen

In der IMG-Aktivität GEFÄHRDUNGSPOTENTIALE FESTLEGEN pflegen Sie zu
einer Kombination aus Gefahrgutvorschrift, Gefahrgutklasse und Gefährdungspotenzial die entsprechenden Werte für den Klassifizierungscode, die
Verpackungsgruppe sowie die Verpackungskennzeichnung.

Die *Verpackungsgruppe* beschreibt innerhalb einer Gefahrgutklasse die vom
Gefahrgut ausgehende Gefahr in drei Stufen.

- Verpackungsgruppe I: Stoffe mit hoher Gefahr
- Verpackungsgruppe II: Stoffe mit mittlerer Gefahr
- Verpackungsgruppe III: Stoffe mit geringer Gefahr

Aus der Verpackungsgruppe wird die Anforderung an die Verpackung abgeleitet, die wiederum als *Verpackungskennzeichnung* mit den Buchstaben X,Y und Z angegeben wird (siehe Tabelle 5.4).

Verpackungskennzeichnung	Zulassung für Verpackungsgruppe
X	I, II, III
Y	II, III
Z	III

Tabelle 5.4 Zusammenhang zwischen Verpackungsgruppe und -kennzeichnung

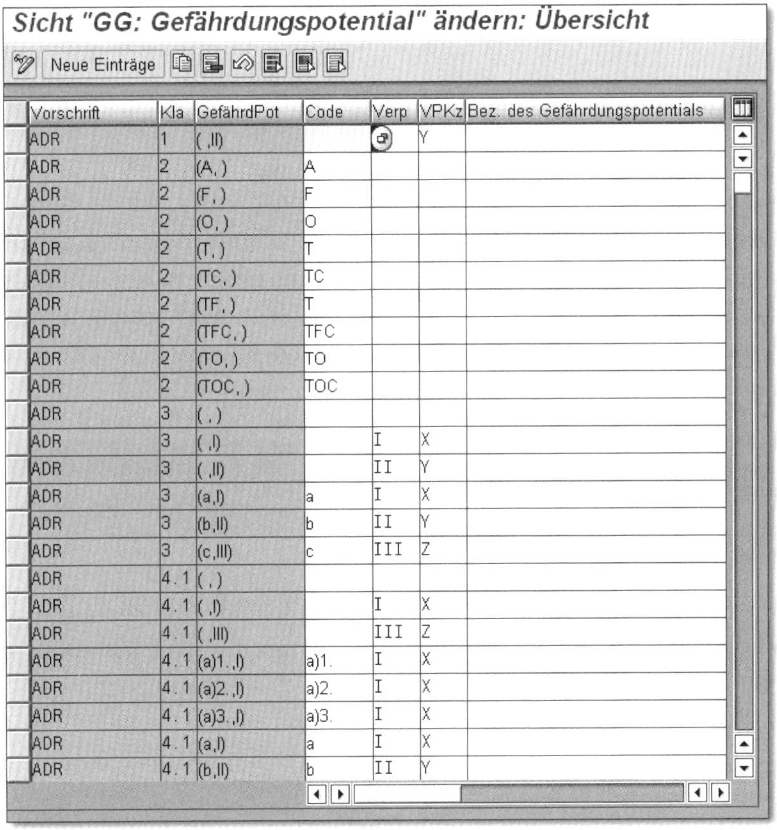

Vorschrift	Kla	GefährdPot	Code	Verp	VPKz	Bez. des Gefährdungspotentials
ADR	1	(,II)			Y	
ADR	2	(A,)	A			
ADR	2	(F,)	F			
ADR	2	(O,)	O			
ADR	2	(T,)	T			
ADR	2	(TC,)	TC			
ADR	2	(TF,)	T			
ADR	2	(TFC,)	TFC			
ADR	2	(TO,)	TO			
ADR	2	(TOC,)	TOC			
ADR	3	(,)				
ADR	3	(,I)		I	X	
ADR	3	(,II)		II	Y	
ADR	3	(a,I)	a	I	X	
ADR	3	(b,II)	b	II	Y	
ADR	3	(c,III)	c	III	Z	
ADR	4.1	(,)				
ADR	4.1	(,I)		I	X	
ADR	4.1	(,III)		III	Z	
ADR	4.1	(a)1.,I)	a)1.	I	X	
ADR	4.1	(a)2.,I)	a)2.	I	X	
ADR	4.1	(a)3.,I)	a)3.	I	X	
ADR	4.1	(a,I)	a	I	X	
ADR	4.1	(b,II)	b	II	Y	

Abbildung 5.49 Pflegeview für das Gefährdungspotenzial

Abbildung 5.49 zeigt den Pflegeview für das Gefährdungspotenzial. Dieses wird vom System automatisch aus den Angaben für den Klassifizierungscode und die Verpackungsgruppe gebildet.

5.6.11 Gefahrauslöserarten prüfen

Als Gefahrauslöser werden die Stoffe bezeichnet, von denen die eigentliche Gefahr im Rahmen der Beförderung ausgeht. Je nach Gefahrgutvorschrift können bis zu drei Gefahrauslöser angegeben werden (Abbildung 5.50).

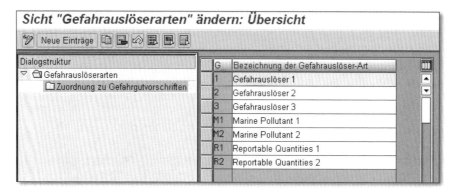

Abbildung 5.50 Vorschriftenabhängige Gefahrauslöser einrichten

Dies ist vor allem bei sogenannten n.a.g.-Positionen notwendig. Die Abkürzung n.a.g. steht hier für »nicht anderweitig genannt« und ist als Suffix der Bezeichnung bei bestimmten UN-Nummern enthalten. Man spricht in diesem Fall von Sammelnummern, da nicht für jeden gefährlichen Stoff eine eigene UN-Nummer definiert wird.

[zB] **Sammelnummer**

Ein Beispiel für solche Sammelnummern wäre für die UN-Nummer 1993 etwa die Bezeichnung ENTZÜNDLICHER FLÜSSIGER STOFF N.A.G.

Für solche Sammelnummern sind auf Transportdokumenten die eigentlichen Auslöser der Gefahr in Klammern zu ergänzen. Diese Gefahrauslöser werden in der Spezifikationsdatenbank als eigene Spezifikationsart `DG_HIS_SUB` definiert.

5.7   Fazit

Das Gefahrgutmanagement in SAP EHS Management kann Sie effektiv bei der Einhaltung der gefahrgutrechtlichen Bestimmungen unterstützen. Die Herausforderungen bei der Implementierung resultieren hierbei hauptsächlich aus der notwendigen Abstimmung mit den Beteiligten der Materialstammdatenpflege sowie den Verantwortlichen der nachfolgenden logistischen Prozesse. Das Gefahrgutkennzeichenprofil im Materialstamm bietet Ihnen eine einfache Möglichkeit, Materialien als potentielle Gefahrgüter zu kennzeichnen. Durch das Setzen des Profils definieren Sie jedoch gleichzeitig bereits beim Anlegen eines neuen Materials die Notwendigkeit eines Gefahrgutstamms, damit die Gefahrgutprüfungen durchgeführt werden können und die Ausgabe von Gefahrguttexten auf den Beförderungspapieren ermöglicht wird. Da die Verantwortung für das Anlegen und die Pflege der Materialien in den meisten Unternehmen jedoch in anderen Händen liegt als die Gefahrgutklassifizierung, ist hier eine saubere Definition der entsprechenden Workflows und Pflegeprozesse notwendig. Für eine erfolgreiche Einführung des Gefahrgutmanagements gilt es, die Beteiligten aus der Stammdatenpflege und der Logistik früh im Projekt an einen Tisch zu bringen.

*Als Basis für die Funktionen im Gefahrstoffmanagement, der Unfall-
abwicklung und gegebenenfalls der Arbeitsmedizin dient der Arbeitsbereich. Der Arbeitsbereich ist das zentrale Organisationselement in
SAP EHS Management. In diesem Kapitel lesen Sie, wie Sie Ihre
Arbeitsbereiche strukturieren und anlegen können und welche Kon-
figurationseinstellungen im System vorzunehmen sind.*

6 Arbeitsbereichsverwaltung

In diesem Kapitel erfahren Sie, welche Rolle das Objekt »Arbeitsbereich« in
SAP EHS Management und insbesondere im Modul »Arbeitsschutz« spielt.
Der Arbeitsbereich ist die zentrale Definition der »Stelle« oder des »Orts« an
dem Gefahren und Belastungen auf Mitarbeiter einwirken, für den Gefährdungsbeurteilungen durchgeführt werden, Messergebnisse verwaltet werden, Unfälle passieren etc. Der Arbeitsbereich ist damit das Grunddatum des
Moduls »Arbeitsschutz« und hat zusammen mit (Gefahr-)Stoffen und anderen Daten eine zentrale Bedeutung für SAP EHS Management.

Als erstes lernen Sie, wie wichtig die gut durchdachte (eventuell auch die hie-
rarchische) Strukturierung von Arbeitsbereichen ist und welche Ansätze sich
dazu anbieten. Anschließend erklären wir Ihnen, wie Sie Gefahrstoffe und
Belastungen einem Arbeitsbereich zuordnen und später im Arbeitsschutz,
beim Gefahrstoffmanagement und in der Arbeitsmedizin verwenden. Die
Integration in die anderen Module wird hier anhand der Schnittstellen und
Integrationsmöglichkeiten des Arbeitsbereichs beschrieben. Am Ende dieses
Kapitels erfahren Sie, wie Sie die Arbeitsbereichsverwaltung konfigurieren
und kundenindividuell erweitern können.

6.1 Arbeitsbereiche

Der Arbeitsbereich ist für die Bereiche »Gefahrstoffmanagement« und
»Arbeitsschutz und -sicherheit« das zentrale Stammdatenobjekt in SAP EHS
Management.

Wie es in den logistischen SAP-Anwendungen Materialmanagement (MM), Sales and Distribution (SD) oder Produktionsplanung (PP) verschiedene Organisationsstrukturen gibt, stellt die *Arbeitsbereichsstruktur* in SAP EHS Management die Basis für viele Funktionen dar, z. B. für die Erstellung von Gefährdungsbeurteilungen im Arbeitsschutz. Auch das Gefahrstoffmanagement und die Erstellung von Gefahrstoffverzeichnissen erfolgen auf Basis des Arbeitsbereichs. Darüber hinaus werden Sie in Kapitel 8 lesen, wie auch im Unfallmanagement Unfälle mit Bezug zu Arbeitsbereichen erfasst und ausgewertet werden können.

Arbeitsbereiche repräsentieren aus arbeitsschutztechnischer Sicht einen klar abgegrenzten Teil Ihres Unternehmens, in dem Daten aus dem Arbeitsschutz und dem Gefahrstoffmanagement bis hin zu Organisationsstrukturen und Planstellen miteinander verknüpft werden. Der Arbeitsbereich stellt also Daten und Informationen zur Verfügung, die Sie in verschiedenen Prozessen benötigen und nutzen können. Daher sind Arbeitsbereiche über verschiedene Schnittstellen und Integrationsmöglichkeiten mit anderen Objekten verknüpft (z. B. mit Lagerorten).

Der Arbeitsbereich liefert Ihnen Informationen zu einem spezifischen Teil Ihres Unternehmens. Diese Informationen betreffen insbesondere die folgenden Punkte:

▸ Um welchen Teil Ihres Unternehmens handelt es sich (Arbeitsbereichshierarchie)?

▸ Welche Belastungen (Stoffe, Lärm usw.) treten bei der Arbeit in diesem Arbeitsbereich abhängig vom Betriebszustand auf?

▸ Welche relevanten Betriebsanweisungen sind gültig?

▸ Welche Arbeitsschutzmaßnahmen sind erforderlich und wurden durchgeführt?

▸ Welche Arbeitsschutzdaten (z. B. Schutzausrüstung, Notfallnummern) sind für diesen Arbeitsbereich gültig?

▸ Welche Personen arbeiten an diesem Arbeitsbereich?

Über die verschiedenen Integrationsmöglichkeiten in andere Module (z. B. in die Instandhaltung, Enterprise Asset Management (EAM)) können Sie aus dem Arbeitsschutz heraus weitere Prozesse steuern. Wie Sie so z. B. technische Maßnahmen direkt in die Instandhaltung überleiten, lesen Sie in Kapitel 7, »Gefahrstoffmanagement«.

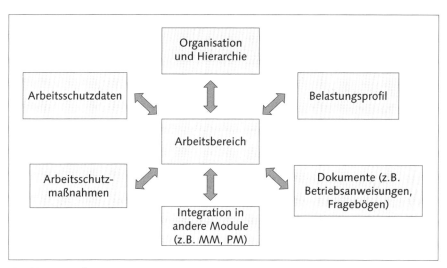

Abbildung 6.1 Übersicht über den Arbeitsbereich

Um die oben erläuterten Aufgaben im Umfeld des Arbeitsbereichs durchführen zu können, werden folgende Informationen und Tätigkeiten mit Bezug zum Arbeitsbereich abgelegt bzw. durchgeführt (siehe Abbildung 6.1):

▸ **Organisation und Hierarchie**
In den »Kopfdaten« des Arbeitsbereichs definieren Sie die allgemeinen Daten (Werk, Berechtigungsgruppe, übergeordneter Arbeitsbereich etc.), die für den gesamten Arbeitsbereich gültig sind.

▸ **Arbeitsschutzdaten pflegen**
Hier definieren Sie die aus Sicht des Arbeitsschutzes relevanten Informationen. Sie können z.B. beschreiben, welche Tätigkeiten an dem Arbeitsbereich durchgeführt werden, welche Sicherheitseinrichtungen vorhanden sein müssen und welche besonderen Sicherheitsmaßnahmen zu treffen sind.

▸ **Arbeitsschutzmaßnahmen erfassen**
Sie haben die Möglichkeit, direkt am Arbeitsbereich Arbeitsschutzmaßnahmen zu erfassen und zu dokumentieren. Darüber hinaus können Sie das Maßnahmen-Monitoring aus der Maßnahmenverwaltung am Arbeitsbereich nutzen und die Maßnahmen dadurch überwachen. Wie Sie Maßnahmen erfassen und dokumentieren, erläutern wir Ihnen in Kapitel 7, »Gefahrstoffmanagement«, wo wir den Prozess der Gefährdungsbeurteilung behandeln.

▶ **Gefährdungsbeurteilungen durchführen und Belastungsprofil pflegen/abgleichen**
Sie können Gefährdungsbeurteilungen durchführen (siehe Kapitel 7) und Belastungsprofile pflegen.

▶ **Integrationsdaten**
Hier können Sie mit dem Arbeitsbereich verknüpfte Objekte aus der Materialwirtschaft (MM), dem Controlling (CO) und der Instandhaltung (EAM/PM) angeben, damit z.B. eine Arbeitsschutzmaßnahme für den Arbeitsbereich in eine Instandhaltungsmaßnahme für den zugeordneten technischen Platz umgesetzt werden kann.

▶ **Ablage von Dokumenten, Fragebögen und Betriebsanweisungen**
Es besteht die Möglichkeit, externe Dokumente an den Arbeitsbereich zu hängen. Dazu wird die Standarddokumentenverwaltung von SAP genutzt.

Für das weitere Verständnis der folgenden Abschnitte ist es wichtig, die Arbeitsbereichs*integration* und Arbeitsbereichs*struktur* voneinander abzugrenzen:

Arbeitsbereichsstrukturierung

Der Arbeitsbereich ist der Ort im Unternehmen, an dem der Arbeitsschutz stattfindet und das Grunddatum im Arbeitsschutz. Daher sind in jedem SAP EHS Management-Arbeitsschutzprojekt zunächst die unterschiedlichen Arbeitsbereiche in Ihrem Unternehmen zu definieren. Die einzelnen Arbeitsbereiche sind häufig hierarchisch strukturiert, angefangen bei einem Werk oder Gebäude, und ergeben zusammen die Arbeitsbereichsstruktur Ihres Unternehmens. Je nach Unternehmen und dem Grad der notwendigen Detaillierung der Arbeitsbereiche kann der Aufwand zur Erstellung der Arbeitsbereichsstruktur erheblich sein. Insbesondere wenn Sie mit einer Hierarchie arbeiten, kann der einzelne Arbeitsbereich auch von den Daten der obersten Hierarchieebene abhängen, sei es nun ein Werk, eine Produktionsstätte oder eine Kostenstelle. Sie ahnen es, oft lassen sich Arbeitsbereichsstrukturen in Anlehnung an andere Strukturen im ERP-System definieren. Dabei ist darauf zu achten, dass identische Arbeitsbereiche möglichst nicht doppelt erfasst werden, und unnötige Detaillierungen vermieden werden, um den Erfassungsaufwand für Arbeitsbereichsdaten möglichst gering zu halten. Eine sorgfältige unternehmensweite Abstimmung der Arbeitsbereichsstruktur sollte zudem dafür sorgen, dass die Arbeitsbereichsstruktur system- und unternehmensweit kompatibel und konsistent ist, auch wenn das Arbeitsschutzmodul zunächst nur für einen Unternehmensteil eingeführt wird. So sind Sie auf eine spätere Ausweitung der Nutzung auf andere Unternehmensbereiche gut vorbereitet.

Arbeitsbereichsintegration

Die Integration von Arbeitsbereichen mit anderen Objekten und Strukturen ist eine auch technische Verbindung im System, die Daten verschiedener Objekte miteinander verknüpft.

Somit stehen Ihnen auch Daten aus anderen Modulen/Anwendungen im Arbeitsbereich zur Verfügung. Häufig wird die Möglichkeit genutzt, Arbeitsbereiche mit Objekten aus der Materialwirtschaft zu integrieren. Dabei können Sie Ihrem Arbeitsbereich einen oder mehrere Lagerorte zuordnen. Bei der Erstellung von Gefahrstoffverzeichnissen oder bei der Ermittlung von Stoffbelastungsmengen können Sie so Materialbelege aus MM mit dem Arbeitsbereich verknüpfen und Gefahrstoffmengen automatisch berechnen lassen.

6.2 Arbeitsbereiche strukturieren

Die Strukturierung der Arbeitsbereichsdaten stellt Sie vor die Herausforderung, zum einen eine passende Hierarchie zu finden: Belastungen und andere Informationen werden z. B. von oben nach unten vererbt, die Hierarchie sollte aber genügend Flexibilität für Änderungen im Unternehmen zulassen. Zum anderen gilt es noch, Doppelerfassungen und unnötige Detaillierungen in der Struktur zu vermeiden: So haben der Etikettierer und der Kartonierer an einer Fertigungsstraße für Flaschen mit Gefahrstoffen sicherlich andere Aufgaben und Arbeitsplätze, aber aus der Sicht des Arbeitsschutzes lassen sich beide Arbeitsplätze vermutlich zu einem Arbeitsbereich zusammenfassen.

Auf der Suche nach einer passenden Struktur betrachten wir zunächst einmal den grundsätzlichen Aufbau Ihres Systems: Neben Ihrer logistischen Werks-Lagerort-Struktur und einer eventuell vorhandenen Instandhaltungsstruktur verfügen Sie in der Regel bereits über eine Kostenstellenstruktur. Oftmals sind diese drei Strukturen bereits unterschiedlich im System aufgebaut.

Der Vorteil dieser Strukturen ist dabei oft gleichzeitig auch ein Nachteil: Sie dienen einem Zweck und werden oftmals auch nur diesem gerecht, wie der logistischen Abwicklung, der Instandhaltung oder der Kostenrechnung. Arbeitsschutztechnisch bilden diese Strukturen Ihr Unternehmen aber in der Regel nicht ausreichend detailliert ab. Trotzdem sollten Sie möglichst vermeiden, noch eine weitere komplett anders aufgebaute Struktur zu schaffen. Nutzen Sie also – wie oben schon erwähnt – soweit wie möglich vorhandene

Strukturen, um eine Kompatibilität und Verknüpfung mit den anderen Strukturen sicherzustellen. Darüber hinaus hilft eine Vergleichbarkeit der Arbeitsbereichsstruktur mit vorhandenen Strukturen meistens beim Verständnis und kann den Abstimmungsaufwand bei der Einführung verringern.

Die Struktur der Arbeitsbereiche muss von den betroffenen Personen verstanden werden. Eine Anlehnung und/oder Überlappung der Arbeitsbereichsstruktur mit bereits vorhandenen Strukturen ist somit sinnvoll. Dank Verknüpfungen von Arbeitsbereichen mit anderen passenden Strukturelementen können Sie Auswertungen modulübergreifend und transparent erstellen sowie Integrationsmöglichkeiten in andere Module einfacher nutzen.

[+] **Beginn der Strukturierung**

Prüfen Sie also zunächst, von welchen Strukturen Sie profitieren können und in welchen Teilen der Strukturen Sie sich arbeitsschutztechnisch wieder finden, falls sinnvoll kombinieren Sie dabei ruhig Strukturelemente.

Aus der Logistik und der Finanzbuchhaltung kennen Sie Buchungskreise, Werke, Lagerorte oder Kostenstellen, technische Plätze und Equipments. Sofern Sie bereits das SAP-Organisationsmanagement im Einsatz haben, kennen Sie Planstellen und Personen.

Jedoch sind die logistischen Strukturen (Werke/Lagerorte) in der Regel zu grob aufgebaut, während das Unternehmen in der Instandhaltung oftmals sehr exakt beschrieben ist. Diese Struktur kann arbeitsschutztechnisch eher verwendet werden, wobei oft auf unterer Ebene verallgemeinert werden kann. Auch der Aufbau der Kostenstellen in Ihrem Unternehmen kann als Vorlage Ihrer Arbeitsbereichsstruktur dienen.

Im Folgenden stellen wir eventuell In Ihrem Unternehmen vorhandene Strukturen grafisch dar. Abbildung 6.2 zeigt die logistische Struktur. Hier sehen Sie die Hierarchie von Buchungskreisen, Werken und Lagerorten. Es ist wahrscheinlich, dass Sie Ihr Unternehmen mit diesen drei Ebenen nicht komplett aus Arbeitsschutzsicht abbilden können.

Die Instandhaltungsstruktur (siehe Abbildung 6.3) ist im Vergleich zur logistischen Struktur schon breiter und tiefer abgebildet. Arbeitsbereiche lassen sich oftmals gut an diese Struktur anlehnen. Wenn es aus Ihrer Sicht sinnvoll erscheint, können weitere Ebenen eingeführt werden, wie z.B. bestimmte Abschnitte an Maschinen etc. Wir möchten nur abermals darauf hinweisen, dass damit auch die Komplexität steigt.

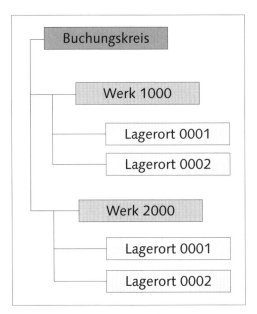

Abbildung 6.2 Logistische Struktur

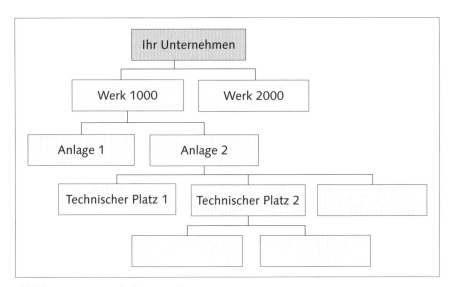

Abbildung 6.3 Instandhaltungsstruktur

In der Praxis ist oft auch nur ein Teil einer vorhandenen Struktur im Arbeitsschutz nutzbar. Da Arbeitsbereiche in SAP EHS Management hierarchisch angelegt werden, haben Sie die Möglichkeit, nur bestimmte Ebenen aus vorhandenen Strukturen zu übernehmen und tiefere Ebenen selbst zu definie-

ren. Die Kombination aus verschiedenen Strukturen ist hier ebenfalls möglich. Einige Beispiele dafür sind:

- Werk – Kostenstelle – Arbeitsplatz
  1000 – 12345 – 0001

- Werk – Technischer Platz
  1000 – ABF01

- Werk – Lagerort – Arbeitsplatz
  1000 – 1000 – 0001

- BuKrs – Werk – Betrieb – Anlagenteil – Arbeitsplatz
  0001 – 1000 – 100 – 01 – 001

Abbildung 6.4 zeigt Ihnen einen möglichen Aufbau der Arbeitsbereiche. Wie
der technische Aufbau der Arbeitsbereiche erfolgt, erläutern wir in
Abschnitt 6.4.1, »Arbeitsbereich anlegen und Kopfdaten pflegen«.

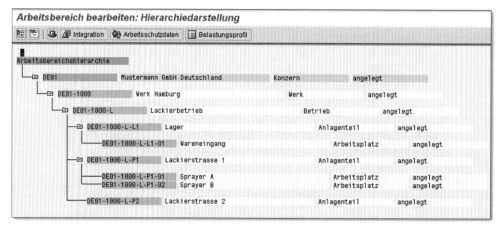

Abbildung 6.4 Arbeitsbereichsstruktur

Im Rahmen der Strukturierung von Arbeitsbereichen können Sie auch gleich
die Benennung und die Vergabe des Arbeitsbereichsschlüssels, also den technischen Schlüssel, festlegen.

Wie die vorherigen Abbildungen zur Arbeitsbereichsstruktur (siehe Abbildungen 6.3 und 6.4) zeigen, haben Sie die Möglichkeit, über externe Schlüsselvergabe auch sprechende Arbeitsbereiche zu definieren. So können Sie
z. B. die Werksnummer, die Kostenstelle oder einen technischen Platz in den
Arbeitsbereichsschlüssel eincodieren (siehe Abbildung 6.4). So vereinfachen
Sie die spätere Selektion und sorgen für mehr Akzeptanz und Verständnis
bei Ihren Anwendern.

Tätigkeiten im Arbeitsbereich abbilden

Die gerade besprochenen Möglichkeiten der Arbeitsbereichsstrukturierung waren statisch. Jedoch besteht darüber hinaus oft die Anforderung, Gefährdungsbeurteilungen mit Bezug zu einer Tätigkeit durchzuführen.

Ein Ansatz zur Abbildung der tätigkeitsbezogenen Gefährdungsbeurteilung ist es, die Tätigkeit in Ihre Arbeitsbereichsstruktur mit aufzunehmen. Dazu können Sie als unterste Ebene in Ihrer Arbeitsbereichsstruktur die Tätigkeitsebene definieren.

Wenn Sie z.B. eine Lackierstraße als Arbeitsbereich definiert haben, können Sie eine weitere Ebene festlegen, mit der Sie die Tätigkeiten »Lackierbetrieb« und »Wartung« oder »Reinigung« abbilden. Sie hätten dann zwei Arbeitsbereiche (siehe Abbildung 6.5).

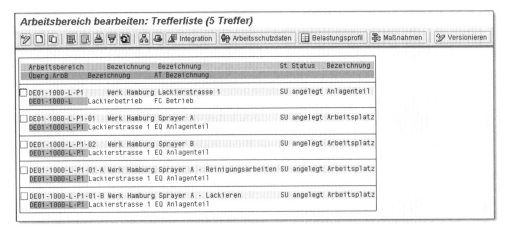

Abbildung 6.5 Tätigkeiten »Reinigungsarbeiten« und »Lackieren« als eigene Ebene anlegen

6.3 Gefahrstoffe und Belastungen

Neben dem Arbeitsbereich stellen Gefahrstoffe und Belastungen weitere grundlegende Datenelemente im Arbeitsschutz dar. Im Wesentlichen wird zwischen Stoffbelastungen und sonstigen Belastungen unterschieden.

Allgemein lässt sich eine Belastung im Arbeitsbereich wie folgt definieren:

»Objekt, das eine konkrete oder potentielle Einwirkung physikalischer, chemischer, biologischer oder sonstiger Art beschreibt, die Gesundheit und Wohlbefinden von Personen in einem Unternehmen negativ beeinflussen kann.«
(Quelle: SAP)

Eine Belastung ist demnach etwas, das einen negativen Einfluss auf die Gesundheit und/oder das Wohlbefinden haben kann.

[zB]

Belastung

An einem Arbeitsplatz in Ihrem Unternehmen wird u.a. Chlor zur Reinigung eingesetzt. Weiterhin herrscht in diesem Teil des Unternehmens durch fahrende Anlagen ein hoher Lärmpegel, und es kommt durch wärmestrahlende Anlagen zu einer erhöhten Hitzebelastung.

Mitarbeiter, die in diesem Teil des Unternehmens arbeiten, sind also der Stoffbelastung (Chlor) und den beiden weiteren nicht-stofflichen Belastungen Hitze und Lärm ausgesetzt.

Ziel der *Belastungsverwaltung* im Arbeitsschutz ist es nun, die unmittelbaren Belastungen, denen ein Mitarbeiter während seiner Arbeit ausgesetzt ist, transparent zu machen. Bei der anschließenden *Gefährdungsbeurteilung* wird der Arbeitsbereich basierend auf den Belastungen eingestuft. Zudem können Maßnahmen ausgelöst werden, um die Belastungssituation positiv zu verändern bzw. um entsprechende Schutzvorkehrungen (Gehörschutz, ausreichende Belüftung etc.) zu treffen. Darüber hinaus können Sie in Abhängigkeit von den jeweiligen Belastungen die empfohlenen Vorsorgeuntersuchungen für die betroffenen Mitarbeiter in der Arbeitsmedizin vorschlagen lassen.

In SAP EHS Management werden Belastungen technisch in unterschiedliche Belastungsarten eingeteilt. Dadurch können Sie Ihre Belastungen zum einen hinsichtlich der Anwendung komfortabler verwalten, zum anderen stehen im Customizing des Arbeitsschutzes verschiedene Einstellungen zur Verfügung, die Sie pro Belastungsart vornehmen.

[zB]

Spezifische Einstellungen für jede Belastungsart

Eine Stoffbelastung wird in der Gefährdungsbeurteilung anders behandelt als eine Lärmbelastung, z.B. hinsichtlich der Messwerte. Hierauf gehen wir im Kapitel 7, »Gefahrstoffmanagement«, noch genauer ein.

Typische Belastungsarten sind:

- Stoffbelastung
- Lärmbelastung
- physische Belastung
- psychische Belastung
- mechanische Belastung

In Abhängigkeit von der Belastungsart pflegen Sie unterschiedliche Daten an der *Belastungsspezifikation*. Bei Stoffbelastungen stehen u.a. toxische Eigenschaften und H- und P-Sätze (bzw. R- und S-Sätze nach der mittlerweile veralteten EU-Verordnung) sowie Arbeitsplatzgrenzwerte im Mittelpunkt.

H- bzw. P-Sätze leiten sich aus dem GHS-Regelwerk (Global Harmonized System) zur Einstufung und Kennzeichnung von Gefahrstoffen ab, wobei H-Sätze für Hazard-Statements und P-Sätze für Precautionary Statements stehen.

Damit Sie bei der Gefährdungsbeurteilung eine gute Grundlage haben, um die Einstufung zu ermitteln, sollten Sie mindestens folgende Daten an den Belastungen pflegen:

▸ Bezeichnung und Identifikation (Name, CAS-Nr., etc.)

▸ Arbeitsplatzgrenzwerte

▸ H-Sätze

▸ P-Sätze

▸ Gefahrensymbole/Kennzeichnung

▸ Angaben zur Toxikologie

Auf diese Daten greift das System bei der Gefährdungsbeurteilung sowie bei der Erstellung von Gefahrstoffverzeichnissen zurück. Zum Beispiel haben Sie dann die Möglichkeit, die von Ihnen ermittelten Belastungswerte mit den gepflegten Arbeitsplatzgrenzwerten zu vergleichen und damit eine Gefährdungsanalyse durchzuführen.

Belastungen verwalten Sie analog Ihrer Stoffe als Spezifikationen. Technisch ist eine Belastung identisch mit einer anderen Spezifikation, jedoch sind für den Arbeitsschutz teilweise andere Informationen bzw. Eigenschaften von Interesse als z.B. für die Produktsicherheit. Viele Anwender pflegen daher ihre Belastungen mit unterschiedlichen Eigenschaftsbäumen, die je nach Belastungsart nur die entsprechend relevanten Eigenschaften zur Pflege und Anzeige beinhalten.

Stoffliche Belastungen und Produktsicherheit [+]

Wenn Sie neben dem Arbeitsschutz das Modul »Produktsicherheit« (siehe Kapitel 3) nutzen, haben Sie mit hoher Wahrscheinlichkeit bereits alle notwendigen Daten, die auch für den Arbeitsschutz relevant sind, an der Spezifikation gepflegt. Diese Spezifikation kann dann gleich als stoffliche Belastung verwendet werden. Das hat auch den großen Vorteil, dass in der Produktsicherheit Daten verhältnismäßig häufig überprüft und gegebenenfalls aktualisiert werden. Diese Daten stehen Ihnen dann sofort für eine Gefährdungsbeurteilung zur Verfügung. Daten, die für Ihre

Zwecke darüber hinaus benötigt werden, können ergänzt werden, ohne die Prozesse der Produktsicherheit zu beeinflussen.

Sie pflegen oder legen neue Belastungen an, indem Sie die Belastungsworkbench starten. Dazu wählen Sie: Environment Health & Safety • Gefahrstoffmanagement • Belastung • Belastungsworkbench.

Welche Daten Sie im Detail an der Belastungen pflegen, erläutern wir in Kapitel 7, »Gefahrstoffmanagement«. Abbildung 6.6 zeigt Ihnen die Belastung für das Beispiel, das wir hier durchgängig verwenden. Sie sehen auf dem Reiter Bewertung die Erfassung eines Arbeitsplatzgrenzwerts (hier Luftgrenzwert am Arbeitsplatz für Ammoniak) in verschiedenen Maßeinheiten.

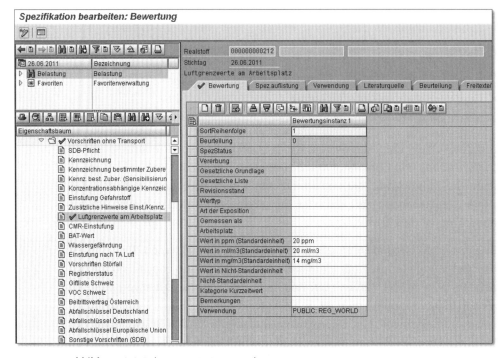

Abbildung 6.6 Belastung mit Ammoniak

Nachdem Sie die Belastungen definiert haben, können Sie diese im Arbeitsbereich über das Belastungsprofil zuordnen.

6.4 Arbeitsbereiche in SAP EHS Management pflegen

Nachdem Sie die Arbeitsbereichsstruktur konzeptioniert haben und, wie in Abschnitt 6.3, »Gefahrstoffe und Belastungen«, beschrieben, die in Ihrem

Unternehmen vorkommenden Belastungen erfasst haben, legen Sie die Arbeitsbereiche im System an. Dazu verwenden Sie immer die Transaktion CBIH02, die Sie auch unter folgendem Menüpfad finden: Logistik • Environment Health & Safety • Arbeitsschutz • Arbeitsbereich • Arbeitsbereich bearbeiten.

In dieser Transaktion führen Sie sowohl die Selektion, die Anzeige, die Änderung und die Anlage von neuen Arbeitsbereichen durch.

6.4.1 Arbeitsbereich anlegen und Kopfdaten pflegen

Wenn Sie einen neuen Arbeitsbereich anlegen möchten, geben Sie zunächst den Schlüssel ein und pflegen die Kopfdaten. Dazu müssen Sie mindestens die folgenden Daten eingeben (siehe Abbildung 6.7):

- das zugeordnete Werk
- einen initialen Status
- die Berechtigungsgruppe
- gegebenenfalls den übergeordneten Arbeitsbereich

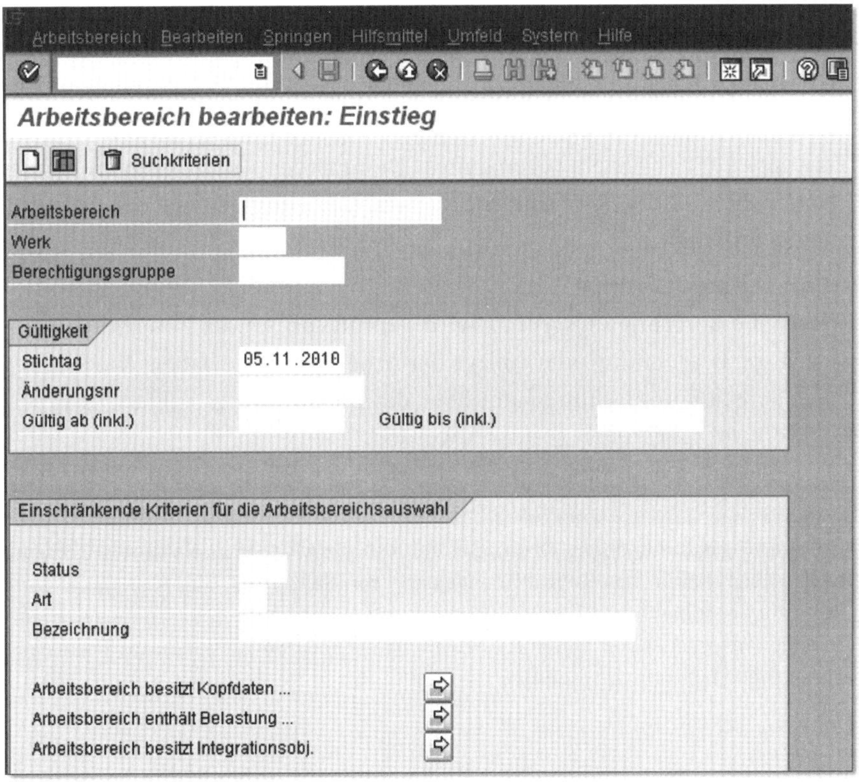

Abbildung 6.7 Arbeitsbereich anlegen – Einstieg

[+] | **Interne Schlüsselvergabe**

Bei interner Schlüsselvergabe für den Arbeitsbereich lassen Sie das Schlüsselfeld einfach leer. Sie erhalten dann einen systemgenerierten numerischen nicht sprechenden Schlüssel für den Arbeitsbereich.

Zunächst erläutern wir Ihnen die Bedeutung und die Funktion der wesentlichen Felder auf dem Arbeitsbereichskopf:

▸ **Arbeitsbereich**
Geben Sie hier einen Schlüssel ein. Ein sprechender Schlüssel kann von Vorteil sein und die Selektion der Arbeitsbereiche vereinfachen.

▸ **Bezeichnung**
Die Bezeichnung (Beschreibung) von Arbeitsbereichen erfolgt bei Bedarf mehrsprachig. Um die Beschreibung anzulegen, wählen Sie im Arbeitsbereich SPRINGEN • BESCHREIBUNG. Sie haben dort die Möglichkeit, die Beschreibung sprachabhängig zu pflegen.

▸ **Werk**
Die Eingabe des Werks ist obligatorisch. Bei werkübergreifenden Arbeitsbereichen auf Konzernebene ist dies allerdings nicht immer sinnvoll, da die eindeutige Pflege des Werks auf Konzernebene oftmals nicht möglich ist.

Der praktikabelste Weg ist hier, ein beliebiges Werk einzugeben. Alternativ dazu können Sie ein sogenanntes »Dummywerk« definieren und dieses zuordnen. Das Werk dient wie die Berechtigungsgruppe der Berechtigungsprüfung.

▸ **Berechtigungsgruppe**
Über die Berechtigungsgruppe wird geprüft, ob Sie die Berechtigung zur Anzeige, Bearbeitung oder Anlage der Arbeitsbereiche haben. Die Prüfung der Berechtigungsgruppe kann über das Berechtigungsobjekt `C_EHSI_WAH` in Berechtigungsrollen gesteuert werden.

[+] | **Berechtigungen im Arbeitsschutz**

Üblicherweise steht jedem Team, das ein neues SAP-Modul einführt an einem bestimmten Punkt das Berechtigungsteam zur Seite, das die Aufnahme von Berechtigungsobjekten in die Berechtigungsrollen unternimmt, und den Mitarbeitern die entsprechenden Rollen zuordnet. Daher möchten wir auf dieses Thema an dieser Stelle nicht tiefer eingehen.

▶ **Status**

Hier legen Sie den initialen Status des Arbeitsbereichs fest. Wenn Sie einen mehrstufigen Prozess bei der Anlage von Arbeitsbereichen verwenden, können Sie die Statusverwaltung dazu nutzen, den Arbeitsbereich von mehreren Personen in Ihrem Unternehmen prüfen zu lassen. Der Status entspricht dann quasi dem »Workflow« der Arbeitsbereichsanlage. Typische Status sind folgende:

- ▶ Angelegt
- ▶ in Bearbeitung
- ▶ Belastungen erfasst
- ▶ Freigegeben
- ▶ Historisch

Diese Status spiegeln also entweder einen Bearbeitungsstand wider, oder gemäß dem Vieraugen-Prinzip ist mit dem Weiterschalten eines Status auch eine Prüfung durch eine andere Person verbunden.

▶ **Art**

Über die Arbeitsbereichsart klassifizieren Sie den Arbeitsbereich hinsichtlich seiner Ebene in der Hierarchie.

Hinter der Arbeitsbereichsart verbergen sich keine weiteren Funktionen, sie dient ausschließlich der Ordnung der Arbeitsbereiche. Sie können im Customizing beliebige Arbeitsbereichsarten definieren. Es ist aber nicht zwingend notwendig, mit der Hierarchie zu arbeiten. Wenn Sie nur ein kleines Unternehmen abbilden wollen, kann es durchaus praktikabel sein, nur mit einer Arbeitsbereichsart zu arbeiten.

Im Standard sind die folgenden Werte enthalten:

- ▶ CO – Konzern
- ▶ ST – Standort
- ▶ PL – Werk
- ▶ FC – Betrieb
- ▶ SY – Produktionsanlage
- ▶ EQ – Anlagenteil
- ▶ WP – Arbeitsplatz
- ▶ TS – Tätigkeit
- ▶ SL – Lagerort

▶ **Gültigkeitsraum/-typ**

Sie können einen Gültigkeitsraum und einen Gültigkeitsraumtyp angeben, um die Zuordnung von Stoffen und Belastungen zu dem Arbeitsbereich zu steuern.

Wir empfehlen in jedem Fall, den Gültigkeitstyp REGION zu pflegen, mit Werten für den Gültigkeitsraum vom Land (in dem das Werk steht), bis hin zu REG_WORLD für allgemeine Grenzwerte. Bei der Erstellung der Gefährdungsbeurteilung wird später auf den Gültigkeitsraum geprüft, das heißt, dass nur Daten für die Gefährdungsbeurteilung herangezogen werden, die zum Gültigkeitsraum an diesem Arbeitsplatz passen.

Neben den Kopfdaten werden zusätzliche Arbeitsschutzdaten am Arbeitsbereich gepflegt. Im Gegensatz zu den Kopfdaten, bei denen es sich um echte Datenbankfelder handelt, sind die Arbeitsschutzdaten als Klassen- und Merkmalsbewertungen abgelegt. Damit folgt der Arbeitsschutz derselben Logik wie die Produktsicherheit. Dies hat den Vorteil, dass Sie ohne Entwicklungen und Modifikationen weitere Felder an den Arbeitsbereich anhängen und über diese auch in Berichten verfügen können.

Der schnelle Zugriff auf Reports oder direkte Datenbankabfragen mit Transaktion SE16 sind jedoch nur erschwert möglich.

6.4.2 Belastungsprofil pflegen

Die an einem Arbeitsbereich auftretenden Belastungen pflegen Sie im sogenannten *Belastungsprofil*. Es ist nicht zwingend notwendig, das Belastungsprofil zu pflegen, der Einsatz des in diesem Buch beschriebenen Gefahrstoffmanagements (siehe Kapitel 7) setzt dies jedoch voraus.

Um Belastungen an Ihrem Arbeitsbereich zu hinterlegen, springen Sie nach oder während der Anlage des Arbeitsbereichs über die Schaltfläche BELASTUNGSPROFIL ab (siehe Abbildung 6.8). Hier können Sie nun die in diesem Arbeitsbereich relevanten Belastungen tabellarisch pflegen. Voraussetzung dafür ist, dass diese als Spezifikationen angelegt sind. Dabei werden der Belastungs- bzw. der Spezifikationsschlüssel am Arbeitsbereich eingetragen.

Bei großen Unternehmen stellt es einen großen Aufwand dar, die Belastungen für jeden Arbeitsbereich zu ermitteln. Dies gilt insbesondere für Stoffbelastungen in der chemischen Industrie. Hier werden in verschiedenen Unternehmensteilen sehr viele verschiedene gefährliche Stoffe gehandelt, die potenzielle Belastungen und Gefährdungen in den jeweiligen Arbeitsbereichen darstellen. Leider bietet SAP EHS Management aktuell keine Möglichkeit, die Belastungen über eine Schnittstelle zur Materialwirtschaft automatisch zu ermitteln.

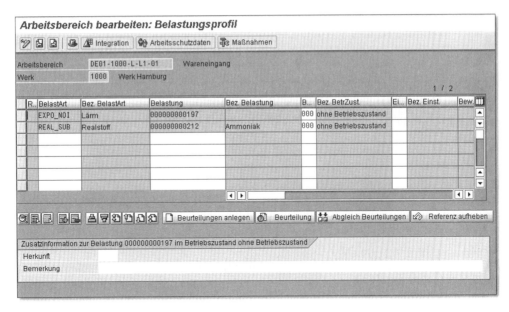

Abbildung 6.8 Belastungsprofil

Sie können jedoch zur Vereinfachung die Integration in die Materialwirtschaft nutzen und über die Materialbelege die in dem jeweiligen Arbeitsbereich bewegten Materialien ermitteln. Über die Material-Stoffzuordnung in SAP EHS Management kann dann eindeutig der Stoff (Stoffbelastung) identifiziert werden. Die Details dazu finden Sie in Kapitel 2, »Spezifikationsverwaltung – die Basis von SAP EHS Management und der Produktsicherheit«.

Je nach Betriebszustand Ihres Arbeitsbereichs sind unterschiedliche Belastungen oder Stoffe in unterschiedlichen Konzentrationen relevant. Um diese Situation abzubilden, können Sie bei der Pflege des Belastungsprofils den jeweiligen Betriebszustand mit angeben.

Belastungen hängen vom Betriebszustand ab	**[zB]**

Eine Lärmbelastung ist z.B. bei NORMALBETRIEB höher als bei WARTUNG oder OHNE BETRIEBSZUSTAND (siehe Spalte BEZ BETR.ZUST.). Gefährdungen (z.B. Abrutschen) in Form von Belastungen sind oft nur bei Wartungsarbeiten oder Reinigung gegeben.

6.4.3 Arbeitsschutzdaten erfassen

Über den Button ARBEITSSCHUTZDATEN gelangen Sie in die Pflege der Arbeitsschutzinformationen. Die Felder, die Sie in Abbildung 6.9 sehen, sind keine eigenen Datenbankfelder, sondern Merkmale des Klassensystems. Der Arbeitsschutz bedient sich auch hier dem in SAP EHS Management weit verbreiteten Klassensystem. Dies hat den Vorteil, dass Sie die Daten mit Phrasen verknüpfen und so ohne Customizing- und Entwicklungsaufwand beliebig neue Werte hinterlegen können. Darüber hinaus erlaubt das Klassensystem eine modifikationsfreie Änderung dieser »Felder« sowie das Hinzufügen von neuen »Feldern«.

Hinterlegen Sie in diesem Abschnitt die relevanten Informationen für Ihren Arbeitsbereich. Diese Daten werden insbesondere für die Erstellung von Betriebsanweisungen benötigt. Wie dies geschieht, ist in Kapitel 3, »Produktsicherheit«, beschrieben.

Abbildung 6.9 Arbeitsschutzdaten pflegen

6.4.4 Maßnahmen erfassen

Über den Button MASSNAHMEN gelangen Sie in die Maßnahmenverwaltung des Arbeitsschutzes. Sie können hier relativ einfach Maßnahmen erfassen und dokumentieren, z.B. die Luftaustauschrate für den Raum erhöhen, indem die Drehzahl des Lüfters erhöht wird.

Der eigentliche Ursprung einer Arbeitsschutzmaßnahme ist jedoch im Normalfall die Gefährdungsbeurteilung. Daher werden wir auf die Maßnahmenverwaltung im Detail in Kapitel 7, »Gefahrstoffmanagement«, eingehen.

Hier zeigen wir Ihnen, dass Sie Maßnahmen auch direkt aus dem Arbeitsbereich heraus erfassen können. Abbildung 6.10 zeigt Ihnen eine solche direkt erfasste Maßnahme.

Sie können hier direkt Maßnahmen erfassen, um diese zu dokumentieren und zu überwachen. Dies ist jedoch nur sinnvoll, wenn Sie ohne Gefährdungsbeurteilungen arbeiten. Die Maßnahmenverwaltung an sich ist ab dem Punkt der Maßnahmenerstellung identisch mit dem in Kapitel 7 beschriebenen Vorgehen.

Abbildung 6.10 Maßnahme »Gitter einbauen« erfassen

6.5 Integration in andere Module

Der Arbeitsbereich ist als zentrales Objekt des Arbeitsschutzes Dreh- und Angelpunkt der Integration des Arbeitsschutzes in andere Module. In den nachfolgenden Abschnitten wird die Integration des Arbeitsschutzes in die Bereiche »Instandhaltung« und »Materialwirtschaft« erläutert.

6.5.1 Integration in die Instandhaltung (EAM/PM)

Über die reine Anlehnung an Objekte in der Instandhaltung hinaus, haben Sie die Möglichkeit, Arbeitsbereiche technisch mit technischen Plätzen zu verknüpfen und so den Arbeitsschutz in SAP EHS Management mit der Instandhaltung (Enterprise Asset Management (EAM), früher Plant Maintenance (PM)) zu integrieren.

Springen Sie dazu über den Button INTEGRATION in den entsprechenden Screen (siehe Abbildung 6.12).

Abbildung 6.11 Arbeitsbereich mit einem technischem Platz verknüpfen

Über die Zuordnung von technischen Plätzen zum Arbeitsbereich haben Sie die Möglichkeit, direkt Instandhaltungsmeldungen auszulösen und deren Status im Arbeitsbereich zu verfolgen.

Sollten Sie SAP EHS Management und EAM auf unterschiedlichen Systemen betreiben, können Sie auch Meldungen per *Remote Function Call* (RFC) in einem anderen System anlegen. Pflegen Sie dazu den Umgebungsparameter DEST_PM im SAP EHS Management-System und ordnen Sie die RFC-Verbindung zu, die auf Ihr EAM-System referenziert. Wenn Sie in einem vollständig integrierten System arbeiten, d.h. EHS und EAM laufen auf demselben System, ist es nicht notwendig, diesen Umgebungsparameter zu setzen.

Über den Umgebungsparameter IHS_NOTIFICATION_TYPE definieren Sie die Meldungsart, mit der Sie die EAM-Meldung aus dem EHS auslösen. Allerdings gibt es keine Möglichkeit, mehrere Meldungsarten (z.B. abhängig vom Werk) zu definieren.

6.5.2 Integration in die Materialwirtschaft (MM)

Auch wenn Sie Ihre Arbeitsbereiche nicht an die logistische Unternehmensstruktur angelehnt haben, kann die Integration zu den Lagerorten in der Materialwirtschaft (MM), z.B. bei der Erstellung von Gefahrstoffverzeichnissen, von Vorteil sein. Prüfen Sie hierbei unbedingt, auf welcher Ebene in Ihrem Unternehmen die Integration in den Lagerort sinnvoll ist. Nehmen Sie die Lagerortintegration auf einer zu hohen Ebene vor, bekommen Sie unter Umständen ein zu umfangreiches Gefahrstoffverzeichnis. Sollte durch eine viel zu grobe Struktur Ihrer Lagerorte keine sinnvolle Integration möglich sein, können Sie einen User Exit bei der Gefährdungsbeurteilung nutzen (siehe Kapitel 7, »Gefahrstoffmanagement«).

Bei der Durchführung von Gefährdungsbeurteilungen sowie bei der Erstellung von Gefahrstoffverzeichnissen benötigen Sie sowohl Informationen aus dem Arbeitsschutz als auch Daten aus der Materialwirtschaft. Daher ist die Integration in die Materialwirtschaft für diese Belange zwingend notwendig. Wenn Sie Ihre Arbeitsbereiche mit Lagerorten verknüpfen, stehen Ihnen viele Informationen aus der Bestandsführung automatisch zur Verfügung und sind in Gefahrstoffverzeichnissen nutzbar.

Abbildung 6.13 zeigt die direkte Integration des Arbeitsbereichs mit dem Lagerort sowie die indirekte Integration über das Belastungsprofil und die Stoff-Materialzuordnung.

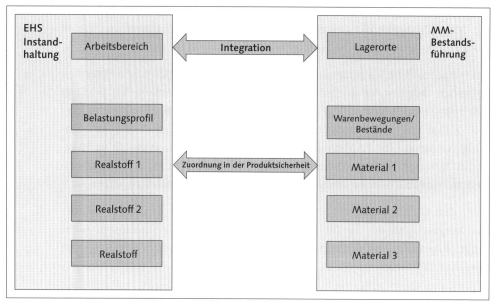

Abbildung 6.12 Integration – Arbeitsbereich in die Materialwirtschaft

6.5.3 Verknüpfung mit dem Organisationsmanagement (OM)

Insbesondere für das Organisationsmanagement und die später erläuterte Arbeitsmedizin (siehe Kapitel 10) ist die Verknüpfung mit der SAP ERP HCM-Komponente Organisationsmanagement (OM) sinnvoll. Im Organisationsmanagement findet sich für den Arbeitsbereich in SAP EHS Management der Objekttyp WA (Work Area, die englische Bezeichnung für Arbeitsbereich). Sie haben so die Möglichkeit, den Arbeitsbereich entweder mit einer gesamten Organisationseinheit, einer Planstelle oder einer Person direkt zu verknüpfen, je nachdem, wie Sie den Arbeitsbereich definiert haben.

Die Verknüpfung ist sehr sinnvoll, da Sie nun die Information zur Verfügung haben, welche Person an welchem Arbeitsbereich arbeitet, und somit auch wissen, welchen Belastungen diese Person während der Arbeit ausgesetzt ist. Dies ist zum einen hilfreich, um eventuellen Berufskrankheiten vorzubeugen oder Anfragen der Berufsgenossenschaften zu beantworten. Zum anderen können Sie aus arbeitsmedizinischer Sicht die notwendigen Vorsorgeuntersuchungen planen und unnötige Untersuchungen vermeiden.

Da es sich beim Organisationsmanagement um eine »lebende Struktur« handelt, besteht der größte Vorteil der Verknüpfung darin, dass sie für Aktualität sorgt. Umgruppierungen von Planstelle zu Planstelle werden in der Regel direkt im Organisationsmanagement erfasst. Sie haben somit in SAP EHS

Management aktuelle Informationen hinsichtlich der Zuordnung von Mitarbeitern zum Arbeitsbereich.

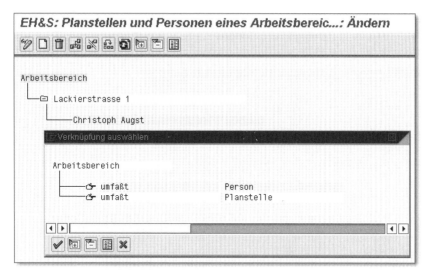

Abbildung 6.13 Organisationselemente zum Arbeitsbereich zuordnen

Um die Zuordnung zum Arbeitsbereich vorzunehmen, navigieren Sie im Arbeitsbereich über das Menü SPRINGEN • VERKNÜPFUNG ORGANISATIONSMANAGEMENT.

Abbildung 6.14 zeigt ein Beispiel für die Zuordnung eines Arbeitsbereichs zu einer Person aus dem Organisationsmanagement.

6.6 Versionierung von Arbeitsbereichen

Sie sind durch gesetzliche Vorgaben verpflichtet, bestimmte Dokumentationen zum Arbeitsschutz aufzubewahren. Insbesondere Änderungen am Arbeitsbereich (z.B. Belastungen) sollten lückenlos dokumentiert werden. Sie haben immer die Möglichkeit, Arbeitsbereiche zu ändern (z.B. Entfernen oder Hinzufügen einer Belastung). Diese Änderungen werden jedoch nicht dokumentiert.

Um aber die lückenlose Dokumentation zu gewährleisten, ist es wichtig, den Stand des Arbeitsbereichs zu versionieren und damit »einzufrieren« (siehe Abbildung 6.14). Dazu können Sie den standardmäßigen Änderungsdienst in SAP verwenden. Nachdem Sie dort eine Änderungsnummer beantragt oder angelegt haben, können Sie über die Funktion VERSIONIEREN den Arbeitsbereich zu einem beliebigen Datum ändern.

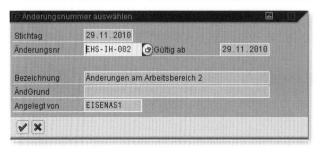

Abbildung 6.14 Gültigkeitsabgrenzung über Versionierung

Das System legt dann automatisch eine neue Version des Arbeitsbereichs an, die ab dem eingegebenen Stichtag gültig ist. Der Zugriff auf die unterschiedlichen Versionen ist über die Eingabe eines Stichtags in der Suchmaske für den Arbeitsbereich in der Transaktion ARBEITSBEREICH BEARBEITEN (Transaktion CBIH02) möglich.

[+] | **Gültigkeitsbeginn**

Der Gültigkeitsbeginn der geänderten Daten wird immer aus dem Stammsatz der Änderungsnummer entnommen. Damit können Sie sicherstellen, dass z. B. Änderungen an Arbeitsbereichen aufgrund geänderter Vorschriften gleichzeitig an allen Arbeitsbereichen wirksam werden. Es bedeutet aber auch, dass Sie – sollen z. B. zwei Änderungen zeitlich unabhängig voneinander wirksam werden – zwei Änderungsnummern benötigen.

6.7 Konfiguration der Arbeitsbereichsverwaltung

Im folgenden Abschnitt wird die Konfiguration des Arbeitsschutzes im Customizing und im Klassensystem beschrieben. Dabei wird zuerst das Customizing beschrieben und dann erläutert, wie Sie zusätzliche Merkmale für den Arbeitsbereich im Customizing konfigurieren können.

6.7.1 Grundeinstellungen im Customizing

Die Konfiguration der Arbeitsbereichsverwaltung beschränkt sich auf wenige Customizing-Schritte. Als ersten Schritt müssen Sie die Nummernkreise definieren. Aus den oben beschriebenen Strukturierungsansätzen ergibt sich die Empfehlung, dass Sie eine externe Nummernkreisvergabe einstellen sollten. Nur so können Sie sprechende Schlüssel verwenden, was die Selektion erheblich vereinfacht.

Die Nummernkreise für die Arbeitsbereiche definieren Sie im Customizing unter Environment Health & Safety • Arbeitsschutz • Arbeitsbereichsverwaltung • Nummernkreise für Arbeitsbereiche definieren.

Als zweiten Schritt definieren Sie die Hierarchieebenen sowie die Arbeitsbereichsarten der Arbeitsbereiche unter der IMG-Aktivität Environment Health & Safety • Arbeitsschutz • Arbeitsbereichsverwaltung • Arbeitsbereichsarten definieren.

Stellen Sie hier die Hierarchieebenen ein, die sich aus Ihrer Arbeitsbereichsstruktur ergeben. Die Hierarchieebene legen Sie über eine bis zu vierstellige Nummer im Feld KZI fest. KZI steht dabei für Hierarchiekennziffer der Arbeitsbereichsart, SAP liefert hier als Beispielwerte z.B. folgende aus:

- Arbeitsbereichsart Werk = KZI 3000
- Arbeitsbereichsart Arbeitsplatz = KZI 6000
- Arbeitsbereichsart Tätigkeit = KZI 7000

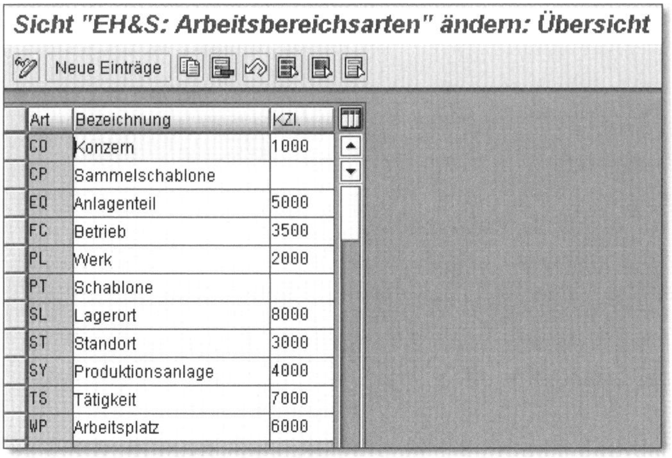

Art	Bezeichnung	KZI.
CO	Konzern	1000
CP	Sammelschablone	
EQ	Anlagenteil	5000
FC	Betrieb	3500
PL	Werk	2000
PT	Schablone	
SL	Lagerort	8000
ST	Standort	3000
SY	Produktionsanlage	4000
TS	Tätigkeit	7000
WP	Arbeitsplatz	6000

Abbildung 6.15 Hierarchieebenen der Arbeitsbereichsarten einstellen

Zur Abgrenzung der Berechtigungen können Sie unter ENVIRONMENT HEALTH & SAFETY • ARBEITSSCHUTZ • ARBEITSBEREICHSVERWALTUNG • BERECHTIGUNGSGRUPPEN FESTLEGEN eigene Berechtigungsgruppen definieren. Diese können Sie später in spezifischen Rollen einschränken.

Im Anschluss können Sie für die betriebszustandsabhängige Pflege von Belastungen eigene Betriebszustände definieren. Dies tun Sie unter ENVIRONMENT HEALTH & SAFETY • ARBEITSSCHUTZ • ARBEITSBEREICHVERWALTUNG • BETRIEBSZUSTÄNDE FESTLEGEN. Auch hierbei handelt es sich nicht um eine steuernde Customizing-Tabelle, sondern vielmehr um hinterlegte Werte.

6.7.2 Erweiterung des Arbeitsbereichs um eigene Felder

Die Verwendung des Klassensystems für bestimmte Felder am Arbeitsbereich macht die einfache Auswertung über Reports oder Queries zwar komplizierter, hat jedoch den entscheidenden Vorteil, dass Sie unkompliziert eigene Felder an den Arbeitsbereich anhängen können.

Wenn Sie den Arbeitsbereich um eigene Felder erweitern möchten, können Sie analog der Spezifikationsdatenbank entweder eine vorhandene Klasse um ein neues Merkmal erweitern oder für einen komplett neuen Reiter eine neue Klasse definieren. Mit Bezug zu dieser Klasse müssen Sie dann im Customizing des Arbeitsschutzes eine neue Bewertungsart definieren. Wählen Sie hierzu ENVIRONMENT, HEALTH & SAFETY • ARBEITSSCHUTZ • GRUNDEINSTELLUNGEN • BEWERTUNGSARTEN KLASSEN ZUORDNEN. Es empfiehlt sich hier, die Bewertungsart entsprechend der Klasse zu benennen.

Generell unterliegt dieses System den gleichen Regeln wie die Eigenschaftsverwaltung in der Produktsicherheit.

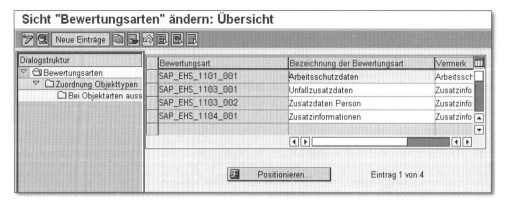

Abbildung 6.16 Bewertungsarten zum Arbeitsbereich zuordnen (Customizing)

Anschließend müssen Sie die neue Bewertungsart unter ZUORDNUNG OBJEKT-TYP dem Typ »WA – Arbeitsbereich« zuordnen (siehe Abbildung 6.17). Danach haben Sie die Möglichkeit, Ihre neue Bewertungsart nur bei bestimmten Arbeitsbereichsarten ein- bzw. auszublenden.

Arbeitsbereichsart »Tätigkeit« – Zusatzdaten [zB]

Sie nutzen die Arbeitsbereichsart »Tätigkeit« (TS) und möchten bei dieser Arbeitsbereichsart zusätzliche Datenfelder verfügbar machen – in diesem Beispiel das Feld ERFORDERLICHE SONDERAUSBILDUNG. Dann gehen Sie wie folgt vor: Sie definieren eine neue Klasse (z.B. Tätigkeit Zusatzdaten) und legen dazu eine neue Bewertungsart an, ordnen diese dem Objekttyp WA zu und schließen alle Arbeitsbereichsarten bis auf die »Tätigkeit« aus.

Abbildung 6.18 zeigt das neue Feld ERFORDERLICHE ZUSATZAUSBILDUNG auf dem neuen Reiter TÄTIGKEITS ZUSATZDAT in einem Arbeitsbereich vom Typ »Tätigkeit«.

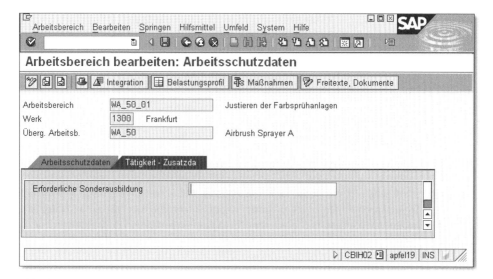

Abbildung 6.17 Kundeneigenes Feld im Arbeitsbereich

Ein so eigendefiniertes Feld können Sie entweder als Freitextfeld oder als ein verphrastes Merkmal anlegen. Wie Sie bezüglich der Produktsicherheit und der Phrasenverwaltung gelesen haben (siehe Abschnitt 2.7, »Phrasenmanagement«), definieren Sie ein Merkmal als verphrast, indem Sie die Phrasenprüffunktion am Merkmal hinterlegen. Dazu tragen Sie in der Merkmalsverwaltung (Transaktion CT04) auf dem Reiter ZULÄSSIGE WERTE über den Button ANDERE WERTEPRÜFUNG die Prüffunktion bzw. den Funktionsbaustein `C14K_PHRASECHARACT_CHECK` ein.

Im Anschluss müssen Sie über den Stammdatenabgleich (Transaktion CGCZ) die Verphrasung von Merkmalen abgleichen. Das Merkmal steht Ihnen anschließend verphrast zur Verfügung. Um es anschließend mit bestimmten Phrasen zu pflegen, müssen Sie noch eine Phrasenauswahlmenge zuordnen. Dies tun Sie in der Transaktion CGAB.

Im Folgenden haben wir die notwendigen Schritte zur Erweiterung des Arbeitsbereichs noch einmal zusammengefasst:

1. Definieren einer eigenen Klasse (Klassenart 100) in Transaktion CL02

2. Erfassung der kundeneigenen Merkmale in der Klasse, entweder über die Klassenverwaltungstransaktion CL02 direkt oder im Nachgang über die Transaktion CT04

3. Anlage einer Bewertungsart und Zuordnen der Klasse im Customizing unter ENVIRONMENT, HEALTH & SAFETY • ARBEITSSCHUTZ • GRUNDEINSTEL-LUNGEN • BEWERTUNGSARTEN KLASSEN ZUORDNEN

4. Zuordnen der zuvor definierten Bewertungsart im Customizing unter ZUORDNUNG OBJEKTTYP.

Nur bei Verphrasung kommen folgende Schritte hinzu:

▸ Stammdatenabgleich durchführen (Transaktion CGCZ)

▸ Phrasenauswahlmenge zuordnen (Transaktion CGAB)

Bei der Ausgabe auf Berichte müssen Sie zudem über die Transaktion CGCZ Berichtssymbole generieren.

[+] | **Detailinformationen**

Sehr ausführlich ist die Bedeutung von Klassen, Merkmalen, Verphrasung, Phrasen und die entsprechenden Zuordnungen in Kapitel 3, »Produktsicherheit«, beschrieben. Wir haben Ihnen an dieser Stelle nur nochmals die wesentlichen Punkte aufgezählt.

6.8 Fazit

Die Arbeitsbereichsverwaltung ist, technisch betrachtet, eine eher einfache Funktionalität, stellt jedoch die Basis für viele weitere Aktivitäten in SAP EHS Management dar. Überlegen Sie genau, für welchen Strukturierungsansatz Sie sich entscheiden und welche Objekte Sie aus anderen Modulen integrieren möchten. Bedenken Sie auch eventuell neu aufkommende Anforderungen, so dass Sie später das »Rad« nicht noch mal neu erfinden müssen.

Während sich die Gefahrgutabwicklung dem Thema »Transport«
widmet, ist das Gefahrstoffmanagement für die Handhabung von
chemischen Stoffen innerhalb Ihres Unternehmens notwendig.

7 Gefahrstoffmanagement

Wenn Sie mit chemischen Stoffen in Ihrem Unternehmen agieren oder andere Risiken während der Tätigkeit bestehen, sind Sie per Gesetz verpflichtet, Ihren Arbeitnehmern und Arbeitnehmerinnen eine sichere Arbeitsumgebung zu gewährleisten. Dazu sind zahlreiche Maßnahmen durchzuführen und auch zu dokumentieren. In diesem Kapitel stellen wir Ihnen vor, auf welchen gesetzlichen Grundlagen diese Aktivitäten beruhen und wie Sie SAP EHS Management bei diesen Aufgaben unterstützt.

Im Rahmen des Gefahrstoffmanagements haben Sie üblicherweise die folgenden Maßnahmen in Ihren Unternehmen durchzuführen:

▶ Durchführung von Gefährdungsbeurteilungen

▶ Dokumentation von Arbeitsschutzmaßnahmen

▶ Erstellung von Gefahrstoffverzeichnissen

▶ Erstellung von Berichten im Arbeitsschutz (z. B. Betriebsanweisungen)

Dabei ist die Gefährdungsbeurteilung der zentrale Prozess, aus dem sich die anderen oben ausgeführten Tätigkeiten ergeben.

Mit Hilfe der Gefährdungsbeurteilung analysieren Sie, welche Belastungen in welchem Teil Ihres Unternehmens (Arbeitsbereich) auftreten und welche Risiken diese mit sich bringen. Das Gefahrstoffmanagement in SAP EHS Management unterstützt Sie dabei, die Gefährdungsbeurteilung zu dokumentieren und die relevanten Belastungen zu analysieren sowie letztendlich die Risiken einzustufen. Anschließend können Sie die relevanten arbeitsschutztechnischen Maßnahmen definieren und deren Status überwachen. Im Anschluss wird die Wirksamkeit der Maßnahmen fachlich überprüft. Diese fachliche Überprüfung wird mit Bezug zur Gefährdungsbeurteilung ebenfalls dokumentiert.

Sofern sich die Belastungssituation über die Zeit in Ihren Arbeitsbereichen ändert, z.B. weil das Produktionsverfahren wechselt oder Sie Anpassungen in Ihrem Portfolio durchführen, können Sie die Belastungssituation im Rahmen einer Folgebeurteilung erneut analysieren und die entsprechenden Maßnahmen ableiten.

7.1 Rechtlicher Hintergrund

Die Durchführung und Dokumentation der Gefährdungsbeurteilung ist in verschiedenen Gesetzen und Verordnungen geregelt. Wir besprechen nun kurz Auszüge der in diesem Zusammenhang wichtigsten Gesetze. Im Folgenden sind daher die wichtigsten Verpflichtungen in Bezug auf die Gefährdungsbeurteilung am Arbeitsplatz aufgelistet.

Zusammengefasst werden die Pflichten des Arbeitgebers in § 3 und § 4 des Arbeitsschutzgesetzes (ArbSchG):

(1) Der Arbeitgeber ist verpflichtet, die erforderlichen Maßnahmen des Arbeitsschutzes unter Berücksichtigung der Umstände zu treffen, die die Sicherheit und Gesundheit der Beschäftigten bei der Arbeit beeinflussen. Er hat die Maßnahmen auf ihre Wirksamkeit zu überprüfen und erforderlichenfalls sich ändernden Gegebenheiten anzupassen. Dabei hat er eine Verbesserung von Sicherheit und Gesundheitsschutz der Beschäftigten anzustreben.

(2) Zur Planung und Durchführung der Maßnahmen nach Absatz 1 hat der Arbeitgeber unter Berücksichtigung der Art der Tätigkeiten und der Zahl der Beschäftigten

1. für eine geeignete Organisation zu sorgen und die erforderlichen Mittel bereitzustellen sowie

2. Vorkehrungen zu treffen, daß die Maßnahmen erforderlichenfalls bei allen Tätigkeiten und eingebunden in die betrieblichen Führungsstrukturen beachtet werden und die Beschäftigten ihren Mitwirkungspflichten nachkommen können.
(Quelle: § 3 ArbSchG – Grundpflichten des Arbeitgebers)

Der Arbeitgeber hat die Pflicht, die für sein Unternehmen geeigneten Maßnahmen zum Arbeitsschutz zu ergreifen und stetig zu verbessern. Dabei muss er dafür Sorge tragen, dass die Maßnahmen auch wirksam sind und in die Aufgaben der Arbeitnehmer eingebunden werden können.

Der Arbeitgeber muss für jede Tätigkeit feststellen, welche Arbeitsschutzmaßnahmen erforderlich sind (§ 5 ArbSchG) und hat auch gleichzeitig genau definiert, was eine Gefährdung darstellen kann:

(1) Der Arbeitgeber hat durch eine Beurteilung der für die Beschäftigten mit ihrer Arbeit verbundenen Gefährdung zu ermitteln, welche Maßnahmen des Arbeitsschutzes erforderlich sind.

(2) Der Arbeitgeber hat die Beurteilung je nach Art der Tätigkeiten vorzunehmen. Bei gleichartigen Arbeitsbedingungen ist die Beurteilung eines Arbeitsplatzes oder einer Tätigkeit ausreichend.

(3) Eine Gefährdung kann sich insbesondere ergeben durch

1. die Gestaltung und die Einrichtung der Arbeitsstätte und des Arbeitsplatzes,

2. physikalische, chemische und biologische Einwirkungen,

3. die Gestaltung, die Auswahl und den Einsatz von Arbeitsmitteln, insbesondere von Arbeitsstoffen, Maschinen, Geräten und Anlagen sowie den Umgang damit,

4. die Gestaltung von Arbeits- und Fertigungsverfahren, Arbeitsabläufen und Arbeitszeit und deren Zusammenwirken,

5. unzureichende Qualifikation und Unterweisung der Beschäftigten.
(Quelle: § 5 ArbSchG – Beurteilung der Arbeitsbedingungen)

Des Weiteren ist im Arbeitsschutzgesetz (§ 6 ArbSchG) geregelt, dass der Arbeitgeber – ab einer Beschäftigtenzahl von zehn Mitarbeitern – die Ergebnisse der Gefährdungsbeurteilung so festhalten muss, dass sie gut ersichtlich sind (Dokumentationspflicht):

(1) Der Arbeitgeber muss über die je nach Art der Tätigkeiten und der Zahl der Beschäftigten erforderlichen Unterlagen verfügen, aus denen das Ergebnis der Gefährdungsbeurteilung, die von ihm festgelegten Maßnahmen des Arbeitsschutzes und das Ergebnis ihrer Überprüfung ersichtlich sind. Bei gleichartiger Gefährdungssituation ist es ausreichend, wenn die Unterlagen zusammengefasste Angaben enthalten. Soweit in sonstigen Rechtsvorschriften nichts anderes bestimmt ist, gilt Satz 1 nicht für Arbeitgeber mit zehn oder weniger Beschäftigten; die zuständige Behörde kann, wenn besondere Gefährdungssituationen gegeben sind, anordnen, dass Unterlagen verfügbar sein müssen. Bei der Feststellung der Zahl der Beschäftigten nach Satz 3 sind Teilzeitbeschäftigte mit einer regelmäßigen wöchentlichen Arbeitszeit von nicht mehr als 20 Stunden mit 0,5 und nicht mehr als 30 Stunden mit 0,75 zu berücksichtigen.
(Quelle:§ 6 ArbSchG – Dokumentation)

§ 7 der Gefahrstoffverordnung befasst sich mit den Durchführungsbestimmungen der Gefährdungsbeurteilung für Arbeitnehmer, die potenziell mit Gefahrstoffen in Berührung kommen können.

(1) Bei der Beurteilung der Arbeitsbedingungen nach § 5 des Arbeitsschutzgesetzes vom 7. August 1996 (BGBl. I S. 1246), zuletzt geändert durch Artikel 11 Nr. 20 des Gesetzes vom 30. Juli 2004 (BGBl. I S. 1950), hat der Arbeitgeber zunächst festzustellen, ob die Beschäftigten Tätigkeiten mit Gefahrstoffen durchführen oder ob Gefahrstoffe bei diesen Tätigkeiten entstehen oder freigesetzt werden. Ist dies der Fall, so hat er alle hiervon ausgehenden Gefährdungen für die Gesundheit und Sicherheit der Beschäftigten unter folgenden Gesichtspunkten zu beurteilen:
1. Gefährliche Eigenschaften der Stoffe oder Zubereitungen,
2. Informationen des Herstellers oder Inverkehrbringers zum Gesundheitsschutz und zur Sicherheit insbesondere im Sicherheitsdatenblatt nach § 6,
3. Ausmaß, Art und Dauer der Exposition unter Berücksichtigung aller Expositionswege; dabei sind die Ergebnisse nach § 9 Abs. 4 und § 10 Abs. 2 zu berücksichtigen,
4. Physikalisch-chemische Wirkungen,
5. Möglichkeiten einer Substitution,
6. Arbeitsbedingungen und Verfahren, einschließlich der Arbeitsmittel und der Gefahrstoffmenge,
7. Arbeitsplatzgrenzwerte und biologische Grenzwerte,
8. Wirksamkeit der getroffenen oder zu treffenden Schutzmaßnahmen,
9. Schlussfolgerungen aus durchgeführten arbeitsmedizinischen Vorsorgeuntersuchungen. Der Arbeitgeber darf eine Tätigkeit mit Gefahrstoffen erst aufnehmen lassen, nachdem eine Gefährdungsbeurteilung vorgenommen wurde und die erforderlichen Schutzmaßnahmen getroffen wurden.
(Quelle: § 7 GefStoffV – Informationsermittlung und Gefährdungsbeurteilung)

Dieser Auszug aus § 7 ArbSchG definiert, welche Belastungen (oder auch Expositionen) bei der Gefährdungsbeurteilung Beachtung finden müssen und welche Schlussfolgerungen daraus zu ziehen sind.

Weitere Gesetze und Richtlinien aus diesem Umfeld, die Sie gegebenenfalls beachten müssen, sind in Tabelle 7.1 aufgelistet

Abkürzung	Gesetz/Verordnung
BioStoffV	Biostoffverordnung
LasthandhabV	Lastenhandhabungsverordnung

Tabelle 7.1 Weitere Gesetze und Richtlinien

Abkürzung	Gesetz/Verordnung
MuSchRiV	Mutterschutzrichtlinienverordnung
JArbSchG	Jugendarbeitsschutzgesetz
BildscharbV	Bildschirmarbeitsverordnung

Tabelle 7.1 Weitere Gesetze und Richtlinien (Forts.)

Die in Tabelle 7.1 erwähnten Gesetze und Verordnungen stellen nur einen Auszug der wichtigsten Regulierungen dar und beschränken sich im Wesentlichen auf den Gesetzesraum Deutschland. Wenn Sie in Europa oder in anderen Ländern engagiert sind, sind die dort gültigen Verordnungen und Regulierungen (ebenfalls) zu beachten. Die technischen Vorgänge, wie diese Verordnungen in SAP EHS Management abzubilden sind, sollten in nahezu allen Fällen analog zu dem im Weiteren beschriebenen Vorgehen verlaufen.

7.2 Prozess der Gefährdungsbeurteilung

Der Prozess der Gefährdungsbeurteilung kann in Form eines Kreislaufs dargestellt werden (siehe Abbildung 7.1).

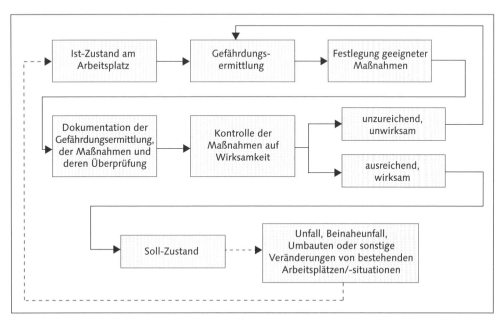

Abbildung 7.1 Prozess der Gefährdungsbeurteilung

Der Start und das Ende der Gefährdungsbeurteilung sollten immer die Überprüfung des Arbeitsbereichs sein. Voraussetzung dafür ist, dass Sie bereits eine Arbeitsbereichsstruktur erstellt haben, mit der die Gefährdungsbeurteilung strukturiert wird.

[+] **Arbeitsbereichsstruktur**

Den Aufbau und die Strukturierung von Arbeitsbereichen haben wir bereits in Kapitel 6 ausführlich beschrieben.

Da sich Unternehmen verändern und damit auch die Organisationsstruktur von Zeit zu Zeit angepasst wird, sollten Sie die korrekte Definition des zu beurteilenden Arbeitsbereichs vor jeder Gefährdungsbeurteilung überprüfen. So vermeiden Sie auseinanderdriftende Strukturelemente.

Im zweiten Schritt ermittelt ein Mitarbeiter des Arbeitsschutzes die auftretenden Belastungen und Gefährdungen an jedem Arbeitsbereich. Je nach Belastungsart kann dies über verschiedene Methoden wie z. B. Begehungen erfolgen.

[zB] **Unterschiedliche Belastungen ermitteln**

Stoffliche Belastungen können z. B. über durchgeführte Messungen erkannt und bewertet werden. Nichtstoffliche Belastungen sind nur teilweise messbar (z. B. Temperatur, Radioaktivität, Lärm). Ansonsten werden nichtstoffliche Belastungen eher qualitativ ermittelt. Andere Belastungen (z. B. psychomentale oder ergonomische Belastungen) können im Rahmen einer Mitarbeiterbefragung eingestuft werden.

Zur Analyse der Belastungen können Sie z. B. Messwerte erfassen (siehe den Punkt »Quantitäten« in Tabelle 7.3) oder mehrsprachige Fragebögen dem jeweiligen Arbeitsbereich zuordnen.

Einige Unternehmen nutzen die Möglichkeit, bestimmte »Checklisten« als Dokument oder Fragebogen an den Arbeitsbereich anzuhängen, die dann von den Mitarbeitern des Arbeitsschutzes ausgedruckt werden können. Diese Checklisten geben dann den Rahmen der Gefährdungsbeurteilung vor. So kann sichergestellt werden, dass die Gefährdungsbeurteilung auch im vollständigen Umfang durchgeführt wird, für alle gleichartigen Arbeitsbereiche einheitlich ist und subjektive Beobachtungen weitestgehend ausgeschlossen oder zumindest begrenzt werden können.

| **Checklisten bei der Gefährdungsbeurteilung** | **[+]** |

Wie gesehen hat es Vorteile, Checklisten bei der Gefährdungsbeurteilung einzusetzen. Allerdings kennen die Mitarbeiter vor Ort die spezifischen Belastungen oft am besten, da z. B. während einer Gefährdungsbeurteilung nicht alle Betriebszustände erfasst werden können. Hier kann es sinnvoll sein, die Checklisten abschließend von den Mitarbeitern ergänzen zu lassen und – nach erfolgter Prüfung durch die Fachkraft für Arbeitsschutz – diese Punkte in eine erneute oder Folgebeurteilung des Arbeitsplatzes mit aufzunehmen.

Nachdem Sie die Gefährdungen erfasst haben, müssen diese beurteilt und eingestuft werden. Sie können dies im Rahmen einer klassischen Risikomatrix tun, indem Sie die Wahrscheinlichkeit der Gefährdung (Propability) in Relation zur möglichen Auswirkung (Severity) setzen. Bei Stoffbelastungen können Sie jedoch auch eine automatische Einstufung nach Berücksichtigung von gesetzlichen Arbeitsplatzgrenzwerten vornehmen.

Je nach Beurteilung der Gefährdungen legen Sie im Anschluss Maßnahmen fest, die sich minimierend auf die mögliche Gefährdung auswirken oder diese gänzlich abstellen sollen. Nach einer gewissen Zeit müssen die Maßnahmen hinsichtlich ihrer Wirksamkeit kontrolliert und dokumentiert werden.

Um es noch einmal anders anzudrücken: Nachdem Sie Gefährdungen ermittelt und bewertet haben, führen Sie gegebenenfalls Aktivitäten durch. Nachdem die entsprechenden Maßnahmen etabliert sind, erfolgt eine erneute Überprüfung der Gefährdung, um sich zu vergewissern, ob das Gefährdungspotenzial durch die eingeleiteten Maßnahmen reduziert werden konnte.

Eine technischere Darstellung des Prozesses sehen Sie in Abbildung 7.2. Hier sehen Sie auf der linken Seite die einzelnen Objekte, die für eine erfolgreiche Gefährdungsbeurteilung notwendig sind. Daraus abgeleitet werden zum einen das Belastungsprofil, zum anderen die Gefährdungsbeurteilung. Aus dem Belastungsprofil kann dann entweder die stoffbezogene oder die arbeitsbereichsbezogene Betriebsanweisung erstellt werden.

Die Gefährdungsbeurteilung kann dann im weiteren Verlauf für die Erstellung des Gefahrstoffverzeichnisses mit herangezogen werden und die Messwerte (auch Quantitäten genannt) erlauben weiterführende Analysen, um daraus detailliertere und zielgenauere Maßnahmen ableiten zu können.

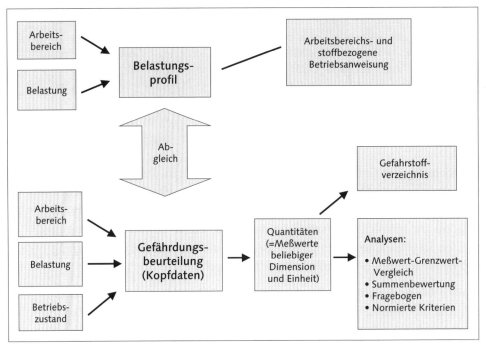

Abbildung 7.2 Technischer Ablauf der Gefährdungsbeurteilung

> **Quantitäten**
>
> Die Analysemethoden können auch ohne Pflege der Quantitäten genutzt werden. Die Eingabe ist daher nicht zwingend. Nähere Informationen hierzu finden Sie in Abschnitt 7.4, »Gefährdungsbeurteilung unterstützt durch Messungen«.

7.3 Gefährdungsbeurteilung in SAP EHS Management durchführen

Die Gefährdungsbeurteilung führen Sie immer mit Bezug zu einem Arbeitsbereich durch. Dabei muss zuerst die Frage beantwortet werden, ob es überhaupt eine Gefährdung im betrachteten Arbeitsbereich gibt. Wird diese Frage bejaht, schließt sich die Frage »Wie hoch ist die Gefährdung einer konkreten Belastung in diesem Arbeitsbereich?« an. Damit startet dann die Gefährdungsbeurteilung. Zur detaillierteren Beurteilung können Sie darüber hinaus noch den Betriebszustand des Arbeitsbereichs mit berücksichtigen. So können Sie sicherstellen, dass Gefährdungen im Normalbetrieb oder spezifische Gefährdungen erfasst und beurteilt werden können. Spezifische Gefährdungen können sich aus verschiedenen Betriebszuständen an dem

Arbeitsbereich ergeben, also z.B. Gefährdungen, die nur während des Anfahrens oder Abstellens einer Anlage oder nur während der Wartung oder Reinigung auftreten.

In den folgenden Abschnitten erläutern wir Ihnen im Detail, wie Sie durch die einzelnen Schritte zur fertigen Gefährdungsbeurteilung kommen.

7.3.1 Belastungsprofil pflegen

Selektieren Sie den zu beurteilenden Arbeitsbereich über die Transaktion CBIH02. Dort pflegen Sie zunächst die an diesem Arbeitsbereich relevanten Belastungen im Belastungsprofil. Dazu navigieren Sie über den Button BELASTUNGSPROFIL in die Eingabemaske. Sie können hier die relevanten Belastungen in eine Tabelle eingeben (siehe Abbildung 7.3).

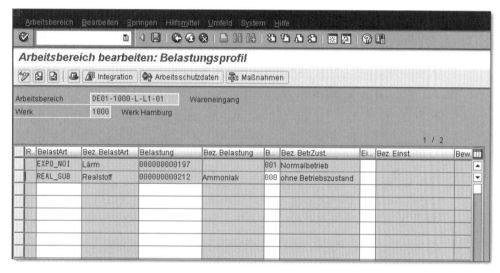

Abbildung 7.3 Pflege des Belastungsprofils

In Abbildung 7.3 sind die Belastungen LÄRM und AMMONIAK für den Arbeitsbereich WARENEINGANG relevant.

Belastungen – Pflege in der Spezifikationsdatenbank   **[+]**

Wie stoffliche Belastungen zu pflegen sind, ist sehr detailliert im Kapitel 2, »Spezifikationsverwaltung – die Basis von SAP EHS Management und der Produktsicherheit«, beschrieben. Dort finden Sie auch die Beschreibungen, wie Sie nicht-stoffliche Belastungen anlegen können, und wie Sie dafür entsprechende Eigenschaftsbäume erstellen (siehe Abschnitt 2.6.6).

Sollten Sie in einem sehr großen Unternehmen mit vielen Stoffbelastungen (z.B. in einem großen Chemieunternehmen) die Belastungsprofile erstellen, kann dies sehr aufwendig sein. In einigen Arbeitsbereichen können bis zu hundert Stoffbelastungen auftreten, und dies kann zu einem erheblichen Pflegeaufwand führen.

Über die in Kapitel 3, »Produktsicherheit«, beschriebenen Integrationsmöglichkeiten in die Materialwirtschaft können Sie die relevanten Stoffbelastungen vom System automatisch ermitteln lassen. Diese automatische Ermittlung ist jedoch im Standard nicht vorgesehen, sondern muss kundenindividuell entwickelt werden.

Die Voraussetzungen für die automatische Stoffbelastungsermittlung können z.B. wie folgt aussehen:

▸ Sie haben sämtliche Stoffbelastungen (Realstoffe) in der Spezifikationsdatenbank angelegt.

▸ Sie haben Ihre Materialien zu den Stoffbelastungen im System zugeordnet.

▸ Ihre Arbeitsbereiche, zu denen Sie die Belastungen pflegen, sind über das Objekt »Lagerort« in die Materialwirtschaft integriert.

▸ Es besteht eine 1:n-Zuordnung aus Arbeitsbereich zu Lagerort (d.h. ein Lagerort versorgt nur einen Arbeitsbereich, ein Arbeitsbereich kann aber durch mehrere Lagerorte versorgt werden).

Nun müssen Sie einen Report entwickeln, der die Materialbewegungen der Lagerorte liest. Über die so ermittelten Materialien können Sie wiederum auf die Stoffe schließen und diese in das Belastungsprofil eintragen.

[!] | **Unterschiede in der Datenerfassung –**
Gefährdungsbeurteilung vs. Gefahrstoffkataster

Für die Gefährdungsbeurteilung werden Sie *nicht alle* Realstoffe an einem Arbeitsbereich messen (können) und im Belastungsprofil festhalten. In der Praxis einigt man sich meist auf einen Kanon an wichtigen gefährlichen Stoffen, die dann überwacht werden. Oft wird dann nur ein Platzhalter für Gefahrstoffe verwendet.

Für die spätere Erstellung von Gefahrstoffverzeichnissen ist es aber sehr wohl wichtig, *alle* Gefahrstoffe an einem Arbeitsbereich zu erfassen, um dann deren Quantitäten einzutragen und zu dokumentieren. Hier ist die automatische Übernahme von Lagerdaten eine wichtige Option.

Für die Risikoeinstufung werden üblicherweise Konzentrationswerte verwendet.

> **Gefahrstoffverzeichnis** [+]
>
> Gemäß der Gefahrstoffverordnung ist jeder Arbeitgeber verpflichtet, ein Verzeichnis von allen im Unternehmen vorkommenden Gefahrstoffen zu führen. Dies gilt nicht für Gefahrstoffe, die im Hinblick auf ihre gefährlichen Eigenschaften und Menge keine Gefahr für die Beschäftigten darstellen. Das Verzeichnis muss mindestens die folgenden Angaben enthalten:
>
> ▸ Bezeichnung des Gefahrstoffes
>
> ▸ Einstufung des Gefahrstoffes oder Angabe der gefährlichen Eigenschaften
>
> ▸ Mengenbereiche des Gefahrstoffes im Betrieb
>
> ▸ Arbeitsbereiche, in denen mit dem Gefahrstoff umgegangen wird

7.3.2 Gefährdungsbeurteilung anlegen und Einstufung vornehmen

Um die Gefährdungsbeurteilung im System anzulegen, markieren Sie im Belastungsprofil (Transaktion CBIH02) eine Belastung und legen über die Schaltfläche BEURTEILUNGEN ANLEGEN die Gefährdungsbeurteilung an.

In der Gefährdungsbeurteilung müssen Sie die Gefährdung einstufen. Je nach Belastung und Gefährdung nehmen Sie die Einstufung nach Ihrer eigenen subjektiven Einschätzung und der Einschätzung der an dem Arbeitsbereich arbeitenden Mitarbeiter vor. Bei anderen Gefährdungen und Belastungen sind gesetzliche Vorgaben einzuhalten und führen so zu einer obligatorischen Einschätzung.

> **Einstufung vornehmen** [zB]
>
> Die mechanische Belastung »Abrutschen von der Leiter« können Sie nur bedingt objektiv einschätzen. Einflussfaktoren wie »Ausbildung/Unterweisung der Mitarbeiter« oder »Schuhwerk« spielen hierbei z.B. eine Rolle.
>
> Bei der Lärmbelastung oder der stofflichen Belastungen wie Ammoniak gelten gesetzliche Arbeitsplatzgrenzwerte, die einzuhalten sind.
>
> Aus diesem Grund bietet das Gefahrstoffmanagement in Abhängigkeit von der Belastungsart verschiedene Analysemethoden, um die Einstufung vorzunehmen.

Eine häufig verwendete und hilfreiche Analysemethode bei Belastungen, zu denen gesetzliche Arbeitsplatzgrenzwerte existieren, ist der *Messwert-Grenzwert-Vergleich*. Voraussetzung für die Verwendung dieser Methode ist, dass Sie die gesetzlichen Arbeitsplatzgrenzwerte im Spezifikationsstamm Ihrer stofflichen Belastung gepflegt haben (siehe Abschnitt 2.12).

Im Standard-Eigenschaftsbaum existieren dazu bereits die entsprechenden Eigenschaften. Sie haben aber auch die Möglichkeit, eigene Eigenschaften nach Ihren individuellen Anforderungen zu erstellen.

[+]

Eigenschaftsbäume für stoffliche und nicht-stoffliche Belastungen

Im Bereich der Produktsicherheit liefert SAP den sogenannten Standard-Eigenschaftsbaum aus, der bereits einen Großteil der für die Gefährdungsbeurteilung benötigten Eigenschaften im Bereich der stofflichen Belastungen enthält (siehe Abschnitt 2.6.6). Üblicherweise werden hier die gleichen Informationen sowohl für die Gefährdungsbeurteilung wie für die Erstellung des Sicherheitsdatenblattes benötigt. Eine Doppelpflege ist also nicht notwendig. Das bedeutet, dass *alle stofflichen Belastungen* als eigene Realstoffe (siehe Kapitel 2, »Spezifikationsverwaltung – die Basis von SAP EHS Management und der Produktsicherheit«) vorhanden sein sollten. Wenn Sie oft mit stofflichen Belastungen arbeiten, dient es der Übersichtlichkeit, wenn Sie für die Zwecke der Gefährdungsbeurteilung einen eigenen Eigenschaftsbaum anlegen (siehe Tabelle 7.2)

Etwas anders gestaltet sich die Datenpflege für die nicht-stofflichen Belastungen. Hier hat üblicherweise jede einzelne Belastung nur eine oder gegebenenfalls sehr wenige Eigenschaften (siehe Kapitel 2), die es zu pflegen gilt. Es ist aus technischer und auch aus IT-Sicht wenig sinnvoll, für jede dieser Belastungen einen eigenen Eigenschaftsbaum anzulegen. Hier empfehlen wir, für alle nicht-stofflichen Belastungen *einen* eigenen Eigenschaftsbaum aufzubauen, der alle möglichen Eigenschaften zu den jeweils möglichen nicht-stofflichen Belastungen enthält.

In der Praxis führt dies dazu, dass im ungünstigsten Fall pro nicht-stofflicher Belastung immer nur eine Eigenschaft gepflegt ist. Aber der Aufwand für den Anwender, bei der Datenpflege von nicht-stofflichen Belastungen immer zwischen den einzelnen Eigenschaftsbäumen zu wechseln, erscheint dennoch unverhältnismäßig hoch.

Belastungstyp	Eigenschaftsbaum
Stofflich	Ein Eigenschaftsbaum für alle stofflichen Belastungen vom Typ Realstoff (REAL_SUB). Pro Belastung/pro Realstoff werden wahrscheinlich viele Eigenschaften gefüllt sein.
Nicht-Stofflich	Ein Eigenschaftsbaum für alle nicht-stofflichen Belastungen (EXPO_PHYK, EXPO_NOI etc.), auch wenn pro Belastungsart mit hoher Wahrscheinlichkeit nur eine Eigenschaft gefüllt werden wird.

Tabelle 7.2 Unterscheidung Eigenschaftsbäume für stoffliche und nicht-stoffliche Belastungen

Um den Messwert-Grenzwert-Vergleich durchzuführen, erfassen Sie zunächst den von Ihnen gemessenen Messwert der Belastung in der Beurteilung. Anschließend springen Sie in der Gefährdungsbeurteilung über die Schaltfläche ANALYSE 🔲 ab.

Das System erkennt anhand der zugeordneten Analysemethode (die Sie im Customizing eingestellt haben) die relevante Methode (Messwert-Grenzwert-Vergleich) und ermittelt den Grenzwert aus der Belastungsspezifikation. Über im Customizing definierte Grenzwertschwellen ermittelt das System dadurch automatisch die Einstufung.

In Abbildung 7.4 sehen Sie als Beispiel den ermittelten Grenzwert für Ammoniak von 20 ml/m³ und einen gemessenen Schichtmittelwert von 50 ml/m³. Der Vergleich der beiden Werte führt zu einer Überschreitung und einer Einstufung A.

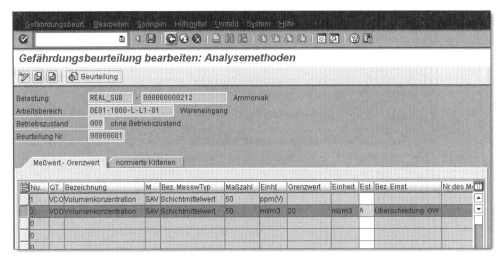

Abbildung 7.4 Messwert-Grenzwert-Vergleich

Als weitere Voraussetzung im Customizing müssen Sie die Belastungsarten der Analysemethode zuordnen. Dies tun Sie mit der IMG-Aktivität ENVIRONMENT HEALTH & SAFETY • ARBEITSSCHUTZ • GEFÄHRDUNGSBEURTEILUNG • ANALYSEMETHODEN • ANALYSEMETHODEN BELASTUNGSART ZUORDNEN. Markieren Sie dort die entsprechende Analysemethode und klicken anschließend im Navigationsbereich links auf BELASTUNGSARTEN ZUORDNEN. Dort können Sie, wie Abbildung 7.5 zeigt, die relevanten Belastungsarten Ihrer Analysemethode Messwert-Grenzwert-Vergleich zuordnen. Für den in diesem Abschnitt durchgeführten Messwert-Grenzwert-Vergleich eignen sich nicht alle Belastungsarten. Bei der Belastung »Ammoniak« in dem hier bearbeiteten Beispiel handelt es sich um die Belastungsart »Realstoff« (REAL_SUB). Stoffbelastungen sind messbar und lassen sich mit Grenzwerten vergleichen. Eine mechanische Belastung oder gar eine psychosoziale Belastung, zum Beispiel Stress, ist nicht in Zahlen messbar. Diese Belastungsart sollten Sie daher nicht der Methode des Messwert-Grenzwert-Vergleichs zuordnen.

Über den Unterpunkt BELASTUNGSART ZUORDNEN legen Sie dann noch fest, auf welche Belastungsart sich die Analyse bezieht (siehe Abbildung 7.5). Es liegt also eine Gefährdung vor. Mit welchen Methoden Sie IT-technisch weiter vorgehen, sehen Sie in den folgenden Abschnitten.

Die Suche von Gefährdungsbeurteilungen erfolgt über die gleiche Transaktion CBIH12 (siehe Abbildung 7.5).

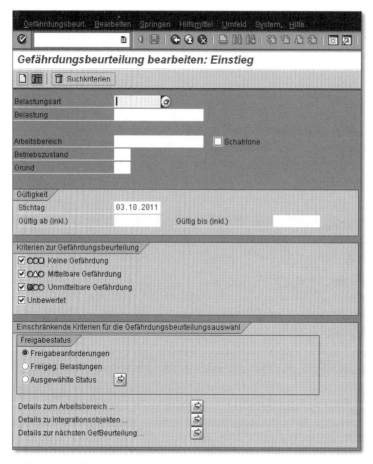

Abbildung 7.5 Transaktion CBIH12 – Einstieg in die Gefährdungsbeurteilung

Sie können Ihre Suche, wie in Abbildung 7.5 ersichtlich, z.B. auf die BELASTUNGSART, die BELASTUNG oder den ARBEITSBEREICH einschränken. Die entsprechenden Felder finden Sie im Kopf der Ansicht.

Empfehlungen für die Suche bei großen Datenmengen **[+]**

Wenn in Ihrem System bereits eine große Anzahl an Beurteilungen vorhanden ist, kann die Suche ohne Einschränkungen (also durch das Asterisk »*«, frz. *Astérisque:* Sternchen) sehr viel Zeit in Anspruch nehmen.

Wenn sich dies nicht vermeiden lässt, sollte vorher unbedingt ein zweiter SAP-Modus eröffnet werden, so dass Sie mit weiteren Arbeiten fortfahren können, solange die Suche im ersten Modus noch aktiv ist.

Das System zeigt Ihnen dann die Gefährdungen anhand der in Abbildung 7.6 dargestellten Kriterien gemäß den Ampelfarben grün, gelb und rot an.

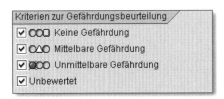

Abbildung 7.6 Optische Anzeige der Gefährdungsbeurteilung

Die einzelnen Belastungen in einem Arbeitsbereich werden in der darunter liegenden Tabelle noch weiter strukturiert. Es ist z. B. möglich, dass sich eine Gefährdung durch den Betriebszustand definiert: Während des Normalbetriebs muss eine Belastung beispielsweise nicht vorhanden sein oder keine Gefährdung darstellen, während des Anfahrens oder Herunterfahrens der Anlage bzw. während Wartung und Reinigung kann diese Situation jedoch völlig anders aussehen. Abbildung 7.7 zeigt exemplarisch einen Eintrag für eine Belastung OHNE BETRIEBSZUSTAND, d.h. diese Auswahl kann getätigt werden, wenn die Belastung unabhängig vom Betriebszustand ist.

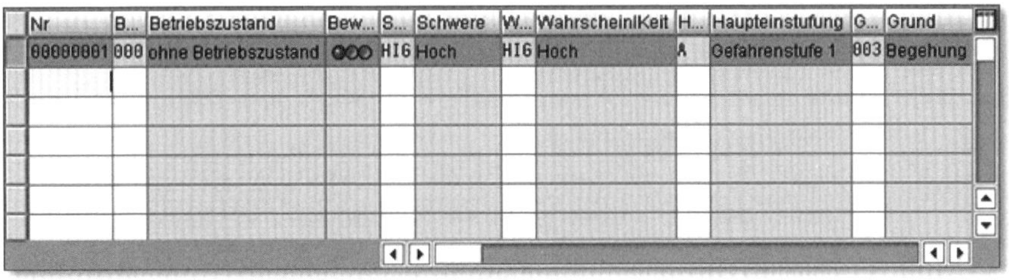

Nr	B...	Betriebszustand	Bew...	S...	Schwere	W...	WahrscheinlKeit	H...	Haupteinstufung	G...	Grund
00000001	000	ohne Betriebszustand	OOO	HI6	Hoch	HI6	Hoch	A	Gefahrenstufe 1	003	Begehung

Abbildung 7.7 Abbildung von verschiedenen Betriebszuständen

Die Felder SCHWERE und WAHRSCHEINLICHKEIT in Abbildung 7.7 können im Customizing definiert werden. Aus diesen beiden Feldern ergibt sich die

HAUPTEINSTUFUNG, die Sie gemäß einer zweidimensionalen Matrix festlegen (siehe Abbildung 7.8).

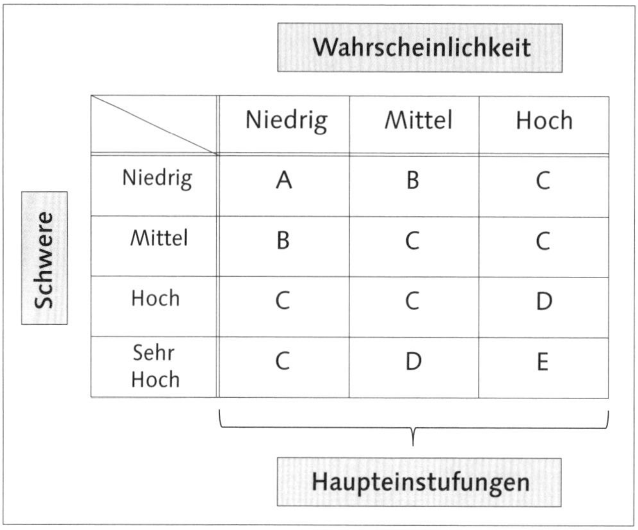

Abbildung 7.8 Ermittlung der Haupteinstufung über eine Matrix

Die Haupteinstufungen (HES) – Feld HAUPTEINSTUFUNG in Abbildung 7.7 – hängen je Betriebszustand davon ab, mit welcher Wahrscheinlichkeit und mit welcher Schwere eine Gefährdung erwartet wird bzw. eintreten kann. In dem vorliegenden Beispiel, ist die Haupteinstufung umso höher ($C < D < E$), je wahrscheinlicher oder schwerer eine Gefährdung sein kann. Auch diese Matrix kann im Customizing festgelegt werden.

Ferner geben Sie noch den Grund für die Beurteilung an – Feld GRUND in Abbildung 7.5. Die folgenden Gründe werden im Customizing ausgeliefert und können bei Bedarf dort angepasst werden (siehe Tabelle 7.3).

Grund	Erklärung
000	**Keine besondere Ursache** Wird z. B. verwendet, wenn Sie die Haupteinstufung aufgrund theoretischer Überlegungen (»am Schreibtisch«) festgelegt haben
001	**Erstbeurteilung** Ähnlich wie 000; wird z. B. verwendet, wenn Sie »am Schreibtisch« die Haupteinstufung festgelegt haben

Tabelle 7.3 Standard-Ausliefung für die Gründe-Verwaltung in der Gefährdungsbeurteilung

Grund	Erklärung
002	**Unfall** Kann verwendet werden, wenn die Gefährdungsbeurteilung aufgrund eines Unfalls (oder Beinaheunfallss) erstellt wird
003	**Begehung** Spiegelt die Einstufung aufgrund einer Arbeitsplatzbegehung der Fachkraft für Arbeitssicherheit wider

Tabelle 7.3 Standard-Ausliefung für die Gründe-Verwaltung in der Gefährdungsbeurteilung (Forts.)

Unterhalb der Beurteilungen in der Transaktion CBIH12 ist ein weiterer Kasten mit Detailinformationen vorgesehen, wie er exemplarisch in Abbildung 7.10 dargestellt ist.

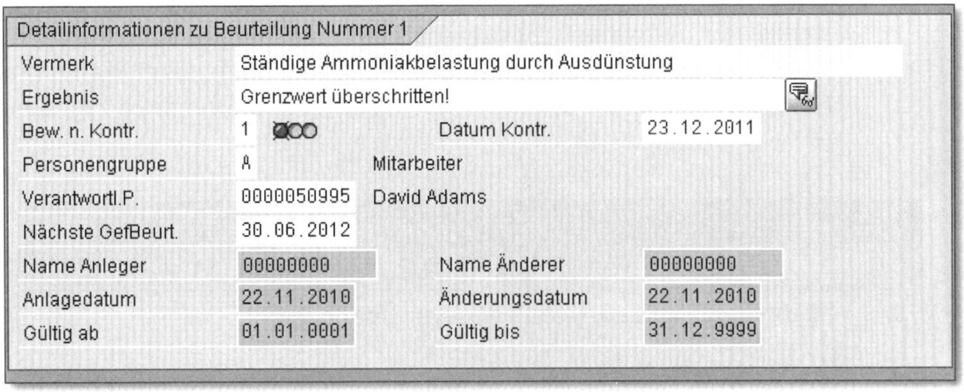

Abbildung 7.9 Fenster zur Ablage von Detailinformationen zur Beurteilung

Der VERMERK ist ein sogenanntes Freitextfeld für kurze Informationen. Dem Feld ERGEBNIS ist rechts die Schaltfläche zum Wechsel in den eingestellten Texteditor zugeordnet. Hier können auch ausführliche textuelle Beschreibungen der durchgeführten Gefährdungsbeurteilung abgelegt werden.

In den Feldern PERSONENGRUPPE und VERANTWORTLICHE P. (verantwortliche Person) unterscheidet SAP im Standard zwischen Mitarbeitern (A), Bewerbern (B) und externen Personen (C), das können z.B. Kontraktoren sein, die für Sie in dem Bereich tätig sind. Zusätzlich können Sie noch weitere Daten anlegen, z.B. Termine für die nächste Beurteilung (Folgebeurteilung) festlegen, die dann später in einem Arbeitsplan ausgelesen und als sogenannter Arbeitsvorrat dienen können.

Die administrativen Daten sind wie üblich grau hinterlegt, können manuell nicht verändert werden und passen sich bei der Datenpflege automatisch an.

Zwischen der Tabelle mit den Belastungen und den Detailinformationen zu den einzelnen Belastungen finden Sie noch eine Anzahl weiterer Schaltflächen. Hier können Sie abspringen zu weiteren Hilfsmitteln, von denen wir Ihnen die wichtigsten vorstellen möchten.

Konfiguration der Analysemethoden im Customizing

Die Analysemethoden konfigurieren Sie im Customizing unter ENVIRONMENT, HEALTH & SAFETY • ARBEITSSCHUTZ • GEFÄHRDUNGSBEURTEILUNG • ANALYSE-METHODEN:

1. Im ersten Schritt müssen Sie die jeweilige Analysemethode (z.B. den Messwert-Grenzwert-Vergleich) Ihrer Belastungsart zuordnen. Dazu starten Sie die Aktivität ANALYSEMETHODEN BELASTUNGSARTEN ZUORDNEN. Stoffbelastungen (Belastungsart REAL_SUB) oder auch Lärmbelastungen (EXPO_NOI) können Sie u.a. dem Messwert-Grenzwert-Vergleich zuordnen (siehe Abbildung 7.10).

Abbildung 7.10 Zuordnung – Analysemethode zur Belastungsart

2. Im nächsten Schritt sollten Sie in der Aktivität MESSGRÖSSEN BESTIMMEN festlegen, aus welcher Eigenschaft der Belastungsspezifikation das System die Grenzwerte entnimmt, die für den Messwert-Grenzwert-Vergleich herangezogen werden.

Achten Sie hierbei sehr genau auf korrekte Mengeneinheiten, die gegeneinander umrechenbar sind. Pflegen Sie z.B. in der Belastung eine Volumenkonzentration, können Sie diese nicht in eine Massenkonzentration umrechnen. In diesem Fall würde das System keinen Vergleich durchführen können (siehe Abbildung 7.11).

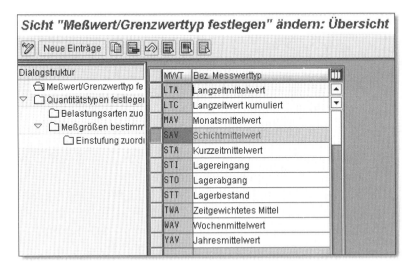

Abbildung 7.11 Messgrößen bestimmen

7.4 Gefährdungsbeurteilung unterstützt durch Messungen

Mit Hilfe der sogenannten QUANTITÄTEN können Sie Ihre Messungen verwalten und haben z.B. die Möglichkeit, Messergebnisse bei Begehungen zu erfassen. Oder Sie können diese mit den in der Spezifikationsdatenbank abgelegten Grenzwerten vergleichen oder gegen diese Werte auswerten.

Dazu können Sie von der Gefährdungsbeurteilung über die Schaltfläche QUANTITÄTEN auf die Messwerterfassung springen (siehe Abbildung 7.12). Dazu müssen nur der Arbeitsbereich und die Belastung auf der Trefferliste der Transaktion CBIH12 markiert sein, für die die Messwerte erfasst werden sollen.

Im Kopf von Abbildung 7.12 werden die Grunddaten der Gefährdungsbeurteilung wie die Belastung, der Arbeitsbereich, auf den sich die Messung bezieht, und der Betriebszustand angezeigt.

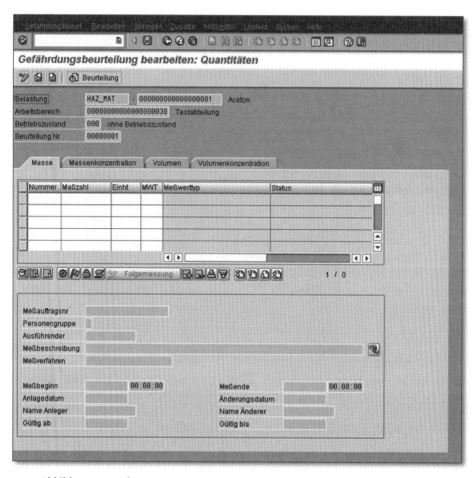

Abbildung 7.12 Erfassung von Messungen nach Dimensionen

In den darunter liegenden Karteikarten können Sie auf der Karteikarte MESSE Ihre Messergebnisse mit der entsprechenden Einheit und dem Messwerttyp angeben. Die vier zu pflegenden Felder haben die folgende Bedeutung:

▶ **Feld »Nummer«**

Das Feld dient ausschließlich der Nummerierung der Einträge. Die Nummer selbst kann entweder manuell von Ihnen vergeben werden, oder wird vom System generiert.

▶ **Feld »Maßzahl«**

Das Feld zeigt den numerischen Wert, der bei Ihrer Messung ermittelt wurde.

▸ **Feld »Einht«**

Die Einheit kann über die Auswahlhilfe ($\boxed{\text{F4}}$-Hilfe) ermittelt werden. Wenn Ihnen hier eine Einheit fehlt, kann sie, wie in Kapitel 3, »Produktsicherheit«, beschrieben, durch Customizing ergänzt werden.

▸ **Feld »MWT«**

Hier legen Sie fest, um welchen Messwerttyp es sich handelt. Beispiele für Messwerttypen sind in Abbildung 1.8 zu ersehen.

Unterhalb der Registerkarten sind noch zahlreiche Schaltflächen zu sehen. Um eine Aktion über die im Folgenden beschriebenen Schaltflächen zu aktivieren, muss die entsprechende Messung jeweils markiert sein. Wir stellen Ihnen die wesentlichsten kurz vor, die den Status der erfassten Messung bestimmen:

▸ **In Bearbeitung** (🔧)

Diesen Status können Sie vergeben, wenn die Messung zwar bereits im System abgelegt, aber noch nicht verifiziert ist.

▸ **Freigegeben** (🗚)

Die Messung ist vollständig abgeschlossen und kann für die Gefährdungsbeurteilung verwendet werden.

▸ **Historisch setzen** (🔒)

Die Messung ist obsolet (weil z.B. eine Nachfolgemessung existiert) und soll nicht mehr für die Gefährdungsbeurteilung herangezogen werden.

▸ **Statusprotokoll** (📇)

Wenn eine Messung markiert ist und Sie diese Schaltfläche betätigen, öffnet sich ein kleines Fenster, in dem festgehalten ist, wer wann diese Messung erfasst hat und welche Status sie durchlaufen hat.

In Abbildung 7.12 ist der untere Bereich ausgegraut. Sobald Sie eine Messung erfasst haben, stehen Ihnen die unteren Felder zur Verfügung:

▸ **Feld »Meßauftragsnr«**

Wenn in Ihrem Unternehmen für Messaufträge die entsprechenden Messauftragsnummern vergeben werden, können Sie diese an dieser Stelle einpflegen, um Rückschlüsse auf die Daten zu erlauben.

▸ **Feld »Personengruppe«**

Aus der gewählten Personengruppe rekrutiert sich der Ausführende der Messung.

▸ **Feld »Ausführender«**

Das ist genau *die* Person, die die Messung durchführt oder für die Messung verantwortlich zeichnet.

▶ **Feld »Meßbeschreibung«**

Hier können ergänzende Angaben zu der Messung in Freitextform erfasst werden. Durch Betätigen der Schaltfläche rechts neben dem Feld gelangen Sie in den Texteditor.

▶ **Feld »Meßverfahren«**

Hier können Sie das Verfahren eintragen, nach dem die durchgeführte Messung erfolgt ist.

▶ **Feld »Meßbeginn«**

Erlaubt Ihnen, Datum und Uhrzeit zu der durchgeführten Messung zu erfassen (Anfang).

▶ **Feld »Meßende«**

Erlaubt Ihnen, Datum und Uhrzeit zu der durchgeführten Messung zu erfassen (Ende).

[+]   **Felder »Messbeschreibung« und »Messverfahren«**

Die *Messbeschreibung* erfolgt als Freitext: Wenn Sie dieses Feld auf Berichten ausgeben möchten, wird der Text nur in der eingegebenen Sprache wiedergegeben. Eine Übersetzung erfolgt nicht.

Die *Messverfahren* sind als Phrasen im System abgelegt und können über die Auswahlhilfe (F4 -Hilfe) selektiert werden. Im Unterschied zu dem Hinweis zur Messbeschreibung können die Messverfahren daher auch auf anderssprachlichen Berichten ausgegeben werden, wenn im Phrasenmanagement (siehe Kapitel 3, »Produktsicherheit«) die entsprechenden Übersetzungen gepflegt worden sind.

Sind in diesem Feld keine Vorschlagswerte für die Messverfahren vorhanden, wenden Sie sich bitte an den Verantwortlichen für die Phrasenpflege (siehe auch Abschnitt 2.7, »Phrasenmanagement«) in Ihrem Unternehmen.

Haben Sie die Eingabe der Messungen abgeschlossen, speichern Sie. Über die Schaltfläche BEURTEILUNG gelangen Sie wieder zurück zur Gefährdungsbeurteilung.

7.5   Automatische Ermittlung von Mengen/Quantitäten

Neben der Möglichkeit, im Belastungsprofil die Mengen manuell (über Messungen) zu ermitteln, können Sie diese über die QUANTITÄTENERMITTLUNG automatisch vom System ermitteln lassen.

Starten Sie dazu die Transaktion CBIH88 und selektieren die Arbeitsbereiche, zu denen Sie die Quantitäten ermitteln wollen. Markieren Sie die gewünschten Einträge in der Auflistung und, starten Sie die Quantitätenermittlung über die Schaltfläche ANNEHMEN. Die QUANTITÄTENERMITTLUNG ergänzt die Funktion »Quantitäten« (siehe Abbildung 7.12). Das System ermöglicht Ihnen hier sowohl die automatische Werteermittlung wie auch die Werteübernahme.

Technisch ist die Quantitätenermittlung über einen User Exit realisiert. Dies erlaubt Ihnen bei Bedarf die im Standard bereits ausgelieferten Funktionsbausteine anzupassen oder auszutauschen. So können Sie – ohne Modifikationen, die den Verlust der Wartung zur Folge hätten – Bausteine entwickeln und in den Prozess einfügen, wenn die Standard-Funktionsbausteine Ihren Gegebenheiten im Unternehmen nicht Rechnung tragen.

Folgende Funktionsbausteine sind in der Standardauslieferung enthalten (siehe Tabelle 7.4).

Funktionsbaustein	Bedeutung für die Quantitäten
CBIH_LB11_QTY_GET_STOCK_IN	Errechnet den Lagereingang für Belastungen, denen Materialien zugeordnet sind. Diese müssen über die Bestandsführung abgewickelt werden.
CBIH_LB11_QTY_GET_STOCK_OUT	Errechnet den Lagerausgang für Belastungen, denen Materialien zugeordnet sind. Diese müssen ebenfalls über die Bestandsführung abgewickelt werden.
CBIH_LB11_GET_STOCK_TOTAL	Errechnet den Lagerbestand für Belastungen, denen Materialien zugeordnet sind. Diese müssen wie oben über die Bestandsführung abgewickelt werden.
CBIH_LB11_QTY_GET_VALUES	Dieser Funktionsbaustein dient als »Kopiervorlage«, wenn Sie eigene Ermittlungsroutinen entwickeln möchten.

Tabelle 7.4 Bedeutung der Standard-Funktionsbausteine für die Quantitätenermittlung

Die automatische Quantitätenermittlung ist damit ebenso eine Analysemethode wie der Messwert-Grenzwert-Vergleich. Hier müssen Sie jedoch im Customizing die in Tabelle 7.4 gezeigten Funktionsbausteine zuordnen.

7.6 Maßnahmen erfassen

Nachdem Sie über die verschiedenen Analysemethoden die Einstufung in der Gefährdungsbeurteilung vorgenommen haben, können Sie Arbeitsschutzmaßnahmen definieren. Sowohl die Maßnahmenkategorien wie auch die Maßnahmentypen können Sie im Customizing festlegen (siehe Abbildung 7.13).

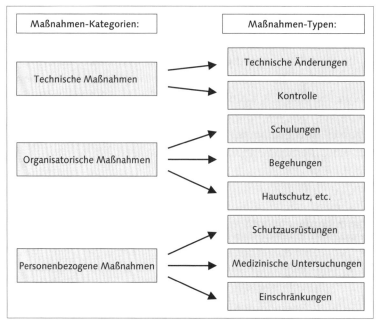

Abbildung 7.13 Arbeitsplatzbezogene Maßnahmenkategorien und -typen

Im Folgenden sind die verschiedenen Möglichkeiten aufgelistet, um einer Belastung entgegenzuwirken:

▶ **Technische Maßnahmen**
Technische Maßnahmen sind alle baulichen Maßnahmen, die dazu führen, dass eine Belastung reduziert oder komplett eliminiert werden kann. Dies schließt auch Erweiterungen bestehender Anlagen ein, wie z.B. die Erhöhung des Luftaustausches oder die Verstärkung einer Absaugung sowie die regelmäßige Überprüfung speziell in sensiblen Bereichen.

▶ **Organisatorische Maßnahmen**
Organisatorische Maßnahmen können komplexer sein, z.B. die Unterweisung oder Schulung der Mitarbeiter an dem entsprechenden Arbeitsplatz. Organisatorische Maßnahmen können durch Begehungen abgefangen werden; durch Änderungen in den Arbeitsabläufen oder durch Zur-Verfügung-Stellen von Arbeitsmitteln, die allen Mitarbeitern an diesem Arbeitsplatz dienlich sind, können ebenfalls Gefährdungen reduziert bzw. ausgeschlossen werden.

▸ **Personenbezogene Maßnahmen**

Personenbezogene Maßnahmen sind teilweise überlappend mit den organisatorischen Maßnahmen. Zum einen kann es sich hierbei um die Ergänzung von Anforderungen an die persönliche Schutzausrüstung, die an dem betrachteten Arbeitsplatz Gültigkeit hat, die eine Verminderung der beobachteten Belastung zur Folge hat. Es gibt im Zusammenhang mit der Arbeitsmedizin auch Maßnahmen, die den einzelnen Mitarbeitern nur eine begrenzte Zeitdauer in dem entsprechenden Arbeitsbereich erlauben (Be- oder Einschränkungen), um gesundheitliche Gefährdungen zu minimieren oder ganz auszuschließen. Letztlich gehören auch arbeitsmedizinische Untersuchungen zu den personenbezogenen Maßnahmen (siehe Kapitel 10, »Arbeitsmedizin«).

Die wichtigsten und am leichtesten zu messenden Maßnahmen sind sicherlich die technischen Maßnahmen. Große Erfolge bei der Reduzierung von Belastungen lassen sich auch durch organisatorische Maßnahmen erzielen. Hier – wie auch bei den technischen Maßnahmen – hilft oft die Rückmeldung der Betroffenen, die aus ihrer täglichen Arbeitssituation heraus Vorschläge unterbreiten können. Neben den Belangen des Arbeitsschutzes können sich daraus häufig auch weitere Verbesserungen ergeben wie z. B. die Vermeidung von Abfällen oder die Erhöhung der Effizienz. Personenbezogene Maßnahmen schützen schließlich direkt die betroffenen Mitarbeiter am Arbeitsplatz.

Nicht immer ist eine absolute Abgrenzung zwischen den einzelnen Maßnahmenkategorien möglich. Das ist aber auch nicht notwendig, solange Sie alle möglichen Maßnahmen gegebenenfalls per Definition einer Gruppe zuordnen und umsetzen – wo möglich, gesetzlich gefordert und/oder wirtschaftlich sinnvoll.

Üblicherweise werden technische Maßnahmen an die Instandhaltung übergeben (Enterprise Asset Management (EAM), ehemals Plant Maintenance (PM)) übergeben. In der Instandhaltungsabwicklung sind dies die sogenannten IH-Maßnahmen. Hierfür ist eine Schnittstelle vorgesehen. Es kann auch ein Datum mitgegeben werden, das dann auch vom Arbeitsschützer verfolgt werden kann.

Möglichkeiten, um Maßnahmen anzustoßen	**[+]**

Die im Folgenden durchgeführten Maßnahmenarten können sowohl für die Arbeitsbereiche, die Gefährdungsbeurteilungen sowie für die Einträge im Unfallkataster verwendet werden.

Abbildung 7.14 zeigt den Einstieg in die Maßnahmen zur Reduzierung von Gefährdungen. Diese Sicht rufen Sie aus der Gefährdungsbeurteilung mittels der Schaltfläche MASSNAHMEN 🔣 auf (unterhalb der Tabelle).

Im oberen Teil von Abbildung 7.14 erkennen Sie die exakte Zuordnung der Belastung zum Arbeitsbereich, für die eine Maßnahme erstellt werden soll, inklusive des zu betrachtenden Betriebszustands.

Die dann folgende Tabelle teilt sich in die drei Reiter für die jeweiligen Maßnahmenkategorien. Die einzelnen Reiter sind identisch aufgebaut.

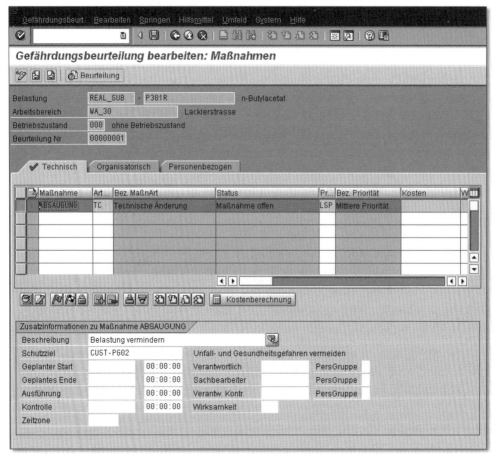

Abbildung 7.14 Maßnahmen in der Gefährdungsbeurteilung erfassen

In der folgenden Auflistung erläutern wir die Bedeutung der einzelnen Felder auf den drei Reitern:

- **Feld »Maßnahme«**

  Damit ist die ID (Nummer) der Maßnahme gemeint. Sie kann manuell vergeben werden oder wird automatisch vom System eingetragen. (Customizing über Nummernkreise).

- **Feld »Art« (Art der Maßnahme)**

  Das sind für technische Maßnahmen üblicherweise entweder Kontrollen (CT) oder technische Änderungen (TC). Werden von Ihnen andere Arten benötigt, kann dies im Customizing ergänzt werden. Für die Reiter Organisatorisch und Personenbezogen sind die Maßnahmenarten »Ausbildung« (ED), »Tragen von PPE« (PP) Beispiele. PPE steht hier für »persönliche Schutzausrüstung« (Personal Protective Equipment).

- **Feld »Bez. MaßnArt« (Bezeichner für die Maßnahmenart)**

  Das Feld wird automatisch gefüllt, sobald das vorherige Feld befüllt ist.

- **Feld »Status«**

  Wird vom System nach dem Betätigen der Schaltflächen Freigeben, Erledigen oder Abschliessen automatisch vergeben.

- **Feld »Pr...« (Priorität)**

  Hiermit legen Sie fest, mit welcher Priorität die Maßnahme durchgeführt werden soll. Dies ist abhängig davon, wie groß Sie die Gefahr, z.B. eines Unfalls, einschätzen (Dringlichkeit).

- **Feld »Bez. Priorität«**

  Sobald das vorherige Feld Pr... gefüllt ist, wird die Dringlichkeit als Langtext automatisch angezeigt.

- **Feld »Kosten«**

  Hier können Sie die abgeschätzten Kosten für die Maßnahme eintragen. Den Autoren ist derzeit keine Integration dieses Felds, z.B. zur Personalwirtschaft (bei Schulungen), bekannt.

- **Feld »Währung«**

  Hier tragen Sie den Währungsschlüssel (z.B. €, $ oder SFr) ein, passend zu den im vorherigen Feld abgeschätzten Kosten.

Die organisatorischen und personenbezogenen Maßnahmen müssen vom jeweiligen Arbeitsschützer direkt verfolgt werden. Für die technischen Maßnahmen unterstützt Sie das System durch eine direkte Integration in die Komponenten »Instandhaltung« (EAM ehemals PM). Dazu wird aus dem Arbeitsschutz heraus direkt eine IH-Meldung erzeugt und an die Instandhaltung übergeben. Dort werden die entsprechenden Maßnahmen eingeplant und durchgeführt.

Sobald die Information vorliegt, dass die technische Maßnahme erfolgreich durchgeführt worden ist, wird diese vom System zurückgelesen und der Arbeitsschützer kann die Maßnahme als erledigt kennzeichnen. Gegebenenfalls kann er auch die Wirksamkeit der Maßnahme, z.B. durch eine erneute Messung und/oder Begehung, kontrollieren und sicherstellen.

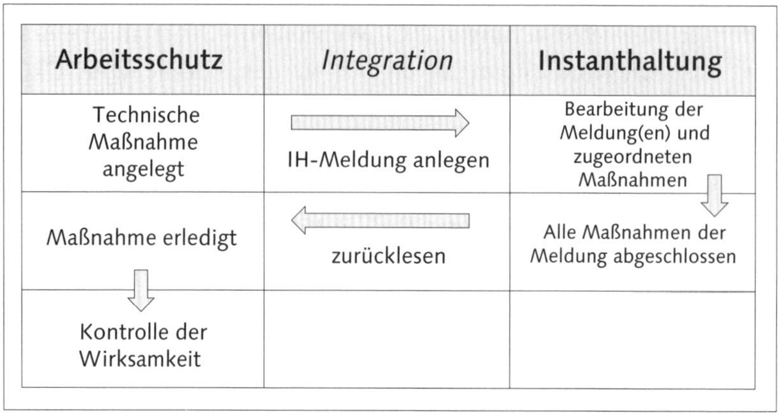

Arbeitsschutz	Integration	Instanthaltung
Technische Maßnahme angelegt	⟹ IH-Meldung anlegen	Bearbeitung der Meldung(en) und zugeordneten Maßnahmen ⇩
Maßnahme erledigt ⇩	⟸ zurücklesen	Alle Maßnahmen der Meldung abgeschlossen
Kontrolle der Wirksamkeit		

Abbildung 7.15 Workflow – vom Arbeitsschutz angestoßene IH-Maßnahmen

Danach kann die Maßnahme auch im Arbeitsschutz als erfolgreich abgeschlossen gekennzeichnet werden. Gegebenenfalls ist ein weiterer Kontrolltermin zu vermerken (siehe Abbildung 7.15).

7.7 Abgleich mit dem Belastungsprofil

Um Inkonsistenzen zwischen den von Ihnen im Belastungsprofil gepflegten Belastungsdaten und den im Rahmen der Gefährdungsbeurteilung ermittelten Daten zu bereinigen, ist es wichtig, diese miteinander abzugleichen.

[+]

Voraussetzungen und Hinweise für den Abgleich

Zwingende Voraussetzung für den Abgleich: Die Belastung der Gefährdungsbeurteilung muss im Belastungsprofil vorhanden sein!

Daten werden nur von der Gefährdungsbeurteilung an das Belastungsprofil übergeben. Der umgekehrte Weg ist im SAP-Standard nicht vorgesehen. Wenn Sie den Abgleich durchführen, werden im Belastungsprofil vorhandene bzw. eingetragene Einstufungen mit den Einträgen aus der Gefährdungsbeurteilung überschrieben. Für den Fall, dass in der Gefährdungsbeurteilung noch keine Einstufung gepflegt ist, wird dieses Feld im Belastungsprofil gelöscht.

Sie können den Abgleich aus beiden Richtungen durchführen:

▸ **Abgleich aus der Gefährdungsbeurteilung heraus**

Dazu wählen Sie die gewünschte Gefährdungsbeurteilung über die schon vorgestellten Selektionskriterien aus und wechseln in die Kopfdaten. Wählen Sie hier die Schaltfläche ABGLEICH BELASTUNGSPROFIL.

Das ist die häufiger verwendete Richtung des Abgleichs. Als Ergebnis wird die Einstufung zusammen mit dem Ampel-Symbol auch im Belastungsprofil angezeigt.

▸ **Abgleich aus dem Belastungsprofil heraus**

Wählen Sie hierzu den gewünschten Arbeitsbereich aus und wechseln Sie wiederum in die Kopfdaten. Über die Schaltfläche BELASTUNGSPROFIL gelangen Sie in das Belastungsprofil zu diesem Arbeitsbereich. Hier finden Sie die Schaltfläche ABGLEICH BEURTEILUNGEN (Tooltip ABGLEICH MIT GEFBEURTEILUNGEN) unterhalb der Tabelle. Wenn zu der Belastung noch keine Gefährdungsbeurteilung vorhanden ist, erhalten Sie eine Meldung. In dem Fall haben Sie die Möglichkeit, über die Schaltfläche BEURTEILUNGEN ANLEGEN (Tooltip GEFBEURTEILUNGEN ANLEGEN) eine Beurteilung anzulegen.

7.8   Gefahrstoffverzeichnis erstellen

Die im Rahmen der Gefährdungsbeurteilung ermittelten Stoffbelastungen und deren Quantitäten sind die Grundlage für das Gefahrstoffverzeichnis. Hier werden diese Daten um weitere Eigenschaften der Stoffbelastungen angereichert.

Um das Gefahrstoffverzeichnis zu erstellen, verwenden Sie die Transaktion S_SH8_84000002 (oder aus dem SAP-Startmenü heraus den folgenden Pfad: LOGISTIK • ENVIRONMENT, HEALTH & SAFETY • GEFAHRSTOFFMANAGEMENT • AUSWERTUNGEN • GEFÄHRDUNGSBEURTEILUNG).

Abbildung 7.16 zeigt den Einstieg zur Erstellung eines Gefahrstoffverzeichnisses für einen bestimmten Arbeitsbereich. Die kleinteiligste Einstellung ist sicherlich die Suche nach einem bestimmten Arbeitsbereich. Alternativ dazu können Sie selbstverständlich auch ein gesamtes Werk auswählen. Dementsprechend länger wird das Verzeichnis am Ende. Je nachdem, was Ihre Behörden von Ihnen erwarten, werden Sie hier entsprechende Selektionen vornehmen.

Der Bereich KRITERIEN ZUM GEFAHRSTOFF hilft Ihnen, wenn Sie bestimmte Belastungen als kritisch für Ihr Unternehmen einstufen und suchen möchten, wo diese Verwendung finden.

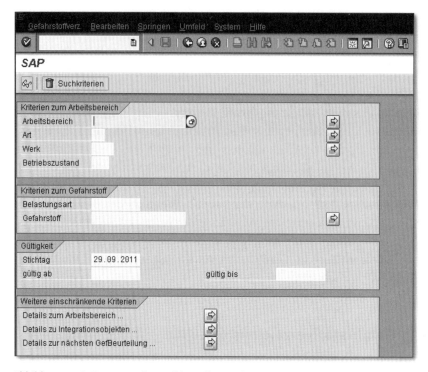

Abbildung 7.16 Einstieg in das Gefahrstoffverzeichnis

Die Ausgabe des Gefahrstoffverzeichnisses erfolgt in tabellarischer Form (siehe Abbildung 7.17).

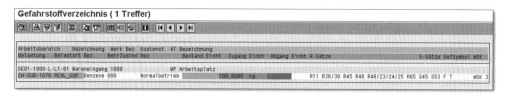

Abbildung 7.17 Ausgabe eines Gefahrstoffverzeichnisses

Wie Abbildung 7.17 zeigt, werden nicht nur die am Arbeitsplatz vorhandenen Mengen angezeigt, sondern es werden auch noch die wichtigsten Informationen zu den R- und S-Sätze (siehe Kapitel 3, »Produktsicherheit«) und die für Deutschland wichtige Wassergefährdungsklasse (WGK) mitgeliefert.

7.9   Berichte im Arbeitsschutz/Betriebsanweisungen

Auch im Bereich des Arbeitsschutzes unterstützt Sie SAP EHS Management bei der Erstellung der notwendigen Berichte. Der wichtigste Bericht im Bereich »Arbeitsschutz« ist neben dem bereits in Kapitel 3, »Produktsicherheit«, beschriebenen Sicherheitsdatenblatt die Betriebsanweisung, *Standard Operation Procedure* (SOP). Die einfachere Variante der Betriebsanweisung ist die *stoffliche Betriebsanweisung*, die ausschließlich auf Daten aus der Spezifikationsverwaltung zugreift. Etwas komplexer, aber ebenfalls vollständig mit den Standardhilfsmitteln zu erstellen, ist die *arbeitsplatzbezogene Betriebsanweisung*, die neben den Informationen aus der Spezifikationsdatenbank auch noch die Daten des Arbeitsbereichskopfs sowie die Arbeitsschutzdaten heranzieht.

Eine Betriebsanweisung könnte wie in Abbildung 7.18 aussehen.

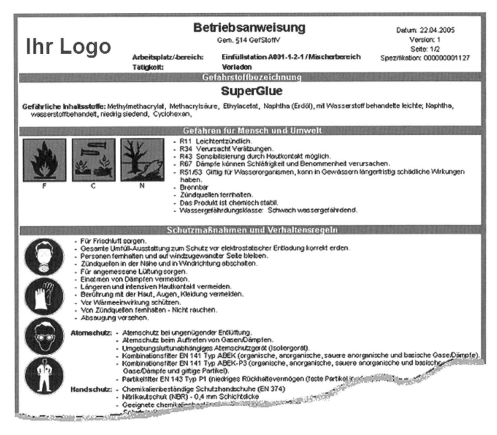

Abbildung 7.18 Beispiel für eine Betriebsanweisung

Selbstverständlich können statt der Symbole für die »alte« EU-Kennzeichnung auch die Grafiken nach der GHS-Verordnung (GHS = Global Harmonized System) verwendet werden.

Für die Erstellung einer Betriebsanweisung sind wiederum, wie in Kapitel 3, »Produktsicherheit«, ausführlich beschrieben, eine Berichtsvorlage und mindestens eine Generierungsvariante notwendig.

In Abbildung 7.19 sehen Sie, wie die Daten erscheinen, wenn Sie einen BERICHT AUS VORLAGE generieren. Die speziellen Arbeitsschutzdaten werden dann bei der Berichtsgenerierung gelesen und abgespeichert. Umgangssprachlich ist dann die Rede vom »Rohbericht«. Selbstverständlich erlaubt SAP EHS Management auch, diese Berichte in allen im System gepflegten Sprachen zu erstellen, wenn die entsprechenden Phrasen und Identifikatoren in den benötigten Übersetzungen vorliegen (siehe Abbildung 7.19).

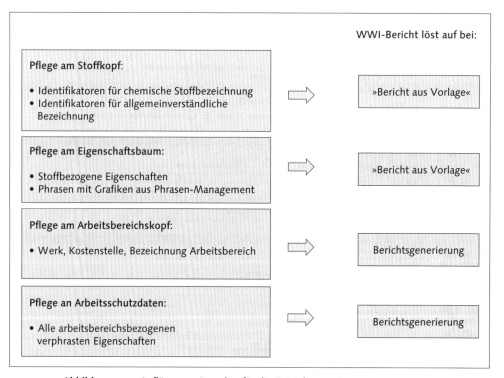

Abbildung 7.19 Auflösungszeitpunkte für die Betriebsanweisungen

Neben den Betriebsanweisungen lassen sich mit derselben Technologie natürlich auch weitere Berichte erstellen, wie z.B. Messberichte, Listen von Gefährdungsbeurteilungen usw.

7.10   Fazit

In diesem Kapitel haben wir gezeigt, wie Sie mit Hilfe von SAP EHS Management und hier speziell über die Gefährdungsbeurteilung zum einen Ihren gesetzlichen Verpflichtungen in Bezug auf den Arbeitsschutz nachkommen können und zum anderen die Ergebnisse aus den entsprechenden Beurteilungen auch dokumentieren. Wir haben gezeigt, wie Sie die bereits vorhandenen Daten aus der Produktsicherheit nutzen können, ohne hier abermals in die Datenpflege investieren zu müssen. Zudem haben wir einen ersten Einblick in die Anbindung an die Instandhaltung geben können, um auch hier gegebenenfalls auf bestehenden Strukturen aufzusetzen.

Arbeitssicherheit wird auch in Zukunft ein Thema bleiben, das durch den Gesetzgeber getrieben wird. Je eher und je stabiler Sie hier Strukturen vorhalten, desto leichter wird es Ihnen fallen, auch auf zukünftige Entwicklungen und Erwartungen zu reagieren. Dies wird derzeit sehr intensiv durch SAP über das Sustainability-Programm unterstützt.

Die Sicherheit Ihrer Mitarbeiter sollte für Sie im Mittelpunkt stehen. Trotzdem sind Unfälle im Betrieb nicht immer ganz vermeidbar. Das Unfallmanagement unterstützt Sie bei der Unfallerfassung und -dokumentation und soll die notwendige Transparenz schaffen, aus Unfallereignissen zu lernen und diese damit zukünftig zu vermeiden.

8   Unfallmanagement

In Unternehmen, obgleich im Industrie- oder dem Dienstleistungssektor, sind Arbeitsunfälle leider nicht immer vermeidbar. In Bezug auf Arbeitsunfälle sind zwei Dinge zu beachten: Zum einen ist die Prävention vor Arbeitsunfällen sehr wichtig, zum anderen muss im Falle eines Unfalls aber auch richtig reagiert und gehandelt werden. Das Unfallmanagement in SAP EHS Management bietet Ihnen die Möglichkeit zur strukturierten Erfassung und Auswertung von Unfallereignissen in Ihrem Unternehmen und unterstützt Sie bei der Sicherstellung des richtigen Informationsflusses. In diesem Kapitel geben wir Ihnen einen kurzen Überblick über den rechtlichen Hintergrund, stellen im Anschluss die Anwendung des Unfallmanagements dar und erläutern die notwendigen Customizing- und Erweiterungsmöglichkeiten.

8.1   Rechtlicher Hintergrund

Die Rechte und Pflichten von Arbeitnehmern und Arbeitgebern sind in verschiedenen Gesetzen und Richtlinien geregelt. Die wichtigsten Gesetzte sind das Arbeitsschutzgesetz (ArbSchG), das Arbeitssicherheitsgesetz (ASiG) sowie das Sozialgesetzbuch (insbesondere SGB VII – Gesetzliche Unfallversicherung).

Um die rechtliche Notwenigkeit eines präventiven Unfallmanagements in Ihrem Unternehmen zu verdeutlichen, haben wir im Folgenden die wichtigsten Auszüge aus Gesetzestexten zusammengefasst:

(2) Unfälle in einem Betrieb, bei denen ein Beschäftigter getötet oder so verletzt wird, dass er stirbt oder für mehr als drei Tage völlig oder teilweise arbeits- oder dienstunfähig wird, hat der Arbeitgeber zu erfassen.
(Quelle: ArbSchG § 6 – Dokumentation)

Das ArbSchG (Gesetz über die Durchführung von Maßnahmen des Arbeitsschutzes zur Verbesserung der Sicherheit und des Gesundheitsschutzes der Beschäftigten bei der Arbeit) besagt, dass alle Unfälle erfasst werden müssen, die gesundheitliche Folgen für die Arbeitnehmer haben – sei es, dass er Verletzungen davonträgt, die ihn für mehr als drei Tage arbeitsunfähig machen, oder dass er gar bei oder in Folge eines Unfalls stirbt.

Es stellt sich nun die Frage, was in diesem Zusammenhang als »Unfall« zu bezeichnen ist. Dies ist im Sozialgesetzbuch (SGB VII) geregelt.

Arbeitsunfälle sind Unfälle von Versicherten infolge einer den Versicherungsschutz nach § 2, 3 oder 6 begründenden Tätigkeit (versicherte Tätigkeit). Unfälle sind zeitlich begrenzte, von außen auf den Körper einwirkende Ereignisse, die zu einem Gesundheitsschaden oder zum Tod führen.

(2) Versicherte Tätigkeiten sind auch das Zurücklegen des mit der versicherten Tätigkeit zusammenhängenden unmittelbaren Weges nach und von dem Ort der Tätigkeit.
(Quelle: SGB VII § 8 – Arbeitsunfall)

Laut SGB VII § 8 sind Unfälle zeitlich begrenzte Ereignisse, die von außen auf den Arbeitnehmer einwirken und gesundheitliche Folgen haben. Diese Ereignisse müssen in Folge einer Tätigkeit eintreten, für die der Arbeitnehmer Versicherungsschutz genießt. Dieser erstreckt sich auch auf den direkten Weg zwischen Wohnort und Arbeitsplatz.

Die Unternehmer haben Unfälle von Versicherten in ihren Unternehmen dem Unfallversicherungsträger anzuzeigen, wenn Versicherte getötet oder so verletzt sind, daß sie mehr als drei Tage arbeitsunfähig werden. Satz 1 gilt entsprechend für Unfälle von Versicherten, deren Versicherung weder eine Beschäftigung noch eine selbständige Tätigkeit voraussetzt.
(Quelle: SGB VII § 193 – Pflicht zur Anzeige eines Versicherungsfalls durch die Unternehmer)

In Ergänzung zur Dokumentation (ArbSchG) wird im SGB VII auch die Anzeige des Unfalls beim Unfallversicherungsträger gefordert.

Die Anzeige bzw. Meldung eines Arbeits- oder Wegeunfalls an den zuständigen Unfallversicherungsträger (die Berufsgenossenschaft) erfolgt über eine standardisierte Unfallanzeige per Post oder Fax. In letzter Zeit bieten immer mehr Berufsgenossenschaften die Möglichkeit an, Unfallanzeigen online per Formular zu erfassen.

Die Komponente Unfallmanagement in SAP EHS Management unterstützt Sie bei der Erfüllung Ihrer gesetzlichen Pflichten und bietet Ihnen darüber hinaus die Möglichkeit, eine unternehmensinterne Unfallprävention durchzuführen und geeignete Auswertungen zu erstellen.

Die Hauptfunktion des Unfallmanagements ist aufgrund der gesetzlichen Anforderung die Erfassung von Unfällen aller Art, die Zuordnung von Personen sowie die Erstellung von Unfallberichten, wie z.B. der gesetzlichen Unfallanzeige.

8.2 Grunddaten des Unfallmanagements

Die wichtigsten Informationen, die Sie zu einem Unfall erfassen müssen sind die folgenden:

- Wo ist der Unfall passiert (Unfallort)?
- Wann ist der Unfall passiert?
- Handelt es sich um einen Wege- oder Betriebs-/Arbeitsunfall?
- Sind Personen betroffen?
- Welche Personen sind verletzt?
- Welche Verletzungen hat die Person erlitten?
- Wer war Zeuge?
- Wer hat den Unfall gemeldet?
- Was war die Unfallursache?

Im Unfallmanagement in SAP EHS Management wird zwischen zwei Datenebenen unterschieden. Zum einen haben Sie Unfallkopfdaten (allgemeine Daten wie Unfallort, Datum, Zeit usw.), zum anderen erfassen Sie Daten auf Personenebene.

Diese Unterscheidung findet statt, da an einem Unfallereignis unter Umständen mehrere Personen in unterschiedlichen Rollen beteiligt sind.

Unfall mit mehreren beteiligten Personen [zB]

Ein Mitarbeiter wird von einem Kollegen mit dem Gabelstapler angefahren und leicht verletzt. Der Fahrer wird nicht verletzt. Dieser Unfall wurde von einem dritten Kollegen als Zeuge beobachtet. Anschließend wurde der verletzte Mitarbeiter von einem Kollegen des medizinischen Dienstes erstversorgt. An diesem Unfall sind daher vier Personen beteiligt: eine betroffene Person, zwei Zeugen, ein Mediziner.

Je nach Unfalltyp erfassen Sie noch weitere Informationen bzw. ordnen weitere Daten wie z.B. Abwesenheiten aus der Personalzeitwirtschaft oder Unfalluntersuchungsdaten zu.

Zur Erfassung des Unfallorts müssen Sie immer ein Werk eingeben, darüber hinaus haben Sie die Möglichkeit, einen Arbeitsbereich hinzuzufügen, wenn Sie bereits eine Arbeitsbereichsstruktur erstellt haben. Zur detaillierten Beschreibung des Unfallortes steht Ihnen zusätzlich noch ein separates Feld zur Verfügung.

Zur Erfassung von Unfällen haben Sie die Möglichkeit, zwischen verschiedenen Unfallarten und -typen zu unterscheiden. Dabei ist die Unfallart die übergeordnete Kategorie. Sie beschreibt, um welche Art Unfall es sich handelt: Ist es ein Ereignis mit nur einer betroffenen Person oder ist es ein Ereignis mit mehreren betroffenen Personen oder gar ein Umweltereignis? Der Unfalltyp beschreibt dann weitergehend, um welchen Typ von Unfall es sich handelt. Hier können Sie z.B. zwischen Arbeits- und Wegeunfall unterscheiden.

Je nach Unfallart/-typ können Sie das System später abhängig konfigurieren. Sie haben beispielsweise die Möglichkeit, in Abhängigkeit des Unfalltyps nur bestimmte Abwesenheitsarten zuzuordnen, wenn ein betroffener Mitarbeiter durch den Unfall vorübergehend arbeitsunfähig wird. Leider ist die weitere Konfiguration weniger flexibel. Im Vorfallmanagement können Sie beispielsweise auch die Bildsteuerung in Abhängigkeit der Unfallarten und -typen beeinflussen. Somit können bestimmte Felder, die nur für ein bestimmtes Ereignis von Relevanz sind, ein- oder ausgeblendet werden. Wenn Sie EHS Unfallmanagement einführen, können Sie die in der Standardauslieferung vorhandenen Unfallarten wie z.B. »Ereignis mit einer betroffenen Person« oder »Ereignis mit mehreren betroffenen Personen« können in der Regel sehr gut verwenden. Im Customizing sind diese bereits vorkonfiguriert.

Mithilfe des Unfalltyps wird in der Standardauslieferung zwischen Wege- und Arbeitsunfall unterschieden. Sie haben aber auch hier die Möglichkeit, weitere Unfalltypen zu definieren, um spätere Unfallauswertungen flexibler zu erstellen.

Die Erfassung von Personen zu einem Unfallereignis ist fachlich zwar trivial, technisch kann es hierbei jedoch komplex werden. Die Erfassung von internen Personen kann über Personalstammsätze Ihres HR-Systems erfolgen (sofern vorhanden). Alternativ haben Sie die Möglichkeit, Personen über die SAP-Geschäftspartnerverwaltung anzulegen. Fremde Personen

(Zeugen, externe beteiligte Personen oder auch Fremdfirmenmitarbeiter, die nicht im HR-System vorhanden sind) müssen in jedem Falle über externe Personen in der SAP-Geschäftspartnerverwaltung angelegt werden.

Zur Erfassung von weiteren Daten wie z.B. Verletzungen stehen Ihnen verphraste Felder zur Verfügung, die dies vereinfachen.

8.3 Prozessbeispiele des Unfallmanagements

In den Prozess der »Unfallbearbeitung« – also von der Erfassung von Unfällen und deren Meldung an den Versicherungsträger bis hin zur Auswertung und die Untersuchung – sind viele Beteiligte im Unternehmen involviert. Dieser Prozess wird oft mithilfe eines unternehmenseigenen Workflows abgebildet. Bitte beachten Sie, dass das Unfallmanagement in SAP EHS Management keine Integration in den SAP Business Workflow bietet. Die Sicherstellung der Informationsweitergabe und -bearbeitung obliegt somit Ihrer Organisation.

Abbildung 8.1 verdeutlicht einige Schritte und deren Ablauf im Unternehmen. Ist ein Unfall geschehen, wird er intern gemeldet, gleichzeitig werden die Verletzten erstversorgt und die Zeugen erfasst. Im nächsten Schritt wird der Unfall erfasst, im Zuge dessen wird der Verletzte von einem Arzt oder im Krankenhaus versorgt und die Zeugen werden befragt. Im nächsten Schritt wird der Unfall zur Anzeige gebracht, daraufhin folgt die Untersuchung.

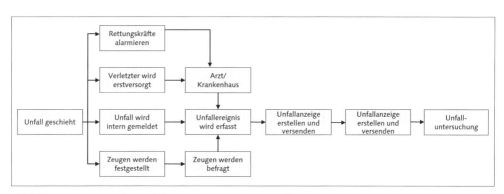

Abbildung 8.1 Prozess des Unfallmanagements im Unternehmen

Das Unfallmanagement in SAP EHS Management soll Ihnen helfen, diesen Prozess in Ihrem Unternehmen zu organisieren. Dazu stellen sich Ihnen u.a. folgende Fragen:

- Von wem und wie wird das Unfallereignis in Ihrem System erfasst?
- Wann wird das Ereignis erfasst?
- Zu welchem Zeitpunkt stehen alle notwendigen Daten im System zur Verfügung?

Das System soll zum einen als Erfassungssystem und zum anderen als Informationssystem dienen. Für das effiziente Unfallmanagement ist es wichtig, dass sämtliche beteiligte Personen schnell und einfach mit den für sie notwendigen Informationen versorgt werden.

Sie sollten daher bei der Einführung des Unfallmanagements in Ihrem Unternehmen festlegen, wer Unfälle an wen meldet, wer die Daten zur Erstellung von Unfallanzeigen zur Verfügung stellt, wer diese erfasst und wer letztendlich die Unfallanzeige erstellt. Darüber hinaus können weitere Personen beteiligt sein, die z.B. das Unfallereignis untersuchen und Schutzmaßnahmen treffen. Auch hier muss festgelegt sein, wer diese Personen verständigt und mit ihnen kommuniziert. Tabelle 8.1 zeigt, ein mögliches Beispiel für die Aufteilung der Zuständigkeiten.

Person	Zuständigkeit
Verunfallte Person oder Arbeitsaufsicht	Erste Hilfe, Notruf
Ersthelfer	Erste Hilfe, interne Meldung in EHS
Medizinischer Dienst	Weitere Behandlung, Vervollständigung in EHS
Fachkraft für Arbeitssicherheit	Unfalluntersuchung, Vervollständigung in EHS
Personalabteilung	Erfassung und Pflege von Abwesenheiten
Instandhaltung	Durchführung von Sicherungsmaßnahmen

Tabelle 8.1 Exemplarische Aufteilung der Zuständigkeiten

Unabhängig davon, wie Sie die Zuständigkeiten hier verteilen, muss die Personalabteilung zur Verwaltung von unfallbedingten Abwesenheiten eingebunden werden.

Viele Unternehmen setzen bei der Erfassung von Unfällen daher auf einen mehrstufigen Prozess. Grund dafür ist, dass ein Unfall möglichst unmittelbar nach dem Geschehen erfasst werden soll, zu diesem Zeitpunkt jedoch nur begrenzte Daten zum Unfallgeschehen vorliegen. Ein weiterer Grund ist, dass die ersterfassende Person oftmals nicht in der Lage ist, einen Unfall korrekt mit sämtlichen Daten zu erfassen.

Bei den ersterfassenden Personen kann es sich in Abhängigkeit Ihres Unternehmens z.B. um Vorarbeiter, Aufsichten, Betriebsführer oder um die Vorgesetzten handeln. Je nach Situation in Ihrem Unternehmen sind die Personen mit der Handhabung von SAP EHS Management überfordert. Auch an diesem Punkt setzt das Vorfallmanagement (siehe Kapitel 9) an, das einfach und schnell bedienbare Web-Erfassungsmasken bietet. Dort wird dann zwischen der sehr einfachen Ersterfassung und der darauf folgenden weiteren Bearbeitung unterschieden.

Unfallerfassung als mehrstufiger Prozess   [zB]

Zum Beispiel kann eine ersterfassende Person noch keine genauen Angaben zur tatsächlichen Verletzung des Verunfallten machen, es sei denn, es handelt sich hierbei um einen Mediziner. Ebenso können der Unfallhergang und die Unfallursache direkt nach dem Unfall nur vermutet werden.

Erst nach dem Unfall kann sich in einem zweiten Schritt eine Fachkraft für Arbeitssicherheit eingehend mit dem Unfallereignis auseinandersetzen. Dazu kann diese Rücksprache mit Kollegen, Ärzten und Zeugen halten und somit weitere benötigte Daten erfassen. Ein dritter Schritt kann die Unfalluntersuchung und die Auswertung darstellen.

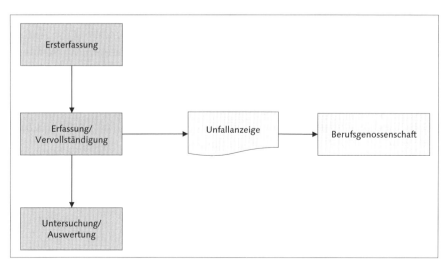

Abbildung 8.2 Prozessbeispiel

Abbildung 8.2 stellt den exemplarisch skizzierten Prozess dar. Sie sehen hier einen dreistufigen Prozess, der mit der Ersterfassung beginnt. Dabei werden zunächst die unmittelbar zum Unfallzeitpunkt vorliegenden Daten erfasst. Im nächsten Schritt erfolgt die Vervollständigung in der Regel durch die Fachkraft für Arbeitssicherheit und den arbeitsmedizinischen Dienst. Nach diesem

Schritt erfolgt im Falle eines meldepflichtigen Unfalls auch die Anzeige bei der Berufsgenossenschaft, indem die Unfallanzeige erstellt und versendet wird. Im letzten Schritt wird dann die Unfalluntersuchung durchgeführt und gegebenenfalls Maßnahmen zur Prävention von weiteren Unfällen verabschiedet.

Problematisch an einem mehrstufigen Prozess ist, dass das Unfallmanagement in SAP EHS Management Sie zwar in Ihrem Prozess unterstützt, aber nicht prozess- bzw. workflow-orientiert aufgebaut ist. Es bietet Ihnen somit keine Unterscheidung zwischen Ersterfassung und der eigentlichen Erfassung und auch keine workflowbasierten Funktionen.

Um die verschiedenen Bearbeitungsschritte und Verantwortlichkeiten im Unfallmanagement abzubilden, haben Sie die Möglichkeit, die Statusverwaltung einzusetzen. Diese wird in den folgenden Unterkapiteln näher erläutert.

Eine weitere Herausforderung ist, dass sehr viele Personen das System bedienen sollen, insbesondere wenn Sie das Unfallmanagement in einem Großunternehmen implementieren möchten. Unfallerfasser sind oftmals Mitarbeiter, die nicht versiert im Umgang mit SAP-Software sind und denen das Handling der SAP-Transaktionen schwer fällt. Dazu kommt die Tatsache, dass ein Mitarbeiter, der Unfälle erfasst (z.B. die Aufsicht im Betrieb), dies nicht alltäglich tut und somit eine intuitiv bedienbare Oberfläche von Vorteil wäre. Einige Anwenderunternehmen haben diese Anforderung in Form einer auf dem Unfallmanagement basierten Webanwendung umgesetzt. Somit wird zwar das standardmäßige Unfallmanagement genutzt, die Anwenderfreundlichkeit jedoch stark erhöht.

[+] | **Vorfallmanagement/Incident Management**

Seit dem Jahr 2011 steht die Neuentwicklung des Unfallmanagements zur Verfügung. Sollten Sie in Ihrem Unternehmen die Einführung des Unfallmanagements in Erwägung ziehen und die technischen Voraussetzungen zum Vorfallmanagement erfüllen, raten wir klar zu Letzterem. Die Weiterentwicklung behebt die bisherigen Mängel an der Usability.

8.4 Unfallerfassung

Unabhängig davon, um was für eine Art von Unfall es sich handelt, erfassen Sie Unfälle über die zentrale Transaktion CBIH82.

Diese Transaktion dient sowohl der Erfassung, der Anzeige als auch dem Bearbeiten von Unfällen, die in SAP EHS Management als Einträge im Unfallkataster bezeichnet werden. Ein Unfallkatastereintrag hat immer zwei Ebenen. Zum einen die Kopfebene, auf der Sie allgemeine Daten zum Unfallereignis hinterlegen, und zum anderen die Personenebene, zu der Sie personenabhängige Daten erfassen (siehe Abschnitt 8.2, »Grunddaten des Unfallmanagements«).

Antworten auf die Fragen »Wo ist der Unfall passiert?«, »Wann ist er passiert?« und »Was war es für ein Unfall? – Verkehrsunfall, Arbeitsunfall, Wegeunfall?« sind typische Kopfdaten-Informationen.

Antworten auf die Fragen »Um welche Verletzungen handelt es sich?«, »Wurden Erste-Hilfe-Maßnahmen ergriffen?« und »Um welche Ausfallzeiten handelt es sich?« können im Falle von mehreren beteiligten Personen voneinander abweichen. Auch die Beschreibungen des Unfallhergangs oder die Zeugenaussagen unterscheiden sind von Person zu Person. Diese Daten werden daher immer mit Bezug zu einer im Unfallereignis hinterlegten Person abgelegt.

8.4.1 Verschiedene Unfallarten und -typen

SAP EHS Management unterscheidet zwischen verschiedenen Unfallarten und Unfalltypen, über die im Customizing das Verhalten des Systems eingestellt werden kann.

Es werden folgende Unfallarten unterschieden:

▸ Ereignisse mit einer betroffenen Person

▸ Ereignisse mit mehreren betroffenen Personen

▸ Ereignisse ohne betroffene Person

Unabhängig von der Unfallart unterscheidet das SAP EHS Management standardmäßig die Unfalltypen »Arbeitsunfall« und »Wegeunfall«. Weitere Unfalltypen wie zum Beispiel ein Verkehrsunfall können Sie zur Ergänzung der beiden groben Typen definieren.

Darüber hinaus haben Sie die Möglichkeit, eigene Unfallarten und -typen zu definieren und so individuelle Ereignisse zu erfassen. Einige Unternehmen haben z.B. eigene Unfallarten für sogennante Near-Misses (Beinaheunfälle) definiert.

Beinaheunfälle – Near-Misses	[+]
Beinaheunfälle sind Ereignisse, die fast zu einem Unfall geführt hätten. Fällt ein Mitarbeiter z.B. von der Leiter, da diese nicht richtig gesichert war, und verletzt er sich dabei aber nicht, so ist dies kein Unfall gemäß der einführenden Definition. Eine Erfassung dieses Ereignisses ist jedoch trotzdem sinnvoll, um gegebenenfalls Sicherungsmaßnahmen für das Aufstellen von Leitern zu initiieren. Beinaheunfälle können Sie über eine eigene Unfallart separat auswerten und entsprechende Präventivmaßnahmen dokumentieren.	

8.4.2 Unfalldaten erfassen

Unfälle bzw. Unfallkatastereinträge werden bei alleiniger Nutzung des Unfall-managements immer direkt in der Transaktion CBIH82 angelegt. Um ein neues Unfallereignis zu erfassen, betätigen Sie im Einstiegsbild der Transaktion das Icon NEUANLAGE ☐. Erfassen Sie dazu zunächst folgende *Kopfdaten* (siehe Abbildung 8.3):

▸ Art des Eintrags

▸ Werk und gegebenenfalls Arbeitsbereich

▸ Ereigniszeitpunkt

▸ Freitexte (Beschreibung und/oder Unfallort)

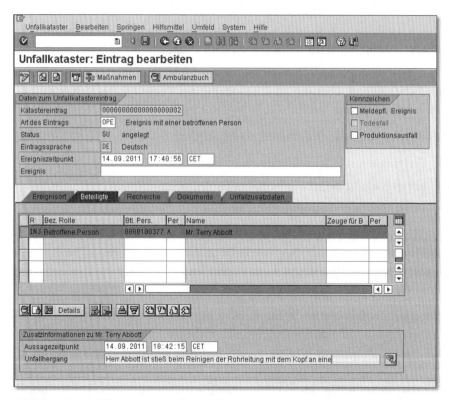

Abbildung 8.3 Unfallkataster – Kopfdaten erfassen

Anschließend tragen Sie die beteiligten Personen in der Tabelle im unteren Bildschirmteil ein. Hierbei müssen Sie unterscheiden, ob es sich um interne Personen handelt, die in Ihrem HCM-System (Human Capital Management) gepflegt sind oder ob es sich um externe Personen ohne Personalstamm handelt (z.B. betriebsfremde Unfallzeugen). Darüber hinaus legen Sie hier fest, welche Rolle die Person bei dem Unfallereignis spielt.

Hierbei werden die Personen in die drei folgenden Gruppen unterteilt:

▸ A – Interne Person (mit Personalstamm)

▸ B – Bewerber

▸ C – Externe Person (SAP-Geschäftspartner)

Zudem werden verschiedene Rollen unterschieden (siehe Abbildung 8.5).

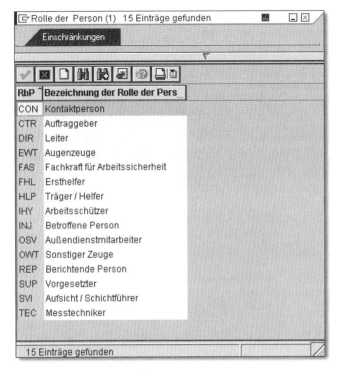

Abbildung 8.4 Personenrollen

Nachdem Sie die Person(en) erfasst haben, pflegen Sie zunächst die personenspezifische Unfallhergangsbeschreibung. Dazu markieren Sie in der Tabelle der beteiligten Personen die Person, zu der Sie die Unfallhergangsbeschreibung erfassen wollen und tragen diese im unteren Bildschirmteil ein. Über das Icon ![] können Sie auch noch einen zusätzlichen Langtext ablegen. Die Unfallhergangsbeschreibung wird also je Person im System abgelegt. Sie haben somit die Möglichkeit, den Unfallhergang aus verschiedenen Blickwinkeln zu erfassen.

Im nächsten Schritt verzweigen Sie in die personenabhängigen Daten, indem Sie eine Person markieren und über den Button ⟨Details⟩ abspringen. Erst auf dieser Ebene (in der Regel zu betroffenen Personen) legen Sie den Unfalltyp fest (siehe Abbildung 8.5). Alle Daten, die Sie auf dieser Ebene erfassen, sind personenspezifisch. Haben Sie zum Beispiel einen Unfall mit zwei verletzten Personen, müssen Sie diese Daten zwei Mal für beide Personen erfassen. So können Sie etwa eine Handverletzung der ersten Person und dann aber eine Beinverletzung der zweiten Person erfassen. Zur Strukturierung der Daten ist auch die Personenebene mit mehreren Reitern aufgeteilt.

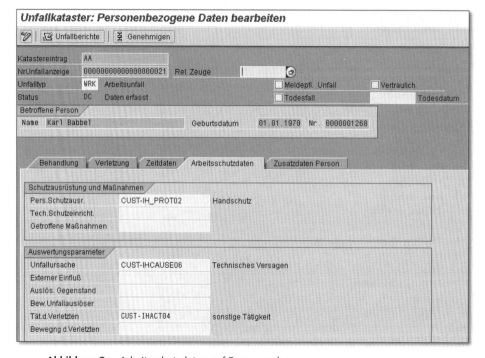

Abbildung 8.5 Arbeitsschutzdaten auf Personenebene

Auf den einzelnen Reitern erfassen Sie dann weitere Daten auf der Personenebene:

▶ Behandlung

▶ Verletzung

▶ Zeitdaten

▶ Arbeitsschutzdaten

▶ Zusatzdaten Person

Abbildung 8.5 zeigt die personenabhängigen Daten. Im linken oberen Bereich sehen Sie, dass Sie sich auf der Personenebene befinden, da nur diese Ebene eine Unfallanzeigennummer hat und der Unfalltyp eingeblendet ist.

Sowohl das Unfallereignis selbst wie auch die Unfallanzeige, das heißt die personenabhängige Datenebene, bekommen eine eindeutige Nummer. Ein Unfall kann mehrere Unfallanzeigen beinhalten, da ja auch mehrere verletzte Personen beteiligt sein können. In Abbildung 8.5 sehen Sie, dass der Unfallkatastereintrag die Nummer »AA« bekommen hat. Diese haben wir im Testsystem extern vergeben. Die Nummer der Unfallanzeige haben wir intern vom System vergeben lassen.

Abbildung 8.6 zeigt etwa, wie Sie weitere Arbeitsschutzdaten im Unfallereignis erfassen können. Im Standard sind die in der Abbildung sichtbaren Felder vorhanden, die verphrast sind. Sie können hier Daten zur Schutzausrüstung sowie weitere Daten zur Unfallauswertung erfassen. Durch die Verphrasung werden die Daten standardisiert und auswertbar. Weiterhin bieten diese Daten eine Erfassungshilfe für unerfahrene Anwender.

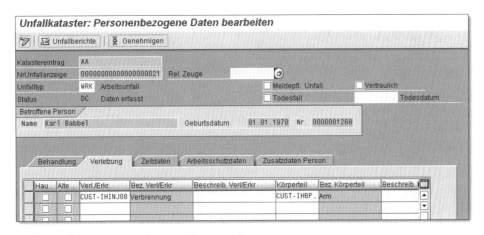

Abbildung 8.6 Verletzungsdaten auf Personenebene

8.4.3 Integration in die Personalwirtschaft (SAP ERP HCM)

Grundsätzlich können Sie Unfälle mit Personen aus Ihrem HCM-System heraus erfassen. Sofern Ihr HCM- und Ihr SAP EHS Management-System auf demselben System betrieben werden, brauchen Sie keine besondere Konfiguration vorzunehmen. Sollte das nicht der Fall sein, legen Sie im Customizing den Umgebungsparameter DEST_HR an und tragen dort die RFC-Verbindung ein, die auf Ihr HCM-System zeigt. Im Unfallmanagement von SAP EHS Management stehen dann alle Such- und Anzeigeoptionen für Personen und oder Abwesenheiten zu Personen zur Verfügung. Achten Sie aber darauf, dass dann der RFC-User, den Sie in der RFC-Verbindung zugeordnet haben bzw. die Dialog-User ausreichende Berechtigungen auf die notwendigen Infotypen im HCM-System haben. Aus Datenschutzgründen sollten Sie hier mit Dialog-Usern arbeiten, um die Berechtigungen im HCM-System userspezifisch eingrenzen zu können.

Für die Unfallauswertung sowie für die Erstellung der Unfallanzeige und das Ermitteln der Meldepflicht sind auch die Ausfallzeiten der betroffenen Personen von Belang. Sie können auf dem Reiter ZEITDATEN im Unfallmanagement die Zeitdaten im HCM-System verwalten. Dazu haben Sie zwei Möglichkeiten: Entweder Sie erfassen Zeitdaten direkt im Unfallmanagement, so dass diese auch automatisch in das HCM-System übernommen werden, oder Sie ordnen im Unfallmanagement lediglich bereits im HCM-System erfasste Abwesenheiten Ihrem Unfallereignis zu.

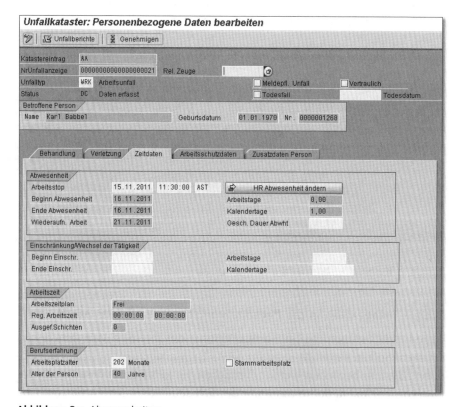

Abbildung 8.7 Abwesenheiten

In der Regel obliegt die Zeitverwaltung im Unternehmen ganz allein der Personalabteilung, so dass aus dem Unfallmanagement heraus keine Abwesenheiten erfasst werden. Die gängige Praxis zeigt aber, dass die Zuordnung von im HCM-System angelegten Abwesenheiten zum Unfall sinnvoll ist. Sobald in HCM eine Abwesenheit angelegt wurde, können Sie diese auf dem Reiter ZEITDATEN über den Button ABWESENHEITEN bearbeiten, auswählen und dem Unfallereignis zuordnen (siehe Abbildung 8.8). Betätigen Sie dazu den Button ABWESENHEIT ZUORDNEN. Über den entsprechenden Button können Sie Abwesenheiten auch wieder entfernen. Abbildung 8.7 zeigt die beiden Möglichkeiten. Sie haben sowohl für die Erfassung wie auch für die Zuordnung einen Reiter.

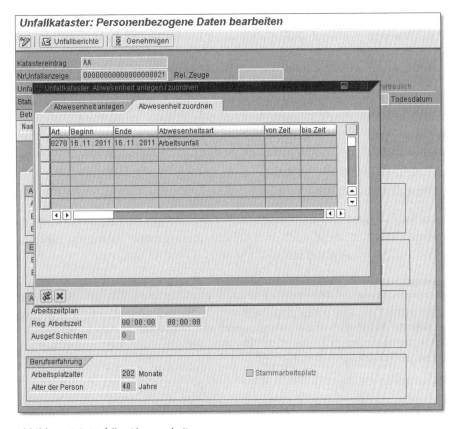

Abbildung 8.8 Unfall – Abwesenheiten

Nachdem Sie die Abwesenheit entweder angelegt oder zugeordnet haben, sehen Sie diese auch im Unfallkataster.

Sofern die Abwesenheitsdauer mehr als drei Arbeitstage beträgt, wird automatisch das Kennzeichen MELDEPFL. UNFALL (in den Kopfdaten) gesetzt.

Sie können über den oben beschriebenen Weg auch mehrere Abwesenheiten zu einem Unfall zuordnen. Die Abwesenheitsdaten im Unfall werden dann entsprechend aktualisiert. Bei folgendem Beispiel kann dies sinnvoll sein.

[zB]	**Mehrere Abwesenheiten einem Unfall zuordnen**

Ein Mitarbeiter stürzt am Montag von der Leiter, stellt wegen starken Schmerzen die Arbeit ein und bleibt am Folgetag (Dienstag) zu Hause. Am Mittwoch erscheint der Mitarbeiter wieder zur Arbeit. Am Donnerstag erhalten Sie eine Krankmeldung über eine Woche, da sich die Schmerzen des Mitarbeiters verschlimmert haben. Ihre Personalabteilung wird dann zwei Abwesenheiten erfassen. Eine eintägige für den Dienstag und anschließend eine einwöchige. Beide Abwesenheiten stehen jedoch in unmittelbarem Zusammenhang mit dem Arbeitsunfall und müssen diesem auch zugeordnet werden. Die alleinige Zuordnung der ersten Abwesenheit über einen Tag führt noch nicht zur Meldepflicht den Unfalls, erst die Zuordnung der zweiten und längeren Abwesenheit führt zur Überschreitung der drei Tage und lässt das System das Kennzeichen zur Meldepflicht setzen.

Unter Umständen werden die Abwesenheiten erst spät nach dem Unfall von der Personalabteilung im HCM-System angelegt. Eine Zuordnung zum Unfall ist erst danach möglich.

Für den Fall, dass Abwesenheiten im Personalsystem nachträglich verändert werden, müssen diese auch in SAP EHS Management korrigiert werden. Führen Sie dazu den Report REHS_CHECK_IAL_ABSENCE aus.

[+]	**Daten aktualisieren**

Wir empfehlen, diesen Report einmal täglich laufen zu lassen, um mögliche Inkonsistenzen zwischen SAP EHS Management und dem HCM-System zu vermeiden bzw. zu bereinigen. Sie können die Korrektur auch online über die Transaktion S_SH8_84000006 durchführen.

8.4.4 Unfallberichte erstellen und versenden

Über die Berichtsgenerierung und -versandfunktionalität in SAP EHS Management können Sie auch im Unfallmanagement Berichte erstellen und versenden.

Hierbei folgen Sie der Logik aus der Produktsicherheit (siehe Abschnitt 3.2.3, »Produktsicherheit – Berichtsversand«). Für die Berichtserstellung benötigen Sie folgende Voraussetzungen:

- Berichtsvorlage

- Generierungsvariante

- Zuordnung der Generierungsvariante zum Anwendungsobjekt (Unfallkatastereintrag oder Unfallanzeige)

Wie bei der Unfallerfassung unterscheidet das System zwischen Berichten zur Person (z.B. gesetzliche Unfallanzeige) oder allgemeinen Berichten zum Unfallereignis (Kopfdaten). Sie können aus beiden Ebenen in das Berichtsinformationssystem abspringen: UNFALLKATASTER • UNFALLBERICHTE.

Abbildung 8.9 zeigt das Berichtsinformationssystem, in das Sie über den Button 🖉 Unfallberichte abspringen können. Sie sehen anschießend einen Unfallbericht zur verunfallten Person, den Sie über einen Klick auf das Symbol 🐷 aufrufen können.

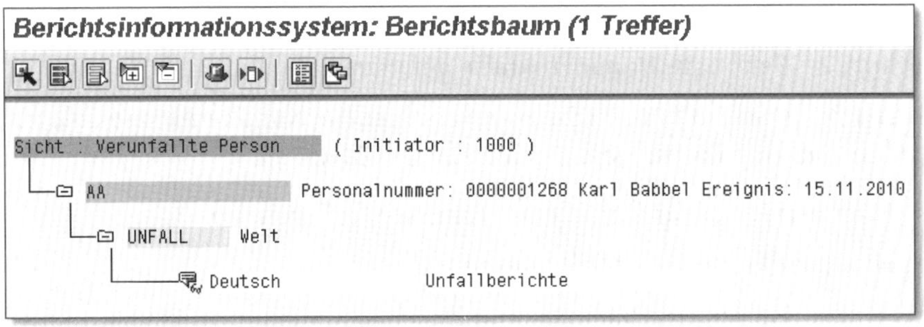

Abbildung 8.9 Unfallberichte zur verunfallten Person

8.5 Konfiguration des Unfallmanagements

Die technische Konfiguration des Unfallmanagements ist im Vergleich zu der organisatorischen und inhaltlichen Vorarbeit, die geleistet werden muss, wenig aufwendig. Um die rein technischen Voraussetzungen im Customizing zu schaffen und die Berichtsgenerierung sowie die Phrasenzuordnung einzustellen, gehen Sie wie folgt vor.

8.5.1 Customizing

Zum Einstellen des Unfallmanagements in SAP EHS Management bedarf es nur wenigen Customizing-Aktivitäten. Die wesentlichen Einstellungen werden wir Ihnen in dem folgenden Abschnitt erläutern.

Schritt 1 – Unfallarten anlegen

Im Customizing unter Environment, Health & Safety • Arbeitsschutz • Unfallabwicklung finden Sie sämtliche notwendige IMG-Aktivitäten. Zuerst legen Sie die Arten der Unfallkatastereinträge im System fest. Oftmals sind die im System vorhandenen Einträge – die im Folgenden aufgelistet sind – ausreichend und es ist nicht notwendig, neue Einträge zu customizen.

- MPE – Ereignis mit mehreren betr. Personen
- NPE – Ereignis ohne Personenschaden
- OPE – Ereignis mit einer betroffenen Person
- OTH – Sonstiger Unfall
- SPI – Umweltunfall

Sie können hier aber problemlos weitere Einträge hinzufügen.

Schritt 2 – Benötigte Nummernkreise definieren

Im nächsten Schritt müssen Sie zwei verschiedene Nummernkreise anlegen. Im Customizing finden Sie die beiden IMG-Aktivitäten:

- Nummernkreise für Unfallkatastereinträge festlegen
- Nummernkreise für Unfallanzeigen festlegen

Zum besseren Verständnis: Der Unfallkatastereintrag bezieht sich auf das Unfallereignis (Kopfdaten) selbst, die Unfallanzeige entspricht quasi den Daten einer betroffenen Person. Da diese beiden Objekte im Datenmodell des Unfallmanagements separat geführt werden, sind auch zwei separate Nummernkreise notwendig.

Schritt 3 – Unfalltypen definieren

Im System sind die folgenden Unfalltypen bereits vorkonfiguriert:

- OTH – Sonstige Unfälle
- RDT – Wegeunfall (Strassenverkehr)
- ROD – Wegeunfall
- WKT – Arbeitsunfall (Strassenverkehr)
- WRK – Arbeitsunfall
- X10 – Berufskrankheit

Die Unfalltypen an sich haben keinen steuernden Charakter, sondern dienen nur der Untergliederung Ihrer Unfälle sowie zur besseren Auswertung. Oftmals sind die vorhandenen Unfalltypen ausreichend. Auch hier können Sie aber unkompliziert neue Einträge hinzufügen.

Schritt 4 – Abwesenheitsarten zuordnen (nur bei HCM-Schnittstelle)

Sofern Sie die Schnittstelle zur Anlage bzw. Zuordnung von unfallbedingten Abwesenheiten aus dem HCM-System nutzen möchten, müssen Sie unter der IMG-Aktivität UNFALLTYPEN ABWESENHEITSARTEN ZUORDNEN Einträge vornehmen. Sie können dies auf der Ebene »Unfalltyp und Personalteilbereich« (HCM) tun. Sie steuern so, mit welcher Abwesenheitsart Abwesenheiten aus dem Unfallmanagement heraus im HCM-System angelegt bzw. zugeordnet werden können. Eine Abwesenheit mit einer Abwesenheitsart, die Sie in dieser IMG-Aktivität nicht zuordnen, kann keinem Unfallereignis zugeordnet werden.

| Abwesenheiten zuordnen | [!] |

Ordnen Sie die Abwesenheiten auf Unfalltypebene und nicht auf Unfallartebene zu.

Abbildung 8.10 zeigt die Standardauslieferung. Suchen Sie hier unbedingt den Kontakt zu den Kollegen von der HCM-Abteilung sowie zu den Kollegen, die SAP ERP HCM betreuen, und stimmen Sie mit ihnen die Abwesenheitsarten ab, die Sie zuordnen sollen. Nur so können Sie sicherstellen, dass die korrekten Abwesenheiten im Unfallmanagement zugeordnet werden können.

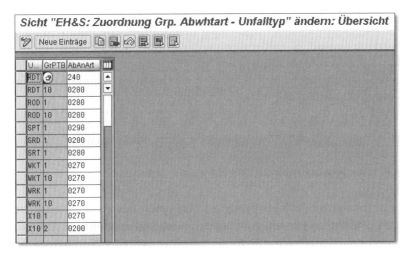

Abbildung 8.10 Zuordnung von Abwesenheiten zum Unfalltyp

8.5.2 Berichtsgenerierung und -versand

Die Berichtsgenerierung im Unfallmanagement basiert auf WWI. Für die Nutzung der Berichtsverwaltung aus dem Unfallmanagement heraus benötigen Sie daher eine Berichtsvorlage und eine Generierungsvariante.

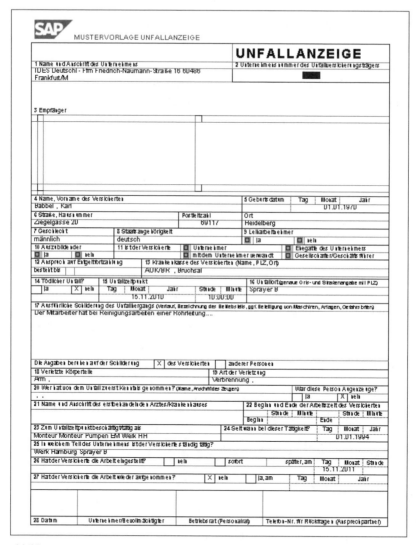

Abbildung 8.11 Standard-Unfallanzeige

Legen Sie zunächst eine Berichtsvorlage an. SAP liefert bereits die gesetzliche Unfallanzeige mit aus. Es ist am günstigsten, diese zu kopieren und dann an Ihre unternehmensspezifischen Anforderungen anzupassen. So können Sie z.B. Ihr Unternehmenslogo hinzufügen und/oder weitere Felder und

Berichtssymbole in die Vorlage mit einfügen. Die Berichtsvorlagen für das Unfallmanagement werden genauso wie die Berichtsvorlagen aus der Produktsicherheit in der Transaktion CG42 bearbeitet.

Abbildung 8.11 zeigt die von SAP standardmäßig ausgelieferte Unfallanzeigenvorlage. Sie beinhaltet schon die wichtigsten Daten und Felder und bietet Ihnen so einen guten Rahmen für Ihre unternehmensspezifischen Anforderungen.

Nachdem Sie die Berichtsvorlage erstellt haben, benötigen Sie eine Generierungsvariante. Die Generierungsvarianten verwalten Sie in der Transaktion CG2B. Legen Sie dort eine neue Generierungsvariante an. Achten Sie dabei darauf, dass Sie die Generierungsvariante zum Berichtstyp IALREP anlegen, und ordnen Sie Ihre zuvor erstellte Berichtsvorlage zu. Der obligatorisch einzugebende Gültigkeitsraum sollte REG_WORLD sein. Darüber hinaus sollten Sie die Änderungsmarkierung mit einer Null (keine) versehen.

An Abbildung 8.12 können Sie sich bei der Anlage einer Generierungsvariante für Unfallanzeigen orientieren.

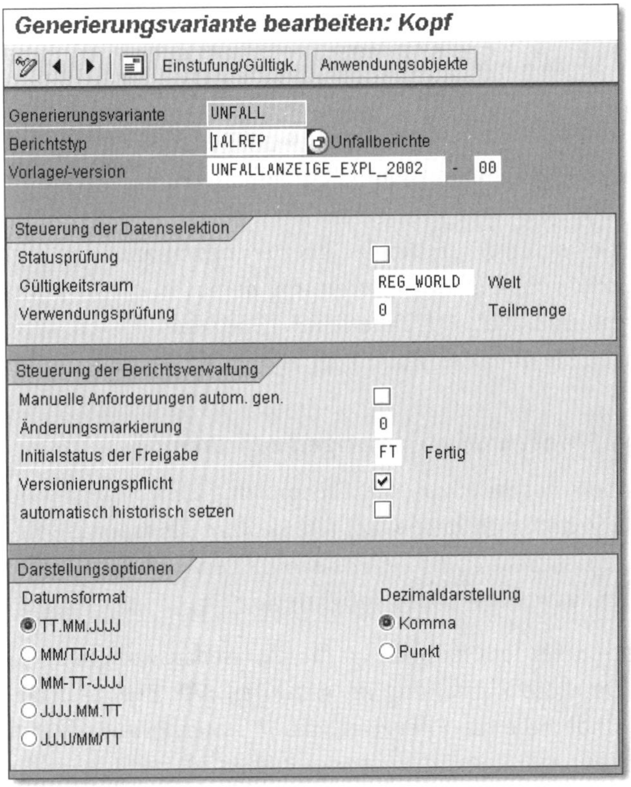

Abbildung 8.12 Beispiel für die Generierungsvariante einer Unfallanzeige

Wichtig ist nun, dass Sie die korrekten Anwendungsobjekte definieren. In der Generierungsvariante gelangen Sie über den Button ANWENDUNGSOB-JEKTE in eine Zuordnungstabelle. Für den Unfallkataster sind die beiden folgenden Anwendungsobjekte am wichtigsten:

▸ IALOGHEAD – Unfallkataster

▸ INCAFFPERS – Verunfallte Person

Für Unfallanzeigen (es handelt sich um die Personenebene) ordnen Sie das Objekt INCAFFPERS zu. Wenn Sie z. B. interne Unfallberichte auf Kopfebene erzeugen möchten, legen Sie eine Generierungsvariante mit dem Anwendungsobjekt IALOGHEAD an (siehe Abbildung 8.13).

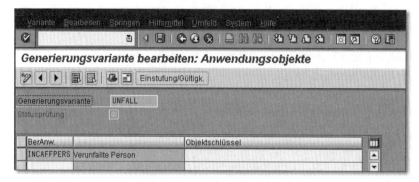

Abbildung 8.13 Zuordnung der Anwendungsobjekte zur Generierungsvariante

Wenn Sie so eine Berichtsvorlage und eine Generierungsvariante angelegt haben, können Sie direkt vom Unfallkatastereintrag heraus in die Berichtsverwaltung abspringen und sich Unfallberichte generieren lassen. Wie beschrieben, verzweigen Sie über den Button Unfallberichte dorthin.

8.5.3 Phrasen und Phrasenauswahlmengen zuordnen

Nachdem Sie, wie oben beschrieben, die Customizing-Einstellungen im Unfallmanagement vorgenommen haben, sollten Sie Ihre Phrasenauswahlmengen überprüfen. Im Standard sind bereits sämtliche verphraste Felder hinsichtlich der Phrasenauswahlmengen konfiguriert.

Überprüfen Sie jedoch trotzdem unbedingt die Phrasenauswahlmengen-Attribut-Zuordnung. Da diese Einstellung im gesamten SAP EHS Management benötigt wird, finden Sie die Pflegetransaktion unter ENVIRONMENT, HEALTH & SAFETY • GRUNDDATEN UND WERKZEUGE • PHRASE. Dort rufen Sie die Transaktion CGAB (AWM-Attribut »Zuordnung bearbeiten«) auf.

Im unteren Bereich der Attributliste finden Sie zum einen Tabellen- und Strukturfelder und zum anderen Arbeitsschutzdaten. Da es sich beim Unfallmanagement in der Regel um echte Tabellenfelder und nicht um Merkmale des Klassensystems handelt, finden Sie die relevanten Attribute unter TABELLEN-STRUKTURFELDER. Dort sind die für das Unfallmanagement wichtigen Attribute die folgenden:

► CCIHT_ACH: EHS – Maßnahmen – Kopf

► CCIHT_IAL: EHS – Unfallkataster – Kopf

► CCIHT_IAREP: EHS – Zeitraumbezogene Unfallberichte

► CCIHT_IPEVINJ: EHS – Verletzungen zur betroffenen Person

Abbildung 8.14 zeigt die Phrasenauswahlmengen-Attribut-Zuordnung.

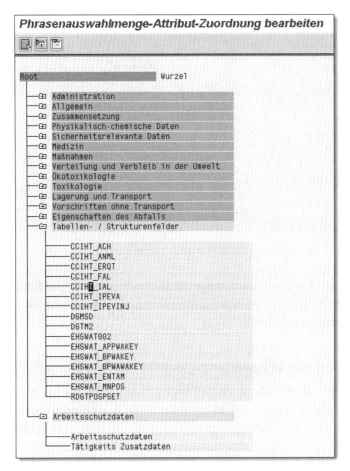

Abbildung 8.14 Aufbau der Phrasenauswahlmenge-Attribut-Zuordnung

Wenn Sie eine eigene Klasse zur Erweiterung (siehe Abschnitt 8.5.4) definiert haben, finden Sie eigene Felder auf dem Reiter ZUSATZDATEN ZUR PERSON. Ordnen Sie nun zu den entsprechenden Attributen die Phrasenauswahlmengen zu bzw. überprüfen Sie, ob bereits die korrekte Phrasenauswahlmenge zugeordnet ist. Sie können dazu auch einfach per Doppelklick auf eine Zeile aus Abbildung 8.14 in die Zuordnungstabelle verzweigen. Sie können auch eigene Phrasenauswahlmengen definieren und die Zuordnung an dieser Stelle ändern (siehe Abbildung 8.15).

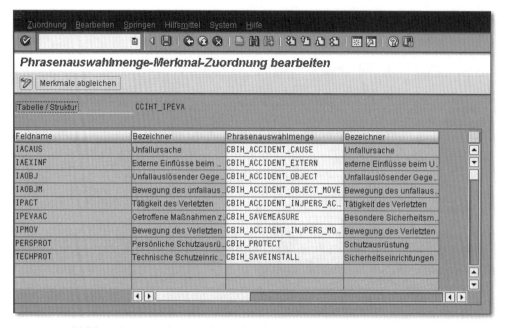

Abbildung 8.15 Details – Zuordnung der Phrasenauswahlmengen-Attribut-Zuordnung

Die Bearbeitung von Phrasenauswahlmengen und die Zuordnung von Phrasen wurden in Abschnitt 2.7.6, »Phrasenauswahlmengen, Phrasen anlegen und zuordnen«, detailliert erläutert.

8.5.4 Kundenindividuelle Erweiterung der Unfallerfassung

Oftmals erfassen Sie in Ihrem Unternehmen Daten zu Unfällen, die im Standardumfang des Unfallmanagements nicht vorgesehen sind. Dies können z.B. Freitexte sein, Telefonnummern von internen Ansprechpartnern oder einfach nur Felder, über die Sie das Unfallereignis individuell auswerten möchten.

Das Unfallmanagement basiert teilweise auf dem Klassensystem. Teilweise bedeutet, dass es sowohl echte Datenbanktabellen unter der Anwendung gibt, aber ein Teil der Daten auch über die Klassifizierung und Bewertungsarten im System abgelegt wird. Dies hat für Sie den Vorteil, dass Sie neue Felder nicht über aufwendige Append-Strukturen hinzufügen müssen, sondern über die Erweiterung der existierenden Klassen oder auch über die Definition von neuen Klassen anlegen können. Gehen Sie hier bitte exakt nach dem selben Prinzip wie bei der Erweiterung von Arbeitsbereichen vor (siehe Kapitel 6, »Arbeitsbereichsverwaltung«).

1. Definieren Sie eine eigene Klasse (Klassenart 100) in der Transaktion CL02.
2. Erfassen Sie die kundeneigenen Merkmale in der Klasse entweder direkt über die Klassenverwaltungstransaktion CL02 oder im Nachgang über die Transaktion CT04.
3. Legen Sie eine Bewertungsart an und ordnen Sie die Klasse im Customizing unter ENVIRONMENT, HEALTH & SAFETY • ARBEITSSCHUTZ • GRUNDEINSTELLUNGEN • BEWERTUNGSARTEN KLASSEN ZUORDNEN.
4. Ordnen Sie die zuvor definierte Bewertungsart im Customizing unter ZUORDNUNG OBJEKTTYP zu.

Nur bei Verphrasung:

▸ Stammdatenabgleich durchführen (Transaktion CGCZ)

▸ Phrasenauswahlmenge zuordnen (Transaktion CGAB)

Bei Ausgabe auf Berichten

▸ Berichtssymbole generieren (Transaktion CGCZ)

Nachteil der Klassifizierung ist jedoch, dass die so neu hinzugefügten Felder nur sehr schwer auswertbar sind.

8.6 Unfallauswertungen

Im klassischen Unfallmanagement stehen Ihnen standardmäßig die folgenden Auswerte-Reports zur Verfügung:

▸ **1000-Mann-Quote (Transaktion S_SH8_84000003)**
Die 1000-Mann-Quote besagt, wie viele Unfälle auf 1000 Beschäftigte kommen. Achten Sie hierbei darauf, dass ein Beschäftigter auch nur teil-

zeit arbeiten kann. Diese Details berücksichtigt diese Auswertung leider nicht.

▸ **1-Mio-Stunden-Quote (Transaktion S_SH8_84000004)**
Die 1-Mio-Stunden-Quote gibt die Anzahl der Unfälle an, die während einer Million geleisteter Arbeitsstunden aufgetreten ist.

Man muss gestehen, dass diese Reports zwar die beiden o.g. Kennzahlen liefern, aber für Auswertungen und komplexe Unfallstatistiken absolut nicht ausreichend sind.

Um die praktischen Anforderungen in Ihrem Unternehmen zu erfüllen, werde Sie wahrscheinlich eigene Reporting-Tools entwickeln müssen. Eine Möglichkeit dazu ist, die Auswertungen individuell über SAP NetWeaver Business Warehouse (BW) oder ein anderes Data Warehouse zu erstellen. Im Standard existieren dazu schon verschiedene Extraktoren, die Sie in der Transaktion SBIW aktivieren müssen. Sofern Sie jedoch kundeneigene Felder (Merkmale) nutzen, müssen Sie die Extraktoren um diese erweitern.

Alternativ dazu sollten Sie in Ihrem Projekt abwägen, ob eine Umstellung auf das Vorfallmanagement/Incident Management nicht sinnvoller wäre. Dieses beinhaltet flexiblere Auswertungsmöglichkeiten.

8.7 Fazit und Hinweis zur Component Extension 2.0 for SAP EHS Management

Das klassische Unfallmanagement unterstützt Sie bei der Erfassung und Bearbeitung von Arbeitsunfällen. Da es sich bei den Anwendern des Unfallmanagements in der Regel um SAP-unerfahrene Mitarbeiter handelt, sind die Anforderungen an die Usability sehr hoch und führten dazu, dass viele Unternehmen eigene Erfassungsmasken entwickelt haben.

Wir möchten Sie darauf hinweisen, dass das klassische Unfallmanagement zwar technisch verfügbar ist, aber hier keine weiteren Entwicklungen mehr zu erwarten sind. Seit 2011 steht das Vorfallmanagement/Incident Management (Component Extension 2.0 for SAP EHS Management) zur Verfügung.

Sollten Sie nicht über eine Erweiterung, sondern über eine Neueinführung des Unfallmanagements nachdenken, raten wir klar zu dem neuen Vorfallmanagement (siehe Kapitel 9). Von dem Vorfallmanagement ist eine wesentlich höhere Usability zu erwarten, als sie das hier beschriebene aktuelle Unfallmanagement bietet. Weiterhin wird dies die Möglichkeit bieten, sogenannte kombinierte Ereignisse zu erfassen. Sie können dann z.B. einen Arbeitsunfall, der zum einen ein Umweltereignis, zum anderen einen Personenunfall und zugleich einen Gebäudeunfall darstellt, flexibel erfassen. Dazu bietet das Vorfallmanagement Schnittstellen in die Stoffverwaltung der Produktsicherheit, in die Gebäudeverwaltung und zum HCM-System. Die Usability wird über flexibel anpassbare Webmasken und die sogenannte Guided Procedure deutlich verbessert, so dass das Tool in allen Nutzerkreisen anwendbar ist.

Das, was einige Anwenderunternehmen bereits kundenindividuell gelöst haben, wird somit ein Standardprodukt von SAP.

Im vorangegangenen Kapitel haben Sie das Unfallmanagement kennengelernt, wir zeigen Ihnen in diesem Kapitel nun das »neue« Vorfallmanagement.

9 Vorfallmanagement

Mit dem überarbeiteten Vorfallmanagement hat SAP eine neue stabile Plattform ausgeliefert, die zum einen deutlich intuitiver zu bedienen ist, zum anderen auch die Arbeit der unterschiedlichen Rollen im Unternehmen, die einen Vorfall zu bearbeiten haben, besser unterstützt und damit die unternehmensinterne Sicherheitskultur stärkt.

<table>
<tr><td>Zur Darstellung des Vorfallmanagements in diesem Buch</td><td>[+]</td></tr>
</table>

Die Autoren möchten darauf hinweisen, dass das neue Vorfallmanagement (Incident Management) während der Erstellung dieses Buches aus dem Ramp-Up in die allgemeine Verfügbarkeit an alle Kunden übergegangen ist. Die in diesem Kapitel beschriebenen Funktionen und Abbildungen beruhen daher auf den Informationen von SAP, den vorhandenen Dokumentationen sowie auf Veröffentlichungen von SAP. Die Abbildungen stammen aus dem Demonstrationssystem von SAP. Der Vollständigkeit halber möchten wir Ihnen diese Funktionalität nicht vorenthalten, bitten Sie aber zu beachten, dass wir – die Autoren – noch keine Erfahrungen mit der Implementierung dieses neuen Moduls sammeln konnten.

Verfügbar ist das neue Vorfallmanagement mit SAP ERP 6.0 Erweiterungspaket 5 (EHP5) und der Component Extension 1.0 für SAP EHS Management seit August 2011.

In diesem Kapitel stellen wir Ihnen im Wesentlichen die neuen Oberflächen und die darin eingebauten Workflows vor. Deutlich überarbeitet wurden auch die Möglichkeiten zur Auswertung der erfassten Vorgänge, die wir Ihnen anhand von Beispielen vorstellen wollen. Dann gehen wir auf die Änderungen ein, die sich im Customizing ergeben haben, und geben einen Hinweis für Kunden, die beabsichtigen, vom alten Unfall- auf das neue Vorfallmanagement umzusteigen.

9.1   Grundlagen

Getreu der SAP-Philosophie ist das »alte« Unfallmanagement (siehe Kapitel 8) weiterhin Teil der Standardauslieferung, geht nun aber in die Wartung, d.h. bis auf die Behebung von Fehlern in der Software wird es keine Weiterentwicklung mehr geben. Zukünftige Entwicklungen und Integrationen in andere Module werden auf der hier beschriebenen Plattform erfolgen.

Im Laufe der letzten Jahre hat sich die Einstufung eines Vorfalls deutlich ausgeweitet. Wurden in der Vergangenheit Unfälle mit Personen- oder Sachschäden hauptsächlich als betriebliche Vorfälle im integrierten System erfasst und analysiert, um Ausfallzeiten und Kosten zu minimieren, hat sich der Begriff des Vorfalls in der Zwischenzeit deutlich erweitert. Um Schaden vom Unternehmen – sowohl monetär wie auch in Bezug auf das Image – fernzuhalten, kommt den sogenannten *Beinaheunfällen* (Near-Misses), also Ereignissen, die in einem ungünstigeren Fall zu einem Unfall hätten führen können, immer mehr Bedeutung zu.

Betriebliche Vorfälle müssen nicht immer ausschließlich Ereignisse beinhalten, bei denen Personen zu Schaden kommen. Auch das ungeplante Freisetzen von Stoffen in Wasser, Luft oder Boden muss aufgrund deutlich verschärfter gesetzlicher Vorgaben sowie aufgrund der massiv erhöhten Sensibilität der Nachbarschaft unbedingt vermieden werden, um die Akzeptanz des Unternehmens an diesem Standort nicht aufs Spiel zu setzen. Mit zunehmender Bedeutung achten immer mehr Anleger (Shareholder), z.B. im »DOW Jones Sustainability Index«, sowie Kunden eines Unternehmens bei ihrer Lieferkette darauf, dass ihre Lieferanten sie nicht durch eine »schlechte Presse« mit in Verlegenheit oder Rechtfertigungsnot bringen. Noch schwerer fassbar sind die Schäden, die durch Blogs und Kundenbewertungen in den neuen Medien entstehen können (Facebook, Twitter etc.). Dies stellt für Unternehmen, die bei Kunden oder der Öffentlichkeit negativ auffallen und/oder keine Akzeptanz mehr finden, ein potentielles wirtschaftliches Risiko dar.

Das neue Vorfallmanagement trägt vielen dieser potenziellen Risiken Rechnung, hilft bei ihrer frühzeitigen Erkennung und gibt Ihnen die Möglichkeit, alle Mitarbeiter, Kontraktoren und die Nachbarschaft (oder Kunden) bei der Erfassung von Vorfällen mit einzubeziehen.

[+]   **Begrifflichkeit**

Die gerade geschilderte Erweiterung der Sichtweise hat dazu geführt, dass im Vergleich zum »alten« Unfallmanagement für das neue Modul der umfassendere Begriff Vorfallmanagement etabliert werden soll.

9.2 Prozess

Der Prozess der Vorfallerfassung gliedert sich in drei Teil-Prozesse:

1. **Ersterfassung**
   Die Ersterfassung besteht aus drei rollenspezifischen Masken, die online wie offline aufgerufen werden können (siehe Abschnitt 9.2.1).

2. **Vorfallbearbeitung und -untersuchung**
   Die Vorfallbearbeitung und -untersuchung gewährleistet die volle Integration in die SAP-Welt, nimmt dabei auf die Belange des Datenschutzes vollumfänglich Rücksicht und kann entsprechend eingestellt werden (siehe Abschnitt 9.2.2).

3. **Vorfallauswertung**
   Die Vorfallauswertung integriert für die Vorfallsachbearbeiter und das Management die derzeit verfügbaren Techniken, um den aktuellen Stand eines Vorfalls zu visualisieren. Gegebenenfalls kann eine Planung der Maßnahmen für jeden Vorfall strategisch abgeleitet werden, damit gleichartige Vorkommnisse für die Zukunft ausgeschlossen werden können (siehe Abschnitt 9.4).

In den folgenden Abschnitten stellen wir Ihnen zu allen drei oben angegebenen Prozessschritten die vorhandenen Möglichkeiten vor und zeigen Ihnen, wie diese für Ihr Unternehmen angepasst werden können.

9.2.1 Ersterfassung eines Vorfalls

Im neuen Vorfallmanagement stehen Ihnen drei verschiedene Möglichkeiten zur Verfügung, um jegliche Art von Vorfällen im System zu erfassen. Wir listen diese Erfassungsmöglichkeiten hier in aufsteigender Komplexität auf.

Eine Forderung, die immer wieder an das alte Unfallmanagement in EHS gestellt wurde, war, dass jeder, der einen Unfall oder ein Ereignis erfassen möchte, auch dazu in die Lage versetzt wird. Besonders aus dem angelsächsischen Raum kam die Forderung, dass jeder, auch wenn er nicht mit dem Computersystem des jeweiligen Unternehmens vertraut ist (Computer Illiterates), Ereignisse wie z.B. Beinaheunfälle erfassen können sollte, um dem Unternehmen Zugriff auf diese Informationen zukommen zu lassen.

Jede der drei im Folgenden vorgestellten Möglichkeiten der Datenerfassung kann von Ihnen – entsprechend den Bedürfnissen bzw. Anforderungen in Ihrem Unternehmen – eingestellt werden. Die Möglichkeiten werden jeweils durch Eingabehilfen unterstützt und nutzen (wenn gewünscht) im

System bereits vorhandene Daten bzw. erlauben die einfache Erfassung von Stammdaten, auch wenn diese nicht im System vorhanden sind.

Einfach-Erfassungsmaske – online

Diese Möglichkeit steht einem Benutzer zur Verfügung, der direkten Zugang zum SAP-System hat. Der Benutzer meldet sich ganz normal am SAP-System (SAP NetWeaver Portal oder NetWeaver Business Client) an und kann dort über einen Link, z.B. im Intranet, den entsprechenden Erfassungsbildschirm aufrufen. Diese Einfach-Erfassungsmaske steht spezifisch für die Erfassung von Unfällen, Beinaheunfällen und Sicherheitsbeobachtungen zur Verfügung (siehe Abbildung 9.1).

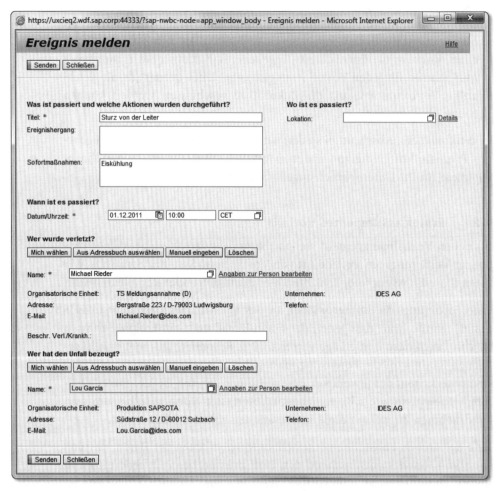

Abbildung 9.1 Vollständiger Bildschirm der Einfacherfassung – online

| Unfälle, Beinaheunfälle und Sicherheitsbeobachtungen | **[+]** |

Wir möchten einige Begriffe voneinander angrenzen:

▸ Unter einem *Unfall* versteht man ein Schadensereignis, das bereits eingetreten ist. Dabei ist es unerheblich, ob Personen involviert wurden, ein Schaden an einer betrieblichen Anlage entstanden ist, oder eine Freisetzung in die Umwelt (Wasser, Boden, Luft) erfolgt ist.

▸ Der Begriff *Beinaheunfall* meint dagegen ein Ereignis, dass unter ungünstigeren Umständen zu einem Unfall hätte führen können, aber in diesem speziellen Fall ohne Folgen geblieben ist. Meist verhindert frühzeitiges Eingreifen der beobachtenden/meldenden Person, dass sich ein Beinaheunfall zu einem Umfall ausweitet.

▸ Als *Sicherheitsbeobachtung* bezeichnet man die abgeleitete theoretische Möglichkeit, dass es zu einem Beinaheunfall oder um ungünstigsten Fall zu einem Unfall kommen könnte, ohne dass sich das Ereignis bereits ereignet hat oder in absehbarer Zeit zu erwarten wäre. Maßnahmen, die aufgrund von Sicherheitsbeobachtungen getroffen werden, reduzieren also die Eintrittswahrscheinlichkeit eines ungewollten Ereignisses.

Wie Sie es vielleicht schon von dem alten Unfallmanagement kennen, tragen Sie hier die Daten für den Vorfall ein, ordnen die beteiligten Personen im Falle eines Personenschadens den Rollen zu (wie z.B. verunfallte Person, Zeugen etc.), beschreiben in der entsprechenden Textbox den Vorgang und speichern am Ende Ihre Eingaben ab.

Personen, die nicht im System bekannt sind, können hier direkt angelegt und im Rahmen der nachfolgenden Bearbeitung verifiziert werden. Diese Maske ist z.B. für Schichtmeister geeignet, die keinen täglichen Umgang mit dieser Applikation haben (sollten). Sie sollten aber dennoch eine schnelle, einfache und strukturierte Erfassung des beobachteten Vorfalls leisten können, damit diese wichtigen Informationen nicht verloren gehen.

Einfach-Erfassungsmaske – offline

Durch diese Möglichkeit, Unfälle, Beinaheunfälle oder Sicherheitsbeobachtungen zu erfassen, können Sie Ihre Vorfallerfassung auch für Fremdmitarbeiter, Kunden, Nachbarn und betroffene Personen im allgemeinen zugänglich machen, ohne diesen einen direkten Zugang zu Ihrem SAP-System geben zu müssen. SAP setzt dafür die Technologie SAP Interactive Forms by Adobe ein.

Die Erfassung läuft dabei folgendermaßen ab: Über eine Internet-Seite oder per E-Mail (z.B. nach der telefonischen Meldung eines Vorfalls) stellen Sie der meldenden Person ein Formular zur Verfügung, das üblicherweise auf allen Computern mit einer aktuellen Adobe-Acrobat-Reader®-Version ausgestattet ist.

Die meldende Person kann dann ohne Zugriff auf Ihr System offline die notwendigen und ihr bekannten Angaben machen, so, wie sie in dem von Ihnen gestalteten Formular vorgegeben werden. Sobald die Eingaben erfasst sind, kann über die auf dem Formular vorhandene Schaltfläche SENDEN eine E-Mail erstellt werden, die automatisch an die vorkonfigurierte E-Mail-Adresse Ihres SAP-Systems geschickt wird (siehe Abbildung 9.2). Sie erscheint dann direkt als neuer Vorfall bei Ihnen und kann entsprechend weiterverfolgt werden.

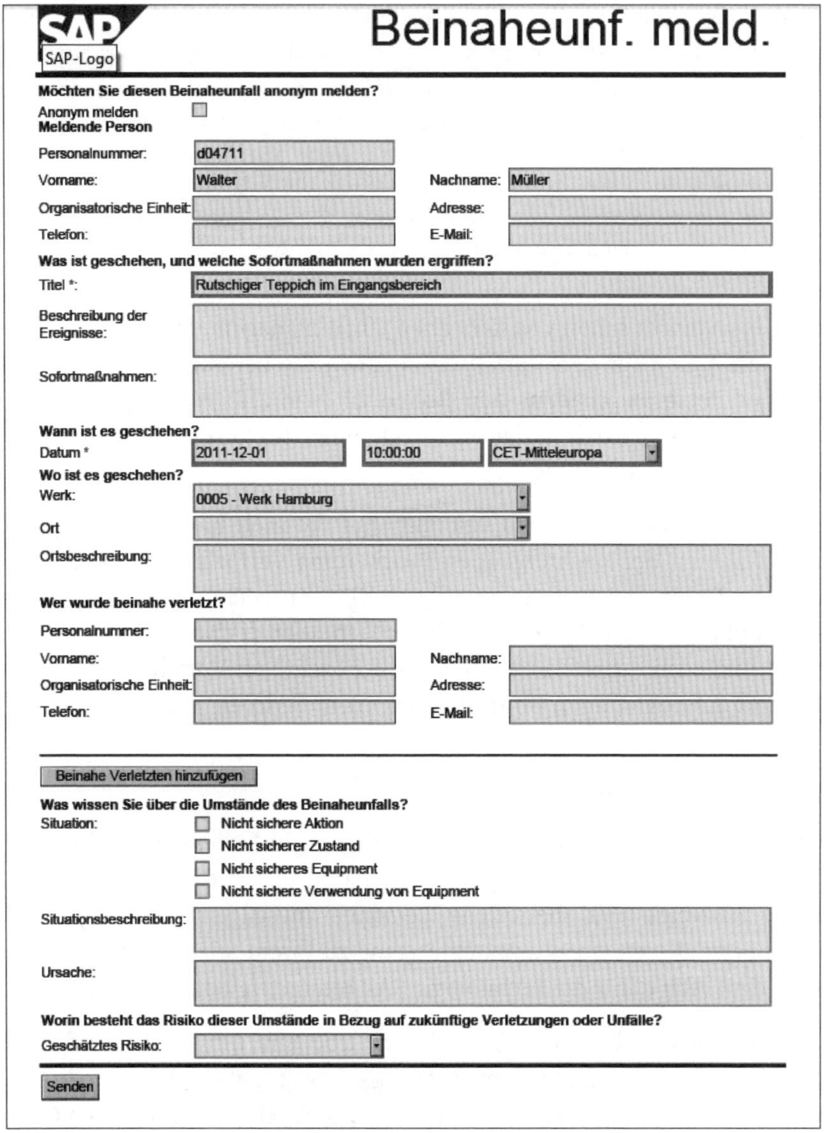
SAP-Logo
Beinaheunf. meld.
Möchten Sie diesen Beinaheunfall anonym melden?
Anonym melden
Meldende Person
Personalnummer: d04711
Vorname: Walter
Nachname: Müller
Organisatorische Einheit:
Adresse:
Telefon:
E-Mail:
Was ist geschehen, und welche Sofortmaßnahmen wurden ergriffen?
Titel *: Rutschiger Teppich im Eingangsbereich
Beschreibung der Ereignisse:
Sofortmaßnahmen:
Wann ist es geschehen?
Datum * 2011-12-01 10:00:00 CET-Mitteleuropa
Wo ist es geschehen?
Werk: 0005 - Werk Hamburg
Ort
Ortsbeschreibung:
Wer wurde beinahe verletzt?
Personalnummer:
Vorname:
Nachname:
Organisatorische Einheit:
Adresse:
Telefon:
E-Mail:
Beinahe Verletzten hinzufügen
Was wissen Sie über die Umstände des Beinaheunfalls?
Situation:
Nicht sichere Aktion
Nicht sicherer Zustand
Nicht sicheres Equipment
Nicht sichere Verwendung von Equipment
Situationsbeschreibung:
Ursache:
Worin besteht das Risiko dieser Umstände in Bezug auf zukünftige Verletzungen oder Unfälle?
Geschätztes Risiko:
Senden

Abbildung 9.2 Vollständiger Bildschirm der Einfacherfassung – offline

Es sind zahlreiche Möglichkeiten denkbar, wie diese Funktionalität eingesetzt werden kann. Wenn z.B. aus den Ortschaften in Ihrer Umgebung eine ungewöhnliche Geruchs- oder Lärmbelästigung gemeldet wird, die Ihnen selbst aufgrund der vorherrschenden Windrichtung nicht bewusst war, können Sie die sich immer mehr durchsetzenden neuen Medien nutzen, um schnell informiert zu werden. Viele Firmen haben dazu eine zentrale Telefonnummer geschaltet, oder es findet sich ein Link auf der öffentlich zugänglichen Homepage im Internet. Zudem geben Sie dem Absender neben der wichtigen Funktion der Meldung, die gegebenenfalls auf eine Störung der betrieblichen Abläufe hinweist, das immer bedeutender werdende Gefühl der Teilhabe an dem Geschehen in seinem Umfeld (was natürlich eine vom Unternehmen durchzuführende zeitnahe Rückmeldung beinhaltet). Durch die Einfach-Erfassungsmaske (offline) haben Sie die dafür notwendigen Kontaktinformationen und können gemäß Ihrer Unternehmens-Kommunikations-Strategie weiter fortfahren.

Eine andere denkbare Anwendungsmöglichkeit ist die Rückmeldung von Kunden über Mängel oder im besten Fall erweiterte Anforderungen an Produkte, die Sie dann in Ihr kontinuierliches Verbesserungssystem einfließen lassen können.

Auch Mitarbeiter und Fremdmitarbeiter Ihres Unternehmens, die im Außendienst tätig sind, können so über die am Tag erhaltenen Rückmeldungen schnell, strukturiert und gezielt Informationen an Sie weitergeben. Auf diese Weise ist es Ihnen möglich, nach der Analyse gegebenenfalls zeitnah einen ökonomischen Vorteil aus dem gemeldeten Vorfall zu ziehen.

Es ist also denkbar, dass verschiedene Formulare verschiedenen Gruppen zur Verfügung gestellt werden, um die bestmöglichen Informationen von dem jeweils Meldenden zu erhalten.

Offline-Erfassung: Sicherheit [+]

Dadurch, dass nur die definierten Felder als neuer Vorfall in Ihr System aufgenommen werden und dies im ersten Schritt eine absolute Einweg-Kommunikation ist (technisch), ist auch aus Sicherheitsaspekten heraus die Wahrscheinlichkeit einer ungewünschten Infiltration Ihres System als ausgeschlossen zu erachten – wenn die zeitgemäßen Randbedingungen für die automatisierte Verarbeitung von E-Mails beachtet werden. Dennoch sollte dieser Aspekt mit Ihrer SAP-Basis besprochen werden, damit entsprechende Zugänge z.B. durch die Firewall gewährt werden können.

»Guided Activity« – mehrstufiger Online-Erfassungsprozess

Die Datenerfassung mit Hilfe der sogenannten Guided Activity Technology erlaubt die sehr strukturierte und detaillierte Erfassung von allen Aspekten eines Vorfalls und richtet sich damit in der Regel an eine versierte Anwendergruppe. Abbildung 9.3 zeigt den Eingangsbildschirm des mehrstufigen Erfassungsprozesses.

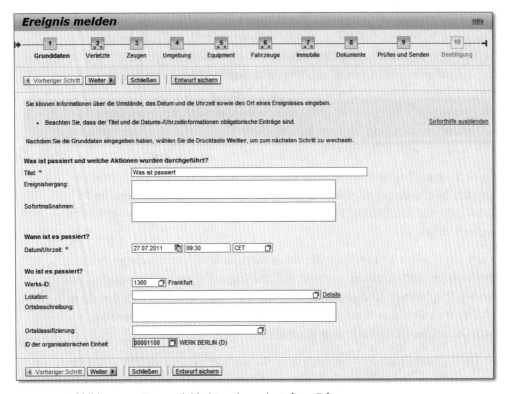

Abbildung 9.3 Eingangsbildschirm des mehrstufigen Erfassungsprozesses

Ihren Bedürfnissen entsprechend, ist es möglich, einzelne Schritte anzupassen oder komplett auszublenden, wenn Sie den Prozessen in Ihrem Unternehmen nicht dienlich sind. Diese Form der Erfassung entspricht einer Expertenvariante zur Erfassung von Vor- und Unfällen sowie deren Bearbeitung.

Werden bei einem Unfall z.B. in diesem mehrstufigen Erfassungsprozess mehrere Personen verletzt, erscheinen entsprechende Reiter, und für jede einzelne Person können dann die entsprechenden Daten erfasst werden. Ist bei einem Ereignis niemand persönlich zu Schaden gekommen, erscheint dieser Reiter nicht.

Abbildung 9.4 Sicht aller Beteiligten an einem Vorfall

Abbildung 9.4 zeigt den dreigeteilten Bildschirm mit den übergeordneten Schaltflächen und den einzelne Reitern für die Aktivitäten (oben), den Personen, die an dem Vorfall beteiligt sind (links) und den Detailinformationen zu den beteiligten Personen (rechts). Dieser dreigeteilte Bildschirm verändert sich abhängig von der Rolle der bei einem Vorfall beteiligten Personen. So sind z.B. die notwendigen Angaben, die bei einer verunfallten Person zu erfassen sind, deutlich umfangreicher als bei einem Zeugen. Entsprechend werden bei der Zuordnung der Rolle zur Person im rechten unteren Teil die Erfassungsmasken angepasst. So sind bei einer Person, die die Funktion »Zeuge« bei einem Ereignis hat, keine Informationen über die erlittenen körperlichen Schäden zu erfassen.

Für die Navigation bzw. die Übersicht ist es sehr hilfreich, dass in der obersten Zeile des Bildschirms immer die Zusammenfassung des aktuellen Vorgangs angezeigt wird.

In Abbildung 9.5 sehen Sie, dass sich bei Auswahl der verletzten Person die Eingabemöglichkeiten untergliedern in Grundlagen, Verletzungen, Schutzausrüstung und Übersicht. In jedem der Unterpunkte können detaillierte Informationen abgelegt werden. Ist diese Gliederung zu fein oder nicht detailliert genug, kann dies im Customizing verändert werden.

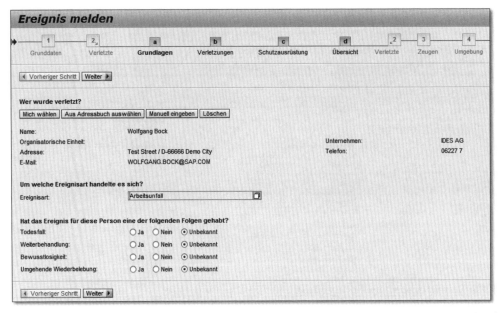

Abbildung 9.5 Unterteilung der Eingabemöglichkeiten für die verletzte Person

Wie bereits aus dem alten Unfallmanagement bekannt, besteht eine Integration zur Instandhaltung, sodass Gebäude, technische Plätze etc. direkt eingegeben werden können, wenn sie angelegt sind. Gleiches gilt für Gerätschaften, die in Ihrem Unternehmen bekannt sind, wie Gabelstapler, Fahrzeuge etc. Beteiligte Fahrzeuge, die in Ihrem Unternehmen nicht definiert sind, wie es üblicherweise bei Verkehrsunfällen außerhalb des Werksgeländes der Fall ist, können schnell und vollständig ergänzt werden – wir haben dies schon für die Eingabe von Personendaten beschrieben.

9.2.2 Vorfallbearbeitung und -untersuchung

Unabhängig vom gewählten Eingangskanal wird durch die Initialerfassung eines Vorfalls (also entweder dem Speichern oder dem Abschicken des SAP Interactive Form-Formulars) ein Workflow gestartet. Der entsprechend zuständige Sachbearbeiter bekommt den neuen Vorfall im Arbeitsvorrat angezeigt. Die Konfiguration des Workflows erlaubt auch, dass z.B. bei schwerwiegenden Ereignissen mehrere Mitarbeiter in Ihrem Unternehmen per E-Mail oder SMS automatisch informiert werden (z.B. bei einem Todesfall aufgrund eines Unfalls).

Der entsprechende Vorfallmanager prüft die vorhandenen Daten auf Vollständigkeit ab und recherchiert gegebenenfalls fehlende Informationen wie den Ort des Geschehens. Er ergänzt z.B. auch die Zuordnung zu Unfallgruppen oder zu den entsprechenden Vorschriften:

▶ Unfälle müssen Vorschriften, wie z.B. in Deutschland der BG-Unfallanzeige oder in den USA den OSHA-Regularien, zugeordnet werden. Entsprechend des Unfallorts werden im Hintergrund bereits die notwendigen Berichte und die dafür notwendigen Datenfelder ausgewählt und erstellt.

▶ Dann müssen Vorfälle auch der entsprechenden Gruppe zugeordnet werden, z.B. Arbeitsunfall, Behördliche Benachrichtigungen (Notice of Violation) oder Freisetzung von Stoffen. Diese Gruppen können im Customizing geändert und neu definiert werden. Je nach Gruppe werden dann mehrere automatisch erscheinende Reiter zugeordnet. Als Beispiel hierfür mag die Freisetzung eines Stoffes dienen, der zu einer Verletzung eines Mitarbeiters führt (siehe Abbildung 9.6). Der Reiter FREISETZUNGEN erscheint nur, weil dieser Vorfall der entsprechenden Gruppe zugeordnet worden ist.

Abbildung 9.6 Beispiel für die Erfassung einer Freisetzung

Die Funktionalitäten rund um die verunfallte Person sind im Vergleich zum alten Unfallmanagement deutlich erweitert worden. So können für die verunfallte Person nun Abwesenheiten und Einschränkungen erfasst werden (z.B. kein Heben von Lasten über einen bestimmten Wert über einen Zeitraum von x Wochen etc.). Wenn es unfallbedingt zu Abwesenheiten eines Mitarbeiters kommt, gibt es – je nach den Vorgaben in Ihrem Unternehmen – verschiedene Möglichkeiten der Datenerfassung:

▶ Der Unfallsachbearbeiter kann schon von der Personalabteilung angelegte Abwesenheiten direkt zuordnen.

▶ Der Unfallsachbearbeiter kann einen Workflow an die Personalabteilung generieren, damit eine entsprechende Abwesenheit angelegt wird.

▶ Der Unfallsachbearbeiter ist befugt, die Abwesenheit direkt im HR-System, etwa SAP ERP HCM, anzulegen.

Für den Fall, dass weitere Informationen, z.B. von einem Zeugen, benötigt werden, kann vom Vorfallmanager ein sogenannter Anfrageprozess angestoßen werden. Abhängig von den gemachten Angaben zum Vorfall und den zu beachtenden Vorschriften, die während der Vorfallbearbeitung eingegeben worden sind, kann über SAP Business Workflow eine E-Mail erzeugt werden, die an die dem Zeugen zugeordnete E-Mail-Adresse gesandt wird. Dabei werden die richtige Sprache und das entsprechende Formblatt (SAP Interactive Forms by Adobe) ausgewählt. Sobald die E-Mail versendet wird, ändert sich der Status für diese Person auf WARTET AUF RÜCKMELDUNG. Dieser Status wird angezeigt, wenn die Daten für den betroffenen Zeugen aufgerufen werden.

Die angeschriebene Person erhält die E-Mail mit dem auszufüllenden Formblatt als Anlage. Nach dem Ausfüllen wird das Formblatt wieder über die Schaltfläche SENDEN an den Absender zurückgesendet.

Die eingegangene E-Mail erscheint wieder im Arbeitsvorrat des Sachbearbeiters zur weiteren Bearbeitung. An dieser Stelle können die Informationen entweder vollautomatisch übernommen werden oder der Sachbearbeiter prozessiert die eingegangenen Informationen manuell.

Wenn alle Informationen vorliegen, können die entsprechenden Dokumente an die Behörden übergeben werden. Dazu erzeugt das System die notwendigen Dokumente basierend auf den eingegebenen Daten.

Abbildung 9.7 zeigt eine mögliche deutsche BG-Unfallanzeige, die erstellt werden muss, wenn es zu einem betrieblichen Unfall mit Personenschaden gekommen ist. Sie wird vollständig aus dem SAP-System heraus erstellt, d.h. auch der Vordruck selbst ist bereits im System hinterlegt. Die Abbildung stellt nur ein Beispiel dar. Dass nicht alle Felder gefüllt sind, liegt an den nicht vollständig gepflegten Daten zu diesem Personen-Schadensereignis.

UNFALLANZEIGE

1 Name und Anschrift des Unternehmens
IDES AG Lyoner Straße D-60070 FRANKFURT

2 Unternehmensnummer des Unfallversicherungsträgers

| 1 | 7 | 2 | 6 | 4 | 3 | 5 | 5 | | | |

3 Empfänger

4 Name, Vorname des Versicherten	5 Geburtsdatum	Tag	Monat	Jahr
Rieder,Michael		1 0	0 5	1 9 5 9

6 Straße, Hausnummer	Postleitzahl	Ort
Bergstraße 223	7 9 0 0 3	Ludwigsburg

7 Geschlecht	8 Staatsangehörigkeit	9 Leiharbeitnehmer
[X] männlich ☐ weiblich	deutsch	☐ ja [X] nein

10 Auszubildender	11 Ist der Versicherte	☐ Unternehmer	☐ Ehegatte des Unternehmers
☐ ja [X] nein		☐ mit dem Unternehmer verwandt	☐ Gesellschafter/Geschäftsführer

12 Anspruch auf Entgeltfortzahlung besteht für [0] Wochen	13 Krankenkasse des Versicherten (Name, PLZ, Ort) Techniker Krankenkasse

14 Tödlicher Unfall?	15 Unfallzeitpunkt				16 Unfallort (genaue Orts- und Straßenangabe mit PLZ)
☐ja ☐nein	Tag Monat 2 5 1 1	Jahr 2 0 1 1	Stunde 1 0	Minute 0 0	.

17 Ausführliche Schilderung des Unfallhergangs (Verlauf, Bezeichnung des Betriebsteils, ggf. Beteiligung von Maschinen, Anlagen, Gefahrstoffen)

Die Angaben beruhen auf der Schilderung ☐ des Versicherten [X] anderer Personen

18 Verletzte Körperteile	19 Art der Verletzung
	Verletzung

20 Wer hat von dem Unfall zuerst Kenntnis genommen? (Name, Anschrift des Zeugen)	War diese Person Augenzeuge?
Wolfgang Bock Test Street / D-66666 Demo City	[X] ja ☐ nein

21 Name und Anschrift des erstbehandelnden Arztes/Krankenhauses	22 Beginn und Ende der Arbeitszeit des Versicherten
		Stunde Minute		Stunde Minute
	Beginn 0 0 0 0 Ende 0 0 0 0

23 Zum Unfallzeitpunkt beschäftigt/tätig als	24 Seit wann bei dieser Tätigkeit?	Monat	Jahr
Sachbearbeiter		1 1	1 9 9 6

25 In welchem Teil des Unternehmens ist der Versicherte ständig tätig?
TS Meldungsannahme (D)

26 Hat der Versicherte die Arbeit eingestellt? [X] nein ☐ sofort	später, am	Tag 0 0	Monat 0 0	Stunde 0 0

27 Hat der Versicherte die Arbeit wieder aufgenommen? ☐ nein ☐ ja, am	Tag 0 0	Monat 0 0	Jahr 0

01.12.2011			06227 7
28 Datum	Unternehmer/Bevollmächtigter	Betriebsrat (Personalrat)	Telefon-Nr. für Rückfragen (Ansprechpartner)

U 1000 0802 Unfallanzeige - Neufassung ab 01.08.2002 -

Abbildung 9.7 Beispiel einer BG-Unfallanzeige für Deutschland

In Abbildung 9.8 sehen Sie den gleichen Unfall wie in Abbildung 9.7, nur wurde hier der US-amerikanische Gültigkeitsbereich zugeordnet. Das System erzeugt dann den für die dort gültigen Regularien notwendigen Bericht. In diesem Fall ist das der »OSHA 301 Injury and Illnesses Incident Report«. Bezüglich der Erstellung und der Vollständigkeit des Berichts gilt das Gleiche wie für Abbildung 9.7 beschrieben.

Die Beispiele in den Abbildungen 9.7 und 9.8 sollen die Möglichkeiten des neuen Vorfallmanagements in Bezug auf die Erstellung von Dokumenten darstellen. Selbstverständlich können weitere Berichte für andere Länder oder Gesetzesräume über das Customizing hinzugefügt werden.

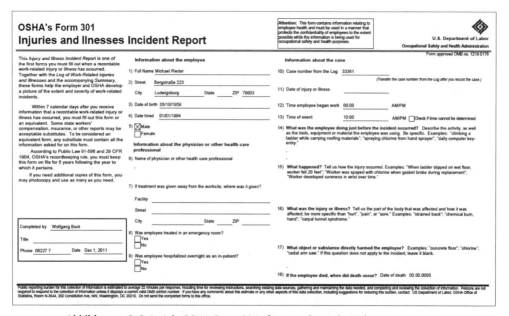

Abbildung 9.8 Beispiel »OSHA Form 301« für amerikanische Belange

Damit sind die wesentlichen Teile der Vorfallerfassung abgeschlossen.

Wenn ein Mitarbeiter in der Vorfallbearbeitung seinen aktuellen Stand sehen möchte, ist dies über die Arbeitsübersicht möglich, von der in die einzelnen Vorgänge durch Doppelklick abgesprungen werden kann. Eine mögliche Übersicht zeigt Abbildung 9.9.

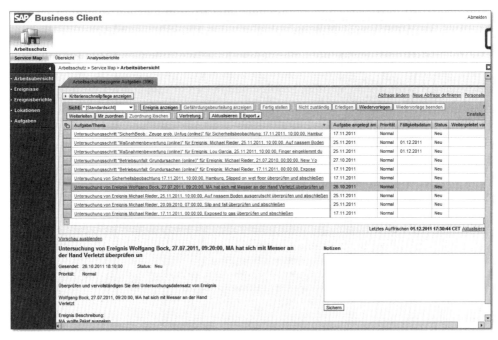

Abbildung 9.9 Arbeitsübersicht für einen Vorfallsachbearbeiter

Es gibt sicherlich noch viele weitere Details, die mit dem neuen Vorfallmanagement verbessert worden sind, wir möchten an dieser Stelle aber die Datenerfassung abschließen. Wir gehen nun auf Möglichkeiten der Auswertungen von Vorfällen ein, die ebenfalls deutlich überarbeitet worden sind und verbessert auf die bereits integrierten Möglichkeiten in SAP ERP zugreifen.

9.3 Änderungen im Customizing

Das Unfallmanagement wurde auf der Basis der Spezifikationsdatenbank (siehe Kapitel 2, »Spezifikationsverwaltung – die Basis von SAP EHS Management und der Produktsicherheit«) entwickelt. Das neue Vorfallmanagement ist eine vollständige Eigenentwicklung. Abbildung 9.10 zeigt den neuen Aufbau der Struktur im Customizing (Transaktion SPRO).

Begrifflichkeit [+]

Entgegen allen anderen Veröffentlichungen wird im Customizing leider wieder von »Unfallmanagement« gesprochen.

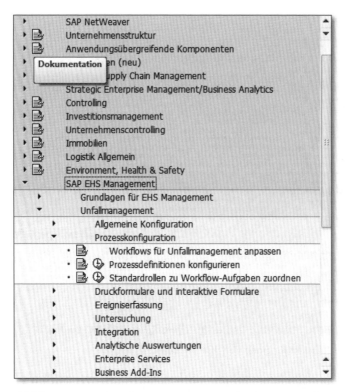

Abbildung 9.10 Grobstruktur des Customizings für das neue Vorfallmanagement

Der wichtigste Unterschied, der sich aus der Neuentwicklung des Vorfallmanagements ergibt, ist, dass sämtliche Felder, hinter denen Auswahlmengen hinterlegt sind, nicht mehr auf dem Phrasenmanagement (siehe Abschnitt 2.7) basieren, sondern die Eingabemöglichkeiten direkt im Customizing angelegt werden.

In Abbildung 9.11 sehen Sie, wie diese neuen Auswahlhilfen angelegt werden. Wenn ausschließlich die Spalte BESCHREIBUNG (XS) gefüllt ist, dient dies zur Strukturierung und ist kein Element, das in dem entsprechenden Feld bei der Eingabe verwendet werden kann.

Die notwendigen Übersetzungen werden dabei über den bekannten Weg SPRINGEN • ÜBERSETZUNGEN aufgerufen und können dann in den einzelnen Sprachen eingepflegt werden.

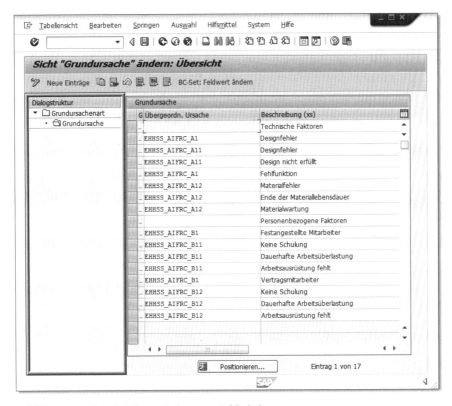

Abbildung 9.11 Beispiel für die Anlage von Feldinhalten

Migration vom »alten« Unfall- zum »neuen« Vorfallmanagement

Aufgrund des vollständig neuen Aufbaus ist eine Migration vom alten Unfall-management auf das neue Vorfallmanagement eine größere Herausforde-rung. Für die kommenden Release-Stände ist hier eine Migrationsunterstüt-zung geplant. Nach derzeitigem Kenntnisstand ist eine Umstellung zu einem bestimmten Stichtag vom alten auf das neue System die Variante, die den geringsten Aufwand und die sicherste Methode darstellt.

9.4   Reporting

Vollständig neu gestaltet und in die bestehenden Möglichkeiten von SAP ERP ist das Reporting eingebettet worden. Zum einen ist die Anbindung an SAP NetWeaver Business Warehouse (BW) deutlich erweitert worden, zum ande-ren sind jederzeit Ad-Hoc-Berichte über SAP BusinessObjects Dashboards (ehemals Xcelsius) möglich. Dashboards kann sowohl für das Vorfallmanagement wie auch für das Monitoring der EHS-Prozesse verwendet werden.

Abbildung 9.12 zeigt die wichtigsten Fragestellungen, die mit Dashboards für den Bereich des Vorfallmanagements bereits im Auslieferungsstandard abgebildet sind. Wie üblich besteht auch hier die Möglichkeit, weitere unternehmensspezifische eigene Abfragen einzuhängen.

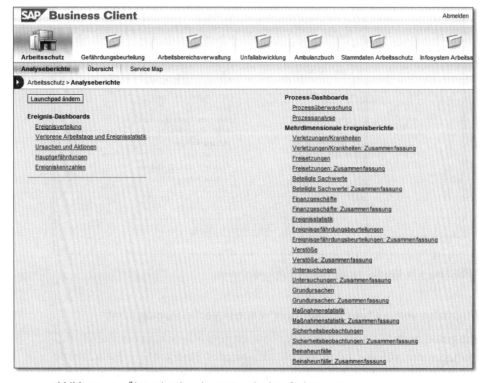

Abbildung 9.12 Übersicht über die im Standard verfügbaren Auswertungen

Dabei gibt es an fast allen Stellen die Möglichkeit, aus Dashboards in die einzelnen Vorgänge abzuspringen (Drill-down-Funktionalität).

Bereits in der Standardauslieferung sind über 20 Auswertungen vorgefertigt, die mittels des Business Explorer (BEx) Web Analyzers realisiert wurden. Auch hier möchten wir Ihnen die wichtigsten Funktionalitäten vorstellen. BEx ermöglicht Folgendes:

▸ das eigenhändige Zusammenstellen der Grafiken gemäß den eigenen Vorstellungen (Slice & Dice)

▸ die mehrdimensionale Analyse der Daten

- die vollständige Integration nach Microsoft Excel® inklusive Export-Funktionalität

- die Möglichkeit, die Daten zu aggregieren, zu personalisieren und zu speichern

- die fertigen Reports direkt per E-Mail oder in das Portal zu publizieren

- unterschiedliche Währungen automatisch ineinander umzurechnen (z.B. € nach $)

Es stehen Ihnen als Benutzer somit alle Funktionalitäten zur Verfügung, um entsprechende Berichte für die Unternehmenshierarchie oder die Öffentlichkeit zu erstellen.

Zum Abschluss möchten wir Ihnen einige Graphiken von möglichen Auswertungen zeigen:

Die Auswertung in Abbildung 9.13 ist aus versicherungstechnischen Gründen von großer Bedeutung. Je besser Ihre Maßnahmen zur Verhütung von Ereignissen sind, die Ausfalltage oder berufsbedingte Krankheiten verursachen, desto geringer sind die Prämien, die ein Unternehmen zu zahlen hat.

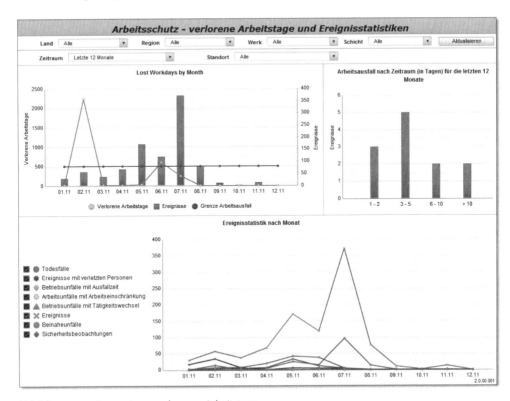

Abbildung 9.13 Auswertung verlorener Arbeitstage

Die in Abbildung 9.14 abgebildeten Ereigniskennzahlen sind eine andere Art der Auswertung, die für Ihre Vorfall-Performance von Bedeutung ist. Sie zeigt speziell die im deutschen Raum wichtigen Kennzahlen, die oft auch in Unternehmensberichten ihren Niederschlag finden. Dazu zählen die 1.000-Mann-Quote oder 1.000.000-Stunden-Quote, die Sie im oberen Teil der Abbildung sehen, oder die Anzahl der meldepflichtigen Ereignisse pro Monat (z. B. nach der Störfallverordnung), die Sie in der unteren linken Graphik sehen.

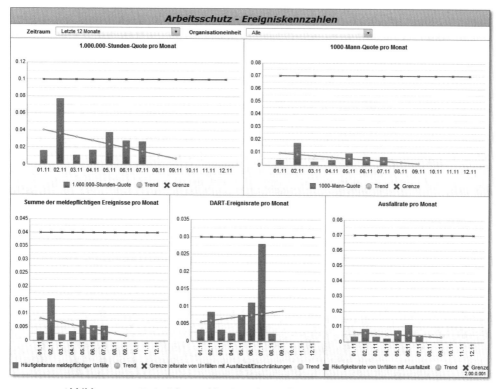

Abbildung 9.14 Ereigniskennzahlen im Arbeitsschutz

Um zu identifizieren, welche Risiken vorherrschend sind, und um damit die Aktivitäten zu priorisieren, hilft Ihnen z. B. die Verteilung von bestimmten Ereignissen (siehe Abbildung 9.15). Wie Sie diese gruppieren, d. h. was in welcher Gruppe einsortiert wird, legen Sie im Customizing fest. Diese Art der Auswertung kann Sie dabei unterstützen, zum einen zu identifizieren, wo die höchsten Risiken in Ihrem Unternehmen liegen, und zum anderen herauszufinden, wie Sie die Aufgaben der Arbeitsschützer lenken, um Risiken schnellstmöglich zu minimieren bzw. vollständig zu eliminieren.

Die vollständige Erfassung von Unfällen, Beinaheunfällen und Sicherheitsbeobachtungen erlaubt Ihnen im Nachgang, die vorhandenen Ressourcen so effektiv wie möglich für die Prävention einzusetzen. Damit schließt sich der Kreis wieder zu den zu Anfang des Kapitels genannten Möglichkeiten für den Einsatz des neuen Vorfallmanagements.

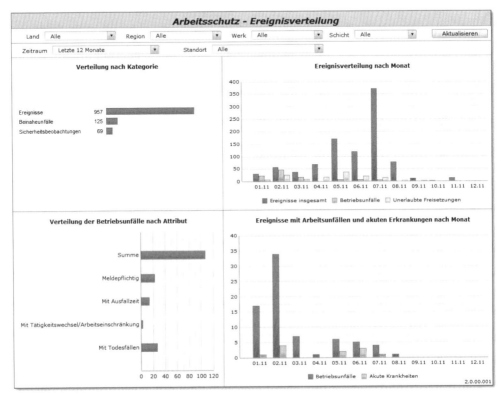

Abbildung 9.15 Verteilung von verschiedenen Ereignissen

9.5 Fazit

SAP hat mit dem neuen Vorfallmanagement eine vollständig überarbeitete Version des »alten« Unfallmanagements zur Verfügung gestellt. Von besonderem Interesse für den Benutzer sind die deutlich erweiterten Möglichkeiten, um Daten automatisiert in das System zu bringen, unter Nutzung der neuen Medien und hier besonders der SAP Interactive Forms-Technologie. Diese Möglichkeiten erlauben eine zeitgemäße Interaktion mit allen Beteiligten über das Web oder per E-Mail. Dies wiederum erlaubt die immer wichtiger werdende Kommunikation mit Beteiligten außerhalb des eigenen Unternehmens und kann dazu beitragen, die Bearbeitung eines Vorfalls deutlich zu beschleunigen und somit Schäden in Bezug auf Kosten und Image vom Unternehmen fernzuhalten.

Die Diagnose »Staublunge« ist schon seit 3.500 Jahren bekannt.
Heute müssen Belastungen im Arbeitsleben, wenn sie nicht
vermeidbar sind, in ihren Auswirkungen auf Mitarbeiter überwacht
werden. Ziel ist es, Gesundheitsschäden und Kosten zu vermeiden.

10   Arbeitsmedizin

Das Kapitel zur Arbeitsmedizin befasst sich mit dem gleichnamigen Teil-modul von SAP EHS Management (OH, Occupational Health). Es beschreibt, wie die betriebliche und gesetzliche Notwendigkeit, Arbeitsmedizin zu betreiben und Vorsorgeuntersuchungen für die Mitarbeiter zu organisieren und dokumentieren, mit Unterstützung des Moduls OH in SAP EHS Management abgebildet werden kann.

[+]

Abgrenzung zur Industriesolution SAP for Healthcare

Das Modul »Arbeitsmedizin« dient der betrieblichen ärztlichen Versorgung von Mitarbeitern und der Planung von Vorsorgeuntersuchungen, auch unter Einbeziehung des Betriebs- und Mitarbeiterkalenders. Funktionalitäten zur Organisation der medizinischen Abteilung, die über eine einfache Terminplanung planbarer Untersuchungen hinausgehen und Funktionen zur Abrechnung medizinischer Leistungen beinhalten (etwa gemäß dem Leistungskatalog der gesetzlichen Krankenkassen), sind aber der Branchenlösung SAP for Healthcare vorbehalten.

10.1   Rechtlicher Hintergrund

Arbeitsmedizin umfasst als präventivmedizinisches Fach einerseits die Wechselbeziehungen zwischen Arbeit und Beruf sowie andererseits zwischen Gesundheit und Krankheiten. Die Arbeitsmedizin hat die folgenden Aufgaben bzw. Ziele[1]:

▸ Förderung der Gesundheit und Leistungsfähigkeit des arbeitenden Menschen

---

1 Quelle: §3 des Gesetzes über Betriebsärzte, Sicherheitsingenieure und andere Fachkräfte für Arbeitssicherheit vom 12. Dezember 1973 (BGBl. I S. 1885), das zuletzt durch Artikel 226 der Verordnung vom 31. Oktober 2006 (BGBl. I S. 2407) geändert worden ist.

▸ Vorbeugung, Erkennung, Behandlung und Begutachtung arbeits- und umweltbedingter Erkrankungen und Berufskrankheiten

▸ Verhütung arbeitsbedingter Gesundheitsgefährdungen einschließlich individueller und betrieblicher Gesundheitsberatung

▸ Vermeidung von Erschwernissen und berufsfördernde Rehabilitation

Exkurs: Staublunge, Bergsucht und Schneeberger Krankheit

Eine der bekannteren arbeitsmedizinischen oder auch Berufskrankheiten ist die Staublunge, die schon im Papyrus Ebers (1500 v. Chr.) beschrieben wird. Die Staublunge war im alten Ägypten offensichtlich eine häufige Erkrankung bei Steinmetzen, die die Steine für die monumentalen Bauten wie Pyramiden und Tempel bearbeiteten. Auch der altgriechische Arzt und Namensgeber des Hippokratischen Eides, Hippokrates (460–377 v. Chr.), betonte schon, dass bei der Erstellung der Anamnese (Erhebung der Krankengeschichte) sehr genau auf berufliche Einflussfaktoren zu achten sei.

Zu Beginn der Neuzeit stellte Paracelsus (1493–1541) den Zusammenhang zwischen dem Beruf des Bergarbeiters und seiner Erkrankung her, die sie »Bergsucht« nannten. Bergsucht dürfte ein Sammelbegriff chronischer arbeitsbedingter Lungenerkrankungen gewesen sein, wie die Staublunge oder die sogenannte Schneeberger Krankheit. Mit letzterer ist der Lungenkrebs gemeint, der durch den hohen Gehalt von radioaktivem Radon in der Luft verursacht wird. Radon wurde beim Abbau der uranhaltigen Erze im Schneeberger Revier frei und führte zur Einführung entsprechender Grenzwerte für den Radongehalt in der Luft der Minen. Mit den Grenzwerten wurden auch entsprechende Vorsorgeuntersuchungen bei den Arbeitnehmern eingeführt.

Der gesetzliche Arbeitsschutz entwickelte sich, basierend auf und in Wechselwirkung mit arbeitsmedizinischen Erkenntnissen, in Deutschland ab 1839 mit dem ersten Arbeitsschutzgesetz in Preußen[1]. In den USA setzte diese Entwicklung um 1867 in Massachusetts durch das Amt für Fabrikinspektion ein. 1877 folgte ein erstes Arbeitsschutzgesetz für die Textilindustrie, bis 1900 gab es in allen Staaten der USA eine Gesetzgebung für Arbeitsschutz und Arbeitsmedizin.

Bismarck hatte in dieser Zeit mit dem Unfallversicherungsgesetz von 1884, das auch die Berufsgenossenschaften schuf – die bis heute in Deutschland die Arbeitsmedizinischen Vorsorgeuntersuchungen definieren –, schon eine weitere Säule der gesetzlichen Grundlagen für Arbeitsschutz und Arbeitsmedizin geschaffen.

1929 wird dann der Begriff *Arbeitsmedizin* von der »ständigen Kommission für Berufskrankheiten und Arbeitshygiene« der Weltgesundheitsorganisation WHO in den offiziellen Sprachgebrauch eingeführt.

---

1 Siehe hier und im Folgenden: Wikipedia Eintrag »Arbeitsmedizin« und die damit verlinkten Dokumente.

In der Bundesrepublik Deutschland wurde das Fundament der heutigen Rechtslage mit dem »Gesetz über Betriebsärzte, Sicherheitsingenieure und andere Fachkräfte für Arbeitssicherheit« vom 12.12.1973 gelegt. Dieses Gesetz wurde zuletzt mit den EU-Richtlinien 2006/15/EG und 2006/25/EG angepasst. Auf europäischer Ebene ist die Arbeitsmedizin in der Richtlinie 89/391/EWG und ihrer Einzelrichtlinien geregelt.

Weiterführende Richtlinien oder Details zu den gesetzlichen Grundlagen werden in der Regel von öffentlich-rechtlichen Instituten auf Landesebene ausgegeben bzw. geregelt. Im deutschsprachigen Raum sind hier die Schweizerische Unfallversicherungsanstalt (SUVA) und die Bundesanstalt für Arbeitsschutz und Arbeitsmedizin (BAuA) zu nennen.

Gemäß dem oben genannten Gesetz vom 12.12.1973 haben der Betriebsarzt und damit auch die Arbeitsmedizin folgende Aufgaben:

1. Beratung in Fragen des Arbeitsschutzes und der Unfallverhütung

2. Arbeitnehmer zu untersuchen und arbeitsmedizinisch zu beurteilen und zu beraten sowie die Untersuchungsergebnisse zu erfassen und auszuwerten

3. die Durchführung des Arbeitsschutzes und der Unfallverhütung zu beobachten und neben den Fragen des technischen Arbeitsschutzes die Ursachen von arbeitsbedingten Erkrankungen zu untersuchen

4. darauf hinzuwirken, dass die Anforderungen des Arbeitsschutzes und der Unfallverhütung eingehalten werden und bei der Schulung und Einsatzplanung der medizinischen Helfer mitzuwirken

Im Modul »Arbeitsmedizin« (OH) sind im Wesentlichen die Punkte 2 und 4 abgebildet und zwar zum einen als Vorsorgeuntersuchung und zum anderen als Ambulanzbuch. Alle ärztlichen Untersuchungsergebnisse werden zudem über den sogenannten Medizinischen Service dokumentiert, dem zentralen Datenobjekt der Arbeitsmedizin. Den Medizinischen Service bearbeiten Sie im Modul »Arbeitsmedizin«, z.B. über die Transaktion EHSAMBTAET.

Die Punkte 1 und 3 werden über die Begehung im Arbeitsschutzmodul abgebildet.

Die von Punkt 2 abgeleiteten Vorsorgeuntersuchungen, die in Deutschland auf der »Verordnung zur arbeitsmedizinischen Vorsorge« (ARbMedVV) beruhen, aber weltweit üblich sind, sind in der Regel durch drei Dinge gekennzeichnet:

- ▶ die auslösende berufliche Belastung für die Untersuchung
- ▶ die zu untersuchenden Parameter
- ▶ ein Wiederholungsrhythmus der Untersuchung

[zB] | **Vorsorgeuntersuchung bei einer medizinischen Röntgenassistentin**

Beim Röntgen liegt die berufliche Belastung auf der Hand: berufliche Belastung mit ionisierenden Strahlen (hier Röntgenstrahlen). Der Gesetzgeber fordert hier in der Röntgenverordnung jedes Jahr eine vorbeugende Untersuchung. Was untersucht wird, richtet sich nach Art und Ort der Strahlenbelastung.

Diese drei Punkte finden sich ebenfalls in den Grunddaten der Arbeitsmedizin in SAP EHS Management wieder. Wobei die Belastung über den Arbeitsschutz und, genauer gesagt, über die Zuordnung der Belastung zum Arbeitsbereich (dem dann auch der Arbeitnehmer zugeordnet wird) definiert wird.

10.2 Überblick: Integration, Prozesse und Rollen

Grundsätzlich strebt das Modul OH eine volle Integration in die weiteren Submodule von SAP EHS Management und darüber hinaus in die Personalwirtschaft – SAP ERP Human Capital Management (HCM) – und das Organisationsmanagement an. Hierzu werden die entsprechenden Daten gelesen und ausgewertet:

▸ Belastungen als auslösende Faktoren für Vorsorgeuntersuchungen werden in der Spezifikationsdatenbank gepflegt.

▸ Arbeitsbereiche werden im Arbeitsschutz definiert, ebenso die Zuordnung zwischen Belastung und Arbeitsbereich sowie zwischen Arbeitsbereich und z. B. Planstelle aus dem Organisationsmanagement.

▸ Der Mitarbeiter, sofern es sich um keinen externen Mitarbeiter handelt, wird im Personalstamm definiert.

Ziel ist es immer, möglichst alle Daten aus dem ERP-System zu nutzen.

Im Modul OH gibt es drei grundlegende Prozesse, die im nachfolgenden Text einzeln erläutert werden:

▸ Planung von Medizinischen Services/die Auswahl von Mitarbeitern für Vorsorgeuntersuchungen

▸ Durchführung von Medizinischen Services, worunter die Vorsorgeuntersuchungen selbst, Impfungen oder auch Kurzkontakte (mit dem Arzt) fallen

▸ Führung des Ambulanzbuchs

Ärzte werden in der Arbeitsmedizin, sofern sie Mitarbeiter des Unternehmens sind, über ihre HCM-Personalnummer identifiziert. Externe Ärzte werden in älteren Versionen als Business Partner anwendungsübergreifend in der Transaktion BP (Business Partner), in aktuellen Versionen werden externe Ärzte über die Transaktion CBIHT2 gepflegt.

Patienten, sofern sie Mitarbeiter sind, werden ebenfalls über ihre Personalnummer aus HCM identifiziert. Patienten, die keine Mitarbeiter sind, werden in älteren Versionen der Arbeitsmedizin ebenfalls als Business Partner angelegt. In der aktuellen Version können Patienten einfach über die Transaktion CBIHT1 angelegt werden. Bewerber sollten wie Mitarbeiter über HCM erfasst werden.

Im medizinischen Zentrum werden die medizinischen Untersuchungen durchgeführt. Dabei ist wichtig, dass das Zentrum eine physische Adresse hat. Medizinische Zentren werden in der Transaktion CBIHT3 angelegt/gepflegt, die letztlich die Anlage eines Geschäftspartners mit der Rolle MEDIZINISCHES ZENTRUM in der Transaktion BP kapselt.

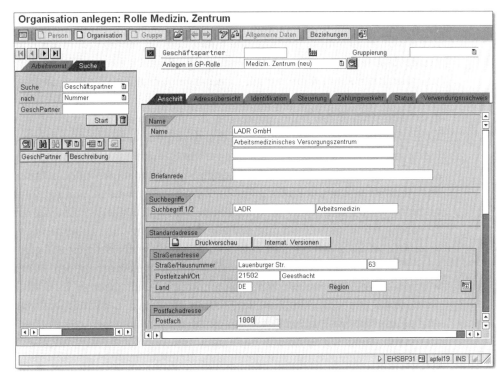

Abbildung 10.1 Bearbeitung einer Laborgemeinschaft als Dienstleister/Business Partner in SAP für das Modul »Arbeitsmedizin«

Abbildung 10.1 zeigt die Bearbeitung eines Medizinischen Zentrums (hier einer Laborgemeinschaft) in der Transaktion BP (Business Partner). Bei der

Erfassung eines Medizinischen Zentrums geht es, wie zu sehen ist, um die Erfassung des Medizinischen Zentrums als Ort, wo medizinische Leistungen erbracht werden.

10.3   Datenschutz- und Datensicherheitsanforderungen

Die Anforderungen an die Datensicherheit im Bereich der Arbeitsmedizin sind außerordentlich hoch.

Da die Untersuchungsergebnisse dazu bestimmt sind, »normale« Erkrankungen des Arbeitnehmers von berufsbedingten Erkrankungen zu unterscheiden, ist es sehr wichtig, die zeitliche Abfolge von Belastungen, körperlichen Veränderungen und Erkrankungen zu dokumentieren. Die Untersuchungsergebnisse aus der Zeit des Berufsstarts des Arbeitnehmers müssen daher auch am Ende seiner beruflichen Laufbahn zur Verfügung stehen. Daher schreibt z.B. die Schweizerische Unfallversicherungsanstalt (SUVA) eine Aufbewahrungszeit der Untersuchungsergebnisse von mindestens 40 Jahren vor. In der Bundesrepublik fehlt eine gesetzliche Festlegung, dennoch muss auch hier von einer ähnlichen Aufbewahrungszeit ausgegangen werden, da die Fragestellung dieselbe ist: Ist die Erkrankung des Arbeitnehmers berufsbedingt oder »normal«? Hinsichtlich des Datenschutzes in der Arbeitsmedizin gibt es wenige konkrete gesetzliche Vorgaben, außer der, dass die Speicherung persönlicher Daten die Zustimmung der Betroffenen voraussetzt und damit in der Regel die Zustimmung des Betriebsrats[1]. Grundsätzlich müssen die persönlichen Daten des Mitarbeiters vor unberechtigtem Zugriff geschützt werden, was natürlich im besonderen Maße für die medizinischen Daten gilt. Daher wird häufig das Personalwirtschaftssystem vom übrigen ERP-System des Unternehmens getrennt. Auf diese Weise soll ein missbräuchlicher Zugriff erschwert und gegebenenfalls durch eine getrennte Systembetreuung abgesichert werden. Damit wäre das HCM-System eigentlich geeignet für die Arbeitsmedizin. Es ist aber dennoch davon auszugehen, dass das Missbrauchspotenzial und das Schutzbedürfnis arbeitsmedizinischer Daten vor einem missbräuchlichen Zugriff durch die Personalabteilung besonders hoch ist.

Wie Sie sehen, steht dem integrativen Ansatz des Moduls »Arbeitsmedizin« das Schutzbedürfnis der Daten gegenüber.

---

1 Siehe § 94 BetrVG, Zwingende Mitbestimmung des Betriebsrats bei der Erfassung personenbezogener Daten.

Das Modul »Arbeitsmedizin« wie auch das SAP-System als solches bieten hier eine breite Palette von Schutzmöglichkeiten der Daten an. Die Spanne reicht vom Berechtigungskonzept und der Verschlüsselung der medizinischen Daten in den Tabellen bis dahin, die Arbeitsmedizin als Standalone-System zu betreiben, in das benötigte integrative Daten wie Personalstammsätze über eine ALE-Verbindung aus dem Quellsystemen gelangen. Dazwischen gibt es die Möglichkeit, die medizinischen Daten auf einem separaten, vom übrigen System getrennten System zu verwalten, und nur die integrativen Funktionen auf dem integrierten System zu benutzen. Zudem haben Sie an vielen Stellen durch Sperrkennzeichen bzw. Status die Möglichkeit, Änderungen und/oder Bearbeitungen von Daten teilweise oder ganz zu sperren. Auf diese Weise können Sie eine nachträgliche Änderung von Daten trotz entsprechender Berechtigungen verhindern.

Medizinische Daten in diesem Buch	**[+]**
Über die medizinische Datenverarbeitung zu schreiben ohne medizinische Daten zu zeigen, ist unmöglich. Da medizinische Daten aber vielleicht die persönlichsten Daten eines Menschen sind und einem besonderen Schutz unterliegen, zeigen wir keine »realen« Systemauszüge. Die Daten in den Abbildungen dieses Kapitels stammen aus IDES-Systemen bzw. sind von den Autoren dort eingegeben worden. Es ist davon auszugehen, dass alle Daten fiktiv sind; Ähnlichkeiten zu echten Daten und realen Personen sind weder beabsichtigt noch gewollt.	

10.4   Der Medizinische Service und seine Abkömmlinge

Der Begriff *Medizinischer Service* beschreibt einen in sich abgeschlossenen Vorgang für einen Mitarbeiter/Patienten im Medizinischen Zentrum eines Betriebes, der in der gleichnamigen Transaktion gekapselt ist. Grundsätzlich ist der Medizinische Service zur Erfassung der Daten einer oder mehrerer zeitlich zusammengefasster Vorsorgeuntersuchungen gedacht. Um aber auch die anderen Vorgänge in einem Medizinischen Zentrum abzudecken, wurden als Abkömmlinge – basierend auf dem Medizinischen Service – vereinfachte Transaktionen für den Kurzkontakt und Impfungen eingeführt. Die Daten der verschiedenen Servicearten finden sich aber in denselben Tabellen wieder.

Der Medizinische Service ist auf den Patienten fokussiert, der Einstieg erfolgt allgemein über die Transaktion EHSAMBTAET – mit der Personen-ID des Patienten. Der Dialog der Transaktion teilt sich grob in drei Bereiche (siehe Abbildung 10.2):

- ▶ *Verwaltungsdaten*: Links oben ist der Medizinische Service mit Personen-/ Patientendaten sowie der Servicenummer zu finden.

- ▶ *Kritische Diagnosen*: Rechts oben sind Diagnosen zu finden, die als kritische Diagnosen gekennzeichnet sind. Diese sind im Notfall wichtig und sollen den Arzt schnell informieren.

- ▶ Die *Karteireiter* mit den Einzelinformationen zum Medizinischen Service befinden sich darunter.

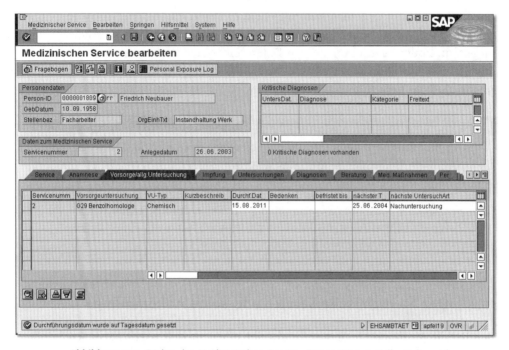

Abbildung 10.2 Dialog des Medizinischen Service, Reiter »Vorsorg/allg. Untersuchung«

Betrachten wir die einzelnen Karteireiter genauer:

- ▶ **Reiter »Service«**
  Die Karteikarte SERVICE ist eine Zusammenfassung und zeigt Ihnen neben den Verwaltungsdaten des Service auch die medizinisch wichtigen Daten, z.B. die Bezeichnung der Vorsorgeuntersuchung, Impfungen oder Kurzkontakte und die Diagnose. Die schmalen Spalten geben Hinweise auf zusätzliche Informationen, wie Katastereinträge aus dem Unfallkataster oder dem Ambulanzbuch oder auf Informationen aus anderen Registerkarten. Der hier angezeigte Status des Service bestimmt zudem, ob und wie die Daten des Service bearbeitet werden können. Abgeschlossene Services sind gegen eine weitere Bearbeitung geschützt, was der Datenkonsistenz und dem Schutz vor nachträglicher

Datenänderung oder Datenmanipulation dient. Daher ist es wichtig, dass der Status ABGESCHLOSSEN zeitnah nach dem Abschluss des Service auch tatsächlich gesetzt wird (Registerkarte ABSCHLUSS).

▶ **Reiter »Anamnese«**
Auf dieser Registerkarte werden die Ergebnisse der Befragung des Patienten bzw. auch seines sozialen Umfeldes zur Vorgeschichte der Erkrankung erfasst.

▶ **Reiter »Vorsorge/allg.Untersuchung«**
Hier finden Sie die Daten zu der/den Vorsorgeuntersuchung(-en) bzw. bei einem Service, der nicht auf einer Vorsorgeuntersuchung beruht, zur Hauptuntersuchung. Hierbei wird wiederum generell vom Dialog auf die Vorsorgeuntersuchung abgehoben, auch wenn es sich z.B. um einen ärztlichen Kurzkontakt handelt.

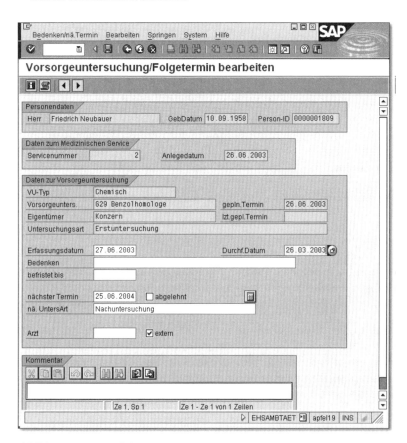

Abbildung 10.3 Detailbild der Vorsorgeuntersuchung

Wichtig ist auf dieser Registerkarte die Spalte BEDENKEN, in der der Arzt Gründe gegen eine Arbeitsaufnahme notieren kann. Sie können jede Vorsorgeuntersuchung als Zeile markieren, und durch einen Klick auf den Button DETAILS (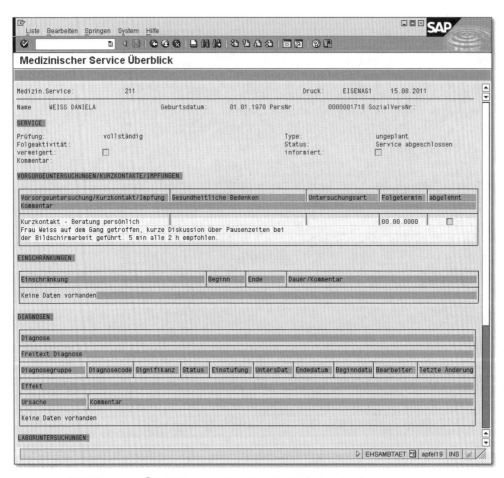) gelangen Sie dann zur Detailansicht der VORSORGE-UNTERSUCHUNG (siehe Abbildung 10.3).

Das Detailbild der Vorsorgeuntersuchung ermöglicht dem Arzt, mithilfe der Rechnerfunktion bequem den Nachfolgetermin für die nächste Untersuchung festzulegen.

Zudem kann hier ein Kommentar zur Vorsorgeuntersuchung abgelegt werden. Über den Button 🖾 bzw. die Taste F5 können Sie darüber hinaus eine Übersicht über den Medizinischen Service aufrufen. Diese liefert einen Bericht mit Informationen aus allen Registerkarten des Medizinischen Service (siehe Abbildung 10.4).

Abbildung 10.4 Überblicksreport über den Medizinischen Service

▶ **Reiter »Impfung«**

Auf diesem Reiter finden sich die Impfdaten, falls der Medizinische Service eine Impfung enthält. Die Spaltenüberschrift UNTERSUCHUNGSNAME ist nicht so genau zu nehmen; hier geht es um die Impfsituation, z.B. um eine Auffrischung nach der Erstimmunisierung.

Die im Dialog sichtbaren Ankreuzfelder haben folgende Bedeutung (im Dialog sichtbare Zeichen in fetten Buchstaben):

▶ *Pri = Privat*
Das Zeichen steht für eine private Abrechnung der Impfung.

▶ *Durc = Durchgeführt*
Das Kennzeichen steht für eine durchgeführte Impfung.

▶ *Fre = Fremd durchgeführt*
Das Kennzeichen steht für eine Impfung, die fremd durchgeführt wurde (also außerhalb des betrieblichen Rahmens).

▶ *Ab = Abgelehnt*
Das Kennzeichen steht dafür, dass eine vom Arzt empfohlene Impfung vom Patienten abgelehnt wurde.

▶ *Ext = Extern*
Das Kennzeichen gibt hier, wie auch an vielen anderen Orten an, ob die Person – hier der Arzt – von extern ist, und damit als Geschäftspartner angelegt ist. Falls das Kennzeichen nicht gesetzt ist, werden die Daten aus dem Personalstamm in SAP ERP HCM gezogen.

▶ **Reiter »Untersuchungen«**

Die Registerkarte UNTERSUCHUNGEN gibt einen Überblick über die zum Medizinischen Service gehörenden Untersuchungen (siehe Abbildung 10.5). Sie finden hier Angaben zur Untersuchung, dem Untersuchungstyp, dem Datum der Untersuchung, das Sperrkennzeichen für die Untersuchungsdaten nach Erfassung und Überprüfung und das Ergebnis der Bewertung. Auch hier gelangen Sie nach Markierung der einzelnen Untersuchungen auf ein Detailbild zur Untersuchung, das in Abhängigkeit von dem Sperrkennzeichen die Ansicht bzw. die Bearbeitung des Service erlaubt. Das Sperrkennzeichen ist hier insofern wichtig, da es die nachträgliche Veränderung von Untersuchungsergebnissen verhindert. Auf die Erfassungsmöglichkeiten von Untersuchungsergebnissen gehen wir in Abschnitt 2.1.2 genauer ein.

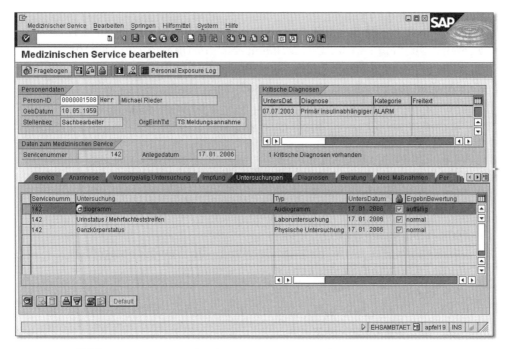

Abbildung 10.5 Medizinischer Service, Reiter »Untersuchungen«

▶ **Reiter »Diagnosen«**

Diese Registerkarte enthält alle im Laufe des Medizinischen Service gestellten Diagnosen. Wichtig ist hier die Kategorie der Diagnose. Diagnosen mit der Kategorie »Alarm« werden rechts oben in der Liste Kritische Diagnosen dargestellt. Als Beispiel für kritische Diagnosen können hier Medikamentenunverträglichkeiten abgebildet werden. Auf dem zugehörigen Datenbereich, siehe Abbildung 10.6 zur Registerkarte Diagnosen, ist eine genauere Begründung und Einstufung der Diagnose möglich.

▶ **Reiter »Beratung«**

Hier können Informationen zur Patientenberatung dokumentiert werden.

▶ **Reiter »Med. Maßnahmen«**

Die Registerkarte Med. Massnahmen ist der Reiter zur Dokumentation medizinischer Maßnahmen, wie z.B. bei Wundversorgungen oder auch bei der Ausgabe von Rezepten.

▶ **Reiter »Person«**

Diese Registerkarte fasst noch einmal alle Informationen über den Patienten zusammen. Dieser Reiter ist mit Ausnahme des Kommentarfelds zur Person schreibgeschützt.

▸ **Reiter »Einschränkungen«**

Auf dem Reiter EINSCHRÄNKUNGEN können Sie Untersuchungsergebnisse dokumentieren, die der (Arbeits-)Tauglichkeit des Patienten entgegen stehen. Dabei kann zwischen dauerhaften und befristeten Einschränkungen unterschieden werden.

▸ **Reiter »Dokumente«**

Dieser Reiter erfasst alle zum Medizinischen Service gehörenden Dokumente, z. B. Fragebögen, aber auch Untersuchungsberichte, Röntgenbilder. Die hier hinterlegten Dokumente liegen im Dokumentenverwaltungssystem (DVS) des SAP-Systems.

▸ **Reiter »Abschluss«**

Der Reiter ABSCHLUSS erlaubt es, einen Medizinischen Service abzuschließen und damit dauerhaft gegen Änderungen zu sichern. Der Reiter enthält Verwaltungsdaten zum Abschluss (Datum, abschließender Arzt) sowie zusammenfassende Informationen zur Prüfung des Service (z. B. wie und mit welchem Ergebnis die Untersuchung durchgeführt wurde und ob der Patient über das Ergebnis informiert wurde). Zudem ist es möglich, zusätzlich einen Kommentar zu verfassen.

In den nachfolgenden Unterkapiteln wird die Datenerfassung auf den wichtigsten Registerkarten beschrieben.

10.4.1 Diagnoseerfassung – Reiter »Diagnosen«

Die Diagnose ist von zentraler Bedeutung für einen Medizinischen Service, da sie die Untersuchungen abschließt bzw. aufgrund der Untersuchungsergebnisse den Status des Patienten aus medizinischer Sicht beschreibt. Aufgrund der Diagnose werden die weiteren medizinischen Maßnahmen getroffen.

Die Art/Quelle einer Diagnose hängt davon ab, wer die Diagnose stellt (z. B. der Arzt oder der Patient selbst (Selbstdiagnose)) bzw. auch auf welcher Basis und mit welcher Gewissheit die Diagnose gestellt wird.

Diagnoseart/Quelle [zB]

Ein typisches Beispiel für eine Diagnoseart ist die *Verdachtsdiagnose*, z. B. aufgrund der Anamnese (Erfassung der Vorgeschichte der Erkrankung) und des Zustands des Patienten.

Versionsabhängigkeit [+]

Die Registerkarte DIAGNOSEN wurde stark überarbeitet. Das frühere Detailbild aus dem Release R/3 Enterprise 4.7, PLM 2.0 gibt es seit ERP-Release 6.0 Erweiterungspaket 5 (EHP5) nicht mehr. Aus dem Feld ART DER DIAGNOSE wurde das Feld QUELLE.

Die Informationen zur Diagnose werden in den Feldern KATEGORIE und TYP des Reiters DIAGNOSE abgelegt, der grundsätzlich serviceübergreifend alle Diagnosen des Patienten anzeigt (siehe Abbildung 10.6). Die Werte für die Felder KATEGORIE und der TYP der Diagnose werden im Customizing definiert.

Zudem gibt es heute internationale Standards für Diagnosen, die eine Codierung der Diagnosen ermöglichen. Ein Beispiel dafür ist der ICD-10-Diagnosekatalog, der heute als Standard gilt. Der Diagnosecode aus dem Diagnosekatalog wird im Feld CODE abgelegt. Grundsätzlich ist der Diagnosecode ebenfalls im Customizing festgelegt, die Werte können aber über eine Schnittstelle importiert werden. Das Feld DIAGNOSE zeigt dann die Beschreibung des Diagnosecodes aus dem Customizing in der Anmeldesprache. Das Feld FREITEXT DIAGNOSE erlaubt es Ihnen, die Diagnose ausführlich zu beschreiben. Der Eintrag ALARM im Feld KATEGORIE wird für eine Diagnose immer dann verwendet, wenn sie als Warnhinweis für den Arzt beim Aufruf des Patienten sichtbar sein soll.

Alle weiteren angezeigten Felder dienen im Wesentlichen der Verwaltung der Diagnosen und geben z.B. an, auf welcher Untersuchung sie beruhen oder welcher Arzt sie gestellt hat.

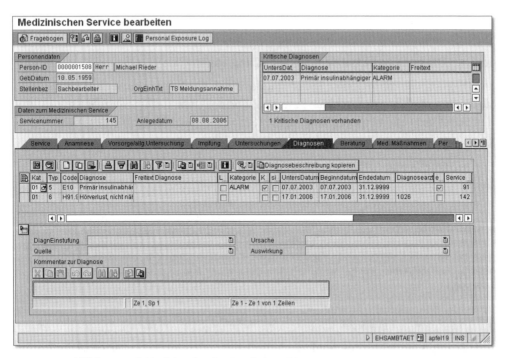

Abbildung 10.6 Medizinischer Service, Reiter »Diagnosen«

Wenn Sie eine Diagnose markieren, ist der Wechsel in die Details der Diagnose möglich. Dabei wird aber im Gegensatz zur Untersuchung kein neuer Dialog aufgerufen, sondern lediglich der untere Teilbereich des Diagnosebildschirms aktiviert. In Abbildung 10.6 ist dieser Bildschirmbereich schon zu sehen.

10.4.2 Untersuchung – Reiter »Untersuchungen«

Die Registerkarte UNTERSUCHUNGEN zeigt die Untersuchungsergebnisse zum aktuellen Medizinischen Service. Auch hier können Sie in den Detaildialog abspringen, indem Sie die betreffende Zeile markieren und den Button DETAILS ([image]) anklicken.

Der Detaildialog für die Untersuchung zeigt in dem oberen Drittel die Kopfdaten der Untersuchung und die Verbindung zum Medizinischen Service. Darunter befinden sich die drei Registerkarten der Untersuchung:

▶ **Reiter »Kopfdaten«**
Diese Registerkarte erlaubt die Pflege klassifizierender Daten zur Untersuchung. Hier geht es um die Beantwortung der W-Fragen (Was? Wer? Wann?) in Form von Untersuchungstyp (Customizing) und Untersuchung, Dienstleister, Untersuchungsdatum, Ergebnisdatum. Zusätzlich sind hier eine Ergebnisbewertung und die Eingabe eines Kommentars zum Untersuchungsergebnis möglich.

▶ **Reiter »Testergebnisse«**
Dieses Detailbild erlaubt die manuelle und maschinelle Erfassung von Testdaten der Untersuchung, sobald sie im Customizing für die Untersuchung definiert wurden. Zudem können Untersuchungswerte über ausgelieferte Funktionen (Audiogramm, Labordaten), aber auch über kundenspezifische Schnittstellen hier importiert und gegebenenfalls grafisch dargestellt werden. Die entsprechenden Funktionen werden über die Definition der Untersuchung selektiert.

▶ **Reiter »Dokumente«**
Diese Registerkarte dient der Hinterlegung von Untersuchungsergebnissen in Form von Dokumenten, z.B. durch Röntgenbilder, Ultraschallbilder oder Untersuchungsberichte beauftragter Ärzte (z.B. histologische Gutachten). Die zu hinterlegenden Dokumente müssen vorher im DVS des SAP-Systems abgelegt worden sein.

[+] **Direkter Upload von Dokumenten vom Frontend**

Eine Anpassung in der Form, dass Sie hier auch Dokumente direkt vom Frontend hochladen und ins DVS importieren können, ist als Kundenentwicklung grundsätzlich möglich und wurde schon häufiger erstellt.

Dass die hinterlegten Dokumente über die im DVS-Customizing hinterlegte Verknüpfung von Dateierweiterung und Workstation-Applikation auf dem Frontend wieder angezeigt werden können, ist selbstverständlich.

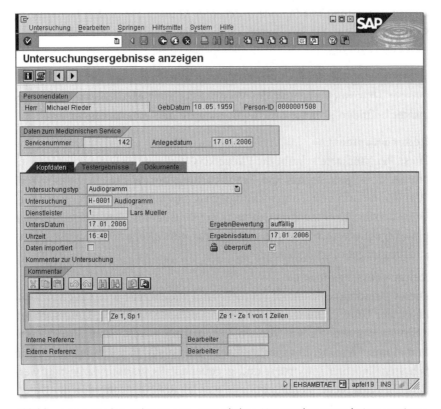

Abbildung 10.7 Medizinischer Service, Unterdialog »Untersuchungsergebnisse anzeigen«, Reiter »Kopfdaten«

Schnittstellen für Untersuchungsdaten

In der SAP-Standardauslieferung sind als Vorlage für Schnittstellen zum Upload von Untersuchungsdaten jeweils eine Schnittstelle für Audiogramme (werden bei Hörtests erstellt), für Daten von Lungenfunktionstests sowie für Labordaten enthalten.

Für andere Untersuchungstypen können folgende Funktionsbausteine der Funktionsgruppe EHS000MDATAUPL als Kopiervorlage verwendet werden:

- EHS_AUD_UPL zum Upload von Audiometerdaten
- EHS_PUL_UPL zum Upload von Lungenfunktionsdaten
- EHS_LAB_UPL zum Upload von Labordaten
- EHS_PROT_DEL zum Löschen der Protokolle zum Objekt EHS_OH_IM

Die zugrunde liegenden Schnittstellen basieren auf ASCII-Tabellen. Details hierzu finden Sie in der SAP-Online-Hilfe unter *http://help.sap.com/erp2005_ehp_05/helpdata/de/a5/596d36f74c7505e10000009b38f839/frameset.htm*. Abbildung 10.8 zeigt die Daten eines importierten Audiogramms.

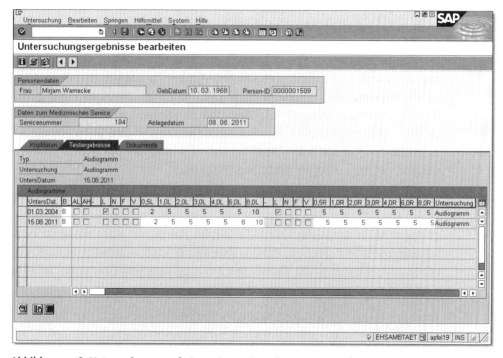

Abbildung 10.8 Untersuchungsergebnisse – importierte Daten eines Audiogramms

Interessant an Audiogrammdaten ist, dass hier auch eine grafische Visualisierung der Daten über den Button DIAGRAMM ( ) möglich ist.

Die Untersuchungstypen werden im Customizing definiert, dort sind dann auch die Funktionsbausteine für die grafische Anzeige und den Import der

Daten zu hinterlegen. Die Definition der Tests erfolgt in den Transaktionen EHSVU21 und EHSVU31.

10.4.3 Abschluss – Reiter »Abschluss«

Die letzte Registerkarte ABSCHLUSS ist für die Integrität der Daten in der Arbeitsmedizin von essenzieller Bedeutung, da der Abschluss des Medizinischen Service diesen für jede weitere Veränderung sperrt.

Davor sollte der Medizinische Service auf Vollständigkeit geprüft werden. Verwenden Sie dazu den Button PRÜFEN 🔲 mit der Quickinfo SERVICE ÜBERPRÜFEN.

10.5 Spezieller Medizinischer Service: der Kurzkontakt

Der Kurzkontakt wurde entwickelt, um den eher ungeplanten einfachen Arztkontakt einer Person erfassen zu können. Auch er ist letztlich im Customizing als Vorsorgeuntersuchung definiert, jedoch mit eingeschränkten Funktionalitäten. Dass der Kurzkontakt vom Medizinischen Service abstammt, ist einfach an dem, mit dem Medizinischen Service identischen oberen Bildschirmdrittel zu erkennen. Auf der linken Seite finden sie wieder die bekannten Information zur Person, rechts die kritischen Diagnosen.

Den Kurzkontakt pflegen Sie über die Transaktion EHSBC2, bei der Anlage geben Sie zunächst den Typ ein. Ist der Typ des Kurzkontakts ausgewählt, gelangen Sie automatisch auf das Detailbild, das neben einer weiteren Typisierung (über die Felder VU-TYP (für VORSORGEUNTERSUCHUNGSTYP) und VORSORGEUNTERSUCHUNG) das Datum des Kurzkontakts und ein Freitextfeld für eine Bemerkung zum Kurzkontakt enthält.

Beim Speichern des Kurzkontakts wird der Medizinische Service im Gegensatz zum »normalen« Medizinischen Service sofort abgeschlossen, d.h. die Daten sind nicht mehr veränderbar. Abbildung 10.9 zeigt einen Kurzkontakt mit geöffneter Wertehilfe (F4 -Hilfe) zur Kombination von Vorsorgeuntersuchungstyp und Vorsorgeuntersuchung.

Mit dem Speichern und Abschließen eines Kurzkontakts ist die Information aus dem Kurzkontakt aber keineswegs verloren, sondern kann in der Übersicht zum Medizinischen Service gesucht und gefunden werden. Anschließend können Sie den Kurzkontakt dann als »normalen« Medizinischen Service öffnen (siehe Abbildung 10.10).

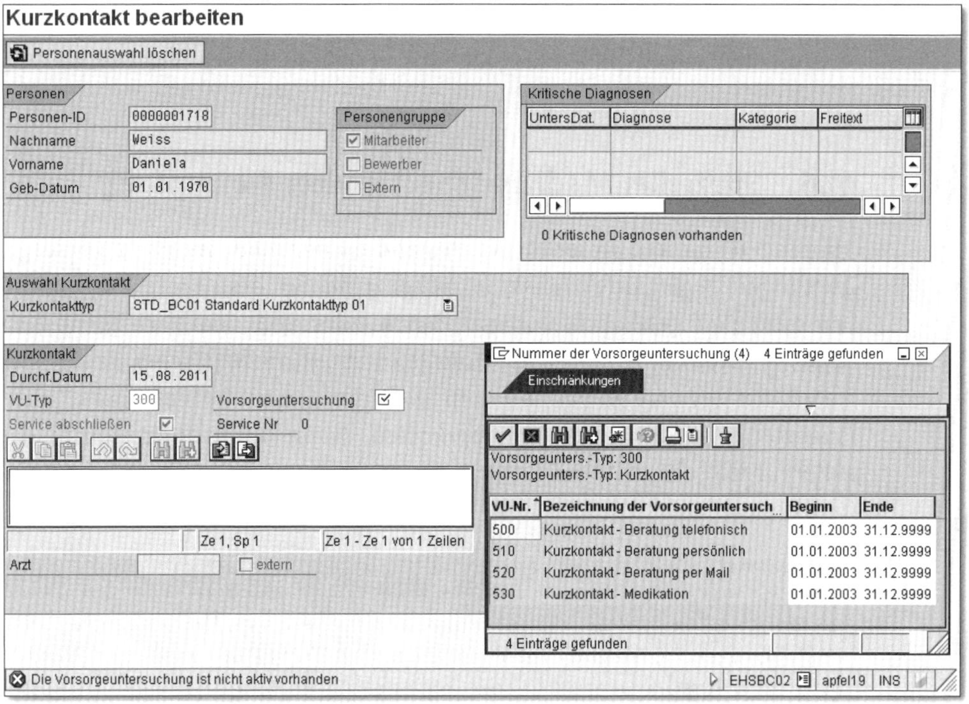

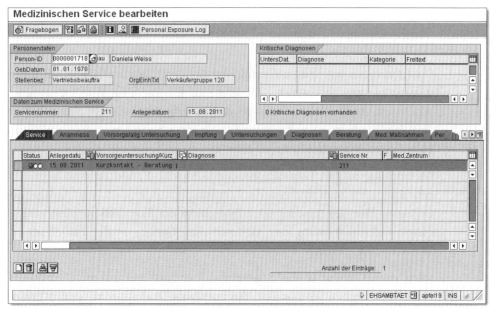

Abbildung 10.9 Medizinischer Kurzkontakt mit F4 -Hilfe

Abbildung 10.10 Kurzkontakt – geöffnet als Medizinischer Service

[+] **Status-Icon**

Das rote Icon in der Spalte STATUS zeigt nur an, dass der Service abgeschlossen ist.

10.6 Spezieller Medizinischer Service: die Impfung

Impfungen sind ein wesentlicher Bestandteil der medizinischen Vorsorge. Impfungen gegen Infektionskrankheiten sind für bestimmte Berufsgruppen zum Teil gesetzlich vorgeschrieben oder von den Berufsgenossenschaften empfohlen. Dies trifft zum Beispiel auf medizinisches Fachpersonal zu, für das eine Hepatitis-Impfung empfohlen ist. Ferner übernehmen Arbeitgeber in der Regel die Impfkosten, wenn bei Dienstreisen in das außereuropäische Ausland Impfungen aus reisemedizinischer Sicht empfohlen sind.

[zB] **Impfungen aus reisemedizinischer Sicht**

Als typisch wären hier z. B. die Tollwutimpfung für Reisen ins ländliche Indien, die Impfung gegen Frühsommer-Meningoenzephalitis (FMSE) für Reisen nach Skandinavien und Russland oder auch wieder die Hepatitis-Impfung für Reisen nach Russland oder Afrika zu nennen.

Diese Hinweise beruhen auf den aktuellen medizinischen Reiseempfehlungen, sind aber nur Beispiele. Sollten Sie eine Reise ins oder einen längeren Aufenthalt im Ausland planen, informieren Sie sich vorher bei einem Reisemediziner über empfohlene Impfungen und andere medizinische Vorsorgemaßnahmen.

Die Impfungen werden im Modul »Arbeitsmedizin« ebenfalls als Vorsorgeuntersuchungen abgebildet. Dies lässt sich für Impfungen im Customizing sehr schön nachvollziehen und wird dort aufgezeigt. Der Vorteil dabei ist, dass der Wiederholungsrhythmus für die Vorsorgeuntersuchung zur Festlegung des nächsten Impftermins genutzt werden kann.

Die Impfung hat den Transaktionscode EHSVA02. Es fehlt, wie auch im übrigen SAP EHS Management der Transaktionscode ...01 zur Anlage des Objekts – hier der Impfung. Der Bildschirm der Transaktion IMPFUNG entspricht als Abkömmling des Medizinischen Service in der Aufteilung im Wesentlichen diesem.

Nach dem Einstieg in die Transaktion IMPFUNG BEARBEITEN (Transaktion EHSVA02), suchen Sie zunächst die PERSONEN-ID der zu impfenden Person über die Wertehilfe (F4-Hilfe) des Felds PERSONEN-ID heraus. Nachname und Vorname sowie das Geburtsdatum (Feldbeschreibung GEB-DATUM) werden aus den Stammdaten ermittelt, nachdem Sie die ⏎-Taste betätigt haben. Danach ist die Tabelle, in die die Impfung eingegeben wird, eingabebereit.

Die Tabelle zur Impfung enthält, von links nach rechts, folgende Felder:

- DATUM: Tagesdatum für die erste Impfung, nachfolgende Daten gemäß Impfschema
- TYP: Typ der Vorsorgeuntersuchung/Impfung
- NUMMER: Nummer der Vorsorgeuntersuchung/Impfung
- BEZEICHNUNG: Bezeichnung der Vorsorgeuntersuchung
- UNTERSUCHUNGSART: Schlüssel der Untersuchungsart
- UNTERSUCHUNGSART: Kategorie der Vorsorgeuntersuchung anhand von Fristen, innerhalb der die Leistungen durchzuführen sind
- MARKENNAME: Markenname des Impfstoffs
- CHARGENNUMMER: Chargennummer des Impfstoffs
- KOMMENTAR: Kommentar des Arztes zur Impfung
- PRIVAT: Kennzeichen, dass die Impfung privat abzurechnen ist
- DURCHGEFÜHRT: Wenn dieses Kennzeichen gesetzt wird, wird automatisch ein Medizinischer Service für die Person angelegt und abgeschlossen.
- FREMD DURCHGEFÜHRT: Kennzeichen dafür, dass die Impfung fremd durchgeführt worden sein soll. Als Systemreaktion wird kein Medizinischer Service angelegt und die Daten bleiben änderbar.
- ABGELEHNT: Kennzeichen dafür, dass die Impfung vom Patienten abgelehnt wurde. Als Systemreaktion wird kein Medizinischer Service angelegt und die Daten bleiben änderbar.
- ARZT: Nummer des Arztes, der die Impfung durchgeführt hat
- EXT.: Kennzeichen dafür, dass die Behandlung/Impfung durch einen externen Arzt durchgeführt wurde und damit die Nummer des Arztes auf einen Businesspartner statt auf eine Personalnummer verweist
- ARZT/MEDIZINISCHES ZENTRUM: Name des Arztes oder des Business Partners
- SERVICE NUMMER: Nummer des Medizinischen Service (nicht sichtbar)
- ANLDATUM: Anlagedatum des Medizinischen Service (nicht sichtbar)

▶ NAME ANLEGER: SAP-User des Anlegers (nicht sichtbar)

▶ ÄNDDATUM: Datum der letzten Änderung (nicht sichtbar)

▶ ÄNDNAME: Name des letzten Änderers (nicht sichtbar)

[+] **Vorbelegung der Felder**

Die Vorbelegung für die Felder TYP, NUMMER, BEZEICHNUNG und UNTERSUCHUNGSART stammt aus dem Customizing. Sie finden die Details zu den Einstellungen in Abschnitt 10.8.

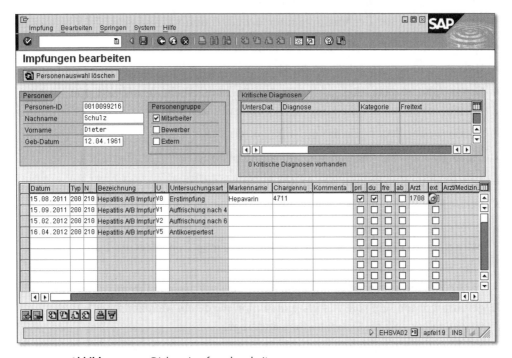

Abbildung 10.11 Dialog »Impfung bearbeiten«

Wie in Abbildung 10.11 zu erkennen ist, werden mit der Anlage der Impfung sofort auch die Termine für die Auffrischungsimpfungen eingetragen. Die Daten dafür stammen aus dem Customizing-View UNTERSUCHUNGS-/ ZEITINTERVALLTYP.

Der Medizinische Service ist zweifelslos die wichtigste und mächtigste Transaktion der Arbeitsmedizin, doch das Menü der Arbeitsmedizin umfasst mehr als 50 Transaktionen. Auf diese gehen wir im Folgenden ein.

10.7 Menü der Arbeitsmedizin und wichtige Transaktionen

Auf den Medizinischen Service und seine Auswahl-Transaktion EHSSERV (Übersicht Medizinische Services) folgen im Menü der Arbeitsmedizin die Transaktionen zur Terminplanung, Werkzeuge, Auswertungen sowie die Transaktionen zur Bearbeitung der Grunddaten, z.B. zur Definition von Untersuchungen bzw. von Vorsorgeuntersuchungen. Natürlich finden sich in diesem Menü auch die Einträge für das Ambulanzbuch. Diesem widmen wir uns in Abschnitt 10.7.4.

Zunächst möchten wir Ihnen die Transaktionen aus didaktischen Gründen in umgekehrter Reihenfolge – sprich im Menü von unten nach oben – vorstellen. Daher beginnen wir mit den Grunddaten.

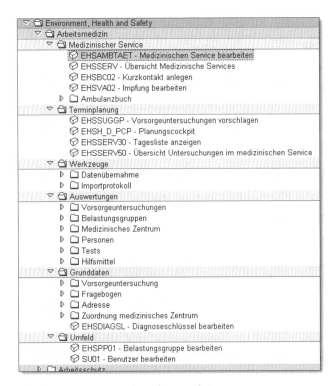

Abbildung 10.12 Menü der Arbeitsmedizin

10.7.1 Grunddaten

Die Pflege der Grunddaten und das gleichnamige Untermenü gliedert sich in die folgenden fünf Punkte:

- Vorsorgeuntersuchung
- Fragebogen
- Adresse
- Zuordnung medizinisches Zentrum
- Diagnoseschlüssel

Die letzten drei Punkte ADRESSE, (also die Pflege der Adressen für das medizinische Zentrum, Ärzte, externe Dienstleister), die Zuordnung der Personen zum medizinischen Zentrum und DIAGNOSESCHLÜSSEL (ihre Pflege oder Anlage) sind selbsterklärend.

Die Transaktionen zum FRAGEBOGEN beschäftigen sich mit der Erstellung und Auswertung von Patientenfragebögen, die Vorsorgeuntersuchungen zugeordnet werden können.

Vorsorgeuntersuchungen

Im Untermenü VORSORGEUNTERSUCHUNG finden sich die folgenden vier Transaktionen zur Definition einer Vorsorgeuntersuchung in der hier angegeben Reihenfolge (zu bearbeiten sind diese Transaktionen aber eher in der umgekehrten Reihenfolge):

1. Transaktion EHSVU01 – Vorsorgeuntersuchung bearbeiten
2. Transaktion EHSVU11 – Untersuchung bearbeiten
3. Transaktion EHSVU21 – Physische Tests bearbeiten
4. Transaktion EHSVU31 – Labortests bearbeiten

Interessant sind die beiden Funktionen ABSCHLIESSEN und ABGRENZEN in den vier Transaktionen. Für alle vier Transaktionen gilt, dass Sie hier gespeicherte Daten nicht mehr löschen können. Allerdings können Sie die Daten *abschließen*, also ihre zeitliche Gültigkeit beenden oder die zeitliche Gültigkeit *abgrenzen*. Das bedeutet, dass die zeitliche Gültigkeit des Tests oder der Untersuchung beendet wird und dass gleichzeitig eine gültige Kopie des Datensatzes angelegt wird. Diesen neu erstellten Datensatz können Sie dann anpassen.

Wir betrachten die Transaktionen genauer: Bei LABORTESTS BEARBEITEN (Transaktion EHSVU31) geht es darum, den einzelnen zu messenden Laborwert zu beschreiben sowie den Normbereich samt Ober- und Untergrenze festzulegen. Alle Tests sind mit einer zeitlichen Gültigkeit verbunden. Das ist wichtig, da sich Normbereiche in Abhängigkeit von Methoden, Maßeinheiten und medizinischer Forschung durchaus ändern können. Das Kennzeichen IMPORT zeigt zudem an, ob die Testergebnisse über die Schnittstelle für Laborwerte importiert werden können.

Wichtig sind die Normwerte für Labortests, da ihre Überschreitung sofort zu einer farblichen Kennzeichnung der Testwerte im Medizinischen Service führt.

In der Transaktion PHYSISCHE TESTS BEARBEITEN (Transaktion EHSVU21) können physische Test analog zu den Labortests bearbeitet werden. Wie in Abbildung 10.13 zu sehen, sind der obere und untere Normalwert, die Einheit und die Testnummer keine Pflichtfelder. Dies ist darauf zurückzuführen, dass z.B. Reflextests keine messbaren Werte liefern.

Interessant in Abbildung 10.13 ist die Testnummer 3000, bei der die zeitliche Gültigkeit des ersten Testwertepaars mit einem oberen Normalwert von 130 mmHg durch die Funktion ABGRENZEN zum 09.09.2011 beendet wurde und die zeitliche Gültigkeit des zweiten Testwertepaars mit einem oberen Normalwert von 135 mmHg am 10.09.2011 beginnt.

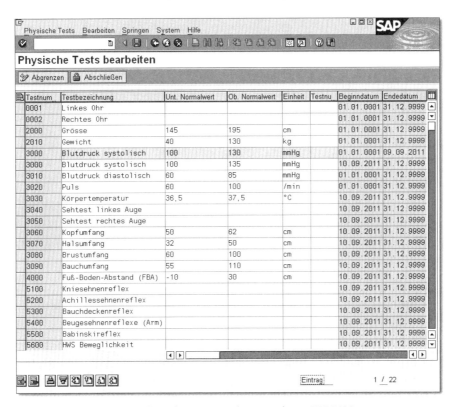

Abbildung 10.13 Liste von physischen Tests in der Transaktion EHSVU21

Die Transaktion UNTERSUCHUNGEN BEARBEITEN (Transaktion EHSVU11) ermöglicht es, physische Tests und/oder Labortests zu Untersuchungen zu gruppieren. Die Gruppierung erfolgt dabei aus fachlicher Sicht. In Abbildung 10.14 wurden z.B. sechs Labortests eines Differenzialblutbilds zu einer Differenzialblutbilduntersuchung gruppiert.

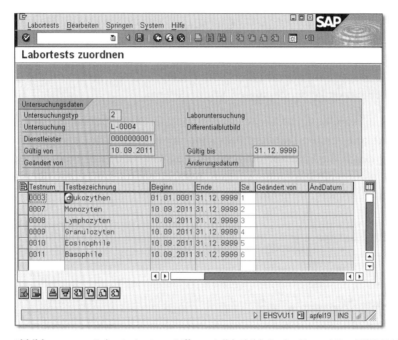

Abbildung 10.14 Labortests eines Differenzialblutbilds in der Transaktion EHSVU11

Vorsorgeuntersuchung bearbeiten

Die Transaktion VORSORGEUNTERSUCHUNG BEARBEITEN (Transaktion EHSVU01) ist die mit Abstand komplexeste Transaktion im Untermenü VORSORGEUNTERSUCHUNG. Neben der Übersichtsliste über alle Vorsorgeuntersuchungen gibt es folgende Dialoge für die einzelne Vorsorgeuntersuchungen:

▶ **Detail**

Das Detailbild der Vorsorgeuntersuchung enthält in den Kopfdaten die Gültigkeit, besondere Kennzeichen zur Vorsorgeuntersuchung (z.B. Pflichtuntersuchung), den Status, der die Statusampel in der Übersichtsliste steuert, sowie den Typ der Vorsorgeuntersuchung. Neben den bekannten Abgrenzen- und Abschließen-Funktionen zur zeitlichen Gültigkeit des Objekts (hier der Vorsorgeuntersuchung) können der Vorsorgeuntersuchung noch Fragebögen zugeordnet werden

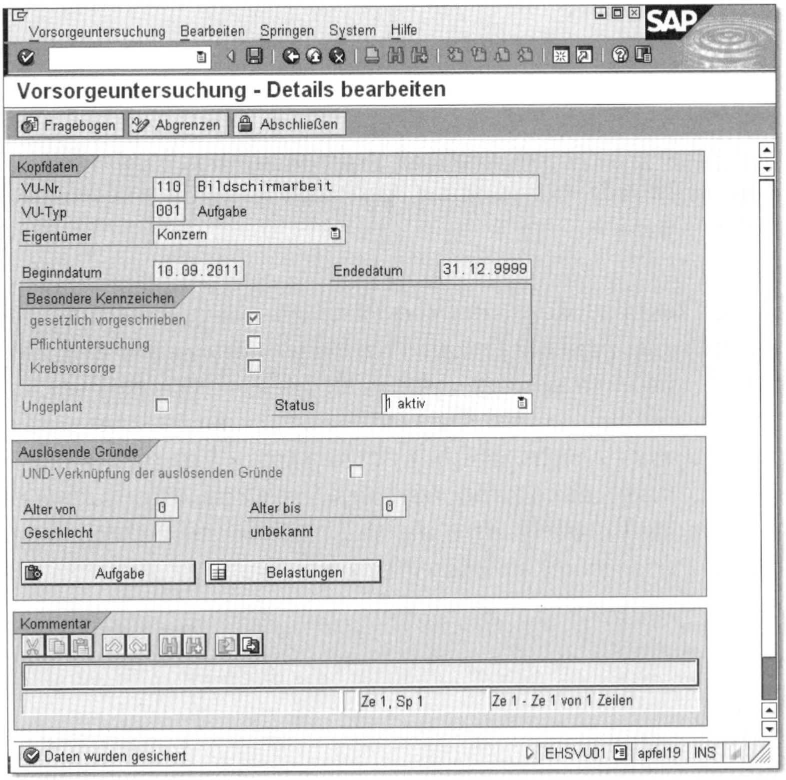

Abbildung 10.15 »Vorsorgeuntersuchung – Detail bearbeiten« mit ausgewähltem Statusfeld

Wichtig sind zudem die auslösenden Gründe für die Vorsorgeuntersuchung, da sie die Zuordnung der Vorsorgeuntersuchung zu einer Person bestimmen. Generell sind hier, wie in Abbildung 10.15 zu sehen, Alter, Geschlecht, Aufgabe und Belastungen möglich. Mit AUFGABE ist dabei die der Person zugewiesene Aufgabe aus dem Personalwesen (HCM) gemeint und mit BELASTUNG die der Person bzw. dem Arbeitsbereich zugeordnete Belastung aus dem Arbeitsschutz. Die Detaildialoge zur Zuordnung von Belastungen und Aufgabe verfügen über entsprechende F4-Hilfen, um Ihnen die Zuordnung der Objekte zu erleichtern.

Auslösende Gründe [zB]

Altersgrenzen sind z.B. für die Jugendschutzuntersuchungen, gerade bei Berufsanfängern, wichtig. Darüber hinaus sind Alter und Geschlecht beispielsweise für Krebsvorsorgeuntersuchungen von ausschlaggebender Bedeutung, da bei Frauen geschlechtsspezifische Krebserkrankungen bereits ab dem 20. Lebensjahr auftreten können, während für Männer Krebsvorsorgeuntersuchungen erst ab dem 45. Lebensjahr empfohlen werden.

▶ **Belastungen zuordnen**

Im Dialog BELASTUNGEN ZUORDNEN weisen Sie der Vorsorgeuntersuchung – falls vorhanden – auslösende Belastungen zu. Diese sind als solche in der Komponente »Arbeitsschutz« zu pflegen (siehe Kapitel 6, »Arbeitsbereichsverwaltung«). Für jede Belastung kann im unteren Teil des Dialogs eine Auslöseschwelle, basierend auf (gesetzlich festgelegten) Grenzwerten, definiert werden.

▶ **Fristen**

Der Dialog FRISTEN ZUORDNEN der Vorsorgeuntersuchung enthält die Festlegung der Fristen zwischen Erst- und Nachuntersuchung, aber auch zwischen Erst- und Auffrischungsimpfung(en). Diese Fristen basieren auf den, im Customizing in der SAP-Referenz IMG unter ENVIRONMENT, HEALTH & SAFETY • ARBEITSMEDIZIN • GRUNDDATEN • VORSORGEUNTERSUCHUNGEN • UNTERSUCHUNGSARTEN FESTLEGEN festgelegten Untersuchungsarten. Abbildung 10.16 zeigt ein einfaches Beispiel für die Vorsorgeuntersuchung für Personen, die am Bildschirm arbeiten.

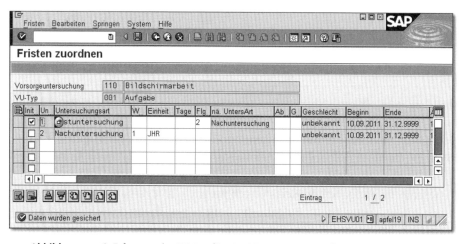

Abbildung 10.16 Erfassung der Fristen für eine Vorsorgeuntersuchung

▶ **Bestimmungen**

In dem ersten Subdialog zu den Bestimmungen kann eine Liste von (gesetzlichen) Bestimmungen für die Vorsorgeuntersuchung hinterlegt werden. Über die Funktion DETAILS (🔍) ist zudem ein Detaildialog zur Erfassung von Daten zu der jeweiligen Bestimmung vorhanden.

▶ **Untersuchungen**

Der Unterdialog UNTERSUCHUNGEN ZUORDNEN dient der Zuordnung von Untersuchungen zur Vorsorgeuntersuchung. Hierbei kann über das Feld

UNTERSUCHUNGSART zwischen Erstuntersuchung und den nachfolgenden Untersuchungen unterschieden werden. Über die Buttons LABORTESTS und PHYSISCHE TESTS ist zusätzlich eine Übersicht über die der Untersuchung zugeordneten Tests möglich.

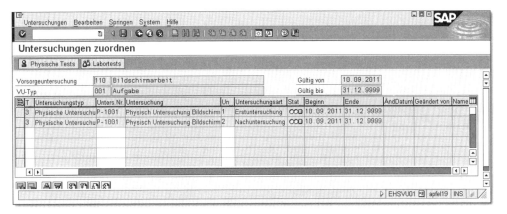

Abbildung 10.17 Vorsorgeuntersuchung mit zugeordneten Untersuchungen

10.7.2 Terminplanung für Vorsorgeuntersuchungen und Impfungen

Die Terminplanung ist die Komponente der Arbeitsmedizin, die am stärksten von der Integration des arbeitsmedizinischen Systems in das übrige ERP-System des Nutzers abhängig ist. Da hier detaillierte Angaben zu den Voraussetzungen und Abhängigkeiten der Möglichkeiten den Rahmen sprengen würden, möchten wir uns auf ein paar Anmerkungen zum Thema beschränken.

Grundsätzlich »möchte« der Bereich »Terminplanung« Sie als Nutzer unterstützen und Ihnen einfache Prozesse wie das Drucken von Einladungen für Vorsorgeuntersuchungen abnehmen oder Sie in die Lage versetzen, die fälligen Vorsorgeuntersuchungen und Impfungen zu ermitteln. Dafür bieten sich Ihnen folgende Möglichkeiten:

▸ Für die Tagesplanung gibt es eine Tagesliste (Transaktion EHSSERV30), die die für den Tag anstehenden Vorsorge- und Impftermine anzeigt.

▸ Die Transaktion ÜBERSICHT UNTERSUCHUNGEN IM MEDIZINISCHEN SERVICE (Transaktion EHSSERV50) liefert pro Service die anstehenden Untersuchungen.

▸ Mit der Transaktion VORSORGEUNTERSUCHUNGEN VORSCHLAGEN (Transaktion EHSSUGGP) erhalten Sie eine Vorschlagsliste von Vorsorgeuntersu-

423

chungen. Diese beruht auf den im System zugeordneten Belastungen, die für in der Liste aufgeführten Personen oder ihre Arbeitsbereiche erfasst sind. Basierend auf dieser Liste können folglich Vorsorgeuntersuchungen fest einer Person zuordnet werden.

▶ Das PLANUNGSCOCKPIT (Transaktion EHSH_D_PCP) fasst die Funktionen TAGESLISTE, ÜBERSICHT UNTERSUCHUNGEN IM MEDIZINISCHEN SERVICE UND VORSORGEUNTERSUCHUNGEN VORSCHLAGEN in neueren Releases übersichtlich zusammen, wie in Abbildung 10.18 in Ansätzen zu erkennen ist.

Abbildung 10.18 Planungscockpit für Vorsorgeuntersuchungen

10.7.3 Werkzeuge und Auswertungen

Unter diesen beiden Menüpunkten finden sich zahlreiche Hilfstransaktionen für die Arbeitsmedizin. Unter WERKZEUGE sind insbesondere die folgenden beiden Datenimportfunktionen zu nennen:

▶ Transaktion EHSDATIMP   (MEDIZINISCHE DATEN IMPORTIEREN)

▶ Transaktion EHSSCAN   (Fragebögen importieren)

Unter dem Menüpunkt AUSWERTUNGEN befinden sich in SAP ERP 6.0 EHP5 insgesamt 27 Auswertungstransaktionen, die Ihnen bei der Datenpflege, Verwaltung und Auswertung helfen. Alle diese Transaktionen haben einen ähnlichen Aufbau und einen Selektionsbildschirm für die Daten – passend zur Auswertung (siehe Abbildung 10.19) –, der nach Ausführung der Selektion in eine ALV-Grid-Liste mit den Daten übergeht (siehe Abbildung 10.20).

Wir zeigen dazu zwei Beispiele: Abbildung 10.19 zeigt einen typischen Selektionsbildschirm einer Auswertungstransaktion in der Arbeitsmedizin. Es geht um die Zuordnung von Personen zu Belastungsgruppen.

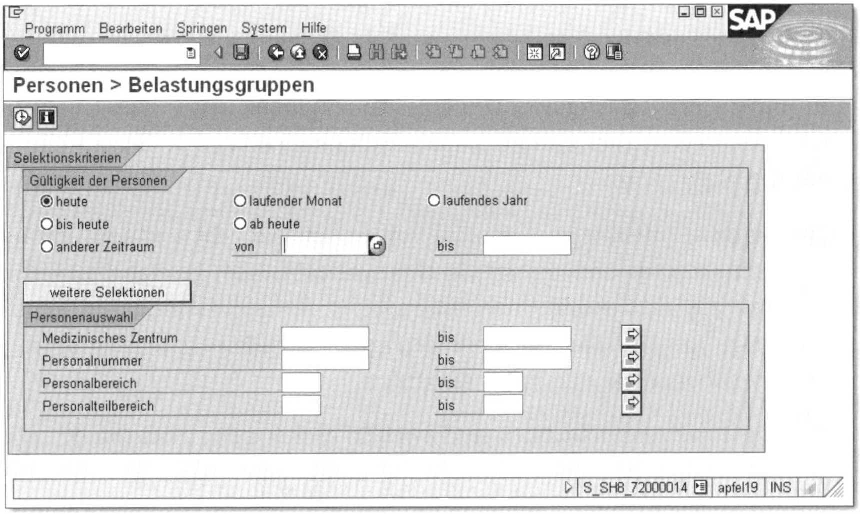

Abbildung 10.19 Auswertungstransaktionen, Zuordnung von Personen zur Belastungsgruppe

Abbildung 10.20 führt eine typische ALV-Grid-Auswertungsliste einer Auswertungstransaktion vor. Hier geht es um die Zuordnung von Personen zu Vorsorgeuntersuchungen.

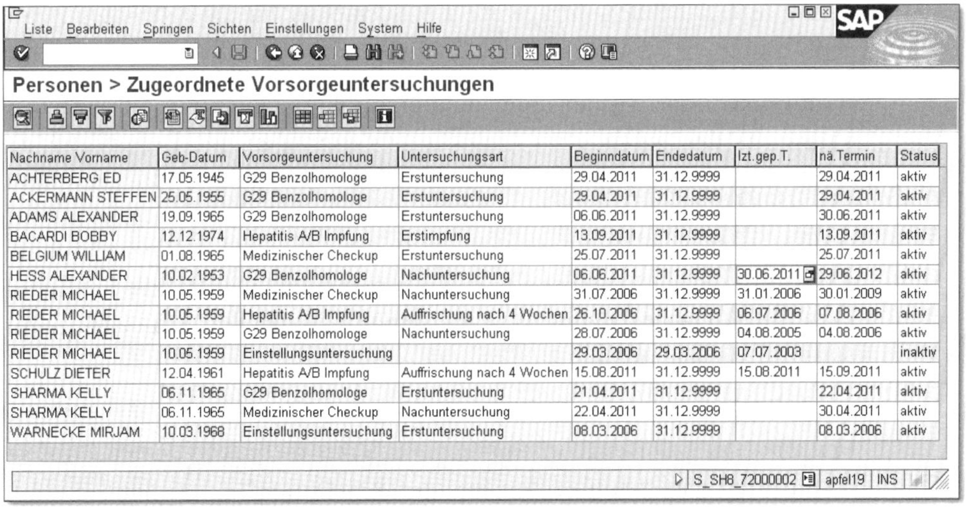

Nachname Vorname	Geb-Datum	Vorsorgeuntersuchung	Untersuchungsart	Beginndatum	Endedatum	lzt.gep.T.	nä.Termin	Status
ACHTERBERG ED	17.05.1945	G29 Benzolhomologe	Erstuntersuchung	29.04.2011	31.12.9999		29.04.2011	aktiv
ACKERMANN STEFFEN	25.05.1955	G29 Benzolhomologe	Erstuntersuchung	29.04.2011	31.12.9999		29.04.2011	aktiv
ADAMS ALEXANDER	19.09.1965	G29 Benzolhomologe	Erstuntersuchung	06.06.2011	31.12.9999		30.06.2011	aktiv
BACARDI BOBBY	12.12.1974	Hepatitis A/B Impfung	Erstimpfung	13.09.2011	31.12.9999		13.09.2011	aktiv
BELGIUM WILLIAM	01.08.1965	Medizinischer Checkup	Erstuntersuchung	25.07.2011	31.12.9999		25.07.2011	aktiv
HESS ALEXANDER	10.02.1953	G29 Benzolhomologe	Nachuntersuchung	06.06.2011	31.12.9999	30.06.2011	29.06.2012	aktiv
RIEDER MICHAEL	10.05.1959	Medizinischer Checkup	Nachuntersuchung	31.07.2006	31.12.9999	31.01.2006	30.01.2009	aktiv
RIEDER MICHAEL	10.05.1959	Hepatitis A/B Impfung	Auffrischung nach 4 Wochen	26.10.2006	31.12.9999	06.07.2006	07.08.2006	aktiv
RIEDER MICHAEL	10.05.1959	G29 Benzolhomologe	Nachuntersuchung	28.07.2006	31.12.9999	04.08.2005	04.08.2006	aktiv
RIEDER MICHAEL	10.05.1959	Einstellungsuntersuchung		29.03.2006	29.03.2006	07.07.2003		inaktiv
SCHULZ DIETER	12.04.1961	Hepatitis A/B Impfung	Auffrischung nach 4 Wochen	15.08.2011	31.12.9999	15.08.2011	15.09.2011	aktiv
SHARMA KELLY	06.11.1965	G29 Benzolhomologe	Erstuntersuchung	21.04.2011	31.12.9999		22.04.2011	aktiv
SHARMA KELLY	06.11.1965	Medizinischer Checkup	Nachuntersuchung	22.04.2011	31.12.9999		30.04.2011	aktiv
WARNECKE MIRJAM	10.03.1968	Einstellungsuntersuchung	Erstuntersuchung	08.03.2006	31.12.9999		08.03.2006	aktiv

Abbildung 10.20 ALV-Grid-Auswertungsliste einer Auswertungstransaktion – Zuordnung von Personen zu Vorsorgeuntersuchungen

10.7.4 Ambulanzbuch

Das Ambulanzbuch könnte man als U-Boot des Unfallkatasters in der Arbeitsmedizin bezeichnen. In erster Linie dient es der Erfassung, Verwaltung und Dokumentation von Hilfsleistungen für Personen im Unternehmen. Die Hilfsleistung wird dabei über eine klassische Workbench erfasst. Man erinnert sich sofort an die alte Transaktion CG02 aus Release EH&S 2.7B bzw. an das Unfallkataster. Zur Dokumentation gibt es analog zum Unfallkataster einen WWI-basierten Ambulanzbuchbericht (WWI = Windows Wordprocessor Integration).

Hilfsleistungen, zumal wenn sie nicht von Ärzten erbracht werden, sind im Ambulanzbuch zu dokumentieren. In Deutschland ist dies gesetzliche Pflicht. Resultieren aus dem Ambulanzeintrag weitere Daten, können Ambulanzbucheinträge mit Unfallkatastereinträgen und einem Medizinischen Service unter Datenübernahme verknüpft werden.

In Bezug auf das Ambulanzbuch sind zwei Transaktionen zu beachten:

▶ Transaktion AMBULANZBUCH BEARBEITEN (Transaktion CBIH72)

▶ Transaktion AMBULANZBUCH ANZEIGEN (Transaktion CBIH73)

Beim Aufruf der Transaktion AMBULANZBUCH BEARBEITEN zeigt sich zunächst ein Suchbildschirm in der typischen Art einer Workbench.

Im oberen Drittel des Suchbildschirms finden sich die Suchfelder für den Kopf des Eintrags, im mittleren Bereich finden sich die Standardsuchfelder für die Ambulanzbucheinträge wie z.B. Suchfelder für die beteiligten Personen. Im unteren Bereich sehen Sie die Such-Exits für Ambulanzbucheinträge.

Nach erfolgreicher Suche – Start mit der Taste F8 – erhalten Sie eine Trefferliste mit den gefundenen Ambulanzbucheinträgen. Ein Doppelklick auf einen Treffer öffnet den entsprechenden Ambulanzbucheintrag in einem Detaildialog. Wie in Abbildung 10.22 zu sehen ist, finden sich im oberen Drittel des Dialogs die Kopfdaten und Kennzeichen des Ambulanzbucheintrags. Das Kennzeichen TODESFALL ist insofern wichtig, da Unfälle mit Todesfolge generell meldepflichtig sind und damit zusätzlich im Unfallkataster eingetragen werden müssen.

Zudem können Sie hier die Verknüpfung zum Medizinischen Service eintragen bzw. diese im Ambulanzbucheintrag mit anlegen. Der zugeordnete Unfallkatastereintrag lässt sich über den Button UNFALLKATASTER bzw. die F6-Taste erstellen, allerdings muss dazu vorher die Datenübergabe vom Ambulanzbuch an das Unfallkataster vorgenommen worden sein. Unter HILFSMITTEL • STATUS

DATENÜBERGABE bzw. die Tastenkombination ⟨Strg⟩+⟨⇧⟩+⟨F11⟩ können Sie den Eintrag zur Datenübergabe an das Unfallkataster vorschlagen bzw. den Status der Datenübergabe kontrollieren. Die eigentliche Übernahme der Daten erfolgt dann im Rahmen der Transaktion DATEN AUS DEM AMBULANZBUCH ÜBERNEHMEN (Transaktion CBIH89).

Die zweite Transaktion des Ambulanzbuchs, AMBULANZBUCH ANZEIGEN (Transaktion CBIH73), hat prinzipiell die gleiche Benutzerführung und Menüstruktur wie die Transaktion AMBULANZBUCH BEARBEITEN, ist aber funktional auf die Datenanzeige beschränkt. Die Transaktion AMBULANZ-BUCH ANLEGEN fehlt wie üblich im SAP EHS Management (es finden sich hier keine Anlege-Transaktionen XXX1). Einen Ambulanzbucheintrag legen Sie am zweckmäßigsten von der Suchmaske oder der Trefferliste aus über die Tastenkombination ⟨⇧⟩+⟨F6⟩ bzw. den Button ANLEGEN an.

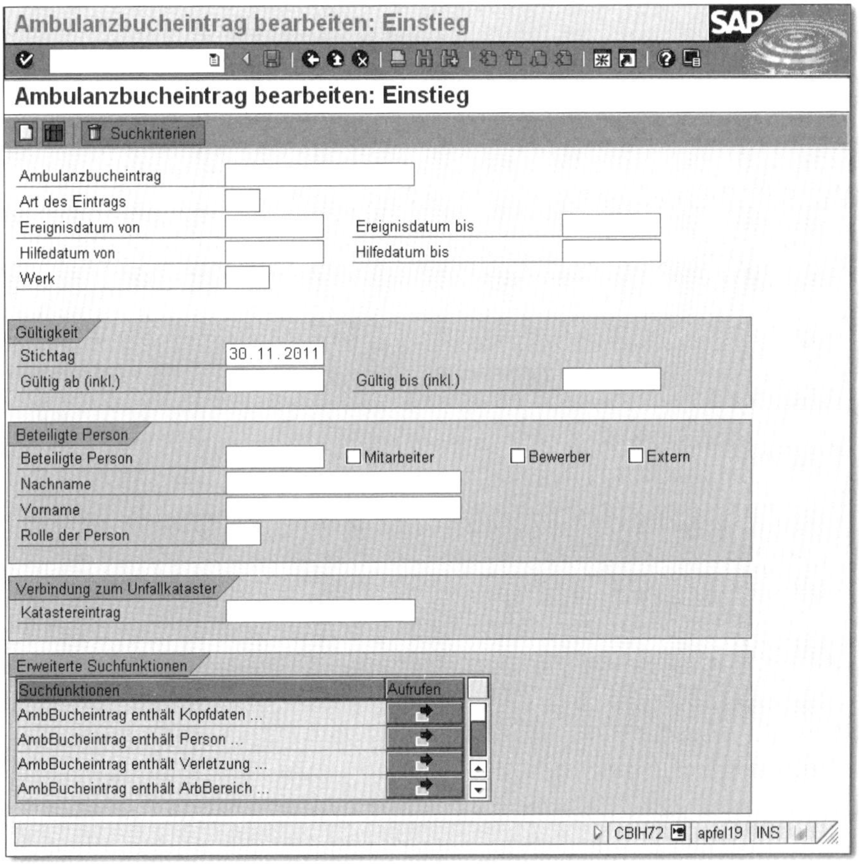

Abbildung 10.21 Suchmaske der Workbench des Ambulanzbuchs

Ansonsten ist die Bedienung des Ambulanzbuchs dem des Unfallkatasters mehr als ähnlich, so dass wir für eine genauere Beschreibung auf das häufiger genutzte Unfallkataster verweisen möchten.

Um Ihnen noch einen visuellen Eindruck von dem Ambulanzbuch zu geben, zeigen Abbildung 10.22 einen Auszug aus dem Pflegedialog und Abbildung 10.23 einen Auszug aus einem Ambulanzbuchbericht.

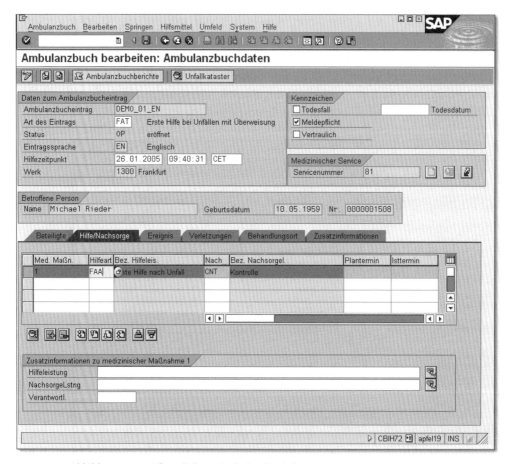

Abbildung 10.22 Pflegedialog – Ambulanzbucheintrag

Wenn Sie, ausgehend von Abbildung 10.22, den Button AMBULANZBUCHBE-RICHTE anklicken und sich den Ambulanzbucheintragsbericht anzeigen lassen (zur Bedienung siehe die BERICHTSAUSKUNFT, Transaktion CG54) erhalten Sie folgenden Ambulanzbuchbericht, der sich mittels WWI-Berichtsvorlage gut anpassen lässt.

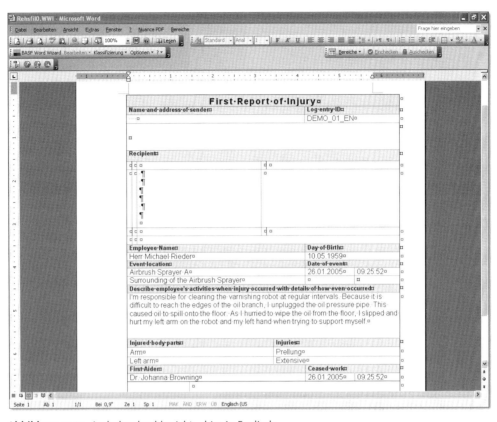

Abbildung 10.23 Ambulanzbuchbericht – hier in Englisch

Nachdem wir nun den Medizinischen Service als Grundtransaktion der Arbeitsmedizin, das Ambulanzbuch und die Planung von Medizinischen Services kennengelernt haben, ist es Zeit, einen Blick in das Customizing zu werfen.

10.8 Customizing der Arbeitsmedizin

Das Customizing der Arbeitsmedizin befindet sich im SAP-Referenz-IMG unter ENVIRONMENT HEALTH & SAFETY • ARBEITSMEDIZIN und ist in die folgenden Unterpunkte eingeteilt:

- ▶ Grundeinstellungen
- ▶ Grunddaten
- ▶ Terminplanung

- Medizinischer Service
- Ambulanzbuch
- Business Add-Ins (BAdls)

Wie schon in den anderen Abschnitten und Kapiteln erwähnt, beschränken wir uns bei der Erläuterung der Customizing-Einstellungen auf die wichtigsten Funktionalitäten. Daher werden manche Punkte nur kurz erwähnt und Details dann besprochen, wenn sie an anderer Stelle zum Prozess- und Textverständnis notwendig sind.

10.8.1 Menüpunkt »Grundeinstellungen«

Unter dem Unterpunkt GRUNDEINSTELLUNGEN finden sich Einstellungen zur Festlegung von Berechtigungen, dem Layout von Formularen (SAPScript und PDF) und Nummernkreisen. Die wichtigsten Nummernkreise für die Arbeitsmedizin sind in Tabelle 2.1 ab Seite 28 erwähnt.

10.8.2 Menüpunkt »Grunddaten«

Der Customizing-Punkt GRUNDDATEN teilt sich in die Unterpunkte BELASTUNGEN, UNTERSUCHUNGEN, VORSORGEUNTERSUCHUNGEN DIAGNOSESCHLÜSSEL, FRAGENKATALOGE und FRAGEBÖGEN.

Belastungen

Im Bereich BELASTUNGEN des Customizings werden Einstellungen zur Einstufung vorgenommen, um die Belastung eines Arbeitnehmers zu beurteilen. Dies ist wichtig, da das Überschreiten einer Belastungsschwelle, d.h. einer bestimmten Höhe, zur automatischen Zuordnung einer Vorsorgeuntersuchung genutzt werden kann.

Die Höhe einer Belastung (Einstufung) wird standardmäßig im Customizing durch die Buchstaben A bis E festgelegt, wobei die Belastung von E nach A zunimmt.

Die Häufigkeit einer Belastung wird über die Ziffern 1 bis 4 gekennzeichnet, wobei die Häufigkeit der Belastung von 1 (Belastung weniger als ein Mal pro Monat/weniger als 12 Mal pro Jahr) nach 4 (Belastung ein oder mehr Male pro Schicht/200 oder mehr Male pro Jahr) zunimmt.

Das ausgelieferte Customizing benennt zudem die Basis der Belastungsmessungen:

- **Messung A = Umgebungsmessung quantitativ**
  Hier handelt es sich in der Regel um eine quantitative Messung am Arbeitsplatz der Person.

- **Messung M = Personengetragene Messung quantitativ**
  Hier handelt es sich um personenspezifische quantitative Messungen, bei denen die Person das Messgerät am Körper trägt. Am bekanntesten ist hier beispielsweise das Dosimeter in der Atomindustrie.

- **Messung Q = Qualitative Abschätzung**
  Hier handelt es sich um eine qualitative Abschätzung der Belastung.

Die Menüs dieser Customizing-Einstellungen sind Standard, wir möchten aber darauf hinweisen, dass es sich empfiehlt, auch immer die Übersetzung der textuellen Beschreibung der Customizing-Werte zu pflegen (über den Menüpfad SPRINGEN • ÜBERSETZUNG).

Die eigentlichen Belastungen werden an dieser Stelle aber nicht gepflegt. Diese werden als Spezifikationstyp »Belastung« (HAZARD) in der Spezifikationsworkbench (Transaktion CG02BD) gepflegt und dann im Arbeitsschutzmodul der Person oder dem Arbeitsbereich zugeordnet (siehe Kapitel 6, »Arbeitsbereichsverwaltung«).

Allerdings setzt das Modul »Arbeitsmedizin« voraus, dass bei Grenzwerten die Verwendung und die Literaturquelle gepflegt sind. Ferner müssen für die Spezifikationen vom Typ »Belastungen« Identifikatoren vom Typ NAM, IH gepflegt werden, da diese sonst im Modul »Arbeitsmedizin« nicht angezeigt werden können.

Untersuchungen

Unter dem Punkt UNTERSUCHUNGEN können im Customizing Untersuchungstypen festgelegt werden, wobei die in Abbildung 10.24 zu sehenden Untersuchungstypen 1 bis 4 mit den SAP-Standardwerten AUDIOGRAMM, LABORUNTERSUCHUNG, PHYSISCHE UNTERSUCHUNG und LUNGENUNTERSUCHUNG im SAP-Namensraum liegen. Der Kundennamensraum umfasst die Untersuchungstypen 5 bis 9, für die entsprechende Erweiterungen vom Typ EHSHEX01 zur Verfügung stehen, die implementiert werden müssen. Passend dazu gibt es eine Erweiterung zur Anzeige der Personenhistorie. Ferner finden sich hier noch zwei BAdIs für Menü-Exits.

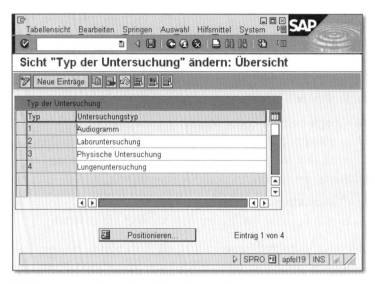

Abbildung 10.24 Customizing-View »Untersuchungstypen«

[+] | **Unterschiede zu früheren SAP EHS Management-Releases**

In älteren Versionen von SAP EHS Management wurden auch die Untersuchungs-definitionen im Customizing eingestellt. Im aktuellen Release sind Untersuchungen Stammdaten, die über die Transaktion EHSVU11 gepflegt werden.

Vorsorgeuntersuchungen

Im Customizing-Punkt UNTERSUCHUNGSARTEN FESTLEGEN können für Untersuchungen und Impfungen Erst- und Nachuntersuchungen festgelegt werden.

Der Customizing-Punkt VORSORGEUNTERSUCHUNGSTYPEN bietet dann noch einmal die Möglichkeit, Gruppen von Vorsorgeuntersuchungen abzugrenzen, wobei den drei möglichen Werten »leer«, VACC und CONS für das Feld VUT-KENNZ. steuernde Bedeutung zukommt. Hier wird entschieden, ob es sich um einen »normalen« Medizinischen Service (»leer«), oder einen seiner Abkömmlinge handelt, um eine Impfung (VUT-Kennzeichen = VACC) oder um einen Kurzkontakt (VUT-Kennzeichen = CONS). In Abbildung 10.25 sehen Sie die Beispielauslieferung der SAP.

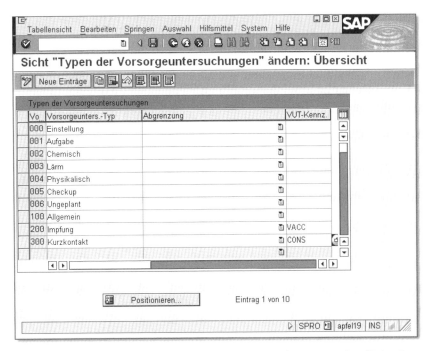

Abbildung 10.25 Typen von Vorsorgeuntersuchungen mit den Kennzeichen für Impfung und Kurzkontakt im Feld »VUT-Kennz.«

Diagnoseschlüssel, Fragenkataloge und Fragebögen

Unter DIAGNOSESCHLÜSSEL finden sich die wichtigen Customizing-Punkte, zunächst einmal zur Strukturierung von Diagnosekatalogen mithilfe der Diagnoseschlüssel als auch zur Kategorisierung der Diagnose. So sehen Sie im Customizing-Punkt BEWERTUNGSKATEGORIEN FÜR DIAGNOSEN FESTLEGEN auch die Kategorie ALARM, die dafür sorgt, dass diese Diagnose rechts oben im Medizinischen Service angezeigt wird.

Die Customizing-Punkte FRAGEKATALOGE und FRAGEBÖGEN schaffen die Voraussetzungen für die Bereitstellung und semiautomatische Auswertung von medizinischen Fragebögen zur Verwendung bei Vorsorgeuntersuchungen.

10.8.3 Menüpunkt »Terminplanung«

Unter TERMINPLANUNG finden Sie die Einstellungen zum Nummernkreis des Medizinischen Service, mit denen Sie die Möglichkeit haben, zwischen einer fortlaufenden Nummerierung und einer jahresbezogenen Nummerierung zu wählen, die jedes Jahr wieder bei der Untergrenze des Nummernkreisintervalls (z.B. 1) beginnt.

Des Weiteren können Sie unter dem Menüpunkt TERMINPLANUNG die Druckprogramme und Formulare für die Einladung zur Vorsorgeuntersuchung/Impfung festlegen. Formulare sind in neueren Releases sowohl ins SAPscript- als auch im PDF-Format verfügbar. Zudem finden sich hier Exits/BAdIs zur Terminplanung.

10.8.4 Menüpunkt »Medizinischer Service«

Der Customzing-Punkt MEDIZINISCHER SERVICE enthält, wie Sie vermuten werden, das Customizing zum Medizinischen Service. Hierbei ist interessant, wie sehr sich hier mit Kategorien, Einstufungen etc. beschäftigt wird.

Der Customizing-Punkt MEDIZINISCHER SERVICE gliedert sich in folgende Unterpunkte:

▸ Grundeinstellungen

▸ Diagnosen

▸ Untersuchungsergebnisse

▸ Import medizinischer Daten festlegen

▸ Formulare

▸ Dokumente

▸ Business Add-Ins (BAdIs)

Wir gehen nun detaillierter auf die einzelnen Customizing-Einstellungen für den Medizinischen Service ein, da dies ein zentraler Punkt für die Arbeitsmedizin ist.

Grundeinstellungen

Unter den GRUNDEINSTELLUNGEN finden sich die Customizing-Punkte:

▸ Folgeaktivitäten festlegen

▸ Überprüfungskriterien festlegen

▸ Gesundheitliche Bedenken festlegen

▸ Einschränkungen festlegen

▸ Beratungstypen festlegen

▸ Medizinische Maßnahmen festlegen

▸ Anamneseart festlegen

Alle hier notwendigen Einstellungen dienen dem Ziel, die zugehörigen Punkte im Medizinischen Service zu kategorisieren und damit auswertbar zu machen sowie gegebenenfalls Funktionalitäten zu steuern, wie das nachfolgende Customizing für GESUNDHEITLICHE BEDENKEN FESTLEGEN exemplarisch zeigt (siehe Abbildung 10.26).

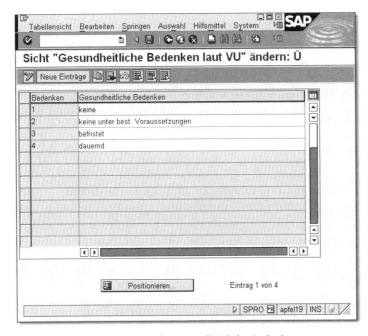

Abbildung 10.26 Customizing für gesundheitliche Bedenken

Diagnosen

Unter dem Menüpunkt DIAGNOSEN finden sich die folgenden Customizing-Punkte sowie, eine Ebene tiefer, noch der Absprung zum BAPI für den Diagnosebildschirm:

▶ Bei den URSACHEN DER ERKRANKUNG FESTLEGEN differenzieren die Customizing-Beispiele zwischen ARBEITSBEDINGT, ALTERSBEDINGT und UNSPEZIFIZIERT.

▶ Bei den AUSWIRKUNGEN EINER DIAGNOSTIZIERTEN ERKRANKUNG geht es darum, die Auswirkung der Erkrankung auf die Arbeitsfähigkeit des Patienten zu kategorisieren.

▶ Bei den EINSTUFUNGEN DER DIAGNOSE geht es z. B. um primäre und sekundäre Diagnose.

▶ Die QUELLEN DER DIAGNOSE erlauben es, die Diagnose nach Art und Herkunft zu unterscheiden.

Zu allen Punkten hier liefert die SAP Customizing-Beispiele aus.

Untersuchungsergebnisse

Unter dem Menüpunkt UNTERSUCHUNGSERGEBNISSE sind die folgenden Customizing-Punkte zusammengefasst:

▶ Bewertungen der Untersuchungsergebnisse festlegen

▶ Bewertungen der Testergebnisse festlegen

▶ Ursachen der Auffälligkeit festlegen

▶ Status der Testergebnisse festlegen

▶ Audiogramm: Korrekturwerte festlegen

Für den Menüpunkt BEWERTUNGEN DER UNTERSUCHUNGSERGEBNISSE FESTLEGEN liefert SAP die in der folgenden Abbildung dargestellten Beispiele aus. Die Einstellungen 2 AUFFÄLLIG und 3 ABGELEHNT haben Funktionalität hinterlegt: AUFFÄLLIG sorgt dafür, dass der Text des Untersuchungsergebnisses in rot erscheint; ABGELEHNT führt dazu, dass das Ergebnisdatum gelöscht wird (siehe Abbildung 10.27).

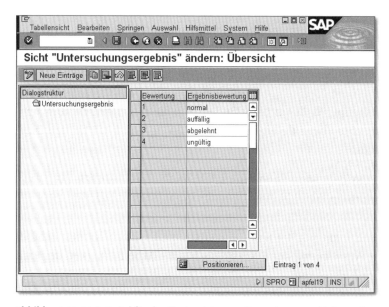

Abbildung 10.27 Beispiel für das Customizing zur Bewertung von Untersuchungsergebnissen

Das Customizing unter dem Menüpunkt BEWERTUNGEN DER TESTERGEBNISSE verläuft analog zu dem der Untersuchungsergebnisse. Bei dem Menüpunkt URSACHEN DER AUFFÄLLIGKEIT FESTLEGEN geht es darum, den Grund für ein auffälliges Testergebnis zu kategorisieren. Als Default-Werte werden ALTER und GESCHLECHT ausgeliefert.

Der Menüpunkt STATUS DER TESTERGEBNISSE erlaubt – analog zum vorhergehenden Punkt – die Festlegung verschiedener Status zum Testergebnis.

Der Punkt AUDIOGRAMM: KORREKTURWERTE FESTLEGEN hebt sich von den bisher erläuterten ein wenig ab, da hier alters- und geschlechtsspezifische Korrekturwerte für die einzelnen Messpunkte des Audiogramms hinterlegt werden können (siehe Abbildung 10.28).

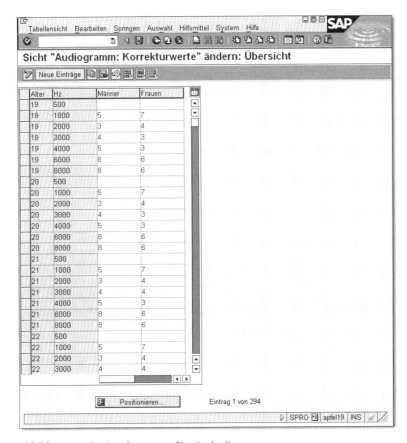

Abbildung 10.28 Korrekturwerte für ein Audiogramm

In einer Ebene darunter findet sich noch ein Absprung zum BAdI zur Screen-Erweiterung von Untersuchungen.

Import medizinischer Daten festlegen

Der sich unter IMPORT MEDIZINISCHER DATEN FESTLEGEN befindliche Customizing-Punkt REFERENZEN FÜR IMPORT MEDIZINISCHER DATEN FESTLEGEN erlaubt die Festlegung externer Referenzen für den Import von Untersuchungsergebnissen, z.B. die Servicenummer des Medizinischen Service.

Formulare und Dokumente

Unter MEDIZINISCHER SERVICE • FORMULAR … können die SAPscript-Formulare und die dazu gehörigen Druckprogramme für ärztliche Bescheinigungen wie Rezepte, Einschränkungen, Vorsorgekartei festgelegt werden.

Freitexte können im Medizinischen Service, wie im übrigen SAP EHS Management auch, zur Einbindung von DVS-Dokumenten genutzt werden. Die dazu notwendigen Customizing-Einstellungen finden Sie unter dem Punkt DOKUMENTE. Dazu müssen die entsprechenden Freitextarten definiert werden.

Business Add-Ins (BAdIs)

Es werden folgende BAdIs angeboten:

▸ BAdI: Menü-Exit 1 Medizinischer Service

▸ BAdI: Menü-Exit 2 Medizinischer Service

▸ BAdI: Menü-Exit 1 Impfungen

▸ BAdI: Menü-Exit 2 Impfungen

▸ BAdI: Screen-Erweiterung Kurzkontakte

▸ BAdI: Screen-Erweiterung Registerkarte Person im Medizinischen Service

▸ BAdI: Screen-Erweiterung Suche nach Person im Medizinischen Service

▸ BAdI: Erweiterte Berechtigungsprüfung medizinische Daten zur Person

▸ BAdI: Filter in Übersicht Medizinische Services bearbeiten

▸ BAdI: Screen-Erweiterung Übersicht Medizinische Services bearbeiten

10.8.5 Menüpunkt »Ambulanzbuch«

Das Customizing zum Ambulanzbuch ist recht kurz und umfasst folgende Punkte:

▸ **Statusverwaltung**
Link auf das Customizing der Statusverwaltung des Arbeitsschutzes

▸ **Nummernkreisverwaltung**
Link zur Pflege der Nummernkreise
Das Ambulanzbuch verwendet den Nummernkreis CHIHN_FAID.

▸ **Arten von Ambulanzbucheinträgen festlegen**
Ein Sortierkriterium für Ambulanzbucheinträge analog zur Spezifikationsart
Wichtig ist hier im Detailbild der Wert für die Übergabesteuerung.

  ▸ **0**
  Keine Übergabe an das Unfallkataster, z. B. für Einträge zur Medika-
  mentenabgabe gegen Kopfschmerz

  ▸ **1**
  Manueller Vorschlag zur Übergabe an das Unfallkataster möglich

  ▸ **2**
  Automatischer Vorschlag vom System zur Übergabe des Eintrags an
  das Unfallkataster, z. B. für Erste Hilfe bei Unfällen mit Einweisung ins
  Krankenhaus

▸ **Registerkarten konfigurieren**
Hier können zum Objekttyp FAL (Ambulanzbucheintrag) die Registerkarten der Workbench festgelegt werden.

▸ **Erfassungsorte festlegen**
Werksbezogene Eingabe von Erste-Hilfe-Standorten im Werk, an denen
das Ambulanzbuch geführt wird

▸ **Hilfeleistungsarten festlegen**
Festlegung einer Typisierung von Hilfeleistungsarten zur besseren Aus-
wertbarkeit der Einträge

▸ **Rollen von Personen festlegen**
Eine Möglichkeit zur Festlegung von Rollen für Personen, die in Ambulanzbucheinträgen vorkommen, z. B. Ersthelfer, Betriebsarzt, Zeuge

BAdIs des Ambulanzbuchs

Folgende BAdIs des Ambulanzbuchs sind vorhanden:

▸ Menüexit 1–4

▸ Screen-Erweiterung Zuordnung Ambulanzbuch-Service

▸ Behandlung des Statuswechsels

▸ Behandlung von Aktionen nach dem Datenbank-Commit

10.9   Fazit

Das SAP EHS Management-Modul »Arbeitsmedizin« (OH) ist zunächst einmal der Versuch einer Synthese aus zwei Bedürfnissen. Zum einen erfüllt das (elektronische) Ambulanzbuch die in Deutschland gesetzlich vorgeschriebene Verpflichtung zur Führung eines Ambulanzbuchs. Die Verbindung zum Unfallkataster ist praktisch und funktional und macht die elektronische Führung des Ambulanzbuches vielleicht erst sinnvoll – die gesetzliche Anforderung wäre auch in Papierform erfüllt. Aber die Auswertungen des Unfallkatasters können bei größeren Unternehmen nur noch elektronisch sinnvoll geleistet werden.

Der Medizinische Service mit allen zugehörigen Transaktionen nimmt sich zum anderen dem Wirken des Betriebsarztes rund um Vorsorgeuntersuchungen und einem vorbeugenden Gesundheitsschutz an. Ihm stehen hier durchaus mächtige Werkzeuge zur Verfügung, sowohl bezüglich der Zuordnung von Vorsorgeuntersuchungen und Impfungen zu den Menschen im Betrieb als auch für die Dokumentation der Untersuchungen und zur Auswertung der Ergebnisse an sich. Diese Funktion lebt von ihrer Integration in andere Prozesse und Module wie die Personalwirtschaft und das Organisationsmanagement. Nur bedeutet die Integration im Zweifelsfall, medizinische Informationen in unmittelbare Nähe der Personalwirtschaft zu bringen, auch wenn diese Informationen durch Berechtigungen vor unerlaubtem Zugriff geschützt werden.

Zudem kann der Arzt im Medizinischen Service zwar alles dokumentieren, aber keine Abrechnungen erstellen, d.h. er muss dafür eine zusätzliche Dokumentation seiner Leistung anfertigen.

Datenschutz- und Abrechnungsfragen erfordern daher immer eine umsichtige Implementierung des Medizinischen Service samt seiner Auswahl und der Terminierungs- und Auswertungsfunktionen. Dies kann durchaus dazu führen, dass Durchführung, Dokumentation und Abrechnung des Medizinischen Service in ein externes Tool bzw. eine separate SAP-Installation überführt werden, mit der über Schnittstellen nur noch Grunddaten ausgetauscht werden.

Gefährliche Abfälle treten bei Weitem nicht nur in den Produktionsanlagen der chemischen Industrie auf. In jedem Unternehmen, das mit Gefahrstoffen umgeht, fallen potenziell Abfälle an, die rechtssicher zu entsorgen sind. Dabei werden hohe Anforderungen an die Dokumentation des Entsorgungsprozesses gestellt.

11   Abfallmanagement

Das Thema »Abfallmanagement« und die rechtssichere Entsorgung von Abfall ist für Unternehmen über alle Industriezweige hinweg von großer Bedeutung. Gleichzeitig sind in Europa für das Abfallmanagement weitaus mehr regionsspezifische Regelungen zu beachten als beispielsweise im Gefahrstoff- und Gefahrgutmanagement. In diesem Kapitel beschreiben wir, wie Sie Ihre Abfälle intern korrekt erfassen können bzw. die Entsorgung rechtssicher durchführen, und zeigen Ihnen die verschiedenen Möglichkeiten der Integration in eventuell bereits bestehende SAP-Prozesse.

11.1   Einführung

Der rechtliche Rahmen für den Umgang mit Abfällen ist in Europa über die »Abfallrichtlinie der Europäischen Gemeinschaft« geregelt (Richtlinie 2008/98/EG über Abfälle). Die jeweiligen Mitgliedsstaaten müssen diese Richtlinie in nationales Recht umsetzen.

Als Abfall werden dabei Stoffe oder Gegenstände bezeichnet, denen sich ihr Besitzer entledigt, entledigen will oder entledigen muss. Abfälle werden europaweit durch eine Abfallschlüsselnummer und eine festgelegte Bezeichnung benannt und kategorisiert.

In Deutschland wird das Abfallrecht auf Bundesebene durch das »Kreislaufwirtschafts- und Abfallgesetz« (KrW-/AbfG) geregelt. Neben das Bundesabfallrecht tritt zusätzlich das »Abfallrecht der Bundesländer«, das die bundes-rechtlichen Bestimmungen ergänzt.

Abfälle können in Unternehmen aller Art auftreten. Die SAP EHS Manage-ment-Komponente Abfallmanagement ist vollständig in das SAP-System integriert und unterstützt Sie bei der Abwicklung Ihrer Entsorgungspro-zesse. Sie können dadurch sicherstellen, dass die für die Erzeugung, den Transport und die Entsorgung relevanten Vorschriften und Gesetze einge-halten werden. Zudem erlaubt die Integration in die bestehende SAP-Land-schaft, die dabei entstehenden Kosten verursachergerecht zu verteilen.

Das Abfallmanagement in SAP EHS Management besteht aus folgenden Komponenten:

▸ **Grunddaten**
Hier werden alle Daten erfasst, die für die Beschreibung von Abfällen erforderlich sind. Sie nutzen hierbei die Funktionen der SAP-Komponente Materialwirtschaft (MM) sowie die SAP EHS Management-Komponenten »Grunddaten und Werkzeuge« sowie »Gefahrgutabwicklung«.

▸ **Stammdaten**
Zu den Stammdaten zählen z.B. die Daten zu Abfallerzeugern, -entsor-gern, und -beförderern. Sie können Abfallerzeuger, -entsorger und -beför-derer mit den Abfällen direkt verknüpfen und mögliche Entsorgungswege festlegen. Auch die Daten zu Behörden und Entsorgungsnachweisen kön-nen Sie in den Stammdaten erfassen.

▸ **Entsorgungsabwicklung**
Hier werden Abfallmengen erfasst und die Entsorgungsabwicklung gesteu-ert. Sie können zahlreiche Absprünge in andere SAP-Komponenten nutzen, wie z.B. die Buchung von Abfällen in die Bestandsführung und die Auslö-sung von Bestellungen für die Entsorgung.

▸ **Entsorgungspapiere**
Diese Komponente erlaubt Ihnen das Erstellen und Verwalten verschie-dener Entsorgungspapiere. Sie haben dabei auch die Möglichkeit, den Papierrücklauf zu überwachen.

▸ **Auswertungen**
Sie können auf einfache Weise Abfallbilanzen und andere Auswertungen erstellen.

Abbildung 11.1 zeigt die Schritte bei einer rechtssicheren Entsorgung.

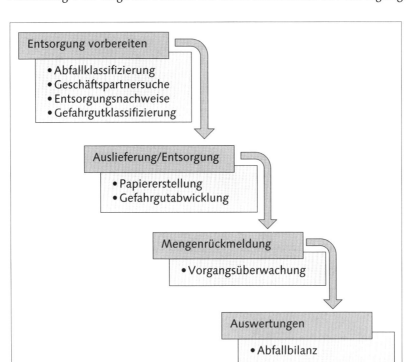

Abbildung 11.1 Prozessschritte für die rechtssichere Entsorgung

Diese Komponenten erläutern wir im weiteren Verlauf des Kapitels genauer.

11.2 Grunddaten

Mit den Grunddaten beschreiben Sie Ihre Abfälle aus verschiedenen Sichtweisen. Hierzu zählen Daten aus der Materialwirtschaft, aus der EHS-Spezifikationsdatenbank sowie aus der EHS-Gefahrgutabwicklung. Basierend auf den Eigenschaften des Abfalls – z.B. bestehend aus Gefahrgut- und toxikologischen Daten – ordnen Sie dem Abfall einen Abfallschlüssel und gegebenenfalls eine Gefahrgutklassifizierung zu (siehe Abbildung 11.2).

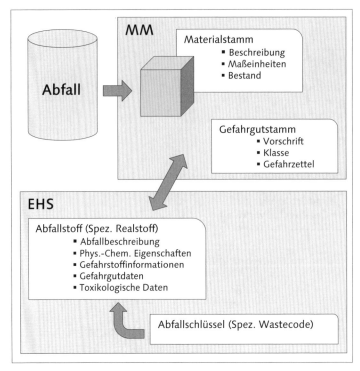

Abbildung 11.2 Abfall in SAP EHS Management

11.2.1 Abfallkatalog

In einem Abfallkatalog werden die gesetzlich definierte Verschlüsselung, die Bezeichnung und die weiteren Beschreibungen von Abfällen abgebildet. Jeder Abfallkatalog wird im EHS-Abfallmanagement als Phrase abgebildet. Hierbei werden die Bezeichnung des Abfallkatalogs als Phrasentext und die zugehörige Abkürzung als Phrasencode hinterlegt. Im Falle des europäischen Abfallkatalogs also z.B. der »European Waste Catalogue« für den Phrasentext und die Abkürzung »EWC« als zugehöriger Phrasencode.

11.2.2 Abfallschlüssel

Abfallschlüssel werden als Spezifikationen der Spezifikationsart WASTECODE in der Spezifikationsdatenbank angelegt. Die Abfallschlüssel werden über die Transaktion WACO02 angelegt (alternativ wählen Sie den Pfad ABFALLMANAGEMENT • STAMMDATEN • ABFALL WORKBENCH).

Als Identifikatoren müssen Sie mindestens die in Tabelle 11.1 gezeigten auf die dort definierte Weise erfassen.

Idtyp	Identifikationsart	Sprache	Sort	Identifikator
NAM	WASTECOCAT (Abfallkatalog)	Sprachenschlüssel	1	Phrasencode des Abfallkatalogs
NUM	WASTECODE (Abfallschlüssel)		2	Nummer des Abfall-schlüssels
NAM	WASTECODES (Bezeichner des Abfallschlüssels)	Sprachenschlüssel	3	Bezeichnung des Abfallschlüssels

Tabelle 11.1 Identifikatoren zum Abfallschlüssel

Abbildung 11.3 zeigt exemplarisch die Pflege der Identifikatoren für den Abfallschlüssel 060102 (Salzsäure) des Europäischen Abfallkatalogs auf Deutsch und Englisch.

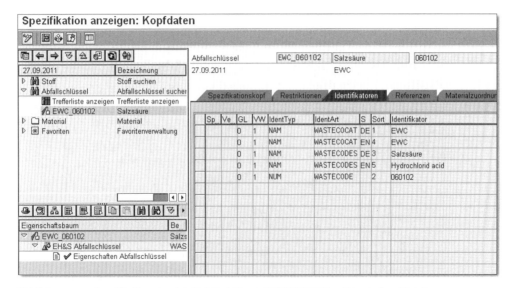

Abbildung 11.3 Spezifikation der Art Abfallschlüssel (WASTECODE) mit typischen Einträgen für die Identifikatoren

Die Zuordnung des Abfallschlüssels zum Abfallkatalog erfolgt nicht über eine Eigenschaft oder eine Stofflistenzuordnung, sondern direkt über den Text des Identifikators der Art WASTECOCAT. Daher müssen Sie als Identifikator den genauen Text des Phrasencodes (z. B. EWC für European Waste Catalog) des entsprechenden Abfallkatalogs eintragen. Darüber hinaus müssen Sie sicherstellen, dass die Phrasenauswahlmenge dieser Phrase dem Umgebungsparameter WAM_PHRSET_WACATLG zugeordnet ist (siehe Abbildung 11.4).

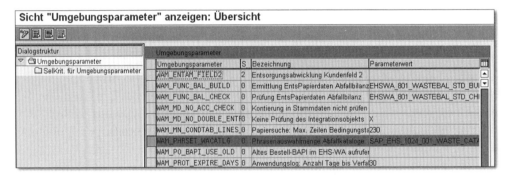

Abbildung 11.4 Phrasenauswahlmenge für die Phrasen des Abfallkatalogs ist als Umgebungsparameter gesetzt

Sie sollten zudem den Identifikator der Identifikationsart WASTECOCAT immer zuerst eingeben, bevor Sie den eigentlichen Abfallschlüssel (NUM; WASTECODE) erfassen. Das ist wichtig, da ansonsten die automatische Prüfung auf Duplikate nicht erfolgen kann. Diese Prüfung geschieht über den Prüfbaustein C142_WASTECODE, der standardmäßig beim Identifikator NUM; WASTECODE hinterlegt ist (siehe Abbildung 11.5).

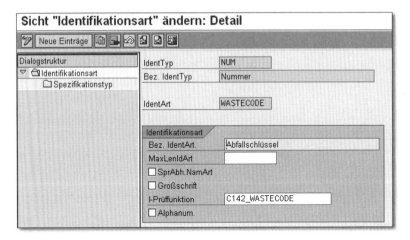

Abbildung 11.5 Definition des Identifikators NUM; WASTECODE im SAP-Standard mit aktivierter Prüffunktion

[+] **Identifikatoren ändern**

Auch beim Ändern von Identifikatoren bereits bestehender Abfallschlüssel müssen Sie die Reihenfolge beachten. Ändern Sie immer zuerst den Identifikator des Abfallkatalogs, bevor Sie den Abfallschlüssel selbst ändern.

Im Standard ist bei Spezifikationen der Art »Abfallschlüssel« (WASTECODE) der gleichnamige Eigenschaftsbaum zugeordnet. Als einzige Bewertungsart finden Sie hier EIGENSCHAFTEN DES ABFALLSCHLÜSSELS (siehe Abbildung 11.6).

In dieser Eigenschaft können Sie z.B. die Überwachungsbedürftigkeit des Abfalls angeben, die für diesen Abfallschlüssel gilt. Wenn Sie den Abfallschlüssel später einem Entsorgungsnachweis zuordnen, werden diese Informationen automatisch übernommen.

Abbildung 11.6 zeigt exemplarisch eine Bewertungsinstanz mit gewählter Phrase »Gefährlicher Abfall« im Merkmal ÜBERWACHUNGSBEDÜRFTIGKEIT.

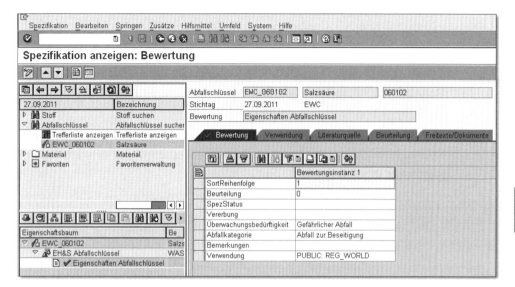

Abbildung 11.6 Pflege der Bewertungsart »Eigenschaften Abfallschlüssel«

11.2.3 Abfälle

Jeder Abfall entspricht einem Material in der Materialwirtschaft. Am Material werden die benötigten logistischen Daten gepflegt. Diesem Material ordnen Sie in einem nächsten Schritt eine oder mehrere Spezifikationen zu.

Materialien für Abfälle

Für jeden Abfall, der in Ihrem Unternehmen anfällt, sollten Sie ein eigenes Material anlegen – auch dann, wenn ein Abfall aus einem Produkt (Material) entsteht, das im System bereits existiert. Um ein Material anzulegen, wählen Sie im Menü des Abfallmanagements den Pfad STAMMDATEN • MATERIAL • ANLEGEN ALLGEMEIN • SOFORT.

Als Materialarten für Abfälle können Sie nur die Materialarten verwenden, die Sie im Customizing als abfallrelevante Materialarten festgelegt haben.

Die Verwendung einer eigenen Materialart für Abfälle erleichtert Ihnen die eindeutige Trennung der Bestandsmengen von Abfällen und anderen Materialien. Auch die Datenerfassung im Materialstamm lässt sich durch die Vorgabe der zu bearbeitenden Sichten deutlich erleichtern.

Gefahrgutstamm für Abfälle

Sofern es sich bei dem zu entsorgenden Abfall um einen gefährlichen Abfall handelt, ist dieser beim Transport nach gefahrgutrechtlichen Bestimmungen zu kennzeichnen und zu befördern.

Sie können wahlweise zum Abfallmaterial manuell einen Gefahrgutstammsatz anlegen (Transaktion DGP1), oder wenn Sie bereits das EHS-Gefahrgutmanagement im Einsatz haben, können Sie den Gefahrgutstamm aus der Spezifikationsdatenbank automatisch befüllen lassen.

Als Minimaldatensatz sollten Sie dabei die Gefahrgutvorschrift, die UN-Nummer, die Gefahrgutklasse, die Verpackungsgruppe und den Gefahrzettel angeben (siehe Abbildung 11.7).

Abbildung 11.7 Manuell angelegter Gefahrgutstamm zum Abfallmaterial

Spezifikationen für Abfälle

Eine Spezifikation für Abfälle wird im Regelfall als Spezifikationsart »Realstoff« (REAL_SUB) angelegt. Hierzu nutzen Sie in der Abfall-Workbench (Transaktion WACO02) den Spezifikationstyp »Stoff«. Falls Sie für Abfälle eine eigene Spezifikationsart einrichten möchten, können Sie dies im Customizing der Grunddaten und Werkzeuge unter SPEZIFIKATIONSARTEN FESTLEGEN tun.

Abfall- und Stoff-Workbench **[+]**

Sie können zum Anlegen und Pflegen Ihrer Abfallstoffe selbstverständlich auch die Stoff-Workbench (Transaktion CG02) benutzen. Die Verwendung der Abfall-Workbench hat jedoch den Vorteil, dass Sie im Navigationsbereich OBJEKTE die Spezifikationstypen »Stoff« und »Wastecode« gleichzeitig bearbeiten können, ohne die Transaktion wechseln zu müssen.

Sie sollten pro Abfall mindestens einen Identifikator vom Typ NAM anlegen (Registerkarte IDENTIFIKATOREN), der Ihnen die Suche nach dem Abfall erleichtert.

Auf der Registerkarte MATERIALZUORDNUNGEN können Sie dann die Abfallmaterialien eingeben, die Sie der Spezifikation zuordnen möchten (siehe Abbildung 11.8).

Um Daten zur Spezifikation des Abfalls zu erfassen, nutzen Sie im Detailbereich der Abfall-Workbench den Standard-Eigenschaftsbaum. Die Verknüpfung zum Abfallschlüssel erfolgt in der Bewertungsart ABFALLSCHLÜSSEL (siehe Abbildung 11.8).

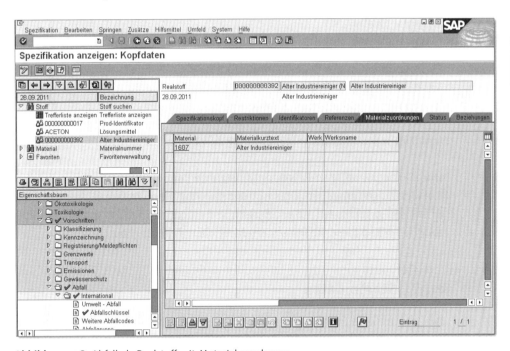

Abbildung 11.8 Abfall als Realstoff mit Materialzuordnung

Die Pflege dieser Eigenschaft unterscheidet sich etwas von der, die Sie eventuell von anderen Eigenschaften der SAP EHS Management-Komponente »Produktsicherheit« her kennen. Um dem Abfallstoff einen Abfallschlüssel zuzuweisen, wählen Sie in der Bewertung dieser Eigenschaft das Merkmal ABFALLKATALOG. Hier können Sie über die F4-Hilfe die Phrase des gewünschten Abfallkatalogs auswählen. Danach öffnen Sie das Merkmal ABFALLSCHLÜSSEL mit der F4-Hilfe. Dabei erscheint dann kein Dialog zum Auswahl einer Phrase, sondern eine Auswahlmaske, in der Sie die Nummer des Abfallschlüssels als Identifikator eingeben können (siehe Abbildung 11.9). Der über diese Suche gefundene Abfallschlüssel wird dann in das Merkmal eingetragen.

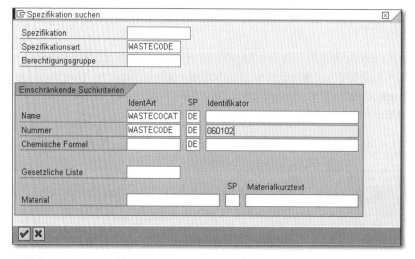

Abbildung 11.9 Auswahlmaske zur Zuordnung des Abfallschlüssels

Durch Eingabe weiterer Bewertungsinstanzen können Sie den Abfall mehreren Abfallkatalogen zuweisen. Dies ist dann sinnvoll, wenn in Ihrem Unternehmen Abfall der gleichen Art an geografisch verschiedenen Stellen anfällt und entsorgt wird und diese Stellen unterschiedlichen Regelungen unterliegen.

11.3 Stammdaten

Die Stammdaten im Abfallmanagement von SAP EHS Management umfassen Daten zu den Objekten, die zur eigentlichen Abwicklung der Abfallentsorgung notwendig sind. Hierzu zählen Daten zu:

- Abfallerzeugern, darunter auch einzelne Anfallstellen

- Abfallentsorgern

- Abfallbeförderern

- Behörden

- Entsorgungsnachweisen

Sie können Abfallerzeuger, -beförderer und -entsorger mit Abfällen verknüpfen und dadurch z.B. die Entsorgungswege definieren. Die an der Erzeugung, dem Transport und der Entsorgung beteiligten Parteien werden dabei als Geschäftspartner mit entsprechenden Geschäftspartnerarten definiert.

Geschäftspartner im Abfallmanagement

Der Geschäftspartner ist das zentrale Objekt, um die am Prozess des Abfallmanagements beteiligten Personen, Institutionen oder Organisationseinheiten abzubilden. Durch die Angabe von Partnerrollen lassen sich die Geschäftspartner näher beschreiben. Ein Geschäftspartner kann hierbei mehrere Rollen einnehmen. Als Rollen stehen für das Abfallmanagement folgende Ausprägungen zur Verfügung:

- Abfallerzeuger

- Abfallentsorger

- Abfallbeförderer

- Behörde

Diese Geschäftspartnerrollen werden im SAP-System über verschiedene Transaktionen abgebildet (siehe Tabelle 11.2).

Partnerrolle	Transaktionen für Bearbeiten/Anzeigen
Abfallerzeuger	WAA02/WAA03
Abfallentsorger	WAA11/WAA12
Abfallbeförderer	WAA20/WAA21
Behörde	WAA24/WAA25
Partner allgemein bearbeiten	WASM101

Tabelle 11.2 Partnerrollen und zugehörige Transaktionen

Als Partnerarten sind in der Standardauslieferung folgende Werte vorhanden:

- Abfallerzeuger
- Anfallstelle
- Interne Anfallstelle
- Abfallentsorger
- Entsorgungsanlage
- Interne Entsorgungsanlage
- Beförderer
- Behörde

Weitere Partnerarten können über das Customizing eingestellt werden (siehe Abschnitt 11.7.2, »Stammdaten einrichten«).

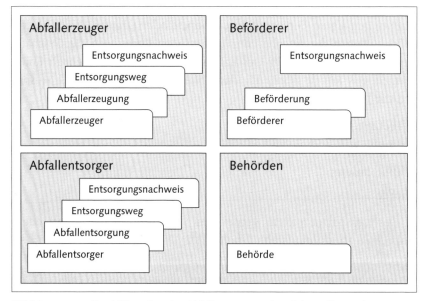

Abbildung 11.10 Geschäftspartner im Abfallmanagement und deren Stammdaten.

In Abbildung 11.10 sehen Sie die vier Ausprägungen der Geschäftspartner im Abfallmanagement mit den jeweils zugehörigen Stammdaten. Exemplarisch für die verschiedenen Partnerrollen beschreiben wir im Folgenden die Daten zum Abfallerzeuger.

Abbildung 11.11 zeigt den Hauptbildschirm der Transaktion WAA02 (Abfallerzeuger ändern). Mit der Partnerart wird der Abfallerzeuger näher kategorisiert. Für die Rolle »Abfallerzeuger« stehen im SAP-Standard folgende Partnerarten zur Verfügung:

- ▶ 1 – Abfallerzeuger
- ▶ 5 – Anfallstelle
- ▶ 10 – Interne Anfallstelle

Über das Feld ÜBERG. PARTNER können Sie eine Hierarchie für den Abfallerzeuger abbilden, wenn z.B. für einen Abfallerzeuger verschiedene Anfallstellen vorliegen.

Im Bereich ZUORDNUNG ZU (INTEGRATION) können Sie dem Geschäftspartner des Abfallmanagements ein Integrationsobjekt aus dem SAP-System zuordnen, das diesem entspricht. Mögliche Objekte sind z.B. Buchungskreis, Werk, Lagerort, Kostenstelle oder Lieferant.

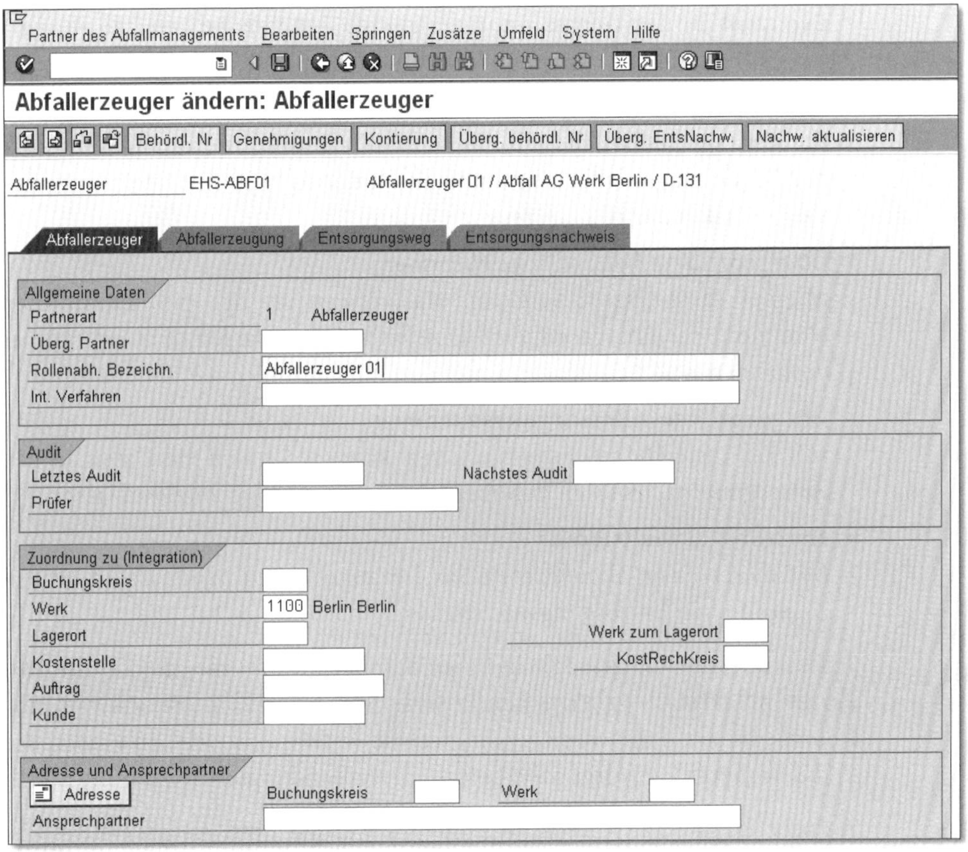

Abbildung 11.11 Transaktion WAA02 – Abfallerzeuger ändern

[+] | **Organisatorische Zuordnung**

Falls der Geschäftspartner des Abfallmanagements nicht mit einem Werk oder Buchungskreis identisch ist, organisatorisch jedoch zu einem dieser Objekte gehört, können Sie dies in den Feldern BUCHUNGSKREIS und WERK im Abschnitt ADRESSE eingeben.

Sie können aus der Transaktion WAA02 heraus über die Drucktastenleiste weitere Funktionen zum Geschäftspartner aufrufen:

- **Behördliche Nummer**
  Über die Drucktaste BEHÖRDL. NR. können Sie für den Abfallerzeuger die notwendigen Daten zu den entsprechenden behördlichen Nummern (Erzeuger-, Beförderer- oder Entsorgernummer) erfassen. Für eine erfasste behördliche Nummer müssen Sie dabei einen Gültigkeitsraum angeben.

- **Genehmigungen**
  Eventuell für den Geschäftspartner gültige Genehmigungen und Ausnahmen können Sie mit dieser Drucktaste erfassen.

- **Kontierung**
  Kontierungsobjekte, die Sie einem Abfallerzeuger zuordnen, werden in der Entsorgungsabwicklung automatisch den Erfassungsbelegen zugeordnet, in denen der Abfallerzeuger vorkommt.

- **Übergeordnete behördliche Nummer**
  Mit der Taste ÜBERG. BEHÖRDL. NR. können Sie sich die behördlichen Nummern des übergeordneten Objekts anzeigen lassen, falls ein solches vorhanden ist.

- **Übergeordneter Entsorgungsnachweis**
  Mit der Taste ÜBERG. ENTS.NACHWEIS können Sie sich die Daten zu den Entsorgungsnachweisen der übergeordneten Objekte anzeigen lassen.

- **Nachweis aktualisieren**
  Mit dieser Taste aktualisieren Sie die angepassten Stammdaten in den zugeordneten Entsorgungsnachweisen.

Transaktion WAA02 ermöglicht Ihnen darüber hinaus, über die Registerkarten ABFALLERZEUGUNG, ENTSORGUNGSWEG und ENTSORGUNGSNACHWEIS eine Dokumentation darüber anzulegen, welche Abfälle von welchen Entsorgern und Beförderern entsorgt bzw. befördert werden können.

Auf der Registerkarte ABFALLERZEUGUNG werden dem Abfallerzeuger die erzeugten Abfälle zugeordnet (siehe Abbildung 11.12). Die Registerkarte

ENTSORGUNGSWEG erlaubt Ihnen, für einen erzeugten Abfall den Abfallentsorger zuzuweisen (siehe Abbildung 11.13).

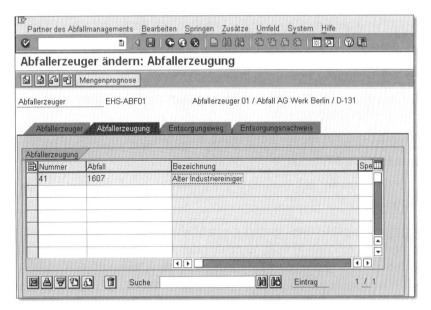

Abbildung 11.12 Abfallerzeugung – Zuordnung des Abfallmaterials zum Abfallerzeuger

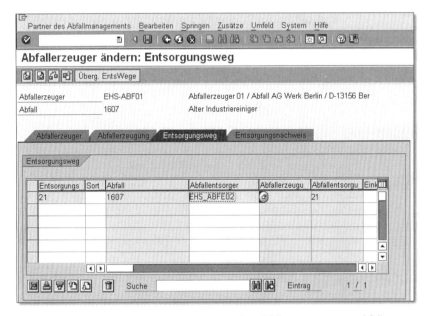

Abbildung 11.13 Entsorgungsweg – Zuordnung des Abfallentsorgers zum Abfallerzeuger

Der Entsorgungsnachweis ist die Erlaubnis einer Behörde, eine bestimmte Menge Abfall mit einer festgelegten Kombination aus Erzeuger, Entsorger und Entsorgungsanlage in einem bestimmten Zeitraum zu entsorgen. Diese Nachweise sind die Grundlage für das Erstellen von Entsorgungspapieren.

Sie können folgende Daten zum Entsorgungsnachweis erfassen (siehe Abbildung 11.14):

- Beteiligte Geschäftspartner des Abfallmanagements (Abfallerzeuger, Abfallentsorger, Abfallbeförderer)
- Abfallschlüssel, für die der Entsorgungsnachweis gilt
- Genehmigte Abfallmenge
- Bearbeitungsstatus des Entsorgungsnachweises (explizite Freigabe des Nachweises)

Jeder Entsorgungsnachweis gehört einer Nachweisart an. Die Nachweisart hängt von der Art des Abfalls, dem Ort der Erzeugung und Entsorgung sowie den damit verbundenen Vorschriften ab. Sie können diese Nachweisarten im Customizing definieren (siehe Abschnitt 11.7.2, »Stammdaten einrichten«).

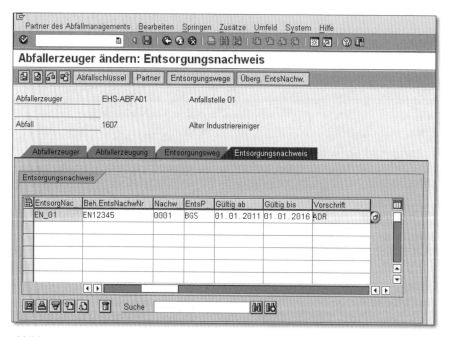

Abbildung 11.14 Entsorgungsnachweis

Elektronisches Abfallnachweisverfahren (eANV)   **[+]**

Seit dem 1. April 2010 ist das elektronische Abfallnachweisverfahren (eANV) nach der deutschen Nachweisverordnung »Verordnung über die Nachweisführung bei der Entsorgung von Abfällen« das zwingend vorgeschriebene Verfahren zur Abfallnachweisführung für gefährliche Abfälle.

SAP bietet mit der Lösung SAP Waste and Recycling im Zusammenspiel mit wählbaren Dienstleistern die Funktionen an, die diese Anforderungen erfüllen.

Über die Transaktion WATREE (alternativ über den Pfad ABFALLMANAGEMENT • STAMMDATEN • STAMMDATENÜBERSICHT) können Sie die Stammdaten des Abfallmanagements hierarchisch in einer Baumstruktur anzeigen lassen. Hierbei wird auch die Hierarchie der übergeordneten Geschäftspartner abgebildet. In Abbildung 11.15 erkennen Sie im Ordner ABFALLERZEUGER die hierarchische Zuordnung der Anfallstelle 01 zum Abfallerzeuger 01.

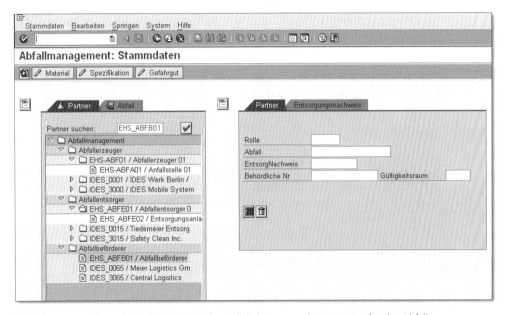

Abbildung 11.15 Transaktion WATREE – übersichtliche Stammdatenanzeige für das Abfallmanagement

Mit Hilfe der Transaktion WATREE können Sie auch Geschäftspartner suchen (Feld PARTNER SUCHEN).

11.4 Entsorgungsabwicklung

Im Rahmen der sogenannten Entsorgungsabwicklung können Sie die aufgetretenen Abfallmengen erfassen und die weitere Entsorgung abwickeln. Die Entsorgungsabwicklung nutzt zahlreiche Funktionen anderer SAP-Module wie der Materialwirtschaft oder der Lagerverwaltung. Bislang werden allerdings keine Funktionen aus der SAP ERP Financials-Komponente »Controlling« (CO) genutzt. Darum müssen Sie Rechnungsprüfungen oder Auswertungen direkt in der SAP EHS Management-Komponente »Abfallmanagement« durchführen.

Zu Beginn der Entsorgungsabwicklung müssen Sie einen Erfassungsbeleg anlegen. Dies geschieht über ABFALLMANAGEMENT • ENTSORGUNGSABWICKLUNG • ERFASSUNGSBELEG BEARBEITEN im SAP EHS Management-Menü (Transaktion WAE02).

Im Erfassungsbeleg wählen Sie in der Belegübersicht im Feld ABFALL über die Wertehilfe ([F4]-Hilfe) Ihr Abfallmaterial aus (siehe Abbildung 11.16). Sie bekommen daraufhin eine Auswahl der diesem Abfall zugeordneten Abfallerzeuger zur Selektion angeboten. Dazu dokumentieren Sie noch die Menge des Abfalls, der angefallen ist (Spalte MENGE). Beim Anlegen des Belegs werden folgende Daten vom System automatisch ergänzt (siehe Tabelle 11.3).

Feld im Erfassungsbeleg	Übernommener Wert	Quelle
ERZEUGER	Abfallerzeuger	Stammdaten: Abfallerzeugung
ABFALL	Abfall	Stammdaten: Abfallerzeugung
ERZEUGUNG	Abfallerzeugung	Stammdaten: Abfallerzeugung
WERK ERZEUGER	Werk des Abfallerzeugers	Stammdaten: Abfallerzeuger
WERK ENTS.ABW.	Werk für die Entsorgungs-abwicklung	Stammdaten: Abfallerzeugung
LAGERORT	Lagerort	Stammdaten: Abfallerzeugung
GGKENNZPROFIL	Gefahrgutkennzeichenprofil	Materialstamm des Abfalls
BUCHUNGSKREIS	Buchungskreis	Stammdaten: Abfallerzeuger

Tabelle 11.3 Automatisch ergänzte Daten bei der Anlage eines Belegs

Das System liest Werte, die nachträglich in den Stammdaten geändert wurden, nicht nach. Solche Werte werden im Erfassungsbeleg nicht aktualisiert. Falls sich nachträglich Stammdaten ändern, müssen Sie diese händisch im Erfassungsbeleg korrigieren.

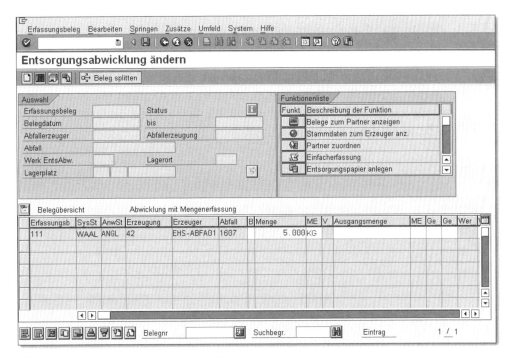

Abbildung 11.16 Entsorgungsabwicklung – Erfassungsbeleg

Über die Drucktaste PARTNER ZUORDNEN – rechts im Bereich FUNKTIONSLISTE – können Sie dem Beleg mehrere Geschäftspartner des Abfallmanagements zuordnen, z.B. einen Abfallentsorger und -beförderer.

Über die Drucktaste EINFACHERFASSUNG können Sie ein einfacheres Erfassungsbild für den Beleg aufrufen, das Sie direkt zur Erfassung in der Produktion nutzen können.

Je nach Art des Abfalls und des Entsorgungsorts können durch die jeweils gültigen Vorschriften und Gesetze unterschiedliche Varianten für die Entsorgungsabwicklung notwendig sein. Diese Varianten können Sie über den Erfassungsbelegtyp im Customizing steuern (siehe Abschnitt 11.7.3, »Entsorgungsabwicklung«).

11.5   Entsorgungspapiere

Beim Anlegen von Entsorgungspapieren wird über verschiedene Prüfungen sichergestellt, dass Sie nur zulässige Daten erfassen. Einige Daten werden zudem direkt aus den Grund- und Stammdaten des Abfallmanagements übernommen. Im Customizing können Sie für jede Entsorgungspapierart genau definieren, welche Prüfungen durchgeführt werden sollen (siehe Abschnitt 11.7.4, »Entsorgungspapiere«).

In den Transaktionen zur Bearbeitung und Anzeige der Entsorgungspapiere werden die Papiere in einem Übersichtsbaum getrennt nach Entsorgungspapierart dargestellt. In den untergeordneten Knoten werden die Entsorgungspapiere nach Status gruppiert, womit die Bearbeitung der Papiere vereinfacht wird (siehe Abbildung 11.17).

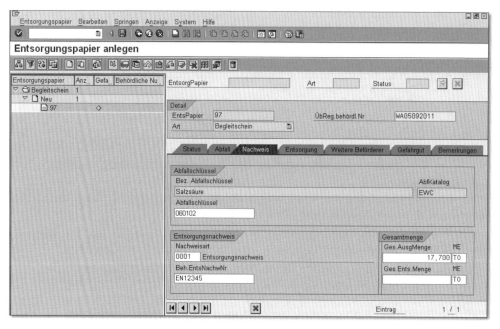

Abbildung 11.17 Transaktion WAM02 – Entsorgungspapier anlegen

Entsorgungspapier anlegen

Um ein Entsorgungspapier anzulegen, nutzen Sie die Transaktion WAM02 (Entsorgungspapier bearbeiten). Im Feld ART wählen Sie über die Wertehilfe ([F4]-Hilfe) die Entsorgungspapierart – hier BGS für den Begleitschein. Im Feld ÜBREG.BEHÖRDL.NR pflegen Sie die 12-stellige Begleitschein-Nummer ein.

In der Registerkarte NACHWEIS suchen Sie danach über die Wertehilfe ([F4]-Hilfe) des Felds BEH.ENTSNACHWNR den Entsorgungsnachweis, auf dessen Basis das Entsorgungspapier erstellt wird. Den Entsorgungsnachweis ermitteln Sie dabei über das Abfallmaterial. Nach der Eingabe des Entsorgungsnachweises und nachdem Sie mit der Taste [↵] bestätigt haben, werden die relevanten Stammdaten des Entsorgungsnachweises in die jeweiligen Registerkarten übernommen. Die Angaben zum Erzeuger, Beförderer und Entsorger auf der Registerkarte ENTSORGUNG werden so z.B. aus den Stammdaten des Entsorgungsnachweises übernommen (siehe Abbildung 11.18).

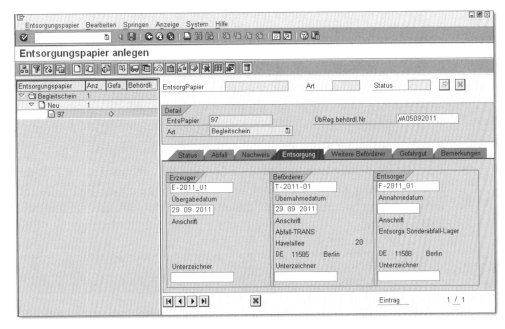

Abbildung 11.18 Entsorgungspapier

Sofern der Abfall ein Gefahrgut ist, werden die auch Daten aus dem Gefahrgutstamm des Abfalls in der Registerkarte GEFAHRGUT übernommen. Nach dem Sichern des Entsorgungspapiers ändert sich das Symbol des Entsorgungspapiers dann in der Baumdarstellung von einer farblosen Raute in ein gelbes Dreieck (siehe Abbildung 11.19).

Bevor der Abfall abgeholt wird, sollten Sie auf der Registerkarte NACHWEIS noch die Ausgangsmenge und auf der Registerkarte ENTSORGUNG das Übernahmedatum ergänzen.

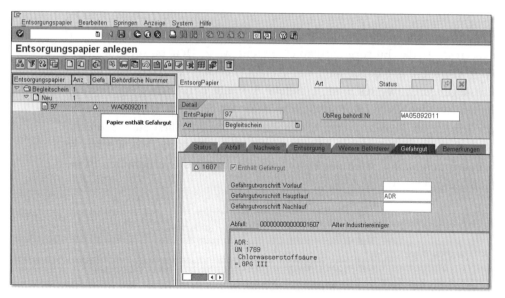

Abbildung 11.19 Entsorgungspapier – Übernahme der Gefahrgutdaten

Entsorgungspapier drucken

Zum Druck des Entsorgungspapiers können Sie im einfachsten Fall das Icon DRUCKVORSCHAU 🗗 (oder die Tastenkombination ⌂+F8) verwenden. Sie gelangen damit in das Menü BERICHTSINFORMATIONSSYSTEM: BERICHTSBAUM.

Abbildung 11.20 Druckvorschau des Entsorgungspapiers

Indem Sie das Icon 🗎 anklicken, können Sie sich den Begleitschein in der Druckvorschau ansehen (siehe Abbildung 11.20).

Funktion »Drucken« in der Transaktion WAM02 **[+]**

Die hier beschriebene Variante der Druckvorschau benötigt nur ein lokal einge-
richtetes WWI (Windows Wordprocessor Integration) am Frontend. Um die
Funktion Drucken in der Transaktion WAM02 zu nutzen, wird ein WWI-Generierungsserver benötigt. Dabei wird ein Druckauftrag im Berichtsversand angelegt.
Für einen korrekten Dokumentendruck sollten Sie also einen WWI-Generierungsserver einrichten.

Abbildung 11.21 zeigt exemplarisch einen Begleitschein in der Druckan-
sicht. Obwohl durch die Einführung des elektronischen Abfallnachweisver-
fahrens in Deutschland auch der Begleitschein in elektronischer Form
erstellt wird, kann für andere Gesetzesräume weiterhin der Druck von
Begleitscheinen auf Papier notwendig sein.

Abbildung 11.21 Beispiel für einen Begleitschein

Statusverfolgung der Entsorgungspapiere

Wenn Sie ein Entsorgungspapier anlegen, setzt das System den Initialstatus NEW automatisch. In Abhängigkeit der Funktionen, die Sie in der Transaktion WAM02 ausführen, setzt das System den Status entsprechend um (siehe Tabelle 11.4).

Funktion	Icon	Gesetzter Status
Daten vollständig	🔍	COMPL (Daten vollständig)
Quittieren	📝	CHK (Quittiert)
Ablegen	📑	ARCH (Abgelegt)
Stornieren	🗑	CAN (Storniert)

Tabelle 11.4 Die wichtigsten Status für Entsorgungspapiere

In Abhängigkeit vom Status wird das Entsorgungspapier im Navigationsbaum der Transaktion in das entsprechende Register verschoben (siehe Abbildung 11.22).

Abbildung 11.22 Einordnung des Entsorgungspapiers in den Navigationsbaum

11.6   Auswertungen

Der Gesetzgeber schreibt insbesondere Unternehmen, die gefährliche Abfälle erzeugen, vor, sogenannte Abfallbilanzen zu erzeugen. Eine Abfallbilanz enthält Informationen zur Art und zu den Mengen der innerhalb eines Unternehmens angefallenen und entsorgten bzw. verwerteten Abfälle.

Die Abfallbilanz im Abfallmanagement in SAP EHS Management wird auf Basis der Daten aus den Entsorgungspapieren erstellt. Voraussetzung für die Erstellung einer Abfallbilanz ist, dass die Entsorgungspapiere einen Entsorgungsnachweis enthalten.

Sie können folgende Selektionskriterien für die Erstellung einer Abfallbilanz anwenden:

▶ Erzeugernummer des Abfallerzeugers

▶ Zeitraum, für den die Abfallbilanz erstellt wird
Dabei können Sie noch spezifizieren, welches Datum aus den Entsorgungspapieren berücksichtigt werden soll (Übergabe-, Übernahme- oder Annahmedatum).

▶ Entsorgungspapierart und Papierstatus

▶ Mengeneinheit für die Auswertung

Abbildung 11.23 zeigt den Selektionsbildschirm für die Erstellung einer Abfallbilanz.

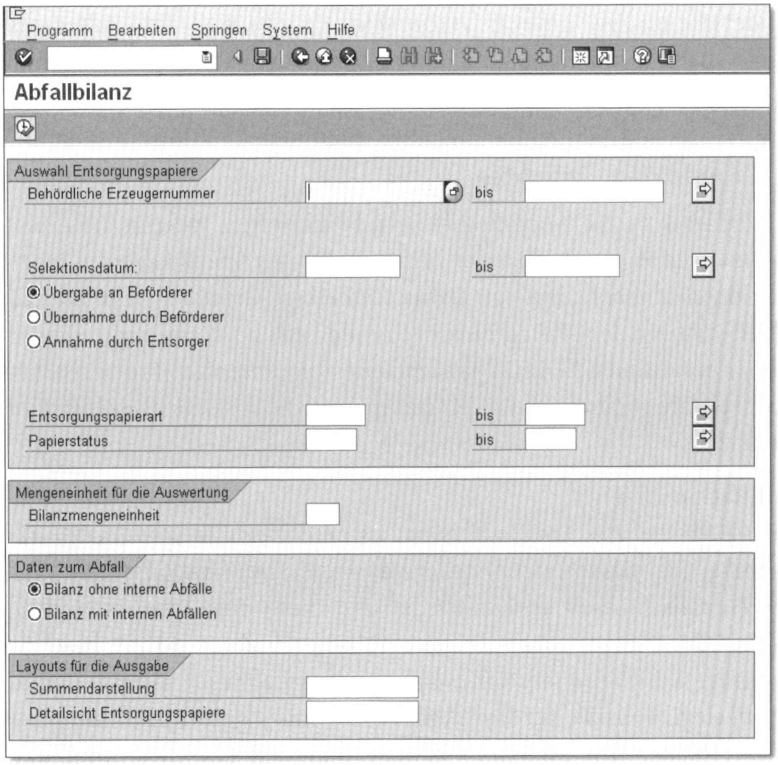

Abbildung 11.23 Abfallbilanz erstellen – Selektionsbildschirm

Die Darstellung einer Abfallbilanz erfolgt mittels SAP List Viewer (ALV, früher ABAP List Viewer). Es stehen Ihnen also die bekannten Standardfunktionen wie Sortieren, Summenbildung, Feldauswahl, Ausgabe in Excel etc. zur Verfügung.

Neben Abfallbilanzen können Sie noch andere Auswertungen erstellen, die Sie bei der Durchführung der Abfallentsorgung unterstützen:

► Sie können die freigegebenen Entsorgungsnachweise in Listenform anzeigen und dabei überprüfen, wie viel von der genehmigten Abfallmenge bereits entsorgt wurde.

► Sie können anhand von Suchkriterien vereinfachte Listen von Entsorgungspapieren erstellen und sich z. B. die Papiere auflisten lassen, bei denen die Rücklauffrist überschritten wurde.

11.7 Customizing

Die Customizing-Einstellungen für das Abfallmanagement in SAP EHS Management finden Sie im IMG unter ENVIRONMENT, HEALTH & SAFETY • ABFALLMANAGEMENT. Im Folgenden werden die wichtigsten Customizing-Einstellungen beschrieben.

11.7.1 Grunddaten einrichten

Wie in Abschnitt 11.2.2, »Abfallschlüssel«, beschrieben, werden die Abfallschlüssel und die Eigenschaften der Abfälle selbst als Spezifikationen in der Spezifikationsdatenbank abgelegt. Daher sind einige Grundeinstellungen für die SAP EHS Management-Komponente »Grunddaten und Werkzeuge« notwendig. Falls Sie bereits die SAP EHS Management-Komponenten »Produktsicherheit« oder »Gefahrgutabwicklung« einsetzen, sind die zusätzlichen Einstellungen minimal.

► **Spezifikationsarten**
Für das Erfassen von Abfallschlüsseln ist eine spezielle Spezifikationsart notwendig. Sie müssen sicherstellen, dass die Spezifikationsart WASTE-CODE (Abfallschlüssel) vorhanden ist und diese dem Spezifikationstyp WASTECODE (Abfall) zugeordnet ist. Wie in Abschnitt 11.2.3 beschrieben wurde, werden Abfallstoffe selbst im Regelfall als Realstoffe (REAL_SUB) angelegt. Falls Sie für Ihre Abfallstoffe eine eigene Spezifikationsart anlegen möchten, sollten Sie dieser jedoch auf alle Fälle den Spezifikationstyp SUBSTANCE (Stoff) zuweisen.

▸ **Identifikationsarten**

Zum Erfassen von Abfallschlüsseln sind bestimmte Identifikationsarten notwendig. Im Gegensatz zur Produktsicherheit sind hier die genauen Arten sehr wichtig, da im Prozess der Datenpflege explizit auf das Vorhandensein dieser Identifikationsarten geprüft wird.

Zum Identifikationstyp NAM müssen die Identifikationsarten WASTECO-CAT und WASTECODES für die Ablage des Abfallkatalogs und der Abfallschlüsselbezeichnung vorhanden sein. Zusätzlich muss die Identifikationsart WASTECODE zum Identifikationstyp NUM für den numerischen Abfallschlüssel vorhanden sein.

Da diese Identifikatoren ausschließlich für das Abfallmanagement in SAP EHS Management genutzt werden, muss auch hier eine Zuordnung zum Spezifikationstyp WASTECODE vorhanden sein.

▸ **Bewertungsarten**

Zur Erfassung der Daten am Abfallschlüssel benötigen Sie die Bewertungsart SAP_EHS_1024_007 (Eigenschaften des Abfallschlüssels). Diese Bewertungsart ist für die Pflege der Abfallschlüssel notwendig. Bewertungsarten zur Pflege der Abfalleigenschaften sind in der SAP-Standardauslieferung auch enthalten und werden im Eigenschaftsbaum STANDARD ausgeliefert. Prüfen Sie bitte hierbei, ob im Klassensystem zum Merkmal SAP_EHS_1024_001_WASTE_CATALOG (Abfallkatalog) der Prüfbaustein `C14K_WASTECATLG_CHECK` eingetragen ist. Mittels dieses Bausteins wird die korrekte Eingabe des Abfallkatalogs überprüft.

▸ **Standardphrasenauswahlmengen**

Falls Sie bereits die Produktsicherheit oder das Gefahrgutmanagement einsetzen, sollte die Customizing-Aktivität »Standardphrasenauswahlmengen erzeugen« bereits durchgeführt worden sein. Ansonsten müssen Sie die Phrasenauswahlmengen der Merkmale auf diese Art erst erzeugen.

| **Dateninkonsistenzen vermeiden** | **[+]** |

Zur Vermeidung von Dateninkonsistenzen sollten Sie den Feldern im Abfallmanagement, die an verschiedenen Stellen vorkommen und dieselbe Bedeutung haben, dieselbe Phrasenauswahlmenge zuordnen.

▸ **Eigenschaftsbäume**

Zur Erfassung der Daten zu den Abfallschlüsseln muss der Eigenschaftsbaum WASTECODE vorhanden sein. Dieser Baum muss die Bewertungsart SAP_EHS_1024_007 (Eigenschaften des Abfallschlüssels) enthalten.

Für die Pflege der Eigenschaften des Abfalls selbst (Spezifikationstyp »Stoff«) können Sie selbstverständlich eigene Bäume einrichten und diesen sowohl Bewertungsarten der SAP-Standardauslieferung als auch eigendefinierte Bewertungsarten zuordnen.

▸ **Einstellungen für Entsorgungspapiere**
Für die Generierung, den Druck und den Versand von Entsorgungspapieren werden die Funktionen der Berichtsgenerierung, -verwaltung sowie des Berichtsversandes aus den Komponenten »Grunddaten und Werkzeuge« sowie »Produktsicherheit« verwendet. Die SAP liefert hierzu Standardeinstellungen aus.

▸ **Einstellungen zur Gefahrgutabwicklung**
Sofern in Ihrem Unternehmen gefährliche Abfälle anfallen, sind noch Grundeinstellungen für die Gefahrgutabwicklung durchzuführen. Dies betrifft vor allem folgende Elemente:

  ▸ Gültigkeitsräume

  ▸ Gefahrgutvorschriften

  ▸ Gefahrgutklassen und -buchstaben

  ▸ Gefahrnummern

Falls in Ihrem Unternehmen unterschiedliche Organisationseinheiten mit der Abwicklung von Gefahrgut und Abfall befasst sind, ist es empfehlenswert, diese Grundeinstellungen unter den entsprechenden Einheiten gründlich abzustimmen.

11.7.2 Stammdaten einrichten

Bei der Einrichtung der Stammdaten für das Abfallmanagement definieren Sie die benötigten Partnerarten für die Geschäftspartner des Abfallmanagements, sowie die Objektarten für die Integration. Darüber hinaus können Sie hier das Verhalten von Datenfeldern individuell anpassen.

▸ **Partnerarten festlegen**
In dieser IMG-Aktivität können Sie zusätzliche Partnerarten für die Geschäftspartner des Abfallmanagements definieren. Sie können zudem definieren, welche Partnerrollen die Partnerart nutzen kann. In Abbildung 11.24 sehen Sie Beispiele für mögliche Partnerarten.

Abbildung 11.24 Ändern von Partnerarten

In dieser IMG-Aktivität könnte z.B. die Rolle ABFALLENTSORGER mit folgenden Partnerarten detaillierter beschrieben werden:

- Externer Entsorger
- Externe Entsorgungsanlage
- Interne Entsorgungsanlage

Sie können für jede Partnerart zusätzlich festlegen, welche Felder bei der Datenerfassung Pflichtfelder, Anzeigefelder, optionale Felder oder sogar ausgeblendet sind.

- **Objektarten für Integration festlegen**
  Die Geschäftspartner des Abfallmanagements können mit anderen Objekten im SAP-System identisch sein. Sie können in der IMG-Aktivität OBJEKTARTEN FÜR INTEGRATION FESTLEGEN bestimmen, welche Objektart (Werk, Buchungskreis, etc.) den Geschäftspartnern im Abfallmanagement zugeordnet werden darf. Falls Sie bestimmte, im Standard ausgelieferte Zuordnungsmöglichkeiten nicht benötigen, können Sie die entsprechenden Felder leicht über die IMG-Aktivität FELDATTRIBUTE FESTLEGEN ausblenden (siehe den übernächsten Aufzählungspunkt).

  In Situationen, in denen ein Geschäftspartner zwei Objektrollen einnimmt, können Sie für einzelne Objektarten und Rollen eine Mehrfachzuordnung vornehmen (Kennzeichen MEHRFZUORD).

- **Sichten festlegen**
  Sie können zudem für jede Partnerrolle im Abfallmanagement festlegen, welche Sichten zur Stammdatenpflege zur Verfügung stehen sollen. Auf

diese Weise können Sie Sichten, die in Ihrem Szenario nicht benötigt werden, einfach ausblenden.

▶ **Feldmodifikationen**

Zusätzlich zum Ein- und Ausblenden von Sichten steht Ihnen auch noch die Möglichkeit offen, auf Feldbasis individuell zu definieren, welche Datenfelder als Mussfelder definiert werden, welche nur der optionalen Dateneingabe oder gar nur der Anzeige dienen und welche grundsätzlich ausgeblendet werden sollen (siehe Abbildung 11.25).

Abbildung 11.25 Feldmodifikationen für die Stammdatenpflege

▶ **Nachweisarten festlegen**

Abhängig von Abfall und Entsorgungsweg können unterschiedliche Arten von Entsorgungsnachweisen erforderlich sein. In dieser IMG-Aktivität legen Sie die erforderlichen Nachweisarten fest (siehe Abbildung 11.26). Sie können z.B. für jede Nachweisart einen eigenen Nummernkreis angeben.

Auch die Abfallkataloge, aus denen die Abfallschlüssel gezogen werden dürfen, können Sie hier zuordnen (Ordner ABFALLSCHLÜSSEL JE NACHWEIS ZUORDNEN). Ebenso können Sie angeben, wie viele Abfallschlüssel pro Abfallkatalog zugeordnet werden können.

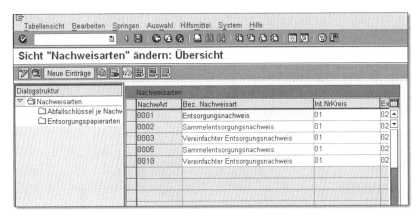

Abbildung 11.26 Festlegung von Nachweisarten

▶ **Abfallrelevante Materialarten festlegen**

Sie können nur Materialien im Abfallmanagement nutzen, wenn deren Materialarten in dieser IMG-Aktivität als abfallrelevant definiert sind. Die SAP empfiehlt, für Abfälle grundsätzlich eine eigene Materialart zu benutzen, da dadurch unter anderem die Bestandsführung erheblich erleichtert wird.

11.7.3 Entsorgungsabwicklung

In den folgenden IMG-Aktivitäten nehmen Sie die für die Entsorgungsabwicklung notwendigen Einstellungen vor. Sie können Belegtypen für Ihre Erfassungsbelege und deren Folgebelege definieren, sowie die Zuordnung von möglichen Funktionen pro Belegtyp festlegen.

Belegtypen festlegen

In dieser IMG-Aktivität definieren Sie die Belegtypen für die Erfassungsbelege der Entsorgungsabwicklung. Im SAP-Standard sind folgende Belegtypen ausgeprägt:

▶ Abwicklung mit internem/externem Nummernkreis

▶ Abwicklung mit Mengenerfassung

▶ Abwicklung mit Bestellung

▶ Abwicklung mit Sammelstelle

Für jeden Belegtyp können Sie unter Funktionsleiste pro Belegtyp steuern, welche Funktionen für Erfassungsbelege des jeweiligen Belegtyps ausgeführt werden können. Die entsprechenden Funktionen können Sie in der IMG-Aktivität FUNKTIONEN FESTLEGEN definieren.

Mit der Anwendungsfunktionsleiste BELEGTYP können Sie für jeden Belegtyp festlegen, welche Funktionen im Menü unter BEARBEITEN und auf den Drucktasten der Anwendungsfunktionsleiste angeboten werden.

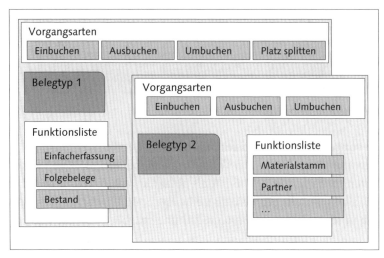

Abbildung 11.27 Definition von Belegtypen und Funktionen

Abbildung 11.27 zeigt exemplarisch die Möglichkeit, für verschiedene Belegtypen im Customizing unterschiedliche Funktionen und mögliche Vorgänge zu definieren.

Belegtypen für Folgebelege festlegen

Im Rahmen der Entsorgungsabwicklung können Sie sich die Folgebelege, die aus den Erfassungsbelegen entstanden sind, anzeigen lassen. In der IMG-Aktivität BELEGTYPEN FÜR FOLGEBELEGE FESTLEGEN werden diese Folgebelege definiert. SAP liefert hier Standardeinträge aus. Falls Sie durch Funktionen Folgebelege erzeugen, deren Belegtyp nicht in der Standardauslieferung aufgeführt ist, können Sie eigene Belegtypen ergänzen.

11.7.4 Entsorgungspapiere

Im Abschnitt ENTSORGUNGSPAPIERE des IMG können Sie die Arten der für Sie notwendigen Entsorgungspapiere festlegen und ein Statusnetz für die Entsorgungspapiere einrichten. Abhängig von Ihrem Unternehmensszenario und den damit verbundenen rechtlichen Anforderungen können Sie verschiedene Arten von Entsorgungspapieren definieren (siehe Abbildung 11.28).

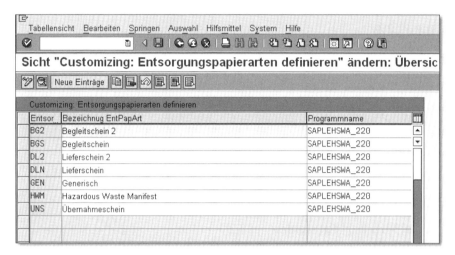

Abbildung 11.28 Definition von Entsorgungspapierarten

Für jede Entsorgungspapierart können Sie unter anderem folgende Einstellungen vornehmen:

▶ In den Feldern PROGRAMMNAME UND DYNPRO können Sie dem Anwender individuell angepasste Erfassungsmasken anbieten. Der SAP-Standard liefert das Programm SAPLEHSWA_220 und die Dynpros 1000 (Erfassung mit Registerkarte) und 1001 (Erfassung ohne Registerkarte) aus.

▶ Sie können Funktionsbausteine eingeben, die vor oder nach der Datenerfassung aufgerufen werden.

▶ Im Feld ZULÄSSIGE ABFALLZAHL können Sie festlegen, wie viele Abfälle maximal auf dem Entsorgungspapier ausgegeben werden dürfen.

▶ Sie können über das Feld RÜCKLAUFFRIST die Frist festlegen, innerhalb derer die Rückmeldung des Entsorgungspapiers erfolgt sein muss.

Bildsteuerung je Entsorgungsart festlegen

In dieser Aktivität können Sie die Entsorgungspapierarten festlegen und bestimmen, welche Registerkarten und Bildbereiche zur Datenerfassung angeboten werden. Sie können hierbei auch den Text der Registerkarten anpassen.

Bearbeitungsstatus für Entsorgungspapiere festlegen

In dieser IMG-Aktivität legen Sie die für Ihren Prozess benötigten Bearbeitungsstatus für die Entsorgungspapierarten fest. Sie können ein komplettes Statusnetz definieren. Im Einzelnen legen Sie Folgendes fest (siehe Abbildung 11.29):

- welche Bearbeitungsstatus den Entsorgungspapieren zugeordnet werden dürfen
- welche Reihenfolge der Status zulässig ist
- welcher Status der Initialstatus ist
- welcher Status einer Stornierung entspricht
- in welchem Status Entsorgungspapiere vollständig gelöscht werden können
- in welchem Status Entsorgungspapiere bei der Prüfung des Rücklaufdatums berücksichtigt werden
- in welchem Status Entsorgungspapiere bei der Mengenprüfung berücksichtigt werden

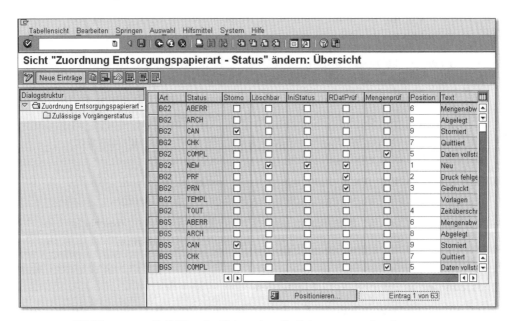

Abbildung 11.29 Definition des Statusnetzes für Entsorgungspapierarten

11.7.5 Berechtigungen

Diese IMG-Aktivität erlaubt Ihnen, Rollen anzulegen und aus diesen Rollen heraus mit Hilfe des Profilgenerators Berechtigungsprofile zu erzeugen. Die Berechtigungsobjekte im Abfallmanagement sind im Einzelnen:

- Berechtigungsobjekt C_EHSW_PRT
  (Geschäftspartner des Abfallmanagements)
- Berechtigungsobjekt C_EHSW_EAD
  (Entsorgungsabwicklung)
- Berechtigungsobjekt C_EHSW_EAF
  (Entsorgungsabwicklungsfunktionen)
- Berechtigungsobjekt C_EHSW_WMN
  (Entsorgungspapiere)

Da im Abfallmanagement in SAP EHS Management auch Funktionen anderer Komponenten genutzt werden, müssen im Regelfall noch zusätzliche Berechtigungsobjekte berücksichtigt werden.

11.8 Fazit

Das Abfallmanagement in SAP EHS Management kann den Umgang mit Abfall in Unternehmen sowie die rechtssichere Entsorgung des Abfalls mit vielen Werkzeugen unterstützen. Durch eine flexible Schnittstelle ermöglicht das Abfallmanagement auch das in Deutschland geforderte elektronische Nachweisverfahren. Die Betrachtung des Abfalls kann dabei sowohl aus Erzeuger- als auch aus Entsorgersicht erfolgen. Das Modul ist hierbei hochgradig in andere SAP-Prozesse integriert, so dass bei einer Implementierung notwendigerweise auch Fachleute aus dem Einkauf, der Lagerhaltung oder der Buchhaltung mit einbezogen werden müssen. Die schiere Anzahl an Integrationsmöglichkeiten macht eine Implementierung des Moduls »Abfallmanagement« recht komplex, besonders im Hinblick auf die zu beteiligenden Parteien und die potentiell betroffenen Prozesse in anderen SAP-Modulen.

Anhang

A   Tabellen

Im Folgenden finden Sie die wichtigsten Datenbanktabellen zu SAP EHS Management. Diese Auflistung beschränkt sich auf die wesentlichen Tabellen.

A.1   Spezifikationsdatenbank

Tabelle	Bedeutung
ESTRH	EHS: Stoffkopf
ESTMJ	Stoff-Material-Zuordnung
ESTRR	Stoffreferenz
ESTVP	Stoffbewertungspositionen
ESTRI	Stoffidentifikator (Nummern, Namen, Formeln)
ESTDU	EHS: Zusatzinfo – Bewertungsverwendung
ESTRL	Stoffidentifikator – Stofflisten – Zuordnung
ESTDF	EHS: Zusatzinfo – Bewertungstext
ESTDR	EHS: Zusatzinfo – Bewertungsbeurteilung
ESTDS	EHS: Zusatzinfo – Bewertungsliteraturquelle
ESTVH	Stoff – Stoffbewertungsart – Zuordnung
ESTVA	Stoffbewertung
AUSP	Ausprägungswerte der Sachmerkmale
TCG61	Phrasenkatalog
TCG64	Sprachabhängiger Bezeichner zur Phrasengruppe
TCG63	Phrasengruppe
ESTPH	Phrasenkopf
ESTPP	Phrasenposition
ESTPO	Phrasenoriginal
ESTPJ	Phrasenauswahlmenge – Phrasenkopf – Zuordnung
ESTPS	Phrasenauswahlmenge (Kopf)
ESTPT	Sprachabhängiger Bezeichner zur Phrasenauswahlmenge
TCG66	Bewertungsart Klassenmerkmal
TCG11	Spezifikationsbewertungsart
TCG12	Sprachabhängiger Bezeichner zur Spezifikationsbewertungsart

Tabelle	Bedeutung
TCG02	Beschreibung Spezifikationsbewertungstyp
TCG51	Stoffbewertungsbaum
TCG52	Sprachabhängiger Bezeichner zum Stoffbewertungsbaum
TCG53	Stoffbewertungsbaum – Bewertungsart – Zuordnung
KLAH	Klassenkopfdaten
KSML	Merkmale zu Klassen
CABM	Merkmale
CABNT	Bezeichner für Merkmale
T002	Tabelle der in SAP bekannten Sprachen
T005	Tabelle der in SAP bekannten Länder[1]
T006	Maßeinheiten und Dimensionen

A.2 Produktsicherheit – Berichtsversand

Tabelle	Bedeutung
NAST	Nachrichtenstatus
CVDDH	Berichtsversandtabelle
CVDDOP	Parameterwerte für den Berichtsversand
CVD_CVCPB	Geschäftsprozess – Gültige Geschäftsprozesse
CVD_CVCCO	Kommunikation
CVD_CVCER	Fehlerbehandlung – Empfängerzuordnung
CVD_CVCHD	Zuordnungstabelle für Default-Drucker
CVD_CVCHP	Zuordnungstabelle für Deckblatt und Empfangsbescheinigung
CVD_CVCHS	Zuordnungstabelle für Versandelemente
CVD_CVCHU	UserExit – Synonymzuordnung
CVD_CVCRC	Zuordnungstabelle für die Kommunikation
CVD_CVCRP	Zu sichernde Parameterwerte
CVD_CVCRT	Geschäftsprozessart (Systemtabelle)
CVD_CVCSH	Versandelemente

---

1 Leider nicht so stabil, wie man meinen sollte, wie das Beispiel Ex-Jugoslawien und seine Folgestaaten in der Vergangenheit gezeigt hat.

B   User-Exits für die Produktsicherheit

In der folgenden Tabelle finden Sie in Ergänzung zu Kapitel 3 die wichtigsten User-Exits, die in der Produktsicherheit Verwendung finden.

Tabelle	Bedeutung
PHR_QUERY	Phrasensuche
PHR_TEXT	Ersetzen von Textvariablen von Phrasen
SRE_DIST	Berichtsversand
SRE_EXPOMN	Berichtsexportaufträge mit Berichtsübergabe
SRE_IMPORT	Berichtsimport
SRE_SUBSEQ	Berichtsnachversand
SRE_QUERY	Versandauftragssuche
SUB_ISOUT	Ausgabe in der Stoffauskunft
SUB_QUERY	Stoffsuche
SUB_SCATCH	Prüfung des Stoffschlüssels in Abhängigkeit der Stoffart
SUB_SEDACA	Sekundärdatenermittlung Stoff

C   Wichtige Abkürzungen

Im Folgenden sind einige wichtige Abkürzungen aufgelistet, die Ihnen bei der Arbeit mit SAP EHS Management häufig begegnen werden.

Abkürzung	Bedeutung	Erklärung
ALE	Application Link Enabling	SAP-Standardtechnologie, um Daten wie Phrasen, Spezifikationen oder Berichte in ein anderes SAP-System zu übertragen
AWM	Auswahlmenge	Gruppierung von verschiedenen Phrasen, die in einem Merkmal zur Auswahl stehen sollen. Früher auch als Phrasenauswahlmenge (PAWM) bezeichnet
BOM	Bill of Material	Materialstückliste. Im Kontext von SAP EHS Management ist hier üblicherweise die Produktionsstückliste gemeint.
BOS	Bill of Substance	In EHS üblicherweise die »Genaue Zusammensetzung aus Produkten« (SAP_EHS_1012_001), die aus dem BOM gefüllt werden kann (siehe Abschnitt 2.12.13)
BW	SAP NetWeaver Business Warehouse	SAP-Produkt für die Aggregation von Daten aus den ERP-Systemen, üblicherweise für Reporting-Zwecke
DVS	Dokumentenverwaltungssystem	SAP-Standardablagesystem für jede Art von Dokumenten wie PDFs, Word-/Excel-Daten etc. Kann in Ihrem Unternehmen durch ein anderes Ablagesystem ergänzt oder ersetzt sein, wie z.B. Dokumentum
eSDB	Erweitertes Sicherheitsdatenblatt	Sicherheitsdatenblatt, welches im Anhang an die 16 Kapitel auch noch den sogenannten Annex enthält, der gemäß der REACH-Verordnung die unterstützten Verwendungen enthält.

Abkürzung	Bedeutung	Erklärung
GHS	Global Harmonized System	Initiative der Vereinten Nationen, um eine global angeglichene Kennzeichnung von Chemikalien zu gewährleisten. Kritiker sprechen auch von einem *Everything BUT Harmonized System*, da es den unterzeichnenden Ländern erlaubt, in einem gewissen Umfang bestimmte Klassifizierungen nicht anzuwenden, oder diese zu verschärfen. Dies führt in der Praxis dazu, dass eben nicht global einheitliche Standards gesetzt wurden, die Kennzeichnung und Einstufung von Chemikalien deutlich vereinfacht hätten.
GLM	Global Label Management	Modul zum Erstellen von Etiketten
MM	Materials Management	SAP ERP-Komponente für die Materialwirtschaft
MSDS	Material Safety Data Sheet	Abkürzung für das Sicherheitsdatenblatt, meist im angelsächsischen Sprachraum gebräuchlich
NAFTA	North American Free Trade Area	Umfasst die Länder USA und ihre Protektorate, Mexiko und Kanada. Wirtschaftlicher Staatenverbund ähnlich der Europäischen Union
QM	Quality Management	SAP ERP-Komponente für das Qualitätsmanagement
REACH	Registration, Evaluation, Authorisation and Restriction of Chemicals	EU-Verordnung für die Registrierung, Bewertung, Zulassung und Beschränkung von Chemikalien. Als EU-Verordnung besitzt REACh gleichermaßen und unmittelbar in allen Mitgliedstaaten Gültigkeit. Durch REACH wird das bisherige Chemikalienrecht grundlegend harmonisiert und vereinfacht (Quelle: Wikipedia).
RFC	Remote Function Call	Aufruf eines externen ERP-Systems oder eines anderen Programms, um eine Aktion ausführen zu lassen
SD	Sales & Distribution	SAP ERP-Komponente für den Vertrieb
SDB	Sicherheitsdatenblatt	Siehe zur Abgrenzung auch *eSDB*

Abkürzung	Bedeutung	Erklärung
SDS	Safety Data Sheet	Angelsächsische Bezeichnung für das Sicherheitsdatenblatt
SOP	Standard Operating Procedure	Englischsprachige Bezeichnung für Betriebsanweisung
SUVA	Schweizer Unfall Versicherungsanstalt	
SVT	Substance Volume Tracking	Stoffmengenverfolgung (siehe Kapitel 4)
TA	Transaktion	Code zur Eingabe eines Tastaturkürzels im Befehlsfeld links oben im SAP-Bildschirm, um den entsprechenden Prozess zu starten.
VKO	Verkaufsorganisation	Liefert die Informationen für Kapitel 1 des Sicherheitsdatenblattes. In diesem werden der Inverkehrbringer sowie die Notfalltelefonnummern und E-Mail-Adressen angeben.
WWI	Windows Wordprocessing Integration	Spezielle Integration von Microsoft Word in SAP EHS, um die Ausgabe und das Layout von Berichten zu gestalten.

D   Literatur

- Artikel »Arbeitsmedizin«, Wikipedia, unter *http://de.wikipedia.org/w/index.php?title=Arbeitsmedizin&oldid=92808482* (abgerufen am 23. August 2011) und die damit verlinkten Dokumente.

- SAP-Online-Hilfe unter *http://help.sap.com.*

- Petersen, Jürgen: »Berufskrankheiten – Kurzgefasste Informationen für Ärztinnen und Ärzte«, PDF-Version, abgerufen unter *www.landesregierung.schleswig-holstein.de*, 2007, ISSN 0935-4379.

E   Die Autoren

Stephan Eisenacher arbeitet seit 2007 bei der BASF IT Services GmbH und ist dort als Senior-Berater im Bereich »Produktion und Produktionsplanung« tätig. Im Bereich »SAP EHS Management« ist er hauptsächlich an der Schnittstelle von SAP EHS Management zur Logistik und Materialwirtschaft sowie an der Einführung von Substance Volume Tracking (SVT) beteiligt gewesen.

Dr. Klaus Kammerer arbeitet seit zwölf Jahren als EHS-Berater und -Projektleiter vorwiegend in den Bereichen »Produktsicherheit« und »Gefahrgut«. Von 2006–2011 war er als Senior-Berater bei der BASF IT Services GmbH beschäftigt. Im Rahmen seiner Arbeit war er neben der Betreuung, Konzeption und Durchführung von Weiterentwicklungen im Bereich »Gefahrgut« und »Produktsicherheit« mitverantwortlich für die EHS-Datenmigration und Prozessintegration im Rahmen mehrerer globaler Mergers and Acquisitions der BASF. Inzwischen ist er als Senior-Berater bei der SAP Deutschland AG & Co. KG beschäftigt.

Dr. Andreas Riepe arbeitet seit 2009 bei der BASF IT Services GmbH und ist als Senior-Berater im Bereich »Product Compliance« tätig. Er betreut dort die Konzeption und Realisierung von Weiterentwicklungen im Bereich »Produktsicherheit« und »Produkt-Compliance« für die BASF weltweit. Davor hat er bei der Technidata AG, heute in der SAP AG aufgegangen, über 11 Jahre auf mehreren Kontinenten Projekte betreut und geleitet, um SAP EHS Management in den verschiedensten Branchen – und hier besonders in den Bereichen »Produktsicherheit«, »Gefahrgut« und teilweise auch »Arbeitsschutz und -medizin« – einzuführen.

Dr. Jan Schuur ist Geschäftsführer der rimpido GmbH (*www.rimpido.com*), einem Beratungsunternehmen im Bereich »SAP EHS Management« und »SAP Product and REACH Compliance«. Jan Schuur beschäftigt sich seit 1992 mit dem Computereinsatz in der Chemie und ist seit 1998 im Bereich »SAP EHS Management« tätig, später kam der Bereich »SAP Product and REACH Compliance« hinzu. Er verfügt über einen ausgesprochen internationalen Erfahrungsschatz, den er bei der Einführung und Wartung von SAP EHS Management bei zahlreichen großen und kleinen international operierenden Kunden aufgebaut hat. Als Master Consultant für den Bereich »Arbeitsmedizin« hat er die Entwicklung dieses Bereiches zeitweise begleitet.

F   Danksagung

Ein Fachbuch zu verfassen, benötigt viel Zeit: für die Recherche, die Abstimmung und natürlich auch für das Schreiben selbst. Zeit, die neben allen beruflichen Herausforderungen und dem Privatleben aufgebracht werden muss. Wir danken an dieser Stelle ganz besonders unseren Familien, Freundinnen und Partnern für ihre Unterstützung und ihr Verständnis dafür, dass wir während der Bucherstellung nicht immer wie gewohnt für die Familie zur Verfügung standen.

Wir – Stephan Eisenacher, Klaus Kammerer, Andreas Riepe und Jan Schuur (rimpido GmbH) – bedanken uns bei unseren Arbeitgebern, namentlich der BASF IT Services GmbH und dort besonders bei Herrn Dr. Stefan Rell, dafür, dass wir gerade in einem Jahr mit so vielen spannenden Aufgaben und zeitlichen Herausforderungen die Genehmigung erhalten haben, uns diesem Projekt nebenberuflich zu widmen.

Ein herzlicher Dank gilt Herrn Wolfgang Bock von der SAP AG, der sich die Mühe gemacht hat, uns in mehreren Treffen das Vorfallmanagement nahe zu bringen, und mit Rat und Tat bei allen Rückfragen zu diesem Thema zur Verfügung stand.

In dieses Buch ist die individuelle berufliche Erfahrung von vielen Jahren und vielen Kunden eingeflossen. Auch wenn diese hier nicht explizit genannt werden können, gilt ihnen der Dank für die vielen Fragestellungen und Herausforderungen, die auch in die Weiterentwicklung des Moduls »SAP EHS Management« eingeflossen sind.

Über die Jahre baut man einen Erfahrungsschatz auf, der weit über das derzeitige Betätigungsfeld hinausgeht. Um die getroffenen Aussagen zu validieren, ist das Internet in Bezug auf Recherche – gerade bei gesetzlichen Hintergründen – eine dankbar angenommene Hilfe gewesen.

Die Zusammenarbeit mit dem Verlag, die vielen Rückmeldungen und Tipps, die Motivation, das exzellente Lektorat – hier besonders der Pragmatismus und das stete kritische Hinterfragen von Frau Patricia Kremer – müssen auch unbedingt hier ihren Widerhall finden.

Index

H

I

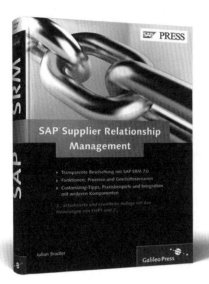

Transparente Beschaffung mit
SAP SRM 7.0

Funktionen, Prozesse und
Geschäftsszenarien

Customizing-Tipps, Praxisbeispiele und
Integration mit weiteren Komponenten

2., aktualisierte und erweiterte Auflage
mit den Neuerungen von EHP1 und 2

Julian Bradler

SAP Supplier Relationship Management

Lernen Sie Funktionen, Prozesse und Customizing von SAP Supplier
Relationship Management (SRM) kennen. Das Buch beschreibt die
wesentlichen technischen und betriebswirtschaftlichen Zusammenhänge und macht es Ihnen leicht, das grundsätzliche Customizing
konkret nachzuvollziehen. Darüber hinaus werden Integrationsmöglichkeiten mit anderen SAP-Komponenten (z.B. MM, FI, HCM)
aufgezeigt.

ca. 600 S., 69,90 Euro
ISBN 978-3-8362-1833-7, Juli 2012

>> www.sap-press.de/2978

Implementierung, Customizing und Optimierung

Abbildungsmöglichkeiten in SAP ERP und SAP APO

Mit vielen ausführlichen Praxisbeispielen

Jens Drewer, Dirk Honert, Jens Kappauf

Verfügbarkeitsprüfung mit SAP

Mithilfe dieses Leitfadens ermitteln Sie, welche Methode der Verfügbarkeitsprüfung optimal zu Ihrem Unternehmen passt, und Sie erfahren, wie Sie die entsprechende Verfügbarkeitsprüfung einrichten und anwenden. Alle Methoden der Verfügbarkeitsprüfung im SAP-System werden erläutert – sowohl in SAP ERP als auch in SAP APO (SCM). Dabei werden zum einen die Vor- und Nachteile der einzelnen Methoden erörtert, und zum anderen die notwendigen Customizing-Einstellungen sowie Integrationsaspekte beschrieben.

614 S., 2012, 69,90 Euro
ISBN 978-3-8362-1686-9

>> www.sap-press.de/2492

Fundiertes Customizing-Wissen für MM

Einkauf, Beschaffung, Bestandsführung, Bewertung und Rechnungsprüfung

Neuimplementierung und Optimierung

Ernst Greiner

SAP-Materialwirtschaft – Customizing

Dieses Buch zeigt das Customizing von Materials Management (Release SAP ERP 6.0): Von der Beschaffung über Bestandsführung und Kontierung bis zur Logistik-Rechnungsprüfung werden alle relevanten Customizing-Aktivitäten dargestellt und mit Beispielen erläutert. Das Buch beschreibt nicht nur die einzelnen Transaktionen und ihre Abhängigkeiten, sondern bietet auch wertvolle Hilfestellung bei Implementierungs-, Optimierungs- oder Upgradeprojekten.

566 S., 2011, 69,90 Euro
ISBN 978-3-8362-1683-8

>> www.sap-press.de/2490

Sagen Sie uns Ihre Meinung und gewinnen Sie einen von 5 SAP PRESS-Buchgutscheinen, die wir jeden Monat unter allen Einsendern verlosen. Zusätzlich haben Sie mit dieser Karte die Möglichkeit, unseren aktuellen Katalog und/oder Newsletter zu bestellen. Einfach ausfüllen und abschicken. Die Gewinner der Buchgutscheine werden persönlich von uns benachrichtigt. Viel Glück!

▶ **Wie lautet der Titel des Buches, das Sie bewerten möchten?**

▶ **Wegen welcher Inhalte haben Sie das Buch gekauft?**

▶ **Haben Sie in diesem Buch die Informationen gefunden, die Sie gesucht haben? Wenn nein, was haben Sie vermisst?**

☐ Ja, ich habe die gewünschten Informationen gefunden.
☐ Teilweise, ich habe nicht alle Informationen gefunden.
☐ Nein, ich habe die gewünschten Informationen nicht gefunden.
Vermisst habe ich:

▶ **Welche Aussagen treffen am ehesten zu?** (Mehrfachantworten möglich)

☐ Ich habe das Buch von vorne nach hinten gelesen.
☐ Ich habe nur einzelne Abschnitte gelesen.
☐ Ich verwende das Buch als Nachschlagewerk.
☐ Ich lese immer mal wieder in dem Buch.

▶ **Wie suchen Sie Informationen in diesem Buch?** (Mehrfachantworten möglich)

☐ Inhaltsverzeichnis
☐ Marginalien (Stichwörter am Seitenrand)
☐ Index/Stichwortverzeichnis
☐ Buchscanner (Volltextsuche auf der Galileo-Website)
☐ Durchblättern

▶ **Wie beurteilen Sie die Qualität der Fachinformationen nach Schulnoten von 1 (sehr gut) bis 6 (ungenügend)?**

☐ 1 ☐ 2 ☐ 3 ☐ 4 ☐ 5 ☐ 6

▶ **Was hat Ihnen an diesem Buch gefallen?**

▶ **Was hat Ihnen nicht gefallen?**

▶ **Würden Sie das Buch weiterempfehlen?**

☐ Ja ☐ Nein
Falls nein, warum nicht?

▶ **Was ist Ihre Haupttätigkeit im Unternehmen?**
(z.B. Management, Berater, Entwickler, Key-User etc.)

▶ **Welche Berufsbezeichnung steht auf Ihrer Visitenkarte?**

▶ **Haben Sie dieses Buch selbst gekauft?**

☐ Ich habe das Buch selbst gekauft.
☐ Das Unternehmen hat das Buch gekauft.

KATALOG & NEWSLETTER

www.sap-press.de

Ja, bitte senden Sie mir kostenlos den neuen **Katalog**. Für folgende SAP-Themen interessiere ich mich besonders: (Bitte Entsprechendes ankreuzen)

- ■ Programmierung
- ■ Administration
- ■ IT-Management
- ■ Business Intelligence
- ■ Logistik
- ■ Marketing und Vertrieb
- ■ Finanzen und Controlling
- ■ Personalwesen
- ■ Branchen und Mittelstand
- ■ Management und Strategie

➤ Ja, ich möchte den **SAP PRESS-Newsletter** abonnieren. Meine E-Mail-Adresse lautet:

_____

Teilnahmebedingungen und Datenschutz:
Die Gewinner werden jeweils am Ende jeden Monats ermittelt und schriftlich benachrichtigt. Mitarbeiter der Galileo Press GmbH und deren Angehörige sind von der Teilnahme ausgeschlossen. Eine Barablösung der Gewinne ist nicht möglich. Der Rechtsweg ist ausgeschlossen. Ihre freiwilligen Angaben dienen dazu, Sie über weitere Titel aus unserem Programm zu informieren. Falls sie diesen Service nicht nutzen wollen, genügt eine E-Mail an **service@galileo-press.de**. Eine Weitergabe Ihrer persönlichen Daten an Dritte erfolgt nicht.

Absender

Firma _____

Abteilung _____

Position _____

Anrede   Frau ☐   Herr ☐

Vorname _____

Name _____

Straße, Nr. _____

PLZ, Ort _____

Telefon _____

E-Mail _____

_____
Datum, Unterschrift

Antwort

SAP PRESS
c/o Galileo Press
Rheinwerkallee 4
53227 Bonn

Bitte
freimachen!

SAP PRESS

In unserem Webshop finden Sie das aktuelle Programm
zu allen SAP-Themen, kostenlose Leseproben und dazu die
Möglichkeit der Volltextsuche in allen Büchern.

Gerne informieren wir Sie auch mit unserem monatlichen
Newsletter über alle Neuerscheinungen.

www.sap-press.de

SAP-Wissen aus erster Hand.